吴泽先生纪念集

胡逢祥 邬国义 王东 编

本书出版获华东师范大学历史学系经费资助

吴泽先生

（1913.1.14–2005.8.6）

1930年代的吴泽先生　　　　　　1950年代初的意气风发

1970年代末在辽宁大学作学术报告

猛志固常在——晚年的吴泽先生

1982年初春与《历史大辞典·史学史卷》编委会陈光崇、杨翼骧、高振铎、杨廷福、仓修良、赵吕甫合影

1980年代与邓广铭、张广达、孙淼合影

1990年代初在家中与博士研究生讨论学术问题

吴泽先生与其夫人高家莺老师

论文手稿

书怀得龙城钟毓秀
忘尽阳湖景物严
教学涤迎牛女
英才辈出灏
愿乡怀
梓师难

母校五十周年纪念

一九八四年十六月十一日 吴泽

1984年为母校题词

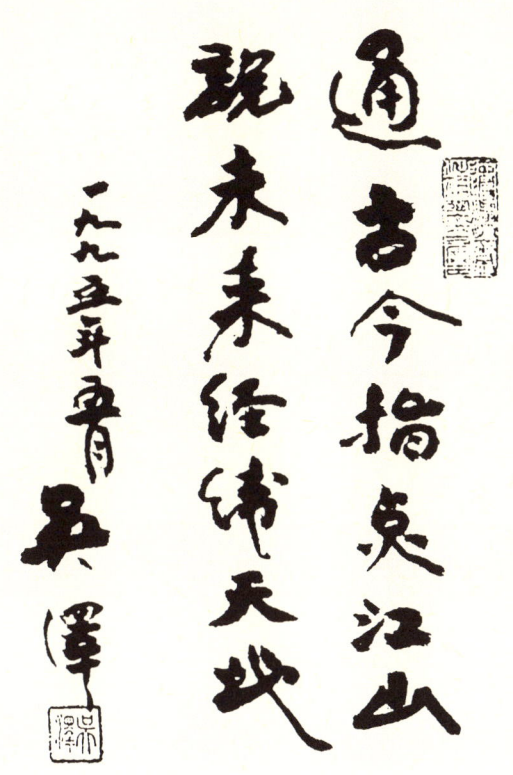

1995年手书对联

吴泽先生"文革"中手刻"迁澜斋"印章，以司马迁和范文澜的治史精神自励

编辑说明

吴泽先生离开我们已整整十五年了,但他的声音笑貌似乎并未远去,而是一直陪伴着他亲手创建的华东师范大学历史学系走在成长的道路上。至其一生坚持运用马克思主义探求真理、勇于学术创新的不懈精神和诲人不倦的师德,更为后辈留下了一笔值得永久珍藏的精神遗产。

吴泽先生(1913—2005)原名瑶青,江苏武进人。自1933年考入北京中国大学经济系起,就在李达、吕振羽等亲炙和引导下,开始较系统地学习运用马克思主义唯物史观治史,参与思想界的中国社会性质和社会史论战。抗战中,他历经艰难,辗转至武汉、重庆等地,先后执教于复旦大学和朝阳法学院,并以笔作枪,积极投身于抗战文化事业。1946年,随大夏大学从贵州赤水迁回上海,同年10月加入中国共产党,面对当时白色恐怖的笼罩,始终无畏地坚守马克思主义的史学阵地,为争取新民主主义革命的胜利,与反动势力笔战不已。1951年华东师范大学建校后,参与创建历史学系,并长期担任系主任。1980年代后,任中国史学研究所所长,并被聘为国务院学位委员会历史学科评议组成员和召集人,《中国历史大辞典》总编。其治史足迹,广涉中国通史、思想史、史学理论与史学史、华侨史和客家学等领域,成绩斐然,为我国马克思主义史学的建设和教学事业贡献了毕生的精力。

怀着对先生的敬意,华东师范大学历史学系曾于2013年举办了"中国现代史学的回顾与前瞻"学术研讨会暨"吴泽先生百年诞辰纪念",并着手编辑吴泽先生纪念集。几年来,经多方搜集海内外相关报道和学术述评,并征集吴门弟子的回忆,始得汇为此编,以表示对先生逝世十五周年的深切怀念,同时也借此向明年华东师范大学历史学系建系七十周年献上一点心意。

本纪念集按所收文字类别分为三编：上编"学术风采"，收入学术界对吴泽先生史学著作及各方面贡献的评述文章十九篇；中编"生平追踪"，收入涉及吴泽先生生平传记、他人回忆和记者采访等资料二十五篇；下编"岁月留痕"，收入吴泽先生部分早年作品和来往书信。末附"吴泽先生论著系年目录"。希望本集的出版，能展现吴泽先生真实的人生和学术面貌，同时也为后人的相关研究提供一些有价值的文献线索。

本集的编辑，得到各相关人士特别是吴门弟子的关心和支持，王传副教授也做了大量辅助工作。特此说明。

最后，还应在此对鼓励与鼎力资助本集编辑出版的华东师范大学人文与社会科学研究院和历史学系表示深深的谢意！

编者谨识

2020年9月25日

目 录

编辑说明 / 1

上编　学术风采 / 1

史学成就简述 / 3

继承创新,繁荣中国马克思主义史学　桂遵义 / 5

吴泽史学成就探析　钱茂伟 / 8

吴泽学术成就简介　《江汉论坛》编辑部 / 19

拓荒,深耕,勤作

——华东师范大学历史系的中国近现代史学史研究与学科建设

　胡逢祥 / 22

中国古代史研究 / 39

吴泽与马克思亚细亚生产方式理论研究　盛邦和 / 41

东方社会经济形态史论研究的学术启示　盛邦和 / 54

俯瞰中外规律　细论东方特征

——吴泽教授《东方社会经济形态史论》读后

　邢　铁　王长华 / 67

游刃在传统与创新中——忆吴泽教授先秦史研究　丁季华 / 73

马克思主义社会史研究的范例

——吴泽和《中国历史大系·古代史——殷代奴隶制社会史》

　钱　杭 / 81

史学理论研究 / 95
  毛泽东《关于李秀成评价问题的批语》所涉吴泽等有关
    历史人物的评论观——录自穆欣《毛泽东与〈光明日报〉》/ 97
  体系严谨　多获创见——评吴泽先生主编的《史学概论》
    李振宏 / 99
  史学理论建设的新成果——读吴泽教授主编的《史学概论》
    肖　马 / 106
  吴泽历史哲学初探　李　航 / 110
中国史学史研究 / 117
  史学史学科建设的一项开拓性成果
    ——读吴泽主编《中国近代史学史》　方春逸 / 119
  吴泽先生与中国史学史研究　王　东 / 125
  吴泽先生与中国近代史学史研究　陈　勇 / 133
  一部开创性著作
    ——吴泽主编《中国近代史学史》读后　臧世俊 / 147
  吴泽先生与通俗史学研究　鲍永军 / 152
  吴泽与历史的教育和普及　孔永红 / 164

中编　生平追踪 / 173
  传记 / 175
    我的治学历程　吴　泽 / 177
    《中国近现代史学史》编写工作汇报和今后工作计划 / 185
    历史学者吴泽　朱成剑 / 189
    吴泽传略　王　东 / 193
    恩师吴泽：通古晓今的史学大家　王立民 / 203
    通古今经纬天地——著名历史学家吴泽传略　陈鹏鸣 / 211
    历史学家吴泽　徐晓楚编写 / 221
  回忆 / 225
    吴泽先生的两封信札和一张合影照片　谢保成　丁　波 / 227

吴泽教授印象记　李克和 / 235
吴泽教授与我　东方瑜 / 237
吴门问学记
　　——回忆吴泽师指引我走上治史之路　张承宗 / 242
"科学的春天"之回忆
　　——先生治学方法给我的启迪　赵　俊 / 271
深深怀念先师吴泽教授　陈丽菲 / 276
忆恩师吴泽先生二三事　李晓路 / 287
倾心教书　悉心育人——忆恩师吴泽教授　王立民 / 290
通古今经天纬地——吴泽先生的学思历程　王　东 / 298
漫忆吴泽先生　陈鹏鸣 / 303
遥想获中国大陆博士学位的台湾第一人郑梅淑　徐建平 / 311
辛勤耕耘　桃李芬芳——记吴泽教授对博士生的培养
　　华东师范大学中国史学研究所 / 318

记者采访 / 323

新的生命　新的起点
　　——访上海师范大学历史系教授吴泽 / 325
探索历史领域的工具书——《中国历史大辞典·史学史卷》评介
　　胡安权 / 327
吴泽与王国维研究　贺惜晴 / 329
东方社会形态学说与中国特色社会主义
　　——访著名史学家吴泽教授　秦维宪 / 331
吴泽先生访问记　岳　峰 / 337
吴泽："红色教授"之路　胡勤编写 / 348

下编　岁月留痕 / 353

吴泽先生早年诗歌、小说及木刻画　邬国义搜辑整理 / 355
吴泽先生来往书信选 / 377
　吴泽致陶行知 / 379

吴泽致吕振羽　四通 / 380

吕振羽致吴泽　三通 / 387

吴泽致柴德赓等　二通 / 390

吴泽与中华书局编辑部来往函　三通 / 393

吴泽致谢天佑 / 396

李希泌致吴泽 / 398

罗继祖致吴泽 / 399

江明致吴泽　三通 / 400

罗竹风致吴泽等　二通 / 403

杨廷福致吴泽 / 406

杨宽致吴泽 / 407

程应镠致吴泽 / 408

张岂之致吴泽 / 409

马承源致吴泽　二通 / 410

吴泽致林焕平 / 412

苏渊雷致吴泽等 / 413

林沄致吴泽 / 414

匡亚明致吴泽　三通 / 416

吴泽致段本洛 / 418

陈丕显致吴泽 / 419

吴泽致范守纲 / 420

吴泽致第十二届客属恳亲大会贺信 / 421

"夏商周断代工程"项目办公室致吴泽 / 423

吴泽致全国吕振羽学术研讨会贺电 / 425

吴泽致中国客家人摄制组贺信 / 426

附：吴泽先生论著系年目录　邬国义辑纂 / 427

上编 学术风采

史学成就简述

继承创新,繁荣中国马克思主义史学

桂遵义

今年是吴泽师诞辰百周年。怀念恩师,思绪万千。他是我国著名马克思主义史学家,为中国马克思主义史学的创建和发展奋斗了一生。

1933年,他考入中国大学经济学系,在执教于该系的李达、吕振羽等老师引导下,走上了马克思主义史学研究的道路。当时,中国学术界正展开中国社会性质和社会史论战,对社会历史的发展和中国是否经过奴隶社会等问题,进行了重点讨论。有些人("新生命派"和"取消派")否认中国奴隶社会的存在。认为中国历史不同于西欧历史,西欧历史发展由原始社会经奴隶制社会、封建社会,这只是历史的"变例",而非历史发展的"通则",中国历史就不存在奴隶制社会。而郭沫若首次肯定中国奴隶制社会的存在,认为西周是奴隶制社会。之后,吕振羽依据马克思主义社会形态学说,依据自己的研究,提出殷商奴隶制社会和西周封建说。吴泽先生继承和发展吕振羽先生的学说,在《劳动季报》发表了《殷代经济研究》(1935年一卷五期)一文,认为"殷代经济结构是奴隶制的经济组织","殷代社会制度是奴隶制度的社会"之后,又发表了《中国古代社会形式发展之鸟瞰》一文,进一步探索中国奴隶制社会的上限,确认夏代时"中国社会已经不是氏族社会的经济组织,而是由氏族到国家的过渡时期经济形态。"吕振羽先生出版的《史前期中国社会研究》一书中认为"尧舜禹"时代为"母系氏族社会",而吴泽先生在论证殷代奴隶社会性质同时,把中国社会文明提前到夏代,这一学术见解为后来学术界多数学者赞同,并为后来史学界开展夏商周断代工程学术研究奠下基础。

抗日战争时期，吴泽师曾先后在重庆复旦大学史地系和贵州赤水大夏大学任教。在此期间系统研究中国古代史（重点先秦史）。1942年完成《中国原始社会史》。该书参照摩尔根《古代社会》，结合中国文献资料（神话传说），全面论述中国原始社会史，把中国原始社会划分为蒙昧时代和野蛮时代，力图揭示中华文明的源头，驳斥中华文明"外来"说，强调中华民族文化是独立自生的，中华民族是独具体系的，从而增强民族自信心。继《原始社会史》之后，又出版《中国历史大系·古代史》。据吴泽师说，该书是他在复旦史地系讲授殷商史讲稿基础上修订成书的，完稿于1944年初，因接近抗日胜利，在贵州赤水大夏任教忙于搬回上海，故延至1949年春（解放前夕）才由上海棠棣出版社出版。1953年再次修订出版。该书为研究殷商史专著，上起成汤建国，下迄武王灭商，对长达600多年的商代史作了全面考察，继承发展了吕振羽先生的殷商奴隶社会说，是上个世纪四十年代运用马克思主义唯物史观系统论述殷商历史的代表作，虽然在文献资料上存在一些不足之处，但它对推动殷商史研究起着承前启后的影响。

在研究商殷史的同时，又着手编写《中国历史简编》，（初稿为《简明中国社会史》）该书继吕振羽《简明中国通史》和范文澜的《中国通史简编》之后，于1945年由重庆峨嵋出版社出版。其主旨是以中华几千年文明的历史来教育人民，鼓舞民族自信心，投入抗日民族解放战争，字里行间洋溢着爱国主义史学思想。其"序"中写道："七·七神圣民族解放战争以来，每个青年关心着民族国家的前途——是殖民地亡国道路呢？是独立、自由、幸福，新中国复兴前途呢？这个中国社会历史发展规律问题和抗战实际过程中主观努力的方向与任务问题，自必急切要求对中国社会作正确的研究"。显然，吴泽师编写《中国历史简编》是把史学研究与中国革命和民族复兴紧密相联系的。也正是这一指导思想，在抗日战争后的几年解放战争时期，为了迎接建立新中国，他撰写了《康有为与梁启超》等论著，再次说明他的学术研究与党的革命事业密切相关的，这是值得敬佩的。

新中国成立后，吴泽师为组建华东师范大学历史系和史学所并开展各项工作，付出了很大精力，今天华师大历史系之所以在国内外享有盛誉，与吴泽师的工作与影响紧密相关，师大历史系师生应铭记之。

在学科建设上，他十分关注东方学研究，把马克思主义东方学理论看作建设和发展马克思主义史学的理论基础。他用很大精力研究东方学理论，1993年上海人民出版社出版的《东方社会经济形态史论》汇集了他研究东方学理论之精萃，希望大家认真研读。该书《序言》指出："马克思主义东方学是东方社会主义社会形态学，是中国社会主义社会国情学，东方国家新民主主义革命和社会主义革命需要东方学，新民主主义社会和社会主义社会的建设需要科学的东方学，特别是当前东方国家社会主义建设事业尚在草创的初级阶段，无现成的经验、方案、模式可遵循，有待大家一同在建设实践中继续探索、研究和总结，不断努力，自我完善，那就更迫切需要科学的东方学。"他又强调："在当前波澜壮阔的新形势新时期中，在马克思主义、毛泽东思想和邓小平改革思想新的发展中，我们史学工作者和理论工作者自当在中国思想学术理论界及时地阐发马克思主义东方学，并结合当前东方特别是中国社会主义建设事业的具体实际情况，把中国马克思主义东方学发展、弘扬起来，在科学研究中开创新的局面，做出新的贡献。"他正是在东方学理论启示下，在历史学科建设上，除了重视传统学科的建设，又依据中国国情和现实的需要，倡导国情学、客家学和华侨史的研究，拓展了史学研究领域，推动了史学的发展。

吴泽师已成为历史人物。他从上世纪三十年代初步入史坛，始终不渝坚持马克思主义，熔革命与史学（学术）于一炉，集革命者与学者于一身，为中国革命和建设，为发展中国马克思主义史学做出了贡献。我们今天纪念吴泽师诞辰百周年，对他的治学道路和学术成就应认真总结和继承。我们学习他的治学精神，应像他那样，坚持马克思主义指导，坚持为社会主义服务的大方向，立足国情，面向现实，古为今用，不断创新，繁荣中国马克思主义史学。只有这样，才是对吴泽师最好的纪念。

桂遵义
2013年12月5日于师大

吴泽史学成就探析

钱茂伟

自1949年新中国的建立,迎来了马克思主义史学鲜花盛开的年代。20世纪80—90年代以后,马克思主义史学一度受到某些人的冷遇,而曾受压制的民国非马克思主义史家开始受到重视。到了21世纪初马克思主义成为一级学科的时候,当民国非马克思主义史家得到较充足研究以后,现在应是重新研究马克思主义史家的时候了。吴泽先生无疑是新中国马克思主义史学发展过程中有代表性的人物。也许是吴泽先生离世才八年,成为学界研究对象时间不长[1],弟子们写的有关吴泽生平的文章[2]多是叙述型的,没有越出吴泽先生的自我形象建构[3]一步。对吴先生史学作品的研究,主要是一些书评。[4] 本文拟尝试着对吴泽学术研究的几个问题作一些辨析。

---

[1] 研究性文章,只有钱杭的评《中国历史大系·古代史——殷代奴隶制社会史》,仓修良主编《中国史学名著评介》第四卷,山东教育出版社,2006年。部分内容也见《江海学刊》2005年第1期,学位论文有丛晓立《吴泽与中国史学史研究》,东北师范大学2011年硕士论文。
[2] 如王东《吴泽传略》,《晋阳学刊》1991年第2期;岳峰《吴泽先生访问记》,《史学史研究》1991年第1期;陈鹏鸣《通古今,经纬天地——著名历史学家吴泽传略》,《龙城春秋》1999年第3期;王东《迁澜斋纪事——吴泽先生的几个侧面》,《上海史学名家印象记》,华东师范大学出版社2011年;王立民《恩师吴泽:通古晓今的史学大家》,《档案春秋》2012年第4期;《通古今,经天纬地——吴泽先生的学思历程》,吴铎主编《师魂:华东师范大学老一辈名师》,华东师范大学出版社2011年;盛邦和《吴泽先生学术述略》,见《吴泽学术文集》附录,上海人民出版社2013年。
[3] 吴泽:《我的治学历程》,《国文天地》1990年9月,又见《吴泽文集》第一卷《前言》。又吴泽《我的治学历程和史学观》(张艳国主编《史学家自述:我的史学观》武汉出版社1994年)。
[4] 如臧世俊《一部开创性著作——吴泽主编〈中国近代史学〉读后》,《历史教学问题》1990年第1期;方春逸《史学史学科建设的一项开拓性成果——读吴泽主编〈中国近代史学史〉》,《史学史研究》1990年第2期;盛邦和《评〈东方社会经济形态史论〉》,中国思想论坛2010年11月21日。

一、吴泽早年丰硕的成果为什么在现代中国史学史上的位置不高?

吴泽先生进入学术界时间相当早,1933年,20岁的他进入北京的中国大学攻读,师事著名马克思主义理论家李达和吕振羽等。在这些红色教授的影响下,他逐步接受了马克思主义理论,并以此指导学术研究。1934年,大一的他即完成第一篇论文《一年来国际经济之回顾与展望》。这属学术综述文章。进入大二,22岁,开始发表专业论文。检阅《吴泽文集》第四卷附录之《吴泽论著目录》,1935年发表论文7篇,1936年发表了10篇,1937年发表了9篇。也就是说,大学期间,他发表了26篇论文。而且,他当时写的论文《殷代经济研究》《传记说夏代之家族制奴隶经济》《传说中之"尧舜禹禅让"说释疑》诸论文,发表的刊物档次不算低,既有北京的,更有首都南京的。一个大学生发表的论文数比一个大学教授还多。由此可见青年吴泽的聪明、勤奋、才思敏捷、出手之快。

1937年大学毕业以后,因"七七"事变,一时没有找工作而回到家乡搞宣传工作。1938年春,到达重庆,先后执教于复旦大学、朝阳法学院,得边教学边研究,继续从事学术研究。由于时局之动荡,1938年没有论文发表。1939年发表论文2篇,1940年发表论文5篇。1941—1942年发表论文1篇,1943—1944年,各发表论文1篇。1945年发表论文6篇。1946年回到上海高校任教,发表论文6篇。1947年发表论文7篇,1948年发表论文6篇。1938年至1948年,共发表了35篇论文。从这个统计数字来看,工作以后的吴泽,发表的论文数量大为减少。之所以出现这种现象,有三个因素,一是时局的动荡。其时正是抗战与解放时期,动荡之时局,无法让其静下心从事学术研究。二是兼任行政职务与教学工作,占了相当多的时间。此时他开始双肩挑,兼任院系行政领导工作。三是忙于著书,也占了不少时间。"生活不安定,资料也不易找,教课的钟点多;生活负担重,家事苦累着。国事日非,气压之低,咳嗽为难,几次乱离,何暇顾此?"①这样的大小环境,自然难以治学。

---

① 《吴泽文集》第一卷,华东师范大学出版社2002年版,第416页。

红色教授们是如何治学的？通过吴泽的治学路径，我们是可以观察到一些规律的。吴泽并非历史学出身，他是学政治经济学出身的，故于马列作品读得较多。他晚年总结治学经验时归纳了四条，其一，历史唯物主义的基本原理告诉我们，世界是一个统一体，人类社会也是一个统一体，人类社会的产生、发展和演变过程，都依循着一个基本的共同规律，从低级到高级，从古代向近代运行的，并且最终由必然王国走向自由王国，这是人类社会历史发展的通则和共性。其二，研究历史必须从现实出发。其三，研究历史，必须从经济史入手，而以通史为依据。其四，在选择具体的研究范围时，重在填补空白。① 这四条是理解吴泽史学研究路径特点的核心所在。第一条说得比较复杂，我以为其要旨是"从人类社会形态史入手"。这也是马克思、恩格斯治学的基本特点所在。吴泽直接参与了当时的中国社会史大论战，他的学术研究正是由此起步的。② 他先写了系列论文，然后接受老师李达的建议，编纂更为系统的《殷代奴隶社会史》，即后来的《中国历史大系·古代史》。这也是他在复旦大学开设殷周史课程的讲义。在此书中，他不再做简单的论争，而是尽量将重庆所能找到的所有地下出土文物、甲骨金文和传统文献材料作了认真的检视，对殷代社会经济、国家组织、政治形态和文化艺术诸方面，作了具体而微的讨论。这部商代通史是吴泽先生的成名之作，后来被收入了《中国史学名著评介》。比较起来，这部作品史论结合比较好。而40年代后期写作的一些作品《康有为与梁启超》(1948)、《论自由主义》(1948)、《儒教叛徒李卓吾》(1949)、《地理环境与社会发展》(1950)(见《吴泽文集》第二卷)，由于时局的影响，以论带史味道浓，学术色彩淡些。但即使在50—70年代"左"的思潮日益趋盛之时，他对政治和学术的关系仍保持着较为清醒的意识，经常说，不能把马克思主义当作盖浇饭，马克思主义不能当饭吃。可见，他是一个学者。吴泽的学术路径，体现了早期红色教授的治学路径。他是从社会形态史角度理解中国历史的，更擅长中国通史理论思考。

---

① 吴泽《我的治学历程和史学观》，张艳国主编《史学家自述：我的史学观》，武汉出版社1994年，第224—226页。
② 他后来指导王东写的博士论文，正是《中国社会性质与社会史论战研究》(华东师范大学1991年)。

吴先生是从中国历史的开端进入中国通史研究的。《中国历史大系·古代史》①和《中国原始社会史》《中国历史简编》②是吴泽早期代表作，也是成名作。不过，遗憾的是，现在流行的中国史学史教科书中，没有吴泽这些作品的位置，似乎学术地位不高。何以如此？据我的观察，吴泽先生早年学术成果丰硕却在中国现代史学通史上的位置不高，与他成为老师李达、吕振羽的附庸有一定关系。讲到30—40年代史学，新史学五大家（郭沫若、吕振羽、范文澜、翦伯赞、侯外庐）是代表。而吴泽是紧跟老师们从事马克思主义史学研究的，他们几乎是同时代的人。如此，更为有名的大家遮蔽了小字辈吴泽。也确实如此，在30—40年代的中国社会史研究中，新史学五大家的贡献更大。这样的位置格局是要调整的，吴先生应有自己的独立位置。

二、为什么吴泽的东方学理论不受人关注？

从世界各国横向比较来看，中国是一个什么样的国家？这个问题，是19世纪提出的。当19世纪中叶中国遇到西方近代工商文明以后，才开始进入巨大的转型时期，成为世界体系一部分。由于有了"西方"这个参照物，"中国"是怎样一个国家，中国道路往哪个方向走，也就成了中国学人们不断思考的课题。而要知道中国道路的方向，又得首先明了中国到底是一个什么样的"社会"。于是乎，20世纪20～30年代出现了一场中国社会发展大讨论，先后出现了郭沫若的"封建社会"说，刘兴唐的"后期封建社会"说，李达的"变相封建社会"说，王亚南的"官僚主义封建社会"说，吕振羽的"封建地主制社会"说，陶希圣的"商业资本主义社会"说，胡秋原的"专制主义社会"说，等等。

吴先生的研究强项是社会形态史研究，他一生的研究都是围绕着这个目标展开的。吴先生晚年精注于东方学理论建构，其理论基础便是马克思主义的社会形态学说，它包括了社会经济形态、政治形态和意识形态三个组成部分。社会经济形态是基石，所以他更重视经济形态

---

① 最新版本见《吴泽文集》第一卷。
② 后两书最新版本，见盛邦和教授编辑的《吴泽学术文集》，上海人民出版社2013年4月。

研究。《建立中国式的东方学》《〈资本主义生产以前的各种形式〉与古代东方社会史研究》《论五种社会形态的运行规律》《亚细亚生产方式问题的争论与中国马克思主义史学的发展》等一系列相关论文,在20世纪80年代就已问世。最后,结集成《东方社会经济形态史论》一书,这是他长年来研究东方学的一个重要成果。此著作总结以前研究之大成,是以马克思主义社会形态学为指导,专门研究东方社会经济形态运行规律和特点等的重大研究成果。[①] 这部著作应是吴先生晚年的代表之作,然而有意思的是,这部书出版以后,并不受学界的好待。除了吴泽的博士弟子,也少见有人对东方学加以发挥。吴先生不仅自己做东方学研究,而且也指导博士生从事东方学的相关研究。他指导的博士研究生中,不少人参与了东方学建构,如傅兆君《东方社会形态论》(东南大学出版社,1995年版)、刘学灵《东方社会政治形态史论》(上海远东出版社,1995年)、王立民《古代东方法研究》(学林出版社1996年)。不过,他们毕业以后没有继续从事东方学研究,只有傅兆君继续完成了《春秋战国社会经济形态史论》(黄山书社,1998年版)。近年,盛邦和教授较多地继承了吴先生东方学理论,在上海财大开设"亚洲与东方学概论"课程,出版了《亚洲与东方学研究:东亚文明的进化》,认为"亚细亚生产方式是农业社会的典型特征",称"亚细亚生产方式问题的讨论将给予中国特色社会主义道路理论以莫大的理论支持"[②]。

如何理解吴先生及其弟子东方学理论建构不受人好待现象?在我看来,那是当代中国史学研究一个时代的结束,另一个时代的开始。50年代以后,国内有不少人习惯于拿马恩的观点简单套用于中国历史研究,出现照着唯物史观理论直接剪裁史料写文章的"以论带史"现象。但实际上,马恩的五种社会形态学说,主要是从欧洲历史发展中提炼出来的理论。由于古代世界的地理环境影响较大诸因素,东方与西方走的发展道路是完全不同的,可以说是两大类型。西方的工商文明、海洋文化特色更浓,而中国则是典型的大陆农耕文明。由此,西方是一个宗

[①] 参见王立民《恩师吴泽:通古晓今的史学大家》,《档案春秋》2012年第4期;邢铁、王长华《俯瞰中外规律,细论东方特征——吴泽教授〈东方社会经济形态史论〉读后》,《历史教学问题》1995年第1期。

[②] 盛邦和等:《亚洲与东方学研究:东亚文明的进化》,上海财经大学出版社2011年。

教社会，而中国则是世俗社会，家国体系色彩更浓。晚年的马克思已经注意到了东方世界的特殊性，于是潜心研究东方历史，写下了《历史学笔记》。可惜，他没有完成东方理论体系的建构就离世了。

20世纪80年代，真理标准问题的大讨论解放了学者们的思想，学人们开始怀疑"五阶段"理论对中国历史的适应性，朦胧地感觉到中国道路不同于西方道路，将"五阶段"理论套在中国历史上，是一种削足适履的行为。于是，中国的学人们开始寻找适合中国历史发展的理论。在中国现实背景下，学人的办法自然是进一步从马克思原典中寻找答案。这个时候，马克思曾经讲过的"大体说来，亚细亚的、古代的、封建的和现代资产阶级的生产方式可以看做是社会经济形态演进的几个时代"开始进入人们的研究视野。问题是，"亚细亚的"是一个阶段或一条道路，马克思并没有讲清楚，这就导致了学界的"亚细亚生产方式"之争。在诸家解释中，吴泽的观点无疑值得留意。他认为，亚细亚生产方式是东方社会道路。吴先生坚信人类社会的基本规律是相通的，但东西方的具体发展道路是不同的，存在一个东方社会。他努力要"弄清马克思本人的马克思主义社会形态理论的原意原义"[1]，根据马恩列斯的理论，再结合中国的具体实践，建构东方学理论体系。这部作品比较多的是在阐述前人观点，如放在政治经济学或马克思主义学科，应是一部力作。从历史学来说，则显得历史理论味过淡，自己的理论建构不足。我们注意到，吴先生的这部书完成于80年代。其时中国已经进入改革开放时期，进入中国特色社会主义社会探索时期。"在新形势的鼓舞下，……更加愿意继续为之尽绵薄之力"[2]，所以，吴先生的探索还是具有一定的与时俱进特质的。

近三十多年来，中国社会经历了剧烈的变迁，正由传统国家向现代国家转型，逐渐形成了自己的发展道路模式，不必刻意照搬欧美发展道路了。现实社会的自信，也可以让历史学理论研究获得自信。近三十年，中国历史研究开始更多地着力于像马克思那样思考问题，力图从中国历史发展经验中提炼出能解释中国历史发展道路的理论。如田昌

---

[1] 吴泽：《吴泽文集》第一卷，第479页。
[2] 吴泽：《吴泽文集》第一卷，第480页。

五、王家范、刘泽华、冯天瑜诸先生。田昌五出版了《中国历史体系新论》,将中国分为洪荒时代、族邦时代、封建帝制时代三大时段,宣称要建立马克思主义新史学体。有的学人们则用术语溯源法,解构"封建社会"概念。李根蟠、侯建新,特别是冯天瑜,出版了专著《"封建"论考》。他们的主要结论是,此封建,非彼封建,是中国特色的封建。他们没有放弃用不同的术语来概括古代中国性质的路径,冯天瑜提出了"宗法地主专制社会",许苏民提出了"皇权官僚专制社会"。这样的探索,学术界一直在进行,只是没有形成普遍让人接受的理论而已。近年,王学典重提"重建史学宏大叙事"问题,主张"不再以西方为蓝本,不再以西方为中心。它将着力于中国历史进程本身固有的结构和动力,搭建符合中国历史道路的新结构和新框架"①,这样的期许,值得史界思考。中国当下的时代巨变,值得中国史界作出深入的总结与提炼,大时代一定会产生大理论。

笔者近十年关注中国国家形态嬗变及转型研究,坚信吴先生关注东方道路研究的方向是对的,只是研究重点要作些调整而已,可以直接提中国道路的历史理论研究。笔者关注传统中国国家体制的历史学考察,力图参照西方国家道路,通过中国历史的深刻思考,提炼中国式的国家理论,建构中国特色的中观历史理论体系,重点是从国家权力入手,思考传统中国国家体制与国家观念的变化过程及其内在的遗传基因。中国历史需要自己的中观理论,这就是中国的国家理论。中国社会发展到今天,一定有其内在的发展逻辑及理由。我们主张从"政府与社会"对应框架中认识"中国道路"的历史。有什么样的国家体制,就有什么样的发展道路。中国自秦以后,早已抛弃分权体制,而进入了集权体制。集权体制,让中国成为一个东方大国,同时也让中国难以成为一个近代分权国家。这可以成为中国史研究的核心理论与观察视野。这项研究能对我国古代历史进程和社会特点有一个整体的把握,相信可以解决一些基本的问题,提出一个新的视角,从而提升中国史研究的理论水平。②

---

① 王学典:《重建史学宏大叙事》,《近代史研究》2012 年第 5 期。
② 钱茂伟:《国家与社会:中国史研究的新视野》,《社会科学报》2009 年 3 月 8 日。

三、吴泽如何成了中国近代史学 史学科的开拓者？

从《吴泽文集》来看，吴泽是历史学大家，中国史学史学科不是他研究的重点，中国史学史领域的专题研究成果并不太多。然而，他却是华东师大中国史学史学科的博导，可以说是中国近代史学史学科的创始人。何以这么说？因为，吴泽领导了华师大中国近代史学史学科的建设。今天动辄言学科建设，可惜效果并不明显。现在看来，华师大中国近代史学史那样的学科建设才是真正的学科建设。现在回顾一下，也许对今天的学科建设仍有启迪。归纳起来，有五个是值得注意的：

教育部的规划布局。华东师大中国史学史学科的建立，与教育部的规划有关。1961年，高教部部长周扬召开文科教材建设会，把史学史学科建设任务提上议事日程。解放前是有史学史学科的，解放以后要建设新的史学史学科。会议结果，由白寿彝负责中国史学史古代部分的撰写，由吴泽负责中国近代史学史的撰写，而由复旦的耿淡如负责西方史学史教材建设。从以后的历史来看，这次会议是史学史学科建设的转折点，在未来中国产生了十分深远的影响，奠定了北京、上海三所大学的史学史研究传统，促成了史学史学科建设的三大中心。因为要编纂中国史学史、外国史学史教材，北师大、华师大、复旦大学组织了一批教师，从事史学史的研究。1978年，建立了中国史学史硕士点。1982年，建立了中国史学史博士点。有了学科点，就可以招收研究生，专门对某一段或某一人的史学进行专题研究，从而提升史学史研究的水平。以后，一批批研究生留校工作。1984年，形成了北京师范大学史学研究所、华东师范大学的中国史学研究所两大研究基地。这可不是普通的研究所，而是教育部直接批的定级的史学研究所，类似今天的教育部重点研究基地。

重视基础资料建设。学科分新学科与旧学科，不同种类的学科有不同的建设方法。新学科建设，因为起点低，所以一切从头开始，更重视基础性工作。华东师大主编了《中国史学史论集》(一、二)、《中国近代史学史论集》(上)、《王国维学术研究论集》(一、二、三),编辑了《中国史学研究集刊》(第一辑)。

集中力量办大事。在一个相当长时期内,华东师大专注中国近代史学史研究。一部教材成为一个大项目,下面分成多个专题,然后集中人手分头研究,一一攻克难关,最终编纂出《中国近代史学史》。自1961年开始,系主任吴泽集中华东师大中国古代史教研室与中国近代史教研室的部分老师,从事中国近代史学史研究。前者有袁英光、桂遵义等人,后者有黄丽镛[①]诸人。最后发现,中国古代史的老师更适合治中国近代史学史。因为,史家是近代人,但史著内容多是关于古代史的。[②] 由于吴泽先生长期担任系主任,得以保证了中国近代史学史研究的持续不断。由此可知,对学科建设来说,行政权力是相当重要的。

招研究生从事系列研究。华东师大中国近代史学史学科的建设,到70年代末以后,随着研究生招生的恢复而有了较大的发展。华东师大开始招的几届研究生,选题全部集中于中国近代史学史的专题研究,成果见《中国近代史学史论集》与《中国史学研究集刊》(第一辑)等。这么做的好处是效率高,各个专题均有了深入的研究,从而为《中国近代史学史》编纂的完成奠定了基础。不足之处是,不能顾及研究生的个人兴趣,不允许自由选题。吴先生认为:"那种用所谓的个人主义、兴趣主义去研究历史是不可能研究好历史的。"[③] 这种学科建设,本质上是集中力量办大事。近年朱政惠教授不断推动海外中国学的研究,用的是同样的套路,这是值得肯定的。当然,华东师大也有灵活之处,后面几届研究生选题也有选择中国古代史学史研究的。

没钱也能办大事。今日的学科建设动辄花大钱,实际效果并不明显。而60—80年代的学科建设,政府没有一分钱投入,编纂完成以后也没有出版补助,至多书出来以后分得一点稿费。现在看来,当时的科研工作完全是凭着一股科研热情在做事。华东师大在中国近代史学史

[①] 黄丽镛《魏源年谱》是当时分配任务之一,但出版时有意回避了。
[②] 这是1986年我上中国近代史学史课时,袁英光亲口说的话。
[③] 吴泽《我的治学历程和史学观》,张艳国主编《史学家自述:我的史学观》武汉出版社1994年,第225页。

学科建设方面出了很多成果,表现为出版了《中国近代史学史》《中国近代史学思潮与流派》,又出版了多部专著,如《马克思主义史学在中国》《黄遵宪史学研究》《吕振羽史学研究》《中国近三百年疑古思潮研究》《王国维年谱长编》《魏源年谱》等。在古代史学史方向,也完成了《〈史通〉理论体系研究》《宋代史馆沿革考》等多部博士论文。

华东师大史学所何以新学科众多?与北师大诸人坚守中国史学史研究、最后成为中国史学史研究的最大基地相比,华东师大却表现出多元发展的格局。何以如此?其因有二:

一则与吴泽先生倡导的重视新学科习尚有关。吴先生是学者,喜欢填补空白点,开辟新兴学科。他倡导客家学研究、华侨史研究、通俗史学研究。尤其是后者,有些人可能不太理解。其实,早年出版的《中国历史简编》就是一部面向青年人的中国通史普及读本。每章后面有10个左右的问题,现在看来仍有意思。这些均有超前意识,显示出吴泽先生关心历史学整体发展的宏观视野。这种活络的思想,也影响了弟子们的选题倾向,使得他们个个去开辟新兴学科。

二则与中国近代史学史研究带来的发展空间受限有关。80年代中期笔者初读研究生时,以为中国近代史学史研究的内容十分丰富。现在看来,中国近代史学史可研究的专题并不多。中国近代时间不长,著名史家不多,选题的盘子不大,自然难以有大的发展空间。开始几届研究生毕业论文选题,几乎都是从"点"的专题研究开始的,往往以一个史家为中心,结果伸缩空间不大。等专题完成以后,只能另辟新径,逼着他们四处寻找新的研究方向。从传统中国史学史学科建设来说,华东师大研究力量有所分散,当然其学科创新也是值得肯定的。

四、一点小遗憾

综观吴先生的一生,总体上是圆满的,学术生命周期长,学术成果众多,且一直行政与学术同步发展。一生又培养了众多弟子,仅博士生即29人。他是与中国共产主义事业同步的主流的马克思主义史学名家,在中国马克思主义史学发展史上有着不可磨灭的历史地位。

如果说吴泽先生有什么遗憾的话,就是多卷本《中国通史》没有做成。吴泽先生早年即有志于"中国历史大系"雄伟写作计划,也编纂出了《中国历史简编》,也"期望在有生之年再撰写一部多卷本《中国通史》,以了多年心愿"[①],然而组织起了队伍,也开了编纂会,最终却搁浅了。晚年的吴先生似乎缺了白寿彝先生那样的雄心与魄力。白寿彝先生知道多卷本《中国通史》更为迫切,于是毅然中止6卷本《中国史学史》的编纂,转而集中精力先去主编14卷本的《中国通史》。他的毅力相当强,几乎在失明的状态下,借力助手,亲力亲为,直接审稿,完成了《中国通史》的编纂,将自己的学术成就推向了高峰。编纂一部自我认可的《中国通史》,是20世纪以来史家大家的最高追求。

---

① 吴泽:《我的治学历程和史学观》,张艳国主编《史学家自述:我的史学观》武汉出版社1994年,第224—226页。

吴泽学术成就简介

《江汉论坛》编辑部

吴泽,著名的马克思主义史学家。1913年1月出生于江苏武进。1937年毕业于北京中国大学经济系,在校期间曾参加著名的"一二·九"学生运动。毕业后,先后任重庆朝阳大学法学院教授、复旦大学历史系教授。1946年加入中国共产党。新中国成立后,任大夏大学教务长、文学院院长。1951年全国高校调整后,历任华东师范大学历史系主任、中国史学研究所所长、客家学研究中心主任。曾被聘为国务院学位委员会第一、二届历史学科评议组成员和召集人,中国古代史和史学史双学科博士研究生导师;兼任中国史学会常务理事、中国华侨史学会顾问、上海华侨史学会名誉会长、《中国历史大辞典》主编、《历史教学问题》主编等职。

吴泽先生早在中国大学读书时,即在李达、吕振羽的影响下走上马克思主义史学研究的道路。吴先生于大学三、四年级时发表《殷代经济研究》《奴隶制社会论战总批判》两篇文章。前文在甲骨卜辞、考古实物和文献资料研究的基础上,分别从农业生产、商业、手工业等殷代社会经济生活方面论证殷代社会经济基础和所有制形态为奴隶制社会;后文论述了奴隶制社会是人类社会历史发展过程中"必须经过的"阶段,驳斥了反马克思主义的中国奴隶制社会"空白论"。

20世纪40年代是吴先生刻苦钻研、著书立说的时期,《中国原始社会史》《中国历史大系·古代史》和《中国历史简编》是这一时期的代表著作。《中国原始社会史》系统地研究了中国的原始社会史,确认殷代以前为中国的原始社会。这是继吕振羽《史前期中国社会研究》之后又一部按照历史唯物主义观点研究中国原始社会的专著。《中国历史大系·古代史》主要研究殷商社会的性质问题，这是第一部系统研究殷商史的专著。书中根据丰富的考古资料，对殷代奴隶制社会的发生、发展、社会经济、政治诸形态，乃至阶级、家族制度、宗教文化等各层面都作了详尽考察，进一步阐明了殷代的社会性质为奴隶制社会的论断。书中还较为全面地回顾了中国社会史论战的历程，总结了马克思主义史学家在论战中的积极成果，解决了许多悬而未决的问题，填补了古史研究上的空白，在当时和此后都产生了很大影响。《中国历史简编》以马克思主义社会形态学说为指导，明确指出殷代以前为原始公社制社会，殷代为奴隶制社会，西周到春秋战国为领主制封建社会，秦汉到鸦片战争前为地主制封建社会，鸦片战争到抗日战争时期为半殖民地半封建社会。此书的出版，标志着先生自成一家的中国通史体系的初步形成，与吕振羽《简明中国通史》、范文澜《中国通史简编》、邓初民《中国社会史教程》等一样，都是马克思主义中国通史体系形成阶段中重要的代表性著作。

新中国成立后，吴先生曾就中国古史分期问题、亚细亚生产方式问题发表了《亚细亚生产方式问题研究》《古代公社与公社所有制》《关于古史分期中的生产力水平与性质问题研究》等论文，初步建立起了东方学理论体系。吴先生认为，亚细亚生产方式学说是马克思主义社会经济形态理论的重要组成部分，马克思对古埃及、巴比伦、印度等古代东方社会和古希腊、罗马等古代西方社会都作过详实的比较研究，他将二者同视为"古代"奴隶制社会，并就各自在公社土地所有制和农村公社制的存废等方面所具有的不同特点，分为东西方两大不同类型，即"亚细亚的古代"和"古典的古代"。这些论文后于1960年结集出版，书名为《中国通史基本理论问题》。

打倒"四人帮"之后，吴先生重新焕发学术青春，在繁重的教学工作之余，不顾年事已高，依然笔耕不辍，发表和出版了许多有分量的论著，主要集中在以下几个方面：其一，关于马克思主义东方学研究。吴先生撰文肯定马克思的手稿《资本主义生产以前的各种形式》在马克思主义学说中的重要地位，认为它首次从人类社会的生产关系特别是从作为生产关系基础的所有制关系的高度,考察了全部历史过程,把历史唯物主义的原理真正用之于人类社会经济形态发展史领域,它是马克思主义创始人关于人类社会发展规律学说最终形成的标志;它首次系统地阐述了人类历史上不同的社会经济形态由低级向高级发展的过程,以缩影的形式包容了五种社会经济形态理论的主要内容;它首次提出亚细亚生产方式理论,为科学地理解古代东方社会历史发展规律和特点,提供了有力的理论武器,并彻底冲破了"欧洲中心论"的历史唯心主义藩篱。其二,关于华侨史和客家学研究。吴先生在华东师大开设华侨史讲座,编写《华侨史研究的对象、课题和任务》的讲义,发表《马克思恩格斯论华侨》等论文。80年代末,吴先生在广东梅州召开的世界客属恳亲会上,首次倡导建立现代的、科学的客家学,并率先在华东师大成立客家学研究中心,主编出版《客家学研究》杂志,发表《客家学刍议》等论文。此举引发了世界客家学术组织的诞生,在海内外掀起了客家学热潮。其三,关于中国史学史、史学概论的研究。"文革"后,吴先生先后选编出版《中国史学史论集》和《中国近代史学史论集》,其主编的《中国近代史学史》是迄今为止第一部系统研究中国近代史学发展史的专著。

原载《江汉论坛》2001年第3期

拓荒，深耕，勤作
——华东师范大学历史系的中国近现代史学史研究与学科建设

胡逢祥

在历史学诸多的分支学科中，史学史是一门相对年轻的学科，它在国内学林的立足，迄今不过百年光景。至其研究范围向中国近现代领域的拓展，则要更晚些，大致民国时期，仅少数人对此有所触及，直到上世纪60年代以后，才逐渐形成规模。华东师范大学历史系史学理论与史学史学术团队便是开启这一学术新领域的重要垦荒者。

一、筚路蓝缕，以启山林

现代意义上的中国史学史研究，发端于二十世纪初，自二十年代梁启超、何炳松等正式提出建立史学史学科后，在相当长的一段时期内，研究者的眼光往往集中于文化积淀深厚的古代，于近现代部分的研究则多付诸阙如。纵观三、四十年代的史学史研究，涉及这一时期的，除金毓黻《吾国最近史学之趋势》(1939.2)、周予同《五十年来中国之新史学》(1940.2)、张绍良《近三十年中国史学的发展》(1943.4)、齐思和《近百年来中国史学的发展》(1949.10)等少数综论性文章外，有关个案的研究，不但数量少，且几乎都集中在龚自珍、魏源、梁启超、章太炎、王国维等人身上。在专著方面，值得注意的只有二种，一是金毓黻的《中国史学史》(1944年重庆商务版)，二是顾颉刚的《当代中国史学》(1947年南京胜利出版公司版)。可惜前者所述近代部分太过简略，连作者自己也感到不满，以致在建国后该书重版时干脆将其作了删除，使之完全成了一部古代史学史。后者涉及近代史学的学科面虽较宽广,但大抵是对近现代史学各重要分支学科研究成果的简要介绍和评论,其体制颇近乎梁启超《中国近三百年学术史》中的"清代学者整理旧学之总成绩"部分,主要参考价值乃在文献史料学方面,与完整意义上的史学史研究仍有相当距离。

新中国建立以后的最初十年,中国近现代史学史的研究从总体上说依然比较沉寂。这主要是因为当时史学界的注意力大多转向了学习运用唯物史观、重新认识历史和批判非马克思主义史学方面,学术讨论的重点也多为与社会革命联系较密的宏观历史理论问题,如中国古代社会史的分期、封建土地所有制的形式、资本主义萌芽、农民战争的性质和作用、汉民族形成与民族关系,以及历史人物的评价等。而对史学史这类专业化特强的学科史研究,则往往因其看去与现实问题隔得稍远而不遑顾及。当时的高校历史系很少开设这门课,有的教师还因开设此课在1958年教育革命时被指责为"搞冷门",与火热的现实斗争不协调而不得不中辍,便说明了这一点。在这种情况下,近代史学史的研究自然难有大作为。此期,不但杂志发表的有关论文寥寥可数,涉及面也颇狭,以致无法形成一种可观的规模。这种状况,直到六十年代初才有所改观。

1961年4月全国文科教材会议后,教育部高等学校文科教材编审办公室委托吴泽先生在华东师范大学历史系组织力量编写中国近现代史学史教材。时任历史组编审组长的翦伯赞还亲自在北京民族饭店召开座谈会,专门讨论了中国近现代史学史编写的一些原则问题,范文澜、吕振羽、侯外庐和尹达等都应邀出席了会议。这项计划的实施,有力地推动了国内近代史学史研究工作的开展,也标志着该学科的建设进入了实质性的启动。

按照会议精神,华东师大历史系于同年7月成立了由吴泽先生主持的中国近现代史学史编写组,最初成员包括袁英光、刘寅生、张若玫、林正根、林绍明、桂遵义、黄丽镛等老师,并依据当时的条件,决定先编写鸦片战争至"五四"运动期间的近代史学史,具体步骤为:

"第一步,摸清主要著作的各种版本和一般史学资料存在情况,广泛搜集资料,全面编出各家各派史学著作年表;第二步,编写资料长篇,对有关资料进行辨伪、校勘、考异工作;第三步,在长篇基础上探索各家各派史学思想、史学成就,结合主要史学著作作出专论,予以总结、评价;第四步,在大量具体的长篇、专论的基础上,根据大纲的内容和章节顺序,扣紧马克思列宁主义理论原则、史学史的任务和对象以及和教学有关的各项方针政策,进行高度的概括,简要地编写出教科书来。"

编写组深知,由于这是一项开创性的学术工作,"中国近现代史学史过去毫无基础,没有一本著作乃至小册子或一篇文章(不论是资产阶级的或马克思主义的)可供参考,一切有关编写工作,都得从头做起,亲自'入山砍木',困难确是较多的"。[1] 因此,从一开始,他们就把力量集中到资料的系统搜集和整理方面,为了取得某些活材料,还专程到北京、苏州、杭州等地开展调查采访。特别是对后者,吴泽先生极为重视,曾在致其师吕振羽函中言及其中的甘苦:"最近我在着手稿章太炎,困难很大,后期十四年年谱没有,文章在老太太(指章夫人汤国梨)手中,不肯拿出来,不易写全。我们去苏州几次,看到一些原稿,但无法抄录运用。魏源的孙女儿在上海,屠敬山的儿子也在上海……调查研究工作是写好这本书的重要关键。去年秋季,曾和束老(束世澂)去杭州调查研究东南派柳诒(翼)谋、缪凤林、张其昀的情况,摸出了一大系统,特别是'时空派'张其昀的一套兴趣很大。"[2]

经过一年的努力,编写工作取得了相当进展,大体"完成了中国近现代史学史上主要代表人物和学派的著作年表,约 8 万字;完成了魏源、康有为、夏曾佑、王国维、陈垣、西北历史地理、明史研究、古史辨派、社会性质和社会史论战等资料长编和秋泽修二法西斯史学的资料编译,以及完成魏源、康有为、徐鼒等等专论。基本上探索出了各家各学派史学的中心论旨及其学术体系。同时,编订了中国近代史学史大纲

---

[1] 华东师范大学中国近现代史学史编写组:《中国近现代史学史编写工作汇报和今后工作计划》,1964 年 5 月。上海市档案馆藏档,编号:B243—2—480。
[2] 吴泽致吕振羽函原件,1962 年 4 月 25 日。

(四修),总共70万字左右"。① 此《大纲》今虽不可见,但对其基本内容及教材编写的关注点,吴先生在致吕老的信中也有述及,兹转录如下:

"大纲,近代史学史分二期,以戊戌划线。对象分两大类,即史学思想部分和史料目录部分。前者分史观、史论、史评三项,以史观为中心;后者分史纂、史料、史目三项,以史著(史目)为中心(史料、史目……等史学辅助课目,兼及历史地理、考古等,而以史料为主要辅助课目)注意历史地理和元史、明史、南明史的爱国主义和'反满'斗争的特点和史学传统;注意资产阶级改良派对日本政变、彼得政变和法国革命等近代革命史的研究,害怕法国革命路线,走日本、彼得变法维新路线;注意资产阶级革命宣传法国革命,反对维新政变的革命史的研究;注意革命派和改良派研究世界史,如黄遵宪搞《日本国志》向西方学习,走资本主义道路,清末立宪运动开展,历史教科的编译掀起,同盟会编的和江楚官书局编的两大片,夏曾佑的《中国古代史》便是其中的首创者,史纂史上起了一大变革。史观,着重阐解魏、康辈《春秋》"公羊三世说"历史进化观——反正统学术思想文化的武器,注意魏到黄遵宪,到康有为,到崔适,到古史辨的演变;注意中国传统的历史进化观点和严复译《天演论》的外国资产阶级的社会进化论或历史进化论在中国的传播,及其和传统历史进化观点的关系的演变;注意前者的形而上学玄学的特质和后者的生物科学的特质及其移用到社会历史领域中的庸俗化和反动性;注意前者反正统的进步性及其局限性,以及后者在中国所起的作用,以严复、梁启超为重点,注意资产阶级历史进化论从严复、夏曾佑、梁启超及至胡适派的分化演变轨迹。"②

1962年8月以后,因教学和科研需要,张若玫、林正根、林绍明三位老师先后离开编写组,吴泽先生和袁英光、刘寅生老师被抽调参与《辞海》审稿年余,致使编写工作一度进展缓慢。但尽管如此,至1963年底,编写组在担任繁重教学和其他科研任务的同时,仍勉力完成了黄

---

① 华东师范大学中国近现代史学史编写组:《中国近现代史学史编写工作汇报和今后工作计划》,1964年5月。
② 吴泽致吕振羽函原件,1962年4月25日。

遵宪、崔适、世界史和革命史研究等资料长编近20万字,《中国近代史学史参考资料》的选目、节录、小传和提要工作等38万字。并公开发表了《魏源的变易思想和历史进化观点》(吴泽,载《历史研究》1962年第5期)、《康有为公羊三世说的历史进化观点研究》(吴泽,载《中华文史论丛》第一辑,1962年8月)、《魏源〈海国图志〉研究》(吴泽、黄丽镛,载《历史研究》1963年第4期)、《徐鼒的史学思想》(袁英光,载《华东师大学报》1964年第2期)等多篇有分量的近代史学史专题论文。此外,吴先生还亲自开设了《中国史学史专题讲座》,编了约15万字的讲义和参考资料。编写组勇于开拓的学术创新精神和脚踏实地的工作,不但使原本荒寂的中国近代史学史领域渐生绿意,也为后续的研究和学科建设打下了基础。

1964年5月,编写组在总结前期工作的基础上,对下一步工作做了调整,计划在一年内完成《中国近代史学史》和《中国近代史学史参考资料》的编写任务,然后再用一年时间,到1966年完成《中国现代史学流派》的教材编写。

但不久,形势的变化就使该计划被迫中断。1965年下半年对《海瑞罢官》的批判和紧接着的"文革"动乱把整个社会的教育和学术事业拖到了崩溃的边缘。在这场浩劫中,不但编写组被解散,连辛勤积累数年的资料长编也多遭毁弃。中国近代史学史的学科建设由此跌入了长达十年的冰封期。

二、新时期中国近现代史学史学科建设的排头兵

"文革"结束后,经过一系列拨乱反正,学术研究重新走上了正轨。1978年,华东师范大学历史系恢复了史学史研究室的建制,在吴泽先生的带领下,原编写组成员袁英光、刘寅生和桂遵义等老师又聚在了一起。这三位都是史学史编写组的元老,其中袁英光(1925—1997),江西乐安人。1952年华东师范大学历史系毕业留校任教。曾长期从事隋唐史研究,著有《隋唐五代史讲义》(合著)、《唐太宗传》(1984年版)和

《唐明皇传》(1987年版,以上两书均与王界云合作,由天津人民出版社出版)等。刘寅生(1926—),字叔成,江苏如皋人。1952年毕业于复旦大学历史系,1954年调入华东师大从事历史教学法教研。桂遵义(1939—),安徽金寨人。1959年华东师大历史系毕业留校任教。三人皆于六十年代初加入史学史教材编写组。研究室重整旗鼓后,围绕着三个重点方向展开了中国近代史学史的学科建设。

首先是恢复停止多年的中国近代史学史教材编写工作。为加快进度,研究室教师和新招的研究生全都分工投入了专题研究,发表的专论有吴泽先生的《蔡东藩与〈中国历代通俗演义〉》(见1979年6月15日《文汇报》)和《王国维周史研究综述》(包括多篇系列论文,后均收入《王国维学术研究论集》第1辑,华东师大出版社1983年版)等,袁英光的《夏曾佑与〈中国古代史〉研究》(《上海师范大学学报》1979年第2期)、《魏源与〈圣武记〉》《夏燮〈中西纪事〉的爱国主义史学思想》(以上两文均见吴泽主编、袁英光编选《中国近代史学史论集》上,华东师范大学出版社1984年版)、《夏燮与〈明通鉴〉》(《历史研究》1980年第1期)和《周济与〈晋略〉》(收入华东师范大学中国史学研究所编《中国史学集刊》第一辑,江苏古籍出版社1987年版),刘寅生的《魏源与晚清时期的明史学》(《上海师范大学学报》1979年第3期),桂遵义的《论中国马克思主义史学的诞生》、张承宗的《缪荃孙与清史研究》、盛邦和的《论黄遵宪的史学发展道路》、童浩的《魏源与〈元史新编〉》、胡逢祥的《梁廷枏史学研究》(以上五文均见《中国近代史学史论集》上)、《鸦片战争时期中国的世界史地研究》(《华东师大学报》1984年第4期)、《梁启超史学理论体系新探》(《学术月刊》1986年第12期)和《洪钧与〈元史译文补正〉》(《文献》1987年第3期),张文建的《柳诒徵的史学研究》(收入《中国史学集刊》第一辑)等。这些论文的内容,后来大多纳入了教材之中。

1989年5月,吴泽先生主编、袁英光和桂遵义著的高等学校文科教材《中国近代史学史》(上下册)由江苏古籍出版社正式出版。此时,距1961年接受教育部任务已整整过去了28年。在时间的流逝中,28年固然是"弹指一挥间",但对一个人的生命而言,又有几个28年呢? 史学史编写团队的成员,用他们最富精力的年华,向学术界奉献出这一集体智慧的结晶,为中国近代史学史的学科建设铺下了第一块厚厚的基石。对此,他们无怨无悔。

作为国内出版的第一部系统研究中国近代史学史的拓荒之作,该书凡80万字,依据近代社会变迁与史学发展的特点,将1840—1919年之间的中国史学发展史厘为三编,分阶段具体论述了其间封建史学日趋没落,代表时代进步潮流的地主阶级改革派史学、资产阶级改良派史学和革命派史学相继兴起,以及科学的马克思主义史学在中国的初期传播和发展过程,力求抓住各时期史学流派相互斗争的主线,深入揭示近代史学波浪形曲折推进的历史真相及其与时代阶级斗争的内在联系。该书的最大特点是资料丰富,论证详赡,书中每一章节几乎都是一篇扎实的专题论文,且对近代新旧各派史学的主要代表人物、史著乃至某些历史辅助学科发展状况皆有所论列,尤详于各时期史学思想演变及其特征的剖析,这就为后人的进一步研究提供了较坚实的基础。当然,此书也存在一些不足,主要是全书的框架结构基本上为"文革"前所拟定,有些地方尚未能充分展现1980年代学术界对近代史学的研究风格。如西方史学的输入及其影响,是中国近代史学发展史上一个非常值得注意的因素,书的前言虽也谈到了这点,但实际论述却很不够。此外,从全书的布局看,各章的专题论文色彩过浓,相互间的关联有时反显得不够紧密。但无论如何,它对这一研究领域的开创之功是难以磨灭的。出版后,其原创性尤为学术界所认可,被林甘泉《二十世纪的中国历史学》一文列为新时期出版的几种"重要史学史专著"之一。[①]

其次是《中国历史大辞典·史学史分卷》的编纂。1978年,中国社会科学院发起组织全国相关单位和专家成立了《中国历史大辞典》编纂委员会。次年9月,吴泽先生被任为大辞典副总编,并与南开大学的杨翼骧先生共任史学史分卷主编,袁英光、刘寅生和桂遵义为副主编。由杨先生具体负责古代部分,吴先生负责近代部分(1840—1911)。接到任务后,华东师大史学史研究室的全体人员立即投入到这一学科基本建设的工作中。为了寻访相关的图籍资料,他们不仅跑遍了上海市图和各高校图书馆,还远赴北京、南京、杭州、嘉兴、南昌等地图书馆进行

---

① 林甘泉:《二十世纪的中国历史学》,《历史研究》1996年第2期。

翻检。经过数年努力，终于在1983年底由上海辞书出版社出版，成为《中国历史大辞典》各分卷中最早发行的一册。

该书近代部分的条目初拟约1 000条左右，正式出版时，在全部3 630条的辞目中，近代部分增至1 500条左右。关于中国近代的史书目录提要，过去虽有一些零星的专题述作，如《续四库全书提要》《中国近代史资料丛刊》各专题后所附"提要"等，但从未有过系统之作。因此，这项工作实际是对中国近代史书和史料文献的一次系统摸底。近代部分条目的初拟，主要参考了萧一山《清代通史》中"清代学者著述表"和其他一些清人碑传资料。问题在于，这些目录中，有些著述实际并未刊行或已佚；有的仅刊刻了一小部分，如王先谦《新旧唐书合注》当时刊行的仅《唐书郑魏公传注》一卷；有的内容与书名差距太大，不适合收入。这些都必须根据实际查书的结果进行调整或删汰。通过深入寻访原书和核对，编写组不但恰当地排除了一部分不存在或不适合的条目，也得以将不少新发现的有价值史书及时补入其中，使之更见完善。

《历史大辞典·史学史分卷》的完成出版，是对晚清时期史书编写和存佚情况的认真清理，从而为相关研究提供了一张比较可靠的"文献清单"。故出版后，很快引起了学术界同行的关注，曾获上海市首届哲学社会科学优秀著作奖。1986年还被台北的一家出版社改头换面，题为《中国史学史辞典》，翻印出版。同时，这一编写过程也训练了一批年轻的参与者，为他们日后从事中国近代史学史研究打下了坚实的专业基础。

第三是中国近现代史学文献的整理和编集。史学史研究室先后编辑出版了《中国近代史学史论集》上（华东师大出版社1984年6月版）、《王国维学术研究论集》三辑（华东师大出版社1983—1990年版）、《何炳松论文集》（商务印书馆1990年版）、《何炳松纪念文集》（华东师大出版社1990年版）和《中国当代史学家丛书》（纳入该丛书出版的有吕振羽、陈垣、李平心、贺昌群、吴晗等史论集和吕思勉《史学四种》等）。而在这方面最具分量的，则是《王国维全集》的整理编纂和校点。

王国维是中国现代"新史学的开山"，在学术史上居有十分重要的地位。关于他的著作，前人所集以罗振玉编《海宁王忠悫公遗书》、赵万里编《海宁王静安先生遗书》、台北文华书局版《王观堂先生全集》和大通书局版《王国维先生全集》几种最具规模，但遗文逸篇仍复不少，距真正的"全集"都有相当距离。鉴此，史学史研究室在吴泽先生的主持下，于1978年正式启动重编《王国维全集》的工作。此后数年，在北京图书馆、上海图书馆以及全国各地有关学者的热情支持和帮助下，经袁英光、刘寅生等老师奔波各地寻访，各类原始材料的征集基本完成。全集原拟由中华书局分卷陆续出版，并于1984年首先出版了由刘寅生、袁英光编注的《书信》卷。但八十年代后期，由于受到经费困扰和几位老教师相继退休，编纂工作一度陷于停滞。直到1997年，才在浙江教育出版社的资助下，重新调整力量，建立了以王元化为主任、傅璇琮为副主任的整理出版工作委员会和华东师大史学研究所新任所长谢维扬为主编（后期又增补房鑫亮为主编，胡逢祥、邬国义等为副主编）的编辑委员会，确定了新的编纂体例和目标，从而使整个编纂工作在资料搜补和编校等各方面都出现了新的局面。又经十年辛勤，至2007年方全部完成交稿。

《全集》的编纂出版，始终受到学术界及有关各方的热情关注和资助。项目启动不久，即被列入国务院古籍整理规划小组"古籍整理出版九年规划（1982—1990）"。1997年以后，又被连续列为国家古籍整理出版"九五""十五"和"十一五"重点规划项目。后期还得到了国家出版基金和华东师范大学"985"项目的资助。2009年底，新编《王国维全集》由浙江教育出版社和广东教育出版社联袂推出。至此，这部经中国史学研究所耕耘三十年，凝结了两代学人集体心血的古籍整理硕果终获面世。

全集凡二十卷，包括王氏著译十九卷（含译作、校注类文字），附录一卷（收入王氏有关传记资料和著译年表）。总字数达800多万，较前述规模最大的大通本"全集"陡增500万字，增收部分主要为译著（约四卷）、《水经注校》（分上下两卷）、《书信日记》（一卷），以及《教育学》《词录》《罗振玉藏书目录》《齐鲁封泥集存》《东山杂记》《二牖轩随录》《阅古漫录》《流沙坠简》（王氏所著部分）、《乾隆浙江通志补》《经学概论》《元朝秘史地名索引》《两汉魏晋乡亭考》等十余种著作和一些散佚的诗文作品，约占九卷。从总体看，不仅其内容远较前此各家所编王氏著作集为全，还具有以下二个显著特点：

（一）文献搜罗力求其广，鉴别抉择力求其精。

《全集》的编纂过程，是一个对现存王氏遗著的全面搜索和清理过程。本着"求全存真"的目标，全集编纂人员曾对全国各相关图书馆和学术单位以及私人收藏的王氏遗作或书信手稿进行了尽可能全面的查访，足迹所及，除京沪两地图书馆外，还查阅了故宫博物院、上海博物馆、辽宁省图书馆、旅顺博物馆、浙江省图书馆、嘉兴市博物馆和图书馆、日本东洋文库、台北"中央图书馆"，以及北大、清华、吉大等图书馆的相关馆藏，甚至还注意到文物拍卖会上浮现的王氏书信手札等。在此基础上，又对获得的全部文献进行了仔细鉴别，并规定须在全集收入的每种论著前以题解的方式，对其文本的来龙去脉作出可靠的说明，故其字数虽高达800多万，取材却比大通本更显严谨。如大通本在收入王氏《宋代金文著录表》和《国朝金文著录表》的同时，不仅附入了容庚重编的《宋代金文著录表》（见该集第十册），还把罗福颐校补《国朝金文著录表》之作《三代秦汉金文著录表》作为单独一册也编入其中（即该集第九册），这样做固然有便于后人参考之处，但后两种毕竟不是王氏原作，且内容也与前者存在明显的重复，故不为新编所取。又如谭佛雏先生《王国维哲学美学论文辑佚》一书（华东师大出版社1993年版）曾从《教育世界》辑出大量未署名文字，认定皆系王国维所作所译。但细读全书，不免使人感到其中大多仍属推测，出于慎重，此次新编仅从中收录了确有坚实证据的少数篇目。

不仅如此，对某些曾被前人错认的王国维作品，新编全集也作了相应的甄别处理，严汰如《王周士词跋》《后村别调补遗》等过去误收的非王氏作品。与此同时，对少数虽有人怀疑却有新证据表明确为王氏所作者，则仍予收入。至于那些同一内容而经王氏修订前后多次发表的作品，为避免重复，一般从尊重作者原意出发，只收入其最后定本。同时，为弥补这些论著未能收入的缺憾，特在书末所附《王国维著述年表》中一一列出篇名，并注明其写作年代、出处、内容及后来修改刊行情况，以备读者稽考。

（二）第一次完成了对王国维论著全面系统的点校。

应当说,这项工作的完成,把学术界对王国维文献的整理研究推进到了一个新的阶段,也为人们阅读、使用和研究这项文化遗产提供了诸多方便。王氏生活的年代虽距今不远,但由于他学贯中西,研究领域广阔,论著中征引的古籍又极为繁富,因而要做好其著作的校点并不容易。上世纪九十年代以来国内出版的一些王氏著作新式标点本,虽然已在这方面做了不少工作,但质量仍显得参差不齐,即使是一些用力较勤的作品,如河北教育出版社版的《观堂集林(外二种)》(二册,2001年),以及原先由华东师大史学所编校出版的《王国维全集·书信》卷(中华书局1984年版)和王氏《水经注校》(上海人民出版社1984年版)都存在着不同程度的问题。为提高点校质量,新编在工作中始终坚持了两条:(1)凡王著中引文,都须查明其确切出处并找到原书对勘,而不是单纯地以不同版本的王著作对勘,这样做虽然工作量极大,却可以有效减少点校错误,全面厘清王著征引的史源情况,其著作中存在的引文出处错标等疏漏,也因此而得到了发现和系统纠正。(2)凡能找到王著手稿或原始清抄本者,皆须以之与底本对校。这样的做法,确帮助我们解决了不少点校中的疑难。特别是由房鑫亮负责重编的王国维书信,由于原件收藏地比较分散,而我们手头的资料有一部分本来就是抄件,找原件核对极为费时费力。但由于坚持了这一做法,使其准确性较过去得到了很大的提升。

上述原则及其实践,不仅有效保证了《全集》整理校点的质量,也获得了学术界的普遍认可。故出版后迭获上海市哲学社会科学优秀著作一等奖(2010年)和教育部高校科学研究人文社会科学优秀成果二等奖(2013年)。2014年9月,又在凤凰网、凤凰卫视联合岳麓书院举办的"全球首届华人国学大典"荣获"国学成果奖",成为其中"集部"的七个奖项之一。

当然,这并不是说,新编全集的工作已做得完美无缺,事实上,它也不可避免地会存在一些不足和弱点,而王氏遗著中迄今仍流散于社会的吉光片羽亦有待于有志者去细心搜罗。应当说,新编全集只是在许多前辈学者辛勤工作的基础上推进了这项学术事业。我们期望,新编全集出版后,后来者将会继续在这方面作出新的推进。

除以上三方面工作外,史学史学科点还在全国首先开始培养中国近现代史学史研究的后继人才。1978年本学科点的首届研究生招生,本来也包括古代史学史方向,但考虑到近代史学史学科建设的急需,几位研究生全都按导师的意见选择了近代为主攻方向。1981年,经国务院学科评议组批准,本学科点成为国内首批史学史博士点,从这里开始培养了国内最早的一批中国近现代史学史的博士,为推动本学科梯队的规模建设做出了贡献。

三、不断拓展,开出学术研究的新境界

学术探索是无止境的。《中国近代史学史》编成出版后,史学史研究团队的成员并未止步在原有的成绩上,而是再接再厉,以更为宽广的学术视野,致力开拓新的领域与境界。这主要表现在以下几方面。

一是继续拓展中国近现代史学史研究的纵深度。

《中国近代史学史》虽然勾勒出了中国近代史学发展的基本线索和面貌,但仍有一些史学发展要素或领域未能触及。为此,史学史研究室的胡逢祥和张文建于1991年9月推出了《中国近代史学思潮与流派》(华东师大出版社版)一书。该书一改过去史学史著作多以史家和史著为主线的论述方法,将1840—1919年之间的主要史学思潮归纳为鸦片战争时期的经世致用思潮、洋务思潮影响下的史学、二十世纪初的新史学思潮、辛亥革命时期的国粹主义思潮、"五四"时期的史学思潮等,加以讨论,试图从社会思潮、民族心理、中西文化交流、传统意识的影响等更为广阔的文化背景中,抓住社会群体性的史学现象为主脉,更深入地揭示其演变的趋势。对于近代史学流派的界定,《中国近代史学史》比较偏重以学派的政治特征为依据。本书则更强调以史学流派本身的理论和治学特点为标准。内容上,对《中国近代史学史》未能或较少触及的史学现象,如来华传教士的史学活动、西方史学的输入及其影响、清季历史教学和国粹主义史学等,亦均有考察,从而在相当程度上弥补了前者的不足。该书的出版,颇获学术界同行重视,《历史研究》发表许殿才的

书评,称其"选取新的角度,对于近代史学思潮与流派进行系统阐述,通过把握近代史学的变迁大势,揭示其规律与特点,为近代史学研究做了一项很有意义的工作"。① 新近出版的《20世纪中国史学编年》也评价道:"该书是出版较早、价值较高的史学思潮与流派史,具有开拓性。"② 2018年,胡逢祥和王东等又在此基础上完成出版了篇幅达110万字的《中国近现代史学思潮与流派(1840—1949)》,将论述的下限从原先的"五四"前后延至1949年,增加了有关现代科学实证史学、马克思主义史学和抗战时的民族主义史学等内容。

桂遵义老师于1992年11月出版的《马克思主义史学在中国》(山东人民出版社版,周朝民、朱政惠、王东、周一平等也参加了本书的部分专题研究),对《中国近代史学史》未能述及的现代中国马克思主义史学作了专题考察。该书分四编,凡46万字,较系统地论述了"五四"运动至1956年间马克思主义唯物史观在中国的传播和中国马克思主义史学的形成发展史。全书依据中国革命的历史进程,结合中国现代史学自身演变的基本趋势和特点,对各个历史时期的马克思主义史家及其史学活动和代表性史著作了比较细致的叙述,是当时国内最为全面反映中国马克思主义史学发展史的专著。因而被史学界同行称为"我国第一部马克思主义史学史专著"。

而周朝民、庄辉明、李向平编著的《中国史学四十年(1949—1989)》(1989年6月广西人民出版社版)则是国内第一本较系统梳理当代中国史学发展线索的作品,《20世纪中国史学编年》称"该书在编纂体例上有所创新,将'史学史'的形式揉进专题性研究中,注重从史学研究的具体领域和问题入手来阐述中国历史学四十年来的发展与变化。全书共列有120多个专题,网罗宏富,举凡中国史、世界史、史学理论、通史、断代史、考古学、文学史、思想史、文化史等,皆涵盖其中,特别强调重大历史事件对史学发展的影响,并重点说明史学界重大问题产生的原因、发展线索、主要成果以及存在的问题,在从长时间大跨度方面总结中华人民共和国成立后的史学发展历史方面具有首创之功"。③ 给予了相

---

① 许殿才:《〈中国近代史学思潮与流派〉读后》,《历史研究》1994年第5期。
② 王学典主编:《20世纪中国史学编年》(1950—2000)下册,商务印书馆2014年版,第735页。
③ 王学典主编:《20世纪中国史学编年》(1950—2000),第777、705页。

当的好评。

2005年4月,盛邦和主编的《现代化进程中中国人文学科·史学卷》由上海人民出版社出版。该书为集体承担的学校"211项目"子课题,分总论、经学蜕变、中外史学交流、历史哲学变迁、史学功能观、自由民主派史学、民族主义史学和马克思主义史学等八方面讨论了中国史学从传统向现代转化的过程,一定程度上反映了本学科点当时对现代史学史一些问题的新思考。

除此之外,本学科点还对不少近现代史家作了深入的专题研究,出版的著作有袁英光老师的《王国维评传》(上海人民出版社1999年版)及其与刘寅生老师合编的《王国维年谱长编》(天津人民出版社1996年版),盛邦和的《黄遵宪史学研究》(江苏古籍出版社1987年版),朱政惠的《吕振羽和他的历史学研究》(湖南教育出版社1992年版)和《史之心旅——关于时代和史学的思考》(华东师大出版社1996年版),张耕华的《人类的祥瑞——吕思勉传》(华东师大出版社1998年版)和《吕思勉先生年谱长编》(上海古籍出版社2012年12月版),房鑫亮的《忠信笃敬——何炳松传》(浙江人民出版社2006年版)。特别是其中的《吕思勉先生年谱长编》,汇集了不少外界未见的残存日记、信函、随笔、杂文、时论以及一些家属、个人传记资料,十分难得。

二是从空间上拓宽视野,特别是加强了中外史学交流与海外中国学的研究。

近代以来,随着中外交通的日趋发达和整个世界联系的日益紧密,史学发展也进入了一种多元文化交相冲突和磨合的状态中。为更好地把握这一过程及其发展趋势,本学科点的盛邦和在多年访日、从事中日文化比较的基础上,撰写出版了《东亚:走向近代的精神历程——近三百年中日史学与儒学传统》(1995年10月浙江人民出版社版)。全书通过中日史学与传统文化走向近代过程的比较,指出:东亚近代化民族精神的精神原料皆离不开儒学,但"并不限于儒学一脉,经、史、子、集,诸子百家,均在其内。传统文化变革,实应指多种文化的综合改造求新。中国、日本极为重视史学,史学中有'儒学'也有'百家',且'六经皆史',诸种儒经多为史书,各派儒家皆尚论史。为求转换视角以求新得,因此本著更关注史学演进的脉络,亦追溯传统儒学演进的历程,以观察东亚近代精神的特质和表现"。① 试图以东亚文化近代化为大背景,来探究两国文化及其史学的演变轨迹。而邬国义编校的《史学通论四种》(2007年华东师大出版社版)则对日本明治史家浮田和民《史学原论》的四种汉译本做了编注。该书的出版,不但为学界研究晚清日本近代史学的输入提供了稀见文献,书前的代序言《梁启超新史学思想探源》一文对20世纪初年梁的史学理论来源作了详细梳理,也甚见功力,良足参考。

在这方面,本学科点的另一亮点是朱政惠的海外中国学尤其是在美国中国学方面所作的开创性研究。朱政惠原本主攻中国马克思主义史学和当代史学,后转向海外中国学研究,认为应将其纳入史学史的考察范围,并于1996年发起成立了华东师范大学海外中国学研究中心。2000年至2002年,赴美国哈佛大学费正清东亚研究中心和哈佛燕京学社访学,期间遍访全美各大学中国学研究名家和研究机构,从当地图书馆和档案馆搜集了大量资料。回国后,编写出版了《美国中国学史研究——海外中国学探索的理论与实践》(上海古籍出版社2004年版)和《史华慈学谱》(上海辞书出版社2006年版),并在学校"985工程"的资助下,主持举办了一系列海外中国学国际学术讨论会,主编出版了《海外中国学评论》集刊(已出4期)和《海外中国学史研究丛书》(已出8种),创建了华东师大历史学的海外中国学二级学科博士点,培养了一批从事该专业研究的博、硕士,为该学科的建设作了大量基础性的工作。2013年去世后出版的遗著《美国中国学发展史——以历史学为中心》(中西书局2014年版),堪称其长期从事美国中国学史研究成果的荟萃。全书凡70多万字,分十二章论述了美国开国至1980年代有关中国学研究的发展过程,对其各时期的研究内容风格、理论方法和特征,以及代表性机构和学者的主要成就、影响等都有高屋建瓴的评论。在该书的写作过程中,作者慨叹:"要从以英文文献为基本史料的搜集爬梳中勾勒出一个大体的发展线索,作一个历史轨迹和演变特点的阐

---

① 盛邦和:《东亚:走向近代的精神历程——近三百年中日史学与入学传统》,浙江人民出版社1995年版,第2页。

述,确实还不是容易的事,耗费了我不少时间。希望这一研究成果能为学术界提供合适的参考借鉴。"①足见用心之良苦。此外,他还发表了不少阐述海外中国学研究理论和方法的论文,为该学科的发展做出了突出贡献,在海内外产生了相当影响。

在这一领域,本学科点后起之秀李孝迁的研究成果也很值得注意。他自2005年博士毕业留校后,先后出版了《西方史学在中国的传播》(华东师大出版社2007年版)和《域外汉学与中国现代史学》(上海古籍出版社2014年版),编集了《近代中国域外汉学评论萃编》(上海古籍出版社2014年版)。这些论著和资料汇编的总体特点是材料发掘深入,对近代以来西方学术输入中国的具体情况描述细致,澄清了不少过去比较含糊、遭到忽视甚至误解的史实,有助于更清晰地呈现近代中西史学乃至整个学术交流的图景。

史学史本质上是学术史的一种,它的发展,离不开其他人文学术乃至整个文化史的背景。鉴此,本学科点的研究一直比较关注其与政治史、思想史和社会史的联系,并注意将之与学术史和文化史的研究结合起来。如路新生的《中国近百年疑古思潮研究》(上海人民出版社2001年版)就对龚自珍、魏源,直到胡适和顾颉刚的"疑古"思想及其经、史学作了较详讨论,指出:从政治上看,疑古思潮将二千余年来长期禁锢人们头脑的"经"的权威性彻底拔除;从学术上看,使"经"自此从迷信的对象转变为研究对象。但其"历史局限性同样也是无庸讳言的,这主要表现在疑古派在疑古运动中所提出的全盘否定中国传统文化的口号和他们的治学观上"。②王东的《客家学导论》(上海人民出版社1996年版)除讨论"客家学"的学科对象及其理论方法和基本问题外,也对该学的研究史和史学家罗香林在这方面的成就有所回顾。

而胡逢祥的《社会变革与文化传统——中国近代文化保守主义思潮研究》(上海人民出版社2000年版),在对国粹派和学衡派等文化保守主义理念及学术活动的考察中,对其相关的史学活动特征也作了相当探讨。盛邦和的《解体与重构——现代中国史学与儒学思想变迁》

---

① 朱政惠、刘莉:《柳暗花明又一村——关于海外中国学研究与史学研究的对话》,《史学月刊》2013年第4期。
② 路新生:《中国近三百年疑古思潮研究》,上海人民出版社2001年版,第577、578页。

(华东师大出版社2001年版)则是对20世纪中国文化史学流派及其观念的系统考察,其中"着重叙论了中国现代学术流派、流变及其文化建设理论,探求'全球化'浪潮中'民族'吁求的意义蕴涵,回答如何打造'传统'的'现代性适应'"。对章太炎、刘师培、胡适、傅斯年、王国维、陈寅恪、陈垣、钱穆、余英时、张灏等史学均有论述。显示了较开阔的历史视野。

此外,在近现代史学史文献资料的搜集整理方面,近年亦有不少新的拓展。除已出版刘寅生和房鑫亮编《何炳松文集》(五卷,商务印书馆1996年版)、房鑫亮等编《苏渊雷文集》(四卷,上海人民出版社1999年版)、张耕华参与整理的《吕思勉文集》(26册,约1 000万字)、邬国义等编《刘师培史学论著选集》(上海古籍出版社2006年版)外,还有邬国义编辑的《冯承钧文集》(三册,2015年上海古籍版)和张耕华参与编纂的《吕思勉全集》(30余册,约1 200万字),也已由上海古籍出版社出版。

回顾半个多世纪以来华东师范大学历史系史学理论与史学史学科点在中国近现代史学史研究方面所走过的道路,我们深深感到:创新固然是学术发展的驱动力,但坚持深耕勤作,更是学术研究成果形成其长久生命力的根本,只有把创新的思路与足踏实地的工作精神结合起来,才能把我们的学术事业不断有力地推向前进。

中国古代史研究

吴泽与马克思亚细亚生产方式理论研究

盛邦和

"亚细亚生产方式研究"与"资本主义萌芽研究""农民战争史研究"等课题一起,曾经是新中国建国以来的重大史学课题。吴泽先生努力从事马克思亚细亚生产方式研究,开拓东方学研究的领域,成为"亚细亚生产方式研究"领域的重要代表。吴泽先生已辞人间,然而他从事这方面研究的学术成果与理论创获,尤其是重要著作《东方社会经济形态史论》,成为学界遗产,值得后人解读与纪念。吴泽开展亚细亚生产方式问题研究,具有以下几个特点:第一,对亚细亚生产方式理论形成史的解说;第二,对亚细亚生产方式研究史的反思;第三,用亚细亚生产方式理论指导学术研究,尤其是中国古代史研究。

一、对亚细亚生产方式理论形成史的探讨

学术界在考察马克思亚细亚生产方式理论形成史时,一般注意到马克思1853年发表的《不列颠在印度统治的未来结果》。有学者认为,该文首次提出"亚洲式的社会"的概念,用以区别西方社会。[1] 马克思说:"英国在印度要完成双重的使命:一个是破坏性的使命,即消灭旧的亚洲式的社会;另一个是建设性的使命,即在亚洲为西方式的社会奠定物质基础"。[2]

马克思接着说:近代以来,印度农村公社的自治制的组织和它

---

[1] 周世兴:《论马克思的"亚细亚生产方式"》,《西北师范大学学报》,1996年第5期。
[2] 《马克思恩格斯选集》第2卷,人民出版社1972年版,第70页。

们的经济基础已经被破坏了,但是,农村公社的最坏的一个特点,即"社会分解为许多模样相同而互不联系的原子"的现象,却一直残留着。

孤立的、农业和手工业结合的农村公社,即"分解为许多模样相同而互不联系的原子",成为印度,事实上也是亚细亚社会的基本组合方式;存在着一个"一无抵抗、二无变化的社会的消极基础"。亚细亚"公社"结构造成的社会性内驱力的缺乏,使印度以至亚洲长期处于无进步的稳定状态。①

吴泽认为,引发马克思开展亚细亚生产方式研究的原因,与1848年后的欧洲革命有关系。激荡的社会形势,要求马克思"在洪水到来之前"关注经济学研究,"至少把一些基本问题搞清楚"。同时也起源于他对印度的考察。1853年东印度公司的特许权将期满,大量印度及东方的资料得以披露,促使马克思将目光转向东方,也为他的研究提供了条件。吴泽还认为恩格斯对俄罗斯民粹派的批判,充实与丰满了马克思的亚细亚生产方式理论。② 马克思亚细亚生产方式的完整理论,蕴涵着恩格斯宝贵的思想结晶。

19世纪50年代前后,也就是1848年欧洲革命失败后的不久,在西欧空想社会主义思想影响之下,俄罗斯知识分子赫尔岑等人"创造"出东方式的空想社会主义。那就是在俄国原有的村社土地占有制基础上,绕过资本主义阶段,直接进入理想的共产主义。1845年普鲁士政府顾问哈克斯特豪森著《对俄国的内部关系、人民生活特别是农村设施的考察》一书,说是"发现"了在俄国存在着众多的农村公社与公社所有制。这成为俄国空想社会主义者的理论基础,由此确认在俄国存在着社会主义的"胚胎"。恩格斯著《论俄国的社会问题》等论著指出,这种"公社所有制"培植着"榨取农民大众的膏脂"的富有者,结果造成"财富上很大的不平等",与科学的"共产主义"风马牛不相及。俄罗斯确实存在着公社所有制,然而这是落后的、前现代的社会形态,即亚细亚生产

---

① 以上参考郑祖铤:《马克思的"双重使命"理论》,《湘潭大学社会科学学报》,2001年第5期;朱家桢:《关于亚细亚生产方式理论研究中的几个问题》(http://cache.baidu.com/c);文骅:《马克思恩格斯的"亚细亚生产方式"理论和"跨越卡夫丁峡谷"》等文。
② 吴泽:《东方社会经济形态史论》,上海人民出版社1993年版,第309页。

方式社会形态。在这样的基础上，不可能产生新时代的生产方式。社会主义，只有在资本主义成熟的基础上才可能发生，离开这个基础，而寻出另一个"公社"基础，只是不切合实际的幻想，只是体现了俄罗斯知识分子因工业时代骤然而至，而发生的惶恐，其本质是一种反现代的思潮。① 显然，亚细亚生产方式理论的创建与发展，离不开恩格斯的参与。此为马克思主义社会形态学说的重要组成部分，也是科学社会主义与空想社会主义论战的产物。

1859年马克思《政治经济学批判》一书出版，马克思为此书出版写了《序言》。其中有这么一段经典语录："大体说来，亚细亚的、古代的、封建的和现代资产阶级的生产方式可以看作是社会经济形态演进的几个时代。"②

吴泽强调，马克思用"亚细亚的"这一地域性名称来修饰亚洲"生产方式"，并确认它是"社会经济形态演进的几个时代之一"。这样，"亚细亚生产方式"这一概念就被第一次明确提出。③

作为《政治经济学批判》续篇的《资本论》，是在1867年开始出版的。仅第一章中，马克思就多次使用"亚洲的""亚细亚的"或"亚细亚生产方式的"这样的字句，而且还把它和"古代的""中世纪的"等概念依次序排列在一起。例如，其中一句就是："前人总是低估亚洲的、古代的和中世纪的商业的范围和意义，与此相反，对它们异乎寻常的予以过高的估计，现在又已经成了一种时髦。"④

吴泽说，马克思在1857年至1858年之间，有许多手稿笔记。《政治经济学批判》是马克思这个时期所写手稿的一部分。根据马克思《我自己的笔记本的提要》所拟定的标题，可以知道这一时期马克思还有另外一部手稿，这就是著名的《资本主义生产以前的各种形式》。

本来《资本主义生产以前的各种形式》是可以与《政治经济学批判》

---

① 引吴泽：《吴泽文集》第三卷，《东方社会经济形态史论》，华东师范大学出版社2002年版，第350页。
② 《马克思恩格斯选集》第2卷，人民出版社1972年版，第38页。
③ 引吴泽：《吴泽文集》第三卷，《东方社会经济形态史论》，华东师范大学出版社2002年版，第18页。
④ 引吴泽：《吴泽文集》第三卷，《东方社会经济形态史论》，华东师范大学出版社2002年版，第19页。

一起出版的。《政治经济学批判》原来计划出版两册,《资本主义生产以前的各种形式》放在第二册。只是第一册出版后,马克思因顾及到《资本论》的出版,放弃了出版第二册的计划。《资本主义生产以前的各种形式》也就失去了及时发表的机会。[①]

直至1939年,这部手稿才在前苏联《苏联无产阶级革命》杂志第三期上正式面世。北京人民出版社1979年7月初版的《马克思恩格斯全集》第四十六卷上册,含有《政治经济学批判》。其中《资本章》载有《资本主义生产以前各种形式》专节。其主要内容有《亚细亚的所有制形式》《古代的所有制形式》《日耳曼的所有制形式,它同亚细亚的和古代的所有制形式的区别》等。

在吴泽看来,《资本主义生产以前的各种形式》的正式出版,使马克思的这一重要理论以其完整的形式展现于世。

二、对亚细亚生产方式理论争论史的研究

学术界一般认为有关亚细亚生产方式理论的争论,开始于上世纪的30年代,而吴泽则认为这场旷日持久的争论缘起于上世纪初。为此,《东方社会经济形态史论》专设第一章《问题的提起、时代背景与各家学说》《各家学说的分析与评论》诸节及第十八章《列宁论亚细亚生产方式及其与普列汉诺夫"亚细亚复辟论"的论争》,对列宁与普列汉诺夫的争论作认真的考察。

1908年,普列汉诺夫诠释自己的亚细亚生产方式理论,提出"东洋社会论"。他认为东方国家在"氏族组织崩溃"之后,进入了一个以亚细亚生产方式为特征的"东洋社会"。这是一个与希腊、罗马"古代社会"完全不同的社会。

古代社会代替了氏族社会组织;同样,东方社会制度产生以前的社会组织,也就是氏族社会组织。这两种经济构造的形式中,每种都是生产力在氏族组织内部发展的结果,这一生产力的发展,到最后必然要使

[①] 引吴泽:《吴泽文集》第三卷,《东方社会经济形态史论》,华东师范大学出版社2002年版,第280页。

氏族组织崩溃。①

在普列汉诺夫看来,生产力的发展,促使了古希腊、罗马社会"古代生产方式的产生",使之顺利进入了奴隶社会;而在东方,原始的"氏族组织"没有崩溃,新的"古代生产方式"即私有制的奴隶制社会没有产生。东方与西方分道扬镳,进入一个独自的社会——"亚细亚生产方式"社会。这个社会不是奴隶社会,而是游离于世界历史进程之外的特殊社会。普列汉诺夫的观点反映在他的著作《马克思主义的根本问题》中。②

为什么东方与西方会产生出完全不同的两个社会呢?普列汉诺夫回答说:"假使这两种方式间有很大的区别,那它们俩不同的主要特征是在地理环境的影响之下而形成的。在前一种形式下,地理环境给了生产力发展到一定程度的社会一种生产关系的总和;而在后一种情形下,地理环境给了另一种,而同第一种根本不同的生产关系的总和。"③

吴泽认为,问题是普列汉诺夫过于强调"环境"对生产关系的"决定"作用。环境的不同,造成"生产方式"的不同,进而形成不同的社会形态,这多少显示了"环境决定论"的特征。普列汉诺夫的亚细亚生产方式论有三个特点:东方社会特殊论、东方无奴隶社会论、环境决定论。这三个理论,在中国引起最大反响的是"东方无奴隶社会"论。在吴泽看来,这是一个极其错误的理论。这个理论传入中国后,引发了19世纪30年代著名的"社会史大论战"。

循着普列汉诺夫的观点,哥德斯提出"假设论",认为亚细亚生产方式其实就是"东洋封建论"。马扎亚尔则提出"东方社会特殊论",认为自原始社会解体到西方资本主义入侵的东方社会,既不是奴隶社会也不是封建社会,而是"独特的亚细亚社会"。在否定东方(包括中国)奴隶社会阶段这一点上,马扎亚尔比普列汉诺夫走得更远。④

---

① 普列汉诺夫:《马克思主义的根本问题》,三联书店1950年版,第36—37页。引吴泽:《东方社会经济形态史论》第28页。
② 吴泽:《东方社会经济形态史论》,上海人民出版社1993年版,第52页。
③ 普列汉诺夫:《马克思主义的根本问题》,三联书店1950年版,第36—37页。引吴泽:《东方社会经济形态史论》第29页。
④ 马扎亚尔:《中国农村经济研究》,神州国光社翻译本,第26—32页。引吴泽:《东方社会经济形态史论》第30页。

1931年，前苏联学者柯瓦列夫提出亚细亚生产方式是"奴隶制与封建制的变种论"；雷哈德又倡导"过渡形态论"。雷哈德说："我们不反对亚细亚生产方式的特质，就是奴隶所有者社会的变种或其他不完全性，但也不赞成把这种生产方式看作一种社会构成。所谓亚细亚的生产方式就是原始社会和古代奴隶制度之间的过渡形式。"[1]

与雷哈德意见相同，日本学者早川二郎在《古代社会史论》一书中提出"贡纳制"社会说，认为这样的"贡纳制"社会是原始社会向奴隶社会的"过渡"形态。

30年后，即20世纪60年代，沉寂多年的争论再度出现。前苏联以及西欧、美国、日本的学者纷纷加入争论的行列。英国共产党机关报《今日马克思主义》、法共机关报《思想》杂志，德意志民主共和国学术刊物《历史学杂志》《人类学考古学杂志》、前苏联重要学术刊物《历史问题》《哲学问题》《亚非民族》等接二连三地参加讨论，几十部专著和几百篇论文相继问世。俄国、中国、印度、伊朗、土耳其、阿富汗及世界上几乎所有农业社会的历史都成为讨论的对象。法国的谢诺、匈牙利的托凯和前苏联的瓦西利耶夫等组成"亚细亚生产方式派"的思想战线，苏联尼基福罗夫则形成"传统五阶段"派。讨论达到"空前绝后"的热闹程度。[2]

这时期的有关出版物有翁贝托·梅洛蒂的《马克思与第三世界》与魏特夫的《东方专制主义》。吴泽认为《马克思与第三世界》，其实也就是普列汉诺夫与马扎亚尔等一派有关论点的翻版。[3] 与《马克思与第三世界》比较，魏特夫的《东方专制主义》影响更大，成为20世纪60年代大讨论的导火线。

可以说，吴泽对东方社会经济形态史论的研究，正是建立在对马克思亚细亚生产方式理论形成史与有关此理论的争论史的研究基础之上。吴泽认为："认真地总结半个世纪以来的具体论争过程，全面地、准确地把握亚细亚生产方式理论的真谛，不仅对于捍卫马克思主义的社

---

[1] 雷哈德：《前资本主义社会经济史论》，日译本，第131页。引吴泽：《东方社会经济形态史论》，上海人民出版社1993年版，第37页。
[2] 参见孙承叔：《打开东方社会秘密的钥匙：亚细亚生产方式与当代社会主义》第3页。
[3] 吴泽：《东方社会经济形态史论》，上海人民出版社1993年版，第27页。

会经济形态学说,推动东方国家古代、中世纪的历史研究,而且对于科学地分析亚洲等东方国家的历史、现状和未来,制定正确的社会经济形态的战略部署,都具有重大的理论意义和实践意义。"[1]

三、吴泽建立马克思主义东方学理论的学术创获

按照马克思在《资本主义生产以前的各种形式》一文以及其他有关著作中的论述,亚细亚生产方式有如下几个特征:(1) 不存在土地私有制,实行专制国家的土地国有制和公社的土地占有制;(2) 农村公社长期存在,农业和手工业相结合并成为社会生产和生活的基本组织;(3) 政治上实行的是专制主义政权体制;(4) 具备这种生产方式的国家,还有管理公共灌溉工程等的职能。[2]

吴泽说:"显然,亚细亚生产方式的这种本质内容和特征,验诸古代东方国家的历史,是的确存在的。古代东方的奴隶国家,不论是古埃及、巴比伦,还是古印度和中国,都在不同程度上具备上述诸特点,其中以印度最为典型。"[3]

吴泽分析古代东方社会经济形态的"本质内容和特征"时,特别强调以下三个方面:

其一,如马克思所说:"农村公社既然是原生的社会形态的最后阶段,所以它同时也是向次生的形态过渡的阶段,即以公有制为基础的社会,向以私有制为基础的社会的过渡。"[4]然而,在从原始社会向奴隶社会转化的时候,亚细亚社会没有完成由"公有化"向"私有化"的转化,而是将"以公有制为基础的社会"大体完整地保存了下来,这是东方社会形态区别于西方的一个最大特点。

其二,正因为亚细亚社会没有完成由公有制向私有制的转化,导致古代"公有制"的社会承载体——公社制度的长期存在。

---

[1] 吴泽:《东方社会经济形态史论》,上海人民出版社 1993 年版,第 28 页。
[2] 吴泽:《东方社会经济形态史论》,上海人民出版社 1993 年版,第 312 页。
[3] 吴泽:《东方社会经济形态史论》,上海人民出版社 1993 年版,第 312 页。
[4] 《马克思恩格斯全集》第 19 卷,第 450 页。

其三,如恩格斯所说:"古代的公社,在它继续存在的地方,在数千年中曾经是从印度到俄国的最野蛮的国家形式,即东方专制制度的基础。"①

以上亚细亚生产方式的三大特征,组合成东方社会形态发展的"因果链"。弄清这个因果链的外部形式与内部结构,可以找到打开东方社会形态本质奥秘的宝贵钥匙。

吴泽完成以上对亚细亚生产方式论的理解与诠释,没有就此驻足。他不同意某些学者以下的理论逻辑:"亚细亚"是"特殊的"——中国是"亚细亚"的——中国是"特殊的"——"特殊"点的最大表现,在于"没有经历过奴隶社会阶段"。由此推断,马克思五种社会形态学说只适合西方,并不适合中国。

吴泽指出,以亚细亚生产方式理论证明中国没有奴隶制的说法是错误的。《资本主义生产以前的各种形式》在分析"亚细亚"社会财产关系时,有过如下的表达:"奴隶制和农权制只是这种以部落体为基础的财产的继续发展,它们必然改变部落体的一切形式。在亚细亚形式下,它们所能改变的最少。"

马克思还说:"从另一方面说,因为在这种财产形式下,单个的人从来不能成为所有者,而只不过是占有者,实质上它本身就是作为公社统一体的体现的那个人的财产,即奴隶。所以,奴隶制在这里并不破坏劳动条件,也不改变本质的关系。"

吴泽认为,马克思已经明确地告诉我们,亚细亚形式下的财产关系,是"以部落体为基础的财产关系的继续发展",属于奴隶制形态下的财产关系。②

如吴泽所说,亚细亚生产方式问题的争论,推动了中国古代史研究的深入。学术观点的分歧与争论,为中国马克思主义史学的发展与学术队伍的建立壮大起到了积极有益的作用。科学的"中国奴隶社会史体系"及"殷代奴隶制"的建立,是这一争论的直接成果。

侯外庐先生在后来的回忆中写到,我之所以要从事中国古史的研

---

① 《马克思恩格斯全集》第19卷,第197页。
② 吴泽:《东方社会经济形态史论》,上海人民出版社1993年版,第302页。

究,就是由于"苏联学者把亚细亚生产方式作为空白史提出来讨论",从而,他确定以"亚细亚生产方式"为突破口,来指导古代史研究。吕振羽、翦伯赞等人,也以亚细亚生产方式理论为指导,开展中国古代史的研究。①

1936年吕振羽出版《殷周时代的中国社会》一书,从世界史的角度,指出奴隶制并非希腊、罗马所独有,"而是社会发展过程中必须经过的阶段,若没有这一特定阶段的存在,则后来的文明时代便不可思议"。②

在历史思潮的催动下,吴泽先生于大学读书的几年,一连发表《殷代社会经济研究》《夏代家长制奴隶制经济研究》等专题论文,就中国古代有否奴隶社会问题提出己见。在这些论文中,吴泽阐述尧舜时代是中国原始社会后期的部落联盟时代,夏代是家长奴隶制时代,商代是奴隶制社会的观点。1937年吴泽大学即将毕业,又撰写了《中国社会史论战总批判》上、下两篇,在南京《中国经济》上连续发表。后来吴泽回忆说:"这篇论文的中心内容,就在于解剖'新生命'派所谓奴隶制社会'空白'论,并表述了自己对用马克思主义社会经济形态学说来解说中国历史的坚定信念。"③

抗战时期,吴泽在复旦大学历史系任教,开设的是《殷周史》课程。这一时期他先后完成了《殷代帝王名谥世系与继承制研究》和《殷墟青铜器研究》等论文的写作,刊登在《中山文化教育馆季刊》等杂志上。

在《中国历史大系·古代史》中,吴泽对其居住地重庆所能找到的地下出土文物、甲骨金文和文献材料作认真检视,"对殷代社会经济、国家组织、政治形态和文化艺术诸方面,作了具体而微的讨论"。书中专列《殷代社会经济的"亚细亚的"特征》一章,论证殷代奴隶制社会的东方类型及其主要特点。④

与此同时,吴泽也开展对秋泽修二理论的批判,展示了尖锐凌厉的笔锋。吴泽反对秋泽修二,在于秋泽修二将自己打扮成亚细亚生产方

---

① 引吴泽:《吴泽文集》第三卷,《东方社会经济形态史论》,华东师范大学出版社2002年版,第49页。
② 引吴泽:《吴泽文集》第三卷,《东方社会经济形态史论》,华东师范大学出版社2002年版,第8页。
③ 吴泽:《吴泽集》第一卷,《中国历史大系·古代史》,华东师范大学出版社,第8页。
④ 参考(美)罗兹·墨菲《亚洲史》等,可见殷代属奴隶制社会的观点现已被国际学术界普遍接受。

式理论的研究家,突出"论证"中国古代社会亚细亚生产方式的"特点";刻意强调中国社会因其"停滞性",无法发生新的生产关系,必须等待"外力"的刺激,才能走出旧世界的阴影;反复"说明"中国的地理环境是亚细亚生产方式产生与延续的"基础",由于这个基础无法改变,中国的进步难待时日。

吴泽指出,秋泽修二强调近代以来"外力"对中国的侵略乃在情理之中,是对中国"进步"的推动,显然是一种掩饰于马克思旗号下的侵略论。他"鼓吹地缘政治论和人口史观",也同样是"为日本军国主义武力侵华制造'合法'的理论。"①

对此,吴泽撰写了《〈中国历史〉是停滞倒退的吗?》和《地理环境在社会历史中的作用》等文,作了正面批驳。有关地理环境与历史发展关系问题,吴泽后来又进一步思考探索,写成《地理环境和社会发展》一书。②

从1955年至1960年间,吴泽几乎把所有的时间和精力都用于马克思东方学理论的研究,及运用这一理论研究中国古史。《亚细亚生产方式理论问题研究》《古代东方社会的特点问题》《古代公社与公社所有制诸形态问题》《奴隶制社会的下限与封建社会形成的标准问题》等重要论文纷纷刊出。1960年,集结成《中国通史基本理论问题论文集》一书,由华东师范大学出版社出版。③

吴泽这个时期通过对中国殷代与西方希腊、罗马时代土地制度的比较研究,得出两个基本结论。这就是中国殷代与古代希腊、罗马都属于奴隶制度。这是它们的相同点。原始公社得不到瓦解,"土地国有"制度的长期保存,是中国殷代奴隶制度的特点。"公社旧制"被瓦解,土地与其他财产实行私有化,则是古代希腊、罗马奴隶制度的特点。

吴泽这样评说中国殷代奴隶制社会形式与土地占有形式,及这两者之间的因果连带关系。

> 中国古代的殷代,成汤征服夏代后,土地并未转化为私有,只是将公社首长支配的公社小土地,宣布为"国有"而已。而且宣布

---

① 吴泽:《吴泽集》第一卷,《中国历史大系·古代史》,华东师范大学出版社,第9页。
② 吴泽:《吴泽集》第一卷,《中国历史大系·古代史》,华东师范大学出版社,第9页。
③ 吴泽:《吴泽集》第一卷,《中国历史大系·古代史》,华东师范大学出版社,第13页。

"国有"后,仍旧将土地分赐给各公社,且任命原有公社首长们,出任为殷政府的代理人与征税吏,对于原来公社制的土地分配生产组织,国家并没有加以何种改编。原始社会中的公社旧制,到殷代社会中,并未像古希腊、罗马那样完全解体,相反,在"土地国有"的情形下,以"邑"的名称保存下来,而成为农业生产与农村经济以及社会组织的基本单位。"土地国有"与农村公社的保存,这是殷代古代社会形式之一。

吴泽认为:土地国有,原始氏族组织与农村公社的保存,家族小土地的生产,商业、私有财产的不发达,经济发展的不平衡性,贡纳制的盛行,"这是殷代奴隶制生产特点"。"正因为土地未转为私有,土地不能买卖,农村公社就受不到土地买卖的影响而破坏","根本上,土地未私有化,不能买卖,富裕家庭及商业高利贷不能突破最大所有主殷王的经济与政治的约束,走上像希腊、罗马奴隶制高度的道路。国家奴隶制的家族小土地生产,这是殷代奴隶制生产特点之一。"[1] 由此,殷代社会具有古代东方社会一般的"亚细亚"的特性,[2] 而在古代西方则存在着另外的景象。

欧洲希腊、罗马奴隶制经济中,土地私有化、商品化,土地自由买卖。强大的商业资本与高利贷资本,就抓住了贫穷家族,取得广大的土地所有权,成为大土地所有者。他们并且蓄养成百成千的奴隶,驱使着在其大土地上作大规模的奴隶生产。土地私有化可以买卖,原来的农村公社的土地占有制和分配制,家族小土地生产制,自然都被破坏,不能保留。由公社的家族小土地生产彻底走上奴隶主的大土地、大奴隶制生产,这是希腊、罗马古代社会经济发达到高度(典型)的基本特点。[3]

改革开放以来,西方的各种学术思想传入中国,吴泽认为这必将丰富中国人文社会学科的研究。不过同时,吴泽也产生一个担心:会不会出现"泥沙俱下、鱼龙混杂的局面"? 吴泽意识到,一些外国有关亚细亚生产方式研究书籍及理论的出版与译介,"使我国学术界对马克思主

---

[1] 吴泽:《吴泽集》第一卷,《中国历史大系·古代史》,华东师范大学出版社,第220页。
[2] 吴泽:《吴泽集》第一卷,《中国历史大系·古代史》,华东师范大学出版社,第222页。
[3] 吴泽:《吴泽集》第一卷,《中国历史大系·古代史》,华东师范大学出版社,第219页。

义意识形态学说的理解不是日趋接近,而是出现了越争论分歧越大的趋势"。

这时期的吴泽,没有像年轻时代那样,对不同的观点做即刻的正面批判。他只是"抱着虚心省思的态度,重新阅读马克思主义创始人的著作,力图在阅读原著的基础上,来把握马克思社会形态学说的内在意蕴和精神实质"。①

他继续循着"研究土地所有制"的思路,为从根本上把握马克思的社会形态理论,对《资本主义生产以前的各种形式》揭示的土地所有制、工具所有制、行会所有制,以及资本主义所有制取代封建土地所有制诸问题,作专题式的研究。

从1983年开始,吴泽陆续发表了《马克思论古代土地所有制诸形式》《马克思论封建工具所有制与行会制度》和《马克思论封建土地所有制的解体与资本所有制的形成》《〈资本主义生产以前的各种形式〉与古代东方研究》等专题论文。1993年上海人民出版社出版了吴泽的《东方社会经济形态史论》。该书是吴泽数十年来从事马克思亚细亚生产方式理论研究的心血结晶,是新时期拓展马克思主义东方学领域的集成之作。②

四、余　论

围绕马克思亚细亚生产方式问题,世界与中国发生长达一个世纪的争论。争论的撞击点很多,归纳起来,诚如吴泽先生所说:第一,世界上有没有"亚细亚生产方式",中国是否属于"亚细亚生产方式"? 第二,假如中国走过"亚细亚"道路,马克思有关人类历史发展阶段的结论还是否适合中国? 第三,未来中国是否还将沿着"亚细亚"道路继续走下去? 这些问题体现了吴泽等老一辈历史学家经历的那个时代的历史特色,许多问题也已经解决。然而,他们的研究依然引发人们作如下思考:"我们还是要继续确认亚细亚生产方式是区别于西方的、独特的、东

---

① 吴泽:《吴泽集》第一卷,《中国历史大系·古代史》,华东师范大学出版社,第9页。
② 吴泽:《吴泽集》第一卷,《中国历史大系·古代史》,华东师范大学出版社,第9页。

方式的生产方式,继续强调中国是亚细亚生产方式占主导地位的国家。这可以说是亚细亚生产方式问题的话题前提。失去了这个前提,问题的讨论就失去最主要的意义。"

探讨亚洲走过的文明历程与西方有何区别,是一个历史问题也是一个现实问题,既然东方走过自己的道路,未来东方的道路应是历史的继续,也必然体现东方特色。事实上东亚地区已经创造出亚洲式现代化道路。对当代中国来说,亚细亚生产方式问题讨论将予中国特色社会道路理论以莫大的理论支持。

再有,马克思一方面看到亚洲光明的前景,将希望寄托在亚洲,也常将"亚细亚"与"落后的东方社会"这两个概念等同使用。显然,亚洲近代"落后"与亚细亚生产方式有着密切的连带关系。就本质意义说,亚细亚生产方式是农业社会的典型特征。当一个社会还处在前近代社会,即农业文明的时候,这个文明特征曾经发挥过积极作用。中国、埃及、印度等古老文明国家辉煌的过去,曾得益于亚细亚生产方式。然而一旦近代的帷幕拉开,亚细亚生产方式作为一种经济"方式",连带被这个经济方式演绎出来的精神"方式",便大大落后于时代,出现"春日冬衣"的尴尬。由此文明转型与文化更新,就成为东方,尤其是"典型东方"——中国的迫切任务。

原载《上海财经大学学报》2006年第2期

东方社会经济形态史论研究的学术启示

盛邦和

改革开放,恢复高考,我考进华东师大史学研究所,成为吴泽先生的研究生。吴泽先生给我们授课,尤其到了撰写论文阶段,反复嘱咐一句话就是"要有理论",至今萦绕脑际。这个理论是什么呢?专业方向是"史学理论及史学史",因此也就是"史学理论",就是历史唯物论与辩证论。然而,具体而言这个"理论"又说的是马克思东方学理论,也称东方社会经济形态史论、"亚细亚生产方式"理论。

吴泽先生在学术自述中说,粉碎"四人帮"后从事多方面研究,其中重要一项,是开展东方社会经济形态理论研究。1983年以后先生先后发表《马克思论古代土地所有制诸形式》《马克思论封建工具所有制与行会制度》《马克思论封建土地所有制的解体与资本所有制的形成》《〈资本主义生产以前的各种形式〉与古代东方研究》等文,开展东西比较、阐述东方特点,取得重大收获。1993年上海人民出版社出版《东方社会经济形态史论》,集先生一生东方学研究之大成,对亚细亚生产方式理论作详尽论析,对此理论的研究史作深刻省思。

马克思东方学理论所涵宏富,其中有两个重要的内容尤具特色。其一是社会进化理论。马克思指出,人类社会的第一个阶段是"亚细亚的社会",其实就是原始社会。从这个社会前行,经由古代社会、封建社会到达资本主义。此后斯大林将此诠释为"五种社会形态理论",并强调中国与世界各国一样,也经历奴隶社会与封建社阶段。其二是亚细亚社会特征问题。马克思指出,当欧洲走出"亚细亚社会"(原始社会),亚洲没有完全实现"走出"的任务,而长期停滞在"亚细亚社会阶段"。

一部分国家与民族,虽到达封建社会然但仍然保留浓重的原始"亚细亚"性质。这也是当欧洲进入资本主义社会,亚洲依然"停滞"不前的根本原因。"亚细亚生产方式"的特点有三:村社制度的遗存、原始"公有"的坚持及东方专制主义的凸显。

如果说,民国时期吴泽先生的学术努力大体是在阐述"亚细亚生产方式"理论的前一个内容,那么新中国时期,尤其是改革开放之后,吴先生主要阐释这个理论的后一个内容。以下试论亚细亚生产方式理论的重要思想内容,这是学习先生论著的体会,也是对先生的学术纪念。

1. 关于"村社"的理论

村社的存在是亚洲社会的重大特点。在印度有许多个村社,它们有完全独立的组织,自成一个个小天地,"从地理上看,一个村社就是一片占有几百到几千英亩耕地和荒地的地方;从政治上看,它像一个地方自治体或市镇自治区。每一个村社都是,而且实际上看来过去一直是一个单独的村社或共和国"。①

村社的边界很少变动,虽然有时候受到战争、饥荒和疫病的损害,变得荒无人烟,但是同一个名称、同一条边界、同一种利益,甚至同一个家族却世世代代保存了下来。"这些田园共和国只是怀着猜忌的心情防范邻近村社侵犯自己村社的边界,它们在新近刚被英国人侵占的印度西北部还相当完整地存在着"。村民耕种着"自己的土地"。然而所谓"自己的"只是一种名义与表象。村社土地是公共的,与土地有关的一切产权私有在这里概不合法。②

在俄国,村社制度一直延续到十九世纪末。对于俄国村社,也叫"米尔",马克斯·韦伯在他的重要著作《经济通史》中有着详尽的记载与评说。"米尔"制度,在大俄罗斯占支配地位,而在乌克兰和白俄罗斯没有这种制度。"米尔"的村落是一种街道村落,其规模庞大,居民常不下三五千人之多。园圃和耕地位于宅地的背后。新成立的家庭安置在

---

① 《马克思恩格斯全集》第 28 卷,人民出版社 1973 年版,第 271—272 页。
② 《马克思恩格斯全集》第 28 卷,人民出版社 1973 年版,第 271—272 页。

"份地"的末端。除耕地外,有公共牧场可供利用。耕地划分成为大块,大块又划分成为长条地。同日耳曼土地制度不同,长条地并不是硬性按户分配,而是在分配时把一户有多少人口或有多少劳动力一并加以考虑的。长条地既是按人口进行分配,所以这种分配决不会就此一劳永逸不再变更,而只能是暂时性的。法律规定每12年进行一次重新分配,但事实上这种重新分配进行得很频繁,往往每6年、3年甚至1年就进行一次。无论何人未经公社的许可,不能离开公社迁往他处。①

对于"米尔"②的历史作用,马克斯·韦伯指出:"直到这个制度在俄罗斯瓦解时止,一直存在着两个不同的看法。一种看法认为它同个人主义的农村组织截然不同,乃是经济生活的救济手段;并且把每一个迁徙出去的工人可以回乡要求一份土地的权利,看作是一种解决社会问题的办法。持有这种看法的人,一方面虽承认这会成为农艺方法和其他方面进步的障碍,但是又认为土地权迫使每一前进都要把每一个人包括进去。反对他们的人则无条件地把米尔看作是进步的障碍和反动的沙皇政策最有力的支柱。"③

韦伯指出斯托雷平土地改革的直接结果,使富裕的农民,即拥有大量资金以及按家庭成员比例占有较多土地的农民,退出了米尔,于是俄罗斯的农民就分成为两个阶级。一个是富有的大农场主阶级,他们退出了米尔而转向个人农场制;另一个是被抛在一边的为数大得多的农民,他们本来占有的土地就很少,现在又被剥夺了重新分配的权利,以致绝望地陷于农村无产阶级的地位。后者仇恨前者,把他们看作是米尔的神圣法律的破坏者;而前者则成为现行制度的无条件的支持者,要不是期间发生了世界大战,他们未始不会给沙皇制度以新的支持和"武装保卫"。④ 在韦伯看来,"社会革命的力量在20世纪初期具有威胁性的发展,终于导致米尔的瓦解"。⑤

美国学者莫斯论俄国中部地区大多数典型村社都很小,其余多数

---

① 马克斯·韦伯:《经济通史》,上海三联书店2006年版,第11—12页。
② 在俄国,村社的名称为"米尔"。
③ 马克斯·韦伯:《经济通史》,上海三联书店2006年版,第12—13页。
④ 马克斯·韦伯:《经济通史》,上海三联书店2006年版,第12—13页。
⑤ 马克斯·韦伯:《经济通史》,上海三联书店2006年版,第12—13页。

是中等大小的"土地重分型农业村社"。他说,"根据鲍里斯·米罗诺夫的描述,这样的村社(在1860和1870年代)一般拥有4~80个家庭,并在和外部世界的交往中起调停作用,尤其是在国家和个人间进行调停。村社(包括其村委会和选举的负责人)负责土地分配,实施法律、行政和拥有政治权利,并帮助协调耕作事宜、宗教、文化、教育及其他村民生活的社会问题"。①

俄国在走向现代的历程中,曾将改革矛头指向本国的"米尔"——村社。斯托雷平制定的土地改革法准许农民在规定的条件下退出米尔,并得要求他们所领受的那一部分土地嗣后免予重新分配。"退社成员的那一份土地必须是连在一起的整块土地,从而在原则上像阿耳高的圈地一样,把农民分散开来,使他们分别居住在自己持有地的中央,单独地进行经营"。

然而这样的改革推行起来,并不顺利。这是因为俄国村社传统出奇的悠长坚韧,顽强鲜活地存在于今,成为俄国黑暗制度的社会基石。莫斯认为,在俄国"许多农民对村社的忠诚和他们非常关心改善自己家庭地位的愿望有关。每个农家都想要获得更多村社或非村社土地好去耕作,有些农民则找到了在村社制体制内走向富裕的途径。村社内部富有农民的影响力十分强大,许多这样的农民坚决反对解散村社"。②

"人们常常批评俄国农业落后,但村社制却比多数外人所认为的更加稳固、注重实效和适用。此外,村社还在一个急剧变化的世界里为农民提供了基本的安全"。③ 莫斯认为,虽然村社面临许多压力,尤其是斯托雷平想要打破村社制,但村社还是保留了下来,甚至变得更加强大。这是因为,俄国尚为农民的国家,而非市民的国家。在农民看来,村社能够给予他们以"基本的安全"。

马克思论村社制度在人类进化阶梯上处于低端的地位。他以"半野蛮"这样的词句,表达对村社的态度。"英国人把纺纱匠安置在兰加雪尔,把织布匠安置在孟加拉,换言之,就是把印度原有的纺纱匠和织布匠完全消灭,这种干涉行动就消灭了这些小规模的、半野蛮的、半文

---

① 沃尔特·G·莫斯:《俄国史》,海南出版社2008年12月版,第129—130页。
② 沃尔特·G·莫斯:《俄国史》,海南出版社2008年12月版,第129—130页。
③ 沃尔特·G·莫斯:《俄国史》,海南出版社2008年12月版,第129—130页。

明的村社的经济基础而破坏了村社,这样就实行了亚洲所从未经过的一次最大的,而且的确可说是唯一的社会方面的革命"。[①] 他指出,当人类走向"现代"与"文明"之际,这些"小规模的、半野蛮的、半文明的村社"必趋消亡,这是历史发展的必然规律。

恩格斯认为,俄国经历东方专制政体的更迭统治,在数千年的过程中未能消灭古代村社制度,而大工业却渐渐破坏那自然发育起来的农村手工业,使村社制度日益瓦解。1892年3月15日在给丹尼尔逊的信中,他明确指出"灭亡",是俄国公社(村社)的必然前景。

"俄国的农民公社就必然要灭亡。我看,正是现在开始出现这种情况。看来,这样的时刻日益接近,那时,俄国农民生活的全部陈旧社会结构,像西欧以前出现过的情况那样,对个体农民来说不但会失去其价值,而且会成为束缚他们的枷锁。恐怕我们将不得不把公社看作是对过去的一种梦幻,将来不得不考虑到会出现一个资本主义的俄国"。[②]

恩格斯强调,村社是"农民生活的全部陈旧社会结构",那种以为可以通过村社直接进入社会主义的思想是"对过去的一种梦幻",是毫无现实意义的乌有之乡。恩格斯说:要处在较低的经济发展阶段的社会来解决处在高得多的发展阶段的社会才产生了和才能产生的问题和冲突,这在历史上是不可能的。发生在商品生产和私人交换出现以前的一切形式的氏族公社同未来的社会主义社会只有一个共同点,就是一定的东西即生产资料由一定的集团公共所有和共同使用。

"但是单单这一共同特性并不会使较低的社会形态能够从自己本身生产出未来的社会主义社会,后者是资本主义社会本身的最后产物。每一种特定的经济形态都应当解决它自己的,从它本身产生的任务;如果要去解决另一种完全不同的经济形态所面临的问题,那是十分荒谬的。这一点对于俄国的公社……或者任何其他以生产资料公有为特点的蒙昧时期或野蛮时期的社会形态一样,是完全适用的"。[③]

恩格斯指出,一个是"较低的经济发展阶段的社会",一个是"处在高得多的发展阶段的社会",用村社这样低级社会的生产方式,去解决

---

① 中共中央编译局:《马克思恩格斯论中国》,人民出版社1953年版,第10页。
② 《马克思恩格斯全集》第38卷,人民出版社1972年版,第306—307页。
③ 《马克思恩格斯全集》第22卷,人民出版社1965年版,第502页。

高级社会——资本主义出现的社会矛盾,这在历史上是"不可能的"。看起来村社与社会主义具有"共同特性",即"一定的东西即生产资料由一定的集团公共所有和共同使用",然而单单这一共同特性并不会使低级的村社形态从自己本身产生出社会主义,"后者是资本主义社会本身的最后产物"。俄国民粹派将落后的村社社会形态"指鹿为马",视为社会主义,主张保留与发展俄国村社制度,以阻止俄国历史的进程,实为历史的谬论,必将贻害后世。

2. 亚洲"原始公有"

1853年6月2日,马克思写信告诉恩格斯,他正在读一本很有意思的书。对于认识亚洲来说,这是一本"最出色、最醒目和最毋容争论的作品"。作者叫法兰苏·伯尔尼,曾当过九年医生。"伯尔尼就土耳其、波斯及印度斯坦来讲,正确地认定东方一切现象的基本形式是在于那里没有土地私有制之存在。这一点,甚至可以作为了解东方世界的真正的关键。"[①]

时间过了没几天,1853年6月6日,恩格斯致信马克思,同意他的说法。恩格斯分析东方"没有进到私有制"的原因。"东方何以没有进到私有制,连封建式的私有制都没有进到呢?我以为主要原因是在于气候,且与土壤的性质有关系,尤其是与广阔的沙漠地带有关系,这些沙漠,从非洲撒哈拉起,经过阿剌伯、波斯、印度及蒙古,绵延到亚洲最高的高原"。

马克思发现,在印度公社,即使住家房屋也属公有。"公共房屋和集体住所是远在游牧生活和农业生活形成以前时期的较古的公社的经济基础","在亚细亚的(至少是占优势的)形式中,不存在个人所有,只有个人占有;公社是真正的实际所有者;所以,财产只是作为公共的土地财产而存在。"这样的制度特点不仅存在于印度,也存在于俄国。"在大俄罗斯(即俄国本土),它一直保存到今天,这就证明农业生产以及与

---

① 中共中央编译局:《马克思恩格斯论中国》,人民出版社1953年版,第20页。

之相适应的农村社会关系在这里还处在很不发达的状态"。①

马克思在写作资本论的时候,已经看到:在亚洲,国家是最高的土地所有主。"主权在这里,就是在全国范围内集中起来的土地所有权。可是,在这种情况之下,便没有任何私人的土地所有权"。②

恩格斯则认为,"在土地所有主是村社或国家的那些东方国家,'地主'这个名词在它们的语言上找不出来,这一点可以由英国法律家委员会告诉杜林先生,因为这个委员会也在印度白白地考究过谁是地主的问题——正如已故的亨利第七十二、林斯——格林茨——石林斯——洛宾石顿——额布尔司瓦斯基考究谁是守夜者的问题一样。在东方,只有土耳其人才在他们所掠取的地方施行了特种的地主封建制"。③

马克思与恩格斯都认为,"不存在土地私有制,的确是了解东方的一把钥匙。这是东方全部政治史与宗教史的基础"。④

什么是土地私有制?那就是"土地所有主可以处置自己的土地,像一切商品所有主可以处置自己的商品一样"。这种观念——自由的土地私有权的法律观念——在欧洲古代世界,原始社会制度瓦解的时代就已经发生。原始的土地公有制由此消亡。⑤然而在亚洲的一部分地区却没有出现这样的"消亡"。从原始公有制向"古代"私有制的转换是文明发展的必然路径。"原始公有"的存在与继续发生影响导致"亚细亚"发展的迟滞与落后。

定时进行土地平均发生在亚洲"共同土地"上的重要制度。"每隔一定时间,往往是每隔一年,把公社土地平均分配,这在印度土地所有制形式的历史上乃是比较晚期的一种形式","这种形式不仅出现于同一村落以内,而且出现于两个和两个以上彼此有亲属关系的村庄之间,往往不仅涉及耕地,而且还涉及农舍"。⑥

在俄国中还存在着明显的亚洲式土地公有制,恩格斯说:"俄国必须迅速发展工业……产生大工业的先决条件是所谓的农民解放;随着

---

① 《马克思恩格斯全集》第18卷,1964年版,第618页。
② 中共中央编译局:《马克思恩格斯论中国》,人民出版社1953年版,第15—16页。
③ 中共中央编译局:《马克思恩格斯论中国》,人民出版社1953年版,第18—19页。
④ 《马克思恩格斯全集》第28卷,人民出版社1973年版,第256页。
⑤ 中共中央编译局:《马克思恩格斯论中国》,人民出版社1953年版,第13—14页。
⑥ 中共中央编译局:《马克思恩格斯全集》第45卷,人民出版社1985年版,第238页。

农民的解放,俄国进入了资本主义时代,从而也进入了公社土地所有制迅速解体的时代。"[1]

恩格斯强调,"在俄国,从原始的农业共产主义发展出更高的社会形态,也象任何其他地方一样是不可能的……这种更高的形态——凡在历史上它可能存在的地方——是资本主义生产形式及其所造成的社会二元对抗的必然结果,它不可能从农业公社直接发展出来"。[2]

3.亚洲国家力量的强大

历史的亚洲具有强大的国家力量,存在着东方式的专制主义。[3]孟德斯鸠说:奴隶制的思想统治着亚洲,从来没有离开过亚洲。"在那个地方的一切历史里,是连一段表现自由精神的记录都不可能找到的。那里,除了极端的奴役而外,我们将永远看不见任何其他东西"。[4] 在亚洲,"不许人们随意出国的惯例,是渊源于专制主义的。专制主义,把臣民当作奴隶看待,出国的人则被看做是逃走的奴隶。虽然如此,波斯人的惯例对于专制主义本身确是一桩极好的事"。[5]

专制政府宣传自己的观念,强调专制的必要与"仁慈"。因此,"中国人把君主看做是人民的父亲。当阿拉伯帝国的初期,君主是帝国的宣教师。有本圣书作规范是方便的,如阿拉伯人的《可兰经》、波斯人的佐罗亚斯特的经典、印度人的《吠陀经》和中国人的经典。宗教法典补充民事法典之不足,并给专横权力规划范围"。[6]

孟德斯鸠分析亚洲专制主义产生的原因。认为"在亚洲,人们时常看到一些大帝国。这种帝国在欧洲是绝对不能存在的。这是因为我们所知道的亚洲有较大的平原。海洋所划分出来的区域广阔得多,而且它的位置偏南,水泉比较容易涸竭。山岳积雪较少,河流不那么宽,给

---

[1] 《马克思恩格斯全集》第22卷,人民出版社1965年版,第503页。
[2] 《马克思恩格斯全集》第39卷,人民出版社1974年版,第148—149页。
[3] 孟德斯鸠著、张雁深译:《论法的精神》,商务印书馆1982年版,第212页。
[4] 孟德斯鸠:《论法的精神》(上册),北京:商务印书馆2005年版,第332—333页。
[5] 孟德斯鸠著、张雁深译:《论法的精神》,商务印书馆1982年版,第215页。
[6] 孟德斯鸠:《论法的精神》(上册),北京:商务印书馆2005年版,第332—333页。

人的障碍较少"。① 他说,"由于中国的气候,人们自然地倾向于奴隶性的服从"。②

与此不同,"在欧洲,天然的区域划分形成了许多不大不小的国家,在这些国家里,法治和保国不是格格不相入的;不,法治是很有利于保国的;所以没有法治,国家便将腐化堕落,而和一切邻邦都不能相比。这就是爱好自由的特性之所以形成;因为有这种特性,所以除了通过商业的规律与利益而外,每一个地方都极不易征服,极不易向外力屈服"。③

亚洲确实存在着"东方专制主义"。马克思主义认为其发生原因在于亚洲农村公社(村社)的"原子"式结构、"自足自然"的经济方式及宗法家长制度的顽固存在。这一切成为东方专制主义的社会基础。④

马克思说,"我们看见这些成千成万的、勤恳的、宗法的、安分守己的社会集团被破坏和瓦解,心里自然非常感动;看见他们沉沦苦海,其中个别分子失去其古代的文明形式,又失去其历来的生活来源,心里多么悲痛,——然而我们到底还是不应当忘记,这些闭关自守的村社,无论其怎样纯良,它们始终是东方专制政体的稳固基础"⑤。

孤立性、地区之间缺乏联系,保持与世隔绝的小天地状态,成为村社"最后的原始类型的内在特征","有这一特征的任何地方,它总是把集权的专制制度矗立在公社上面"。⑥

恩格斯也认为,"无论什么地方,从印度起到俄国止,凡是古代村社习俗还保全着的地方,这种习俗便做了数千年来最横暴的东方专制政体的基础。只有在这种习俗崩坏了的地方,独立的发展才有了进步,藉奴隶劳动来加强并发展生产,才是经济生产道路上的第一步"。⑦

马克思认识到亚洲专制也与"水利"——"人工灌溉系统的建立有关。气候和土壤条件,特别是广阔的沙漠地带,由撒哈拉经阿剌伯、波

---

① 孟德斯鸠:《论法的精神》(上册),北京:商务印书馆2005年版,第332—333页。
② 孟德斯鸠:《论法的精神》(上册),北京:商务印书馆2005年版,第332—333页。
③ 孟德斯鸠:《论法的精神》(上册),北京:商务印书馆2005年版,第332—333页。
④ 《马克思恩格斯全集》第19卷,人民出版社1963年版,第449页。
⑤ 中共中央编译局:《马克思恩格斯论中国》,人民出版社1953年版,第11页。
⑥ 《马克思恩格斯全集》第19卷,人民出版社1963年版,第445页。
⑦ 中共中央编译局:《马克思恩格斯论中国》,人民出版社1953年版,第11—12页。

斯、印度及蒙古绵延到亚洲高原,——这些情形会使利用水道及水利工程来实行人工灌溉的办法成为东方农业的基础。"

在埃及和印度利用河水泛滥来灌溉田地,在美索不达米亚、波斯及其他国家也是一样,利用河水高涨来灌满人工水道,人们需要节省水份和共同使用水源。这种"需要",在西方会推动私人企业家联合为志愿协会,而在东方却因为文明程度太低,地域太广,不能产生志愿协会。"这种需要便绝对要求政府的集中力量出来办理此事"。①

人工灌溉法是依赖于中央政府的,如果中央政府对灌溉工程表示冷淡,这种灌溉法就立刻废弛下去。这一点足以解释一个事实,就是有许多地方,如帕米尔、彼特拉、约门的废墟、埃及、波斯及印度的一部分,从前曾是良好田园,后来都成了不毛之地。同时也解释下述的事实,就是只须一次破坏性的战争,就使国家在数百年内杳无人烟,并消灭它的全部文明。②

在亚洲,强大的政府于一国的农业生产具支配地位。这样就出现一个情况,即国家的生产能力与政府的强弱程度成正比。亚洲各国的农业在一个政府的管理之下趋于衰落,而在另一个政府的管理之下又复兴起来。在亚洲,收获依靠政府之优劣,犹如在欧洲依靠天气之好坏一样。③ 在马克思看来,亚洲自从有史以来只存在过三个管理部门:财政司,或称抢掠本国人民的机关;军务司,或称抢掠邻国人民的机关;最后是公务司。④ 这三个司正是东方专制主义的制度化体现。

4."亚洲的停滞"

"因为一般的自然经济的性质,这种形式最容易成为社会停滞状态的基础,例如我们在亚洲所看到的就是这样。"⑤亚洲的停滞性质,是被村社自给自足的自然经济特点所决定的。亚洲的村社,也可以称之为

---

① 中共中央编译局:《马克思恩格斯论中国》,人民出版社1953年版,第22—23页。
② 中共中央编译局:《马克思恩格斯论中国》,人民出版社1953年版,第22—23页。
③ 中共中央编译局:《马克思恩格斯论中国》,人民出版社1953年版,第22—23页。
④ 中共中央编译局:《马克思恩格斯论中国》,人民出版社1953年版,第22—23页。
⑤ 中共中央编译局:《马克思恩格斯论中国》,人民出版社1953年版,第30页。

"村落",产生"居民的首领,他通常总管村落的事务,调解居民的纠纷,行使警察权力,并执行村社里收税的职务"。同时,村社又设专司祭祀者。卡尔纳姆、善姆波、浦特华里负责村落的各项登记事宜,还有"村社和庄稼的守护人"及负责"把河流或水库的水公平地分配给各处的田地"的人。"约西或占星师宣布播种和收获的时间"。铁匠和木匠制造农具农舍。陶工制造各种器皿。银匠,往往同时也是村社中的诗人和教员。另外理发师、洗衣工也是少不了的。[1] 村社建立在家庭工业的基础上。手工织布、手工纺纱、手工种田这三种东西以特殊的形式结合起来,使得村社具有自给自足的性质。[2]

这些自给自足的村社经常以同一形式重新恢复起来,它们被破坏了,又在原处用原有名称重新产生。它们生产结构的简单就足以解释亚洲社会不变性的秘密。亚洲社会的不变性,与亚洲国家之经常被破坏而重新建立,与它们朝代之迅速更换,恰成相反的对照。这个社会基本经济成分的结构,并不被经常发生的政治风暴所惊动。[3]

亚洲村社"使人的理智拘泥于最狭隘的范围内,把理智变成迷信的驯服工具,使它服从传统惯例,使它不发生什么影响,使它不能努力于历史上的活动"。[4] 村社居民于公共利益茫然无知,且对民族与国家的落后状态无动于衷。这也是造成亚洲式停滞的一个重要的原因。马克思说:"我们不应忘记野蛮人的自私自利,他们集中在极小的一块土地上,安然观看大帝国怎样被破坏,难以形容的惨祸怎样发生,大城市居民怎样大批遭受屠杀——他们安然观看这一切现象如同观看自然界的现象一样,并不加以多大注意。"[5]

马克思在《不列颠在印度统治的未来结果》一文中说:"英国在印度要完成双重的使命:一个是破坏性的使命,即消灭旧的亚洲式的社会;另一个是建设性的使命,即在亚洲为西方式的社会奠定物质基础。"英国对中国的侵略一面激起中国人民的反抗,同时对于中国封建的财政、

---

[1] 《马克思恩格斯全集》第28卷,人民出版社1973年版,第271—272页。
[2] 中共中央编译局:《马克思恩格斯论中国》,人民出版社1953年版,第10页。
[3] 中共中央编译局:《马克思恩格斯论中国》,人民出版社1953年版,第9—10页。
[4] 中共中央编译局:《马克思恩格斯论中国》,人民出版社1953年版,第11页。
[5] 中共中央编译局:《马克思恩格斯论中国》,人民出版社1953年版,第11页。

礼教、工业及政治结构发生破坏的作用。1840年,英国大炮消灭了中国皇帝的权力,迫令"天朝"与外洋接触,而与外洋完全隔绝,这是保存旧中国的首要条件。"当这种隔绝情形,在英国强迫之下而归于消灭时,便必然要发生腐烂,正如小心保存在紧密封闭的棺材内的木乃伊一样,只要与外界新鲜空气一接触,便一定要腐烂"。①

马克思在1853年说:清朝一遇到英国的枪炮就丧尽声威,迷信"天朝"万古不朽的这种幻想正在消失,与文明世界隔绝的那种野蛮的闭关陋习被打破了,通商关系的基础随之奠定。② 他又说:

> 闭关自守已不可能;铁道之敷设,蒸汽机和电气之使用以及大工业之创办,即为着军事防御的目的已成为必要的了。于是旧有的小农经济制度也随之而日益瓦解(在旧有的小农经济制度中,农家自己制造必要的工业品),同时,可以安插比较稠密的人口的那一切陈旧的社会制度,亦随之而崩坏。千百万人将无事可做,将不得不移往国外;他们将打开到欧洲去的道路,他们将大批涌入欧洲。大批的中国人的竞争,无论在你们国家里或我们国家里,都会迅速地使事变开展起来。因此资本主义之征服中国,同时也将给予欧美资本主义之崩溃以一个推动。③

恩格斯1892年致达尼爱松的信中说了以下一段话:"唯其如此,英国资本家才这样坚持主张要在中国建筑铁路。但在中国建筑铁路,这就是破坏中国小农业及家庭工业的全部基础。"④

村社组织的顽韧生存、原始公有制度的长期存在、国家力量的无比强大以及历史进程的停滞,形成历史亚洲的基本特点。中国于亚洲之中,亚洲特点与中国"国情",何以相关,何以区别。如何通过认识亚洲特征,认识中国特征,进而为中国社会经济发展提供史学意义的支持。这是今天学界重温亚细亚理论所要思考的问题。

以上是笔者研习吴先生有关东方学学术成果的一些体会。先生认

---

① 中共中央编译局:《马克思恩格斯论中国》,人民出版社1953年版,第42—43页。
② 中共中央编译局:《马克思恩格斯论中国》,人民出版社1953年版,第40页。
③ 中共中央编译局:《马克思恩格斯论中国》,人民出版社1953年版,第182页。
④ 中共中央编译局:《马克思恩格斯论中国》,人民出版社1953年版,第182页。

为,"全面地、准确地把握亚细亚生产方式理论的真谛,不仅对于捍卫马克思主义的社会经济形态学说,推动东方国家古代、中世纪的历史研究,而且对于科学地分析亚洲等东方国家的历史、现状和未来,制定正确的社会经济形态的战略部署,都具有重大的理论意义和实践意义。"[①]吴泽先生努力从事东方社会经济形态史研究,开拓东方学领域,成为这个领域的重要代表。吴泽先生已辞人间,然而他的学术成果与理论创获,尤其重要著作《东方社会经济形态史论》遗存学界,发生重要的历史影响。

---

① 吴泽:《东方经济社会形态史论》,上海:上海人民出版社1993年版,第28页。

俯瞰中外规律　细论东方特征
——吴泽教授《东方社会经济形态史论》读后

邢　铁　王长华

马克思在揭示人类社会进程的共同规律即五种社会形态的同时，还提出了古代东方社会形态和亚细亚生产方式的问题，由此导致了如何认识"规律"与"特征"关系的长期争议，我国学术界在本世纪二、三十年代进行的社会史大论战，实际也是围绕这个问题进行的。在解放前后的几次相关的学术讨论中，吴泽教授就此发表了一系列有影响的论著，形成了有代表性的一家之言；新近出版的《东方社会经济形态史论》（上海人民出版社1993年版）一书，就是吴先生积半个世纪以来心血研究这一问题的构思新意之作。

吴先生此书集中论述的是马克思社会形态学说的理论基石——社会经济形态。纵观全书，有两个鲜明特点：其一，主要抓住"东方特征"来考察问题，又随时注意在"共同规律"指导下进行具体研究；其二，主要是一部理论思辩专著，又以历史事实的严谨考察为立论依据。这两个特点一经一纬，贯串于这部40余万言、体系庞大的著作之中，使全书的大小结论水到渠成，令人信服。

东方社会经济形态问题属于"东方学"的范畴有着特定的内涵。在书的绪言和第一章中，吴先生考察了东方学的缘起和演变，阐释了马克思主义东方学的特点及其在中国的传播过程，明确指出，马克思主义东方学的主体是"东方社会形态学"，亚细亚生产方式是马克思主义东方学的理论基础；所谓亚细亚生产方式是属于古代社会范畴的奴隶制生产方式，只是具有东方特征，并不是五种生产方式之外的第六种生产方式。吴先生认为马克思的亚细亚生产方式理论在历史研究方法上也给我们以重要启示,即东方社会既统一于世界历史的大体系之中(共性),又是具有独自结构体系与发展规律的个别系统(个性)。接下来,以此为基础,在第二至第十章中进行了历史事实的具体考察。

在东方社会经济形态特点的具体考察中,吴先生是以古代农村公社问题来说明形成东西方古代社会不同道路的原因的。作为原始社会后期的社会形态的农村公社,在东西方相同的历史阶段上有着不同的形态,西方私有制的发展瓦解了农村公社,东方国家特征的地理环境使得农村公社长期保存下来,形成了建立在以土地公社所有制和闭塞自给的农村公社基础上的东方专制主义君主制国家,形成了东方亚细亚诸国的奴隶制社会。东方国家农村公社的长期保存不仅影响了这些国家的奴隶制社会,而且还残存到封建社会乃至近代社会中,影响了这些国家各个社会阶段的发展进程。

由农村公社的长期存在而导致的东方诸国各个历史时期的社会经济形态的特点表现在诸多方面,吴先生择其首要集中论述了三个方面的问题。

一、是奴隶制和封建制的进程问题。东方奴隶制国家的形成较西方早两千年左右,吴先生认为其原因也在于农村公社的存留,因为古希腊罗马奴隶制国家是沿着农村公社瓦解、个体家庭的发展和土地私有制的形成这条途径产生的,古代东方则是沿着保持和强化农村公社乃至民族组织、发挥集体力量发展农业生产的途径形成的。这便是东西方奴隶制国家形成的始点和途径的不同,使后来的历史进程也有所不同。在考察封建社会的形成过程时,吴先生特别指出,农村公社是奴隶制过渡到封建制所必要的社会形态,世界上很少有一个国家在这个过渡中没有经过农村公社这座桥梁,并且所借助的不只是公社的形式,还有公社的内容即土地所有制。不论东方和西方,封建制的形成都应该表现为领主土地所有制的形成。吴先生没有像以前的论者那样纠缠于封建社会何时形成的考证,而是高屋建瓴,揭示了过渡的具体方式和特点。即西欧中世纪历史的出发点在乡村而不在城市,从奴隶制到封建制的转变过程表现为乡村支配城市的过程;古代东方的城市没有能够支配乡村，也没有被乡村所支配，到了封建社会城市才成为政治统治中心，支配着乡村，城市也因此成了东方国家封建社会历史的出发点。吴先生这个见解是以往研究古史分期标准时很少有人注意到的一个重要问题。

二、是土地所有制形式问题。最初东西方的土地所有制形式都是公有制，发展到奴隶社会之后，古希腊罗马是自由土地私有制，而东方国家则是农村公社所有制即土地集体共有制。后者即是通常所说的亚细亚土地所有制形式，公社集体占有只是外形，实质是国家土地所有制。进入封建社会以后仍然保持着相应的特征，西欧日耳曼的土地所有制发展为封建领主所有，在东方则表现为由公社共有即国家所有演变而成的专制君主所有制。值得一提的是，中国封建土地所有制形式是解放后中国古代史上的五个讨论热点（时称"五朵金花"）之一，论者在土地国有还是私有问题上争执不下。吴先生在此书中辨析了奴隶制、封建制与近代资本主义所有制的不同含义，认为所谓土地私有制不存在绝对标准和永恒观念，而是有着各种不同的历史形态，表现为"无数色层"；东方封建社会的私有是不同于近代绝对、纯粹私有的"封建式私有"，即半自由的土地私有制。回过头来看当年史学界那场争论，所谓国有私有的分歧实际上是对相同历史现象的理解层次的不同而产生的，私有论者看到的只是表层，国有论者深入了一步；吴先生提出的"封建式私有"和与已故侯外庐先生所见相近的专制君主所有，才是对问题的高层次的分析。

三、是城市经济的特点及其对社会进程的影响问题。吴先生在此书中首先指出了东西方城市发展的共同规律，即由设防村落村堡向城堡都城演变，最初的"城"都是"有城无市"的城堡，城中的政治军事意义大于经济意义，后来才出现了工商业的"市"，发展为城市。继而指出，东方国家中城市的独特性在于，工商业的发展虽然使城堡向城市发展，但"东方城堡却未能获得内部改造，都未能由此产生市民社会，王宫、兵营为核心的格局依旧。……它们貌似城市，内核依旧，在经济上具备了工商功能，但政治上专制政府的工商业管制却无休无止。"吴先生认为，其间的主要原因：是东方城市中没有形成类似西方的市民自治的城市公社,行会组织也不像西方的基尔特那样是工商业者的自我联合组织,而主要是官府向工商业者征派税役的工具,是封建国家统治下的一个封建组织,所起的保护工商业者利益的作用很小。当资本主义萌芽产生时,它不像西方基尔特那样起促进和保护作用,而是在官府支持下排斥和遏制,阻碍其成长。所以,在中国尽管自战国时期的城市中即出现了工商业的繁荣,唐宋时期的工商业城市又有着显著的发展,明清时期以手工业者和商人为基本力量的市民阶层开始崛起,但始终没有发展到手工业、商业和城市公社三位一体的程度。这就使得直到西方殖民者用武力撞开大清帝国的大门时,中国的资本主义始终没有形成一个完整的社会形态。

这三个重大问题的考察辨析,构成了吴先生对东方特别是中国社会的整体认识,已经揭示了东方社会经济形态的主要特征,和中国国情的内涵与奥秘。但吴先生并未就此止步,在接下来的第十一至十二章中,又通过对马克思的重要遗文《资本主义生产以前的各种形式》的研究,进一步分析了马克思的东方社会形态学说、亚细亚生产方式理论和社会形态的本质特征与运行规律问题;在第十四至十八章中,通过对列宁《俄国资本主义的发展》一书的研究,考察了俄国农奴制解体的过程、资本主义初期的村社土地所有制、发展时期的社会经济状况和资本主义后期的土地改革道路,分析了列宁与普列汉诺夫围绕亚细亚生产方式问题展开的论争。通过这两部分的考察研究,使吴先生关于东方社会经济形态的论述有了更为坚实的理论和事实依据。

在系统全面考察辨析的基础上,吴先生在第二十章中集中阐述了对社会形态发展规律中几个基本问题的认识。吴先生认为,划分社会形态的标准只能是生产力和生产关系的矛盾运动,而不可能是所谓"人的发展"。马克思在讲五种社会形态的同时还提出过"三形态"说,针对学术界的模糊认识,吴先生通过对原著的研究认定,"三形态"说是宏观地讲人类发展史的三个阶段,即自然史、人类史前史和人类自由史,而不是指社会形态。针对某些西方学者以"征服现象"来否认五种社会形态常规的说法,吴先生重申了历史是人民创造的,不是征服者创造的观点,指出,历史上各种各样的异族征服可以导致某些民族社会形态的跳跃,但这只是对常规的偏离,是围绕常规的离心运动,而不是无规律的脱轨现象。

吴先生以上所论不仅仅是自己半个世纪研究东方社会经济形态问题的总结,甚至可以毫不夸张地说,这也是自本世纪二、三十年代社会史大论战以来有关问题讨论的总结和升华。

如同吴先生在第一和第十九章所指出的,亚细亚生产方式的争论与中国马克思主义历史学的形成和发展是连在一起的。1927年大革命失败后,为了弄清当时革命的性质、任务、对象和前途,展开了对当时社会性质以及以往中国历史发展阶段的辩论,是为社会史大论战。在论战中,初期的马克思主义史学家从肯定中国有奴隶制时代入手,认定中国经历了原始社会、奴隶社会和封建社会,当时是相当于资本主义阶段的半封建半殖民地社会,革命的性质是新民主主义革命。这一理论的提出,对于制定正确的路线方针、夺取全国胜利起了重要作用,也促进了马克思主义历史学在中国的传播。但是,由于当时的现实需要和论者的认识水平,为了论证马克思主义适合中国国情,过分强调了中国与世界各民族历史发展的同一性,回避甚至否认了中国社会的特殊性,只求同而未辩异。这种研究方法到解放后逐渐衍生了史学研究中的教条主义倾向。经过解放思想,人们逐渐认识到在用马克思主义指导历史研究时,仅仅掌握共同规律还不够,还要充分注意特殊性问题。特别是邓小平同志提出建设有中国特色的社会主义理论之后,学术界对中国国情进行了重新审视。自1985年开始,以对中国传统文化的讨论为契机,形成了与二、三十年代社会史论战既相连接又有明显不同的历史反思:社会史论战主要是求同,这次历史反思的主要任务是辩异。不过,由于这一时期的反思主要是讨论传统文化,停滞在文化观念的表层,所以出现了一些偏差,其中最明显的便是否定中国传统文化的倾向,和由此导致的认为中国的一切都与西方不同,与马克思所揭示的社会形态发展规律不同。这实际上是一个与当年的社会史论战貌似相背、实则相同的失误:过分强调了特殊性,否认了共同规律,只辩异而不求同了。与之同时,也有一些历史学家为了克服这种偏差,一直在从历史的深层次上认识问题,力图在马克思所揭示的社会形态发展规律的基础上认识中国历史的特殊性。吴先生这部《东方社会经济形态史论》,就是这方面的代表作。这部专著既克服了社会史论战时只求同不辩异的偏差,又纠正了传统文化反思中只辩异不求同的失误,把共同规律和东方特征结合了起来。既从历史的角度深刻认识了中国国情的特殊性,又强调了马克思社会形态发展理论的指导作用,使马克思的东方学理论建立在更为充分的史实依据之上。所以说,这部专著是自二、三十年代以来关于亚细亚生产方式和东方社会形态问题研究的创建新体系之作,其意义是重大而深远的。

原载《历史教学问题》1995年第1期

游刃在传统与创新中
——忆吴泽教授先秦史研究

丁季华

吴泽(1913—2005)先生是我国著名的马克思主义史学家。在他七十余年的学术生涯中,涉猎史学多个领域,其中先秦史是研究的起点和重点,其代表作之一的《中国历史大系·古代史》(以下简称《大系》),就是一部殷商社会史的专著。先生在先秦史研究中,吸纳传统精华,推动理论新探,在创新与传统结合路上,孜孜不倦,不断寻求。

一、投入"论战":涉足先秦史研究

先生治史,始于先秦史研究。而先秦史研究,因投入中国社会史论战而起步。在先生做学问的原点上,一开始就被打上思想战线诉求的烙印,这个烙印深深地影响他学术心路的历程。他曾跟我说:研究历史为现实服务,一定要坚持马克思主义立场、观点和方法。当年写的论战文章,内容是夏商社会经济,目的是宣传马克思的社会经济形态学说。

发生在二十世纪三十年代的中国社会史论战,其内容集中反映在中国历史上是否经过奴隶制社会、中国封建社会性质及其特征等问题;争论焦点是不是承认马克思主义社会形态学说是普遍真理。先生驳斥中国历史上奴隶制社会阶段"空白论",前后在《劳动季报》上发表《殷代经济研究》《传说中夏代之家族奴隶经济》,在《中国经济》上发表《"奴隶所有者社会"问题论战总批判》。

以今天的眼光审视这些文章,可以认为当时先生已初步掌握历史唯物主义观点来分析夏商社会经济、阶级阶层、早期国家性质,批驳当时流行的"空白论",宣传了马克思主义社会形态学说。同时,也可以认为,先生似在无意间涉足先秦史研究领域,从此踏进漫长的治史之路。

但先生最终进入先秦史研究殿堂,与他追随名师和得到名师提携分不开的。先生就读的北京中国大学,有一批著名的理论家、史学家、法学家,如李达、吕振羽、张友渔等,先生选修他们的课程,又常常得到他们的学术指导。先生曾说起他的老师:李达先生理论建树高伟、吕振羽先生史前史和商周史研究精深。他研究先秦史真正起步,是在二位老师推动下完成的。先生十分推崇吕振羽先生在二十世纪三十年代出版的《史前期中国社会研究》和《殷周时代的中国社会》。我曾是他和束世澂先生指导的60级研究生,当时他指定吕先生这两部书为必读参考书。记得他说起:这两部书虽然为社会史论战而写,除理论创新外,资料翔实,方法也科学,是攻读先秦历史必读教科书。先生就学的后两年中,除参加论战外,在吕振羽先生影响和指导下,着重研究中国史前社会,并发表了有关史前生产、社会组织、商业、艺术等方面的专论,并在毕业前夕完成了《中国先阶级社会史》专著。

先生在大学期间发表的文章,就观点而言,有理论创新的一面;就具体内容而言,又有国学积淀的一面。特别在研究中国史前的文章中,如《传说中尧舜禹时代的劳动生产》(《劳动季报》1935年第1卷第7期)、《中国原始艺术考略》(《文化批判》1936年第3卷第2期)、《中国先阶级之商业与赋税雏形考略》(《中国经济》1936年第4卷第3期)等,反映出先生的国学功底,开始运用传统的考据方法。

二、著书立说:确立学术地位

先生研究先秦史的路径,晚年多次谈起是"组合式"研究,即以国学知识为支撑,以马克思主义社会形态学说为统领,以史实考证、考据着手,三者有机结合。他明确说:不能以论带史,更不能以论代史。先生先秦史研究的路径,从他大学时期发表的文章起,已初露头角,在以后的十多年中逐渐成熟。

1937年夏,先生大学毕业。该年七月七日卢沟桥事变爆发,先生在战火中奔波,曾在大夏大学、朝阳法学院和复旦大学执教和治史。在长达十二年中,先生继史学大师郭沫若、吕振羽等后,对先秦史作了深层次研究,特别对中国史前社会、殷商社会作独创性研究,出版了《中国原始社会史》,(桂林文化出版社出版),1949年出版了《中国历史大系·古代史》即《殷代奴隶制社会史》(上海棠棣出版社出版)。这两部书的出版,标志着先生先秦史研究领域里的马克思主义史学家学术地位的确立。

他曾跟我谈起史前社会研究,大致意思是:

1) 从大学时代起,受郭沫若、吕振羽先生有关史前研究影响,明确治史先要找历史之源,要了解夏商周社会形态演进,先要弄清源头状况。所以,我一开始就关注中国史前探讨,萌生写一部中国原始社会史。

2) 那时有机会了解到恩格斯《家庭、私有制和国家起源》中的基本观点和主要论述,我十分振奋,找到研究史前史理论武器。

3) 中国史前史文献局限于神话传说,扑朔离迷,梳理颇费周折。王国维提出的"二重证据法",提供解决研究的新路。当时将极为有限的地下出土考古资料和传说结合在一起展开研究。

先生在大学期间,在吕振羽先生亲自指导下,凭借自幼熟读的经书和诸子百家书的国学功底,运用初步掌握的恩格斯关于史前理论及"二重证据法",对中国史前社会的亲族制、社会组织、原始经济形态、原始艺术、史前意识诸形态、禅让制等作了专题研究,做了大量笔记,发表了史前社会的系列论文,为撰写《中国原始社会史》打下基础。

《中国原始社会史》是先生学术历程中的代表作之一,该书用了马克思主义资料丰富,考证确当,是继郭沫若、吕振羽先生史前研究成果之后,在马克思主义史学领域里又一项丰硕成果。

《中国历史大系·古代史》又名《殷代奴隶制社会史》,是抗战期间先生在复旦大学执教殷周史时,边教边写的一部殷商奴隶制社会的断代史。这部专著以马克思主义的社会形态学说和国家学说深入剖析殷商社会各个层面、侧面,运用当时能够网罗到的地下出土的文物资料、甲骨文金文和文献材料,资料翔实,论述全面。该书的出版,标志着我国商代史研究进入一个新阶段,即从专题式研究进入综合研究。这是先生对先秦史研究的重要贡献。这部专著初版及修订本前后共出了六版,1993年上海书店影印出版的《民国丛书》,也将它收入其中。

关于《大系》撰写的动机,先生在1944年写的《序言》中称:"王国维氏的《殷周制度论》,郭沫若氏的《中国古代社会研究》以及吕振羽的《殷周时代之中国社会》等几本有关殷代社会历史的著作,对殷史的研究,开创了些门径,并奠下了不可磨灭的功绩。现在学术各部门,趋向于建设时代,史学研究早已不止于理论为满足了。我们对殷代社会历史应当整理史料,精详考证史实,具体而微地继续进一步的研究,使中国新史学系统的建设上这一古代阶段问题,获得合致的解决。"

综观《大系》,是为前人未做过的殷商史由微而系统的研究,是一部创新性的中国奴隶制社会兴衰史。书中所引甲骨文有不足之处,但从学术史角度评判,该书不失为殷商史研究承上启下的标志。

三、理论创新:夯实"西周封建说"

解放后,作为在古史领域已有建树的马克思主义史学家吴泽教授,理所当然的步入学术生涯的第一个春天。先生从49年至66年十几年中,有振奋、乐趣的一面,也有彷徨、纠结的一面。连年运动造成的特殊学术氛围,迫使他再次在创新与传统中求索。

回忆起这段学术生涯时,他曾说:研究先秦史是我解放前研究史学的起点和重点,这是我受吕振羽先生提携和指导的结果。那时在战争年代做学问,艰辛不言而喻。解放后,我想可以自由地做学问了,但并不那么简单。在先秦史研究中我选了两个重点:一是学习马克思关于"亚细亚生产方式"理论,参加中国古史分期问题再讨论;一是回顾前人研究古史理念和方法,着重对先秦个案进行研究。

在这期间,先生学术研究进入了第二个高峰期。一方面,重点钻研马克思的手稿《资本主义生产以前的各种形式》,参加中国古代分期问题再讨论;另一方面,温习传统史学研究方法,着重研究先秦诸子思想。与第一个高峰期主要著书立说不同,第二个高峰期以撰写争鸣论文为主。

1953年马克思的手稿《资本主义生产以前的各种形式》中译本(日知译)出版,为史学界深入讨论"亚细亚生产方式问题"和中国古史分期问题揭开序幕。

先生回忆说,马克思手稿发表为中国古代史研究提供新的理论依据。要掌握这个新理论,首先理解马克思在手稿中阐述的"亚细亚生产方式"内涵、结构和特点,然后运用这个新理论研究中国古史分期问题。

先生认为,马克思的这个手稿,是为写《资本论》作准备的。手稿中有关"亚细亚的""古典的"和"日耳曼的"诸形态的论述,各有它的历史背景;各个形态都有特定的内涵、特质;而整个手稿又是一个在一定的理论框架下的完整的体系。先生基于对马克思手稿的整体解读,对亚细亚形态作深层研究后,写出《亚细亚生产方式问题研究》《古代东方社会基本特点问题》和《公社与公社所有制诸形态》。这三篇论文以马克思手稿为理论依据,对古代东方社会从所有制、农村公社、上层建筑等作了多层面剖析,并对古代东方社会特殊性作了细致的、精湛的阐发,这是继前苏联学者斯特鲁威、中国学者侯外庐、吕振羽关于亚细亚生产方式研究后,又一次对该理论作了系统性的论述,在海内外学术界均有反响。

先生并不是单为"亚细亚生产方式"问题而研究它的,而是通过理论创新深入研究古史分期问题。在同时间或稍后他发表的古史分期文章,如《关于古史分期的生产力水平与性质问题》《商代的公社农民与奴隶问题》《关于奴隶制社会形成的年代、始点、途径及标志问题》《关于奴隶制的下限和封建制形成的标志问题》,就是以马克思的"亚细亚生产方式"论断分析古代史分问题,为"西周封建说"提供新视角、新观点。

四、回顾传统:深度研究

在上世纪五十年代和六十年代前期,先生除研究"亚细亚生产方式"问题,投入中国古史分期问题争辩外,另一个视角转向先秦思想史领域。用什么理念和方法去深入研究这个领域呢?先生一向重视理论,同时也认为对先秦思想史资料的考辨是不可缺少的。在理论研究的同时,先生对中国史学史发生兴趣,尤其对汉魏以来史家对先秦思想资料的考证、诠注等十分关注,他要从传统治史的库藏中吸收养料。

据历史系教授刘寅生先生回忆:上世纪五十年代,我协助吴先生整理一份有关中国史学史类目录长编,思想史部分有:① 汉魏史家对先秦诸子百家文献的整理;② 唐宋史家对先秦诸子百家诠注;③ 明清史家对先秦诸子百家所做的专著和笔记。吴先生对我说起:做学问离不开马列,也离不开传统方法。梁启超推崇公羊三世说,王国维的"二重证法据"等可以拿来运用。为此,他与刘先生多次讨论,着重研讨王国维治学,由刘先生执笔完成数十万字的《王国维研究》,拟在上海人民出版社出版。

这个时期,先生着手研究中国思想史。从先秦杨朱个案做起,在五十年代中期发表了《杨朱的唯物主义思想》《〈杨朱篇〉考辩》《杨朱思想的演化与学派问题》。除杨朱是他解剖的一个"麻雀"外,还发表《老子哲学思想研究》《吴起的学术思想与变法运动》。除了先秦思想外,先生还研究了王充、王船山、顾炎武等。

上述论文有一个共同的特点,那就是吸纳了传统考证法。其中对杨朱的研究,尤为突出。在1964年华东师大历史系开展"四清"运动中,先生的学术思想受到无辜的批判。

文革后,他回忆起这段不寻常的学术历程时,颇有感触地说:那时我除担任系主任工作外,研究先秦史上是四个字——"矛盾""寻找"。一方面,通过马克思的《资本主义生产以前的各种形式》钻研,力求理论创新,另一方面传统研究方法对我很有吸引力,二者如何结合,很矛盾;在矛盾中,我试图从先秦思想突破,发表了一些文章,结果在传统方法上在四清运动中遭到批判。

作为马克思主义史学家的吴泽教授,三、四十年代的治学,更多的出于思想战线上的诉求;五、六十年代的治学,更多的出于学术上的诉求。如深层地分析先生治先秦史心路历程,不难发现,他三、四十年代治学路径和五、六十年代治学路径正是"矛盾"的,所以,他一生都在"寻求"。可能与他接触的人,有一点迷惑难解,总觉得他见到来访者总是满腔激情地谈上数小时,乐此不倦,总觉得他在"老生常谈"。实际上,他在向别人诉说他治学的"矛盾",不断寻找"创新"和"传统"结合。先秦史研究,正是先生一生治学的缩影。

五、重温理论:着力传承

文革结束后,先生重返学术领域,充满热情,更有期盼。一面联络校内外弟子,计划编纂中国通史,一面组织系所教师,研究史学史、华侨史、客家史、东方学。但是,他念念不忘还是先秦史和"亚细亚生产方式"的研究。

他曾说:我有生之年,有两大愿望,一是重写中国通史;一是对"亚细亚生产方式"问题再研究。上世纪八十年代初,他跟我谈得最多还是"亚细亚生产方式"问题。后来,我们合作写了一篇文章,发表在《历史教学问题》(1981年第2期)上。

上世纪八十年代,先生重新学习了马克思《资本主义生产以前的各种形式》,对"亚细亚生产方式"问题有新认识、新见解。归纳起来,大致是:

1)马克思对"亚细亚生产方式"有一个认识过程,特别在马恩晚年,已认识到亚细亚生产方式是古代东方特有的对抗形式,是一种奴隶制生产方式。

2)"亚细亚生产方式"的核心部分是古代农村公社。古代农村公社有原始社会末期的原生级农村公社,更有奴隶制社会残存的次生级农村公社,不可混为一谈。

3)先秦史研究要着力研究"次生级"农村公社,而"次生级"又保留着"原生级"残余,这是解开先秦史上村社之谜的钥匙。

今天看来,亚细亚生产方式问题仍是学术界颇有争议的学术课题。中国古代社会是否有一个"亚细亚生产方式"历史阶段,见仁见智,完全可以讨论。从学术角度看,先生的见解,今天仍是有见地的一家之言。

先生关注"亚细亚生产方式"问题,是为了解开先秦历史社会形态之谜,试图用新理论剖析先秦生产方式、经济结构及上层建筑,目的为了深度研究先秦历史。

先生晚年对理论依然抱有兴趣,对传统研究方法也更加重视。他几次提醒:研究先秦史一定要学会考证,对史料要进行辩伪,古史辩派的某些结论我不能苟同,他们用的方法还是可取的。同时,先生还提示:先秦的土地制度、宗教、城市、法制都要重新研究,解放几十年,地下考古新资料不断涌现,二重证据法、多重证据法都可以用。只有将理论创新和传统方法结合起来,编写的新先秦史方有学术价值。

先生晚年,大部分精力耗费在研究生的培养上。先生是国内为数不多的"双博士生导师"(中国古代史、中国史学史)。上世纪八十年代初,他曾语重心长地对我说:我在文革前带过几届研究生,你是第三届,当时叫中通史研究生,着重讲解通史中的"通理""通则";现在我想带几个先秦史研究方向的研究生,给他们讲讲吕振羽治学理念和方法,也讲讲王国维治古史方法,讲讲乾嘉学派考据。

先生所讲的"通理""通则",他特有解读。"通理",即中国通史基本理论,如"亚细亚生产方式"理论等;"通则",即古史研究的理念和方法。在先生治学概念中,尤其在先秦史研究中的理论和方法中,"通理""通则"应该是统一的,但在长达七十多年的学术生涯中,二者有时似乎难以统一,所以先生有时觉得"矛盾",有时很纠结。文革后,先生带了数十名博士生,着力传承史学新理论和传统治学方法。但是在传承中,"矛盾"和"纠结"心态时有呈现。记得他跟我说起:六十年代带你们时,新理论和传统方法还可以结合。现在情况不同,知识爆炸,流派纷呈,结合难多了,必须走出一条新路。先生在治史理论和方法结合上,在传统和创新中一生都在探索。

原载《历史教学问题》2013 年第 6 期

马克思主义社会史研究的范例
——吴泽和《中国历史大系·古代史——殷代奴隶制社会史》

钱 杭

吴泽著《中国历史大系·古代史——殷代奴隶制社会史》(以下简称《大系》),初稿完成于1944年,1949年9月由上海棠棣出版社正式出版,11月再版;1953年出版修订本,前后共印了6版。2000年9月,由王东根据1953年修订本整理后的《大系》,收入华东师范大学出版社2002年版4卷本《吴泽文集》第1卷。

一

吴泽的学术视野相当宽广,其学术实践贯穿断代史、社会史、经济史、通史基本理论、马克思古代东方学、明清思想史、乡村史、神权史、华侨史、客家学、史学史等多个领域。[①] 早在中国大学求学期间,吴泽就较为系统地研究了中国原始社会史,撰写了一部《中国先阶级社会史》,吕振羽特地为此书作序(刊于《世界文化》1937年第1卷第9期),向学术界大力推荐。遗憾的是,这部书稿毁于日寇侵华炮火中。到重庆以后,吴泽根据记忆和笔记,在原有基础上重新改写,撰成《中国原始社会史》,1943年由桂林文化供应社出版。该书根据恩格斯《家庭、私有制和国家的起源》的论述,系统研究了中国的原始社会史,确认殷代以前为中国的原始社会,为后来大规模展开的殷商史研究奠定了坚实的学

---

① 吴泽著述颇丰,《吴泽文集》第4卷附录汇聚了吴泽绝大部分论著目录,其中有学术论文210余篇,专著14部,编著7部。

术基础。

1945年由峨嵋出版社出版的《中国历史简编》亦为吴泽的一部重要著作。该书将中国历史的线索从原始时代一直扩充至抗日战争时期。在当时所有的中国通史著作中,将历史研究时段作如此大规模扩展的,可谓绝无仅有;即便只是一个大致的框架,也已令学术界瞠目。该书以马克思主义社会形态学说为指导,指出殷代以前为原始公社制社会,殷代为奴隶制社会,西周到春秋战国为领主制封建社会,秦汉到鸦片战争前为地主制封建社会,鸦片战争到抗日战争时期为半殖民地半封建社会。对于鸦片战争以来的中国近代史,又以辛亥革命为分界线,分成前后两个时期。前期为中国半殖民地半封建社会的形成与深化时期,后期则为溃灭时期。这一划分方式以及具体论证过程,已为后来的学术实践证明基本不错。《中国历史简编》一书的出版,标志着吴泽初步形成了自成一家的中国通史体系,该书与吕振羽的《简明中国通史》、范文澜的《中国通史简编》、邓初民的《中国社会史教程》等著作一样,在马克思主义中国通史体系形成过程中具有代表性的意义。

吴泽半个多世纪学术研究的最显著特征,就是始终坚持开展对经济的历史考察和对历史的经济考察,始终对马克思主义社会经济形态理论抱有坚定的政治信念和浓厚的学术兴趣。在具体的研究路径上,他主张在历史问题的研究上凸现社会经济的视角,在社会经济问题的研究上凸现所有制和经济形态演变的视角,在所有制和经济形态演变问题的研究上凸现古代东方社会的视角;同时,还大力提倡将中国史放到世界史的范围内进行比较研究,将历史问题带出书斋进行发展和演变的现状研究。正由于具备了这些特点,使吴泽得以跻身于以郭沫若、范文澜、吕振羽、侯外庐、翦伯赞等人为代表、形成于20世纪30年代中国社会史论战中的马克思主义史学家阵营。在以马克思主义为立国之本的当代中国,这一历史地位绝对是一个值得骄傲的荣誉。

二

《中国历史大系·古代史——殷代奴隶制社会史》为《中国历史大

系》整个写作计划的一部分。所谓"古代史",据该书原序解释:"殷代一代的社会历史,我认为是中国古代奴隶制社会历史。奴隶制的发生、发展与灭亡,殷代一代,自成起讫,所以,我把殷代社会历史,称之曰'古代史'。"属于这一计划范围的,还有1943年由桂林文化供应社出版的《中国原始社会史》,吴泽称其为"中国社会史大系第一分册"。《大系》完成后,吴泽在吕振羽的指导下致力于重写中国通史的工作,故未将《中国历史大系》的写作继续下去。

从1935年开始,吴泽即着手进行夏商周三代古史的研究,到重庆执教复旦历史系后又开设了《殷周史》课程,至1944年《大系》初稿写成,已有整整10年的学术积累。其间,先后发表了《殷代经济研究》(南京《劳动季报》1935年第1卷第5期)、《殷周民族不同源释》(北京《文化批判》1935年第2卷第7期《中国民族史研究特辑》)等论文。1945年以后发表的一些相关论文,如《甲骨地名与殷代地理新考》(重庆《中山文化季刊》1945年第2卷第1期)、《龙山小屯仰韶文化与夏殷民族渊源考》(上海大夏大学《历史社会季刊》1947年第1卷第1期)等,亦为这一时期的研究成果。

吴泽对殷商史的研究路径,总体上师承李达和吕振羽,《大系》一书更是在李、吕二人直接指导下完成。

吕振羽《殷周时代的中国社会》成稿于1935年,1936年上海不二书店初版。这部著作与郭沫若的《中国古代社会研究》(1930)一样,在中国马克思主义史学发展史上居于开创性的地位。吕氏的目标是产生"一部较完满的中国社会史"(《殷周时代的中国社会》初版序),他以马克思主义的唯物史观和社会经济形态理论来阐释殷周时代社会结构,提出了殷代属奴隶制、两周属早期封建制的著名观点,在当时的中国学术界引起了极大反响。尤其是关于殷代具有奴隶制社会显著特征的研究成果,经中国社会史大论战,在20世纪40年代以后逐步为当时学术界所普遍接受。吴泽作为他的学生,自然奉为圭臬,并在自己对三代古史,特别是对殷商奴隶制社会各项细节的研究探讨中,全面体现和发展了吕振羽的观点。李达是吕振羽的老师,对中国上古史本身虽没有太多涉足,但对中国史研究如何展开的看法则相当成熟。在他为吕振羽

《史前期中国社会研究》一书初版所撰序言中,指出了以下两个重要原则:一,生动地正确地掌握和应用历史唯物主义,不误入实验主义或机械论的歧途。二,依靠历史唯物主义对史料加以真伪考辨。李达对吴泽的指导,主要表现在历史唯物主义方法论的应用和体系的建构上。

有一个问题可以在这里提出略加讨论,即《大系》与中国社会史大论战的关系。众所周知,吕振羽一向被视为中国社会史大论战的巨擘,所著《史前期中国社会研究》(1934)第二章以及《殷周时代的中国社会》一书上编所讨论的奴隶制问题,就是社会史论战中交锋激烈的主题之一。吴泽撰于20世纪30年代中后期的一系列三代史研究论文应属于同一范围。但到了20世纪30年代末至40年代初,问题已有所改变。

而关于殷商是一个奴隶制时代的问题,在当时已获得许多重量级学者包括原先认定殷商属氏族社会末期的郭沫若的认同。此时所亟待进行的,是要以足够数量、可靠的文献及考古资料切实描绘这个"奴隶制社会"的各种细节。如吴泽在《大系》初稿序言中指出:

> 过去,王国维氏的《殷周制度论》、郭沫若氏的《中国古代社会研究》,以及吕振羽氏的《殷周时代的中国社会》等几本有关殷代社会历史著作,对殷史研究开创了些门径,并奠下了不可磨灭的功绩。现在学术各部门趋向于建设时代,史学研究早已不止于理论为满足了。我们对殷代社会历史,当用功整理史料,精详考证史事,具体而微地继续进一步的研究,使中国新史学系统的建设上,这一古代阶段问题获得合致的解决。

虽然吴泽还表示"这不仅是急切要求解决中国社会历史发展的规律法则的学术任务,而且是解答当前中国往哪里去的万分现实的时代要求",但很显然,政治上的必要与否已经不再成为他写作的主要动机。此时处于尾声的中国社会史大论战,与前期相比火药味大为减淡,学者们大多能心平气和,进入到了对学术问题的整理与思考阶段。很明显,一旦越过对旧史学的"破坏时代"而入新史学的"建设时代",总体性的社会发展理论以及中介性的文化整合理论之公信力,就在相当大的程度上取决于对具体学术问题的解决实绩。换言之,马克思主义史学理论若要在学术上确立真正的"权威"地位,单靠政治上的所谓"战斗力"

或逻辑上的"雄辩力"已远远不够,还要看它在学术实践中所能提出和解决(或解释)的难题,是否确比使用以往任何一种理论范式时都要多,都要典型,都能令专家信服。

强调这一点,并不会低估老一辈马克思主义史学家在中国社会史大论战中作出的杰出贡献,不会对包括《大系》在内的一大批马克思主义史学名著已有的历史声誉造成任何损害。相反,只有突出其学术性,才会更实事求是地评价他们如同所有令人钦佩的学者一样,通过艰苦努力方在现代学术史的一个分支上所确立的地位。

已有大量论著研究了当年的中国社会史大论战,对引起和支撑了这场论战的政治动机作了充分的挖掘,并以是否承认马克思主义对世界各国具有普遍指导意义,是否承认中国社会具有半殖民地半封建性质为标准,对参与论战的派别和人物作了政治立场的是非区分。应该肯定,这类研究大多能以资料为证,具有很高的理论水平。然而仔细检阅有关文献,却令人感到这类总结和评判过于偏重政治层面。一,论战所赖以进行的学术论题的性质被过度政治化;二,凡热心于论战者,无论持何种学术见解,皆因有明确的政治抱负而非学术兴趣。眼下许多中国古代史专业的学生对这场论战都抱有倦怠疏远之情,一定程度上也是对这种长期以来偏离论战学术基础、过度彰显论战政治背景的定论的反弹。笔者以为,在当前的学术氛围中,对发轫于20世纪30年代的中国社会史大论战所隐含之各类政治机锋(包括所谓国民党"御用文人"和"托派"的言论)已不必太过敏感,对论战中各方所作具体的学术思考,都应结合新的资料加以细心检验;不论当年持论者有何可辨之居心,凡确有重大学术价值与理论价值的争论,都有必要继续和深化。很明显,论战中曾涉及并引起过广泛注意的许多学术问题其实都是很难破解、有些甚至是永难做出实证的难题,比如夏代的社会性质问题,亚细亚生产方式问题以及相关的古代农村公社、家庭奴隶制诸问题,奴隶制与封建制的分期问题等等,这些问题并不因为现在进入了21世纪就不再存在,或已不具有学术意义。事实上,对这些几乎是"永恒"难题的讨论,恰恰是中国新史学区别于旧史学的理论分水岭,甚至是中国史学永恒魅力之所在。试想若无此,将少了多少中国历史之谜?将剥夺多少上下求索而不得的乐趣？对于中国社会史大论战的历史总结来说，只有适度地还其学术讨论之原貌，马克思主义史学家在论战过程中对一系列重要问题的探索，才构成了现代学术史上不可或缺的一环。

三

《大系》全书涉及的论题、所用资料、文字篇幅较此前已出版、或约略同时问世的殷商史著作大大扩充。如郭沫若的《中国古代社会研究》(1930)固然在理论上振聋发聩，材料上广征博引，但关于殷代历史的集中论述只见于第3篇《卜辞中的古代社会》2万余字。吕思勉《先秦史》(1941)第8章第4节《殷代事迹》特重制度，在选择重点和分析问题上甚有卓见，但因吕氏像章太炎一样对甲骨卜辞的可信性有严重的成见，故在运用史料上缺点比较突出。而吕振羽关于殷代历史的前导性著作如《殷周时代的中国社会》之上编《殷代的奴隶制社会》，虽然也在经济结构、国家及政治形态、文化艺术的总题下罗列了生产工具、生产率、畜牧饲养、部门分工、商业交通、财产形态、政治组织、政治疆域、婚姻制度、意识形态等子题，却未能充分展开，整部著作接近于一部论纲。吴泽的《大系》则包罗万象，主要内容包括殷代帝王世系、政治地理、自然环境、殷族源流、文化特征、生产技术、生产工具、土壤地形、农耕状况、畜牧渔猎、工艺分工、商业经济、劳动者身份、贡纳制度、社会构成、国家组织、政治形势、军事组织、对外战争、家族形态、婚姻继承制度、意识形态、宗教体系、古代科学、鬼神巫术、祭祀种类、文字书法、饰物艺术等方面，俨然已成一部规模宏大的殷代通史。所用资料除传世文献外，还有大量考古发掘报告、民族民俗资料、世界史研究成果及43种卜辞、金文、图纹、图像著录总集，已为"当时重庆所能找到的一切地下出土文物、甲骨金文和文献材料"（《我的治学历程》，《吴泽文集·代序》）。显而易见，《大系》在断代通史的体系构筑方面确已取得了超越其师辈的成就。

若以文献、卜辞、金文为资料，以综合比较为方法研究殷代历史而言，著名甲骨学专家胡厚宣所著《甲骨学商史论丛》（初、二、三、四集，

1944—1946)、所编《战后平津新获甲骨集》,成就巨大,所论问题也同样涉及了殷代社会生活的各个方面,是吴泽撰写《大系》时的重要参考文献,且大量引用。《大系》中一些核心观点,如第 2 编第 5 章第 1 节关于殷代劳动生产基本担当者的分析,显然与胡氏在《殷非奴隶社会论》(《甲骨学商史论丛》初集)一文中对甲骨卜辞"耤(耕)臣""众黍"等词的研究成果有关。如胡氏认为"耤臣"是"殷王左右一重要之农官";吴泽也认为"耤臣"是"管理农业生产的奴隶头子"。所不同的是,胡氏认定殷代的"臣"都指"官",是统治者;而吴泽则相信郭沫若的考证,认定殷代的"臣"指俯首听命的"奴",相当于头等奴隶,所谓"耤臣",由于可以直接接受殷王的命令,地位更高于一般的"臣","大概得到了王的宠信,由奴隶头子上升到所谓'农官'、'小耤臣'地位了。"吴泽的解释当然也是一家之言,但他从奴隶地位发生变化的角度来讨论"耤臣"的含义,似乎比胡厚宣考虑得更深更远,更具想象力。

吴、胡两人的区别在于理论。由于吴泽对马克思主义社会经济形态理论的了解较为全面,因此就可以在广泛吸取各家学术专长的前提下,在理论的贯彻方面达到当时条件所能期望的较理想的高度。他对胡厚宣所持殷代为封建制社会而非奴隶制社会观点的系统质疑,就充分表明了这一特点。如前所述,胡厚宣利用古文字材料对殷代历史的研究作出了重要贡献。然而,当他发表《殷非奴隶社会论》《殷代封建制度考》(均见于《甲骨学商史论丛》初集),并据此得出相应结论时,其理论准备就显得不大充分。如林甘泉等人所评价:

> 甲骨文中没有"奴"字,这并不一定就能证明殷代不是奴隶社会,正如卜辞中有封爵封邑的记载,也并不一定能证明殷代已经有了我们今天所理解的封建制度一样。因为我们所说的社会经济形态,是指一定的生产方式,主要地是指一定的生产资料和一定劳动力二者之间的结合关系。胡厚宣对于"奴隶社会"和"封建社会"的理解,实际上还是沿袭了西方旧的历史学的观点。①

对照一下吴泽当年在《大系》第 3 编第 1 章第 1 节中对殷代封建制

---

① 林甘泉、田人隆、李祖德编:《中国古代史分期讨论五十年》,上海人民出版社 1982 年版,第 111 页。

社会论所做的分析,就可发现其理论造诣确实非同一般:

> 殷代是不是封建制社会,真正说来,问题的重点,并不在"封建诸侯"的这些政治特点上,而在于看……是不是领有土地或私有土地,把土地租佃给农奴或佃农,立定契约,强制农奴佃农对其缴纳地租,具有超经济榨取权力的领主或地主?……一言之,在于看领主与农奴或地主与佃农之间的超经济的强制的地租关系。必需要究明这一点,必需要究明这一基本的特点,才能结论。

即使在半个多世纪后的今天,上述引文所展现的整个概念架构,仍可说是相当精确的。

另外,在20世纪30年代的中国社会史大论战中,学者们在对总体性的社会发展理论进行深入讨论的同时,继续大力推动20世纪初即已开始的中国史学中介理论的革命性转向,进一步突破传统的王朝更替的叙事结构及政治史领域,将更多的目光投放于民众的生活史,把一场"眼光向下"、对民众的社会生活进行多角度研究的学术革命引向更高更深的境界,这就是我们现在所说的社会史的研究取向。吴泽撰写《大系》的学术实践,正可证明马克思主义史学家在这一过程中取得的成就。《大系》副标题为"殷代奴隶制社会史",除了继续保留必要的政治、军事和关于一般社会制度理论探讨的内容外,最值得注意的是增加了社会风俗、社会生活、社会群体、族源过程、民众行为观念和精神世界等等体现学术革命方向的观察角度。与"止于解释文句而不能讨论问题"的旧式史学相比,《大系》充满了新史学活泼的生机,不仅注意史实的真伪,更注意史料背后蕴藏着的意义。这样一种研究格局已初步具备了社会整体史的规模。

《大系》所建立的殷代社会史框架,在中国社会史的学术发展史上具有承前启后的重要地位。何谓"承前",已如前文概述;何谓"启后",则可举宋镇豪著《夏商社会生活史》[①]一书为例。宋著综合吸收了前人各项研究成果,内容非常丰富。从整个体系的设计来看,该书结构则与《大系》相当接近。作为其主干主线的8大部分——1. 环境、居宅、邑

---

① 宋镇豪:《夏商社会生活史》,中国社会科学出版社1993年版。

聚；2，人口；3，婚姻；4，交通；5，饮食；6，服饰；7，医疗保健；8，宗教信仰——已约略包容在《大系》的观察范围之内。虽然《大系》一书并未被列入该书主要的参考书目，但实际的影响显然是存在的。

《大系》在殷代史研究的一般方法上具有非常鲜明的特点，可以简略提出的有以下五点。

第一，在历史学与现代考古学之间进行了充分沟通。自王国维在《古史新证》(1925)中总结出著名的"二重证据法"以来，古史研究者大多已习惯采用卜辞、金文、简册、帛书等地下出土的古文字资料作为证据。然而由于现代考古学的基本概念由田野考古发掘技术、层位学、类型学等理论和方法所构成，自有一套独特的科学体系，因此对古文字资料的搜集、考释与应用，仅为现代考古学宽阔范域中的一个分支，不可简单地视为一事。按其师承源流，吴泽的学术训练原以精读文献、钻研理论为主，但他对现代考古学知识和成果却了解甚多、甚深。具有中国特色的现代考古学形成于安特生、李济、梁思永等人主持的对河南渑池仰韶系、山东济南龙山系、河南安阳小屯系等重要文化遗址的科学发掘。其中最受吴泽重视的，是梁思永通过对位于小屯西北的后冈遗址的发掘，第一次从地层学上判定了仰韶文化（下层）、龙山文化（中层）和小屯文化（上层）的相对年代关系。在《大系》第1编第3章《殷族的起源与殷族的建国研究》中，吴泽充分利用梁思永对考古文化层覆盖现象的研究成果，结合文献资料中关于夏族及殷族活动区域的记载，不仅证明了"中国文化西来说"与考古层位发现的结果不符，而且还细致地设想了以山东龙山为中心的"东夷"殷商祖先，如何一步步从黄河流域下游向上游拓展，"西迁"至安阳小屯，逼迫夏族离开后冈的变化历程。这条思路虽然远不能成为定论，但毫无疑问《大系》是将科学的考古学与文献学结合起来为历史研究服务的一个成功范例。

第二，以马克思主义的唯物史观和社会经济形态理论为主线，对殷代社会史作出整体性解释。此一特点最集中地表现在《大系》第2编第5、6、7章及第3编第1章关于殷代社会性质、殷代社会的亚细亚特点、殷代社会构成、封建制度基本特征等问题的讨论上。即理论的眼界使吴泽的史论具有了广阔的背景，使他能在20世纪40年代对上古历史作出超越前人的更为理性的解释。现在有不少三代史研究者对社会发展理论的选择和运用大不以为然，而史料学或者"具有现代水准的古代研究史料学"的重要性，则被提到了空前的高度。这在一定时期内、针对一定倾向而言自然是合理且有益的。但已如张光直所指出："问题是，事实真的能自己说话吗？资料的分类代表着对古代文明的分类法。这种方法真的能最好地揭示我们正在研究的这一文明的内在秩序吗？换句话说，史料学是一种理论，这是古代史研究的最好理论吗？"张光直对此显然是不同意的。他认定马克思主义者"是唯一在明确理论指导下研究商史的学者群体"[1]，并将社会发展理论和中介理论模式的选择与确立，作为研究殷代历史最基本的五个途径之一。李学勤也发表过同样的看法。他认为对亚细亚生产方式以及其他种种理论问题的探讨仍然有必要继续进行下去。[2] 这些评论足以说明《大系》的研究方向并不过时。

第三，充分吸收众多的相邻学科的研究成果。《大系》除了主动吸取现代考古学各分支的成果外，还大量参考民族学、人类学、宗教学、美术史、艺术史等学科的研究成果。这在第3编第3章《家族制与继承制》及第4编第1章《古代宗教的体系及其具体形态》、第2章《古代科学·文字·艺术》中表现得最为集中。当然，吴泽对相邻学科研究成果的选择，也体现了严格的马克思主义立场。比如对殷代家族制度的讨论，就完全依据恩格斯《家庭、私有制与国家的起源》的概念体系。对殷代宗教一般特点的概括，无论是观点还是语言，也都是马克思主义的。

第四，系统运用比较研究法。首先是将殷代史放在世界史范围内进行比较，确定殷代奴隶制在人类文明史上的地位；其次是将殷代史放在中国史范围内(用吴泽《大系》原序的话，就是"把殷代史放到殷代时的世界史中去研究")进行比较，确定殷代社会历史在中华文明史上的地位；再次是将殷代社会生活与中国少数民族社会生活进行民族间的跨文化比较，确定殷代社会生活的历史阶段性。在吴泽笔下，殷代文明是整个古代大陆文明乃至古代世界文明的一个"部分"。

---

[1] 张光直：《商文明》，辽宁教育出版社2002年版，第53页。
[2] 李学勤：《中国古代文明十讲》，复旦大学出版社2003年版，第12页。

第五,体现了历史科学与自然科学的结合。吴泽在《大系》中大量运用了自然地理学、气象学、器物学、植物学、金相学等自然科学知识,这在当时都算难能可贵的不俗眼界。

以上五个特点在《大系》中有典型的表现,是支撑着《大系》整个体系的骨架,对史学界同仁所进行的相关研究显然具有重要的参考价值。1996年5月,国家"九五"重大科研项目《夏商周断代工程》主要推动者之一、原国务委员兼国家科委主任宋健在题为《超越疑古,走出迷茫》的项目主旨发言中,也专门提到吴泽所著《大系》,并对《大系》的历史地位和科学成就给予了充分肯定。

四

若以现在的观点和达到的学术高度来衡量,吴泽的《大系》当然会在许多具体的研究上存在一些缺憾。然而这些缺憾并非由于吴泽当年的学术判断出现了多么大的失误,而主要是因为在《大系》初稿完成后60年、正式出版后55年的这半个多世纪间,整个中国学术界的理论素养以及对殷商史细节的了解,已比《大系》写作时有了不可同日而语的进步。兹举二例。

第一,资料。《大系》第3编第3章讨论殷代的家族制与继承制,共2节。第1节为家族制度,提出两个问题:殷代家族是半群婚制,还是一夫一妻制?回答是一夫一妻多妾制。第2节为继承制度,讨论两个问题:殷代王位继承是实行"兄终弟及",还是嫡长继承制?回答是殷代已有了嫡庶之分,并确立了嫡长继承制。吴泽的结论总体正确,与更翔实充分地运用卜辞材料而形成的专题论文如胡厚宣代表作之一《殷代婚姻家族宗法生育制度考》[1]所得结论相比较,没有出现太大的问题。然而若衡之以目前在学术界有公论、对各类资料的收集范围达到较高标准的著作,如张光直《中国青铜时代》(1983、1990)、朱凤瀚《商周家族形态研究》(1990)、王玉哲《中华远古史》(2000)、刘正《金文氏族研究——殷周时代社会、历史和礼制视野中的氏族问题》(2002)等,得出

---

[1] 参见胡厚宣《甲骨学商史论丛初集》(上),河北教育出版社2002年版。

上述结论的论证过程确实过于简略,有几项重要的资料比如殷代晚期的青铜器铭文、殷代的墓地制度、殷墟商墓的考古发现、殷代墓葬陶器的组合分析、甲骨断片的缀合成果等等,都没有加以利用。很明显,导致出现上述缺憾的原因,主要是由于对这些材料的发掘工作当时大多还没进行。有的材料虽然解放以前就已发现,但收藏分散凌乱,缺乏系统的整理和汇集,影响了学者有效使用。

第二,理论。《大系》第2编第6章讨论殷代社会经济的亚细亚特点。亚细亚生产方式的内涵及其与中国古代社会的关系,是中国社会史大论战中的一个重要组成部分,吴泽对这个重要问题有深入且独特的见解,然而我们在《大系》这最短的一章(仅4页)中却只看到寥寥几点:土地国有、农村公社的保存、家族小土地生产制、私有财产不发达、经济发展不平衡、贡纳制。引为证据的理论资料也太少,只有拉苏莫夫斯基的《社会经济形态论》和吕振羽的《殷周时代之中国社会》两种。导致出现这一现象的直接原因固然很多,比如断代史体例下不便进行太多的理论发挥、中国社会史大论战此时已处于低潮等等,但最重要的,恐怕还是出于以下这个事实:作为马克思全面考察东、西方古代社会发展共同规律及其各自特点,解释东方社会历史发展共同的基本道路和各自有别的具体途径的经典著作《资本主义生产以前的各种形式》,在马、恩生前一直没有发表。直到1939年,苏联的《无产阶级革命》杂志第3卷才发表了俄文本,迟至1953年,日知翻译的中译本方由《文史哲》杂志当年第1至第3期连载发表。1956年,人民出版社出版了单行本。后来,中共中央马恩列斯著作编译局在编辑出版《马克思恩格斯全集》时,在参考了日知中译本的基础上据德文原文作了重译,收入《全集》第46卷上册。至此,亚细亚生产方式问题的讨论才算走上了正轨。在1955年至1960年间,吴泽投诸大量精力和时间用于学习马克思的东方学原著,取得了一系列重要成果,对《大系》的缺憾作了集中的补充,其中主要有《亚细亚生产方式问题研究》(《华东师范大学学报》1955年第1期)、《古代东方社会的基本特点问题》(同上杂志,1956年第4期)、《公社与公社所有制诸形态》(《历史教学问题》1957年第2期)、《关于奴隶制社会形成的年代、始点、途径及标志问题》(同上杂志,1958

年第9期)等。1960年,这些论文被结集成《中国通史基本理论问题论文集》,由华东师大出版社出版。如吴泽后来所总结的那样:

> 几十年来,中外学术界关于亚细亚生产方式理论的讨论之所以出现一次又一次的混乱,之所以一直没有取得突破性的进展,《形式》(引者按:即指《资本主义生产以前的各种形式》)一文问世较晚以及问世后被忽视和理解上不准确,应该说是一个极其重要的原因。①

这段话,实际上也可以作为我们理解当年《大系》中何以会出现如此不理想状态的原因。

《大系》一书出版至今已整整55年。在此期间,包括殷代史在内的中国古代历史研究的积累,以及在此基础上所达到的科学化与现代化程度,也取得了令世人惊叹的伟大成就,日益成为世界文明史不可或缺的一部分。而所有这一切,都离不开中国老一辈马克思主义史学家在当年艰苦条件下极富原创性的深刻思考和多方开拓。对这一份巨大的历史功绩,我们当表由衷的敬意,并给予高度评价。

原载《江海学刊》2005年第1期

---

① 吴泽:《东方社会经济形态史论》,上海人民出版社1993年版,第299页。

史学理论研究

毛泽东《关于李秀成评价问题的批语》所涉吴泽等有关历史人物的评论观
——录自穆欣《毛泽东与〈光明日报〉》[①]

1963年8月,戚本禹在《历史研究》第4期发表《评李秀成自述》,不顾李秀成的全部革命实践,说他被俘后写的《自述》是背叛太平天国革命事业的"自白书"。此文遭到史学界的普遍反对,但得到江青的支持。江青找戚本禹谈话,说他曾将此文送毛泽东看过,毛就其内容作了批示:白纸黑字,铁证如山。晚节不忠,不足为训。以后中央宣传部决定在报刊上就此问题展开讨论。1964年7月25日,《光明日报》继《人民日报》之后重新发表了戚本禹此文,引起学术界就此问题的讨论。光明日报社《关于李秀成评价问题讨论的反映(10)》上,选编了复旦大学历史系主任蔡尚思、华东师范大学历史系主任吴泽对李秀成评价问题的一些意见。蔡尚思说,我基本上同意戚本禹的意见,可和他的看法又不完全相同。他的有些看法比较片面,比如在分析李秀成投降原因的时候,说李秀成盖忠王府太奢华浪费,是为了个人享受;又说李秀成早就有了投降的念头,这些论点是站不住脚的。吴泽说,目前报纸讨论把李秀成的问题仅仅放在真投降、假投降上面,容易把问题简单化。有人说,李秀成的投降是因为怕死,这是没有说服力的。李秀成的投降,只是一根线上的一个点,我们要想了解这个点,就需要把它放在一根线上来考察,而要了解这根线,又不能不把它和整个面联系起来,这样看问题才能全面。这里的线,指的是李秀成的一生;这里的面,指的是太平天国的整个历史。李秀成的投降和太平天国后期的历史是有关系的。

[①] 穆欣原文见《述学谭往——追忆在〈光明日报〉十年》,东方出版社2006年12月版,第506页。

本来，农民没有无产阶级的领导，要取得革命的胜利是不可能的。农民是要分化的。历史上的农民革命最后不是走向失败，就是向封建转化。太平天国也是这样。它后期的经济、政治和军事，实际上各方面都在发生变化，逐步走向封建化的道路。既然太平天国后期已经逐渐封建化，李秀成的阶级界限当然也就日益模糊了。所以等到李秀成被俘以后，这时的李秀成已经不是当年起来闹革命的李秀成了。加上被俘以后，太平天国大势已去，正是在这种情况下，李秀成认为"天数"已定，以至对曾国藩抱有幻想，写下了《自述》。这就是李秀成投降的历史根源和阶级根源。

8月间，毛泽东看了这些反映，就在上面写了批语：江青阅，此文有[些]道理。①

---

① 此批语写在《光明日报》"关于李秀成评价问题讨论的反映(10)"上，见中共中央文献研究室编《建国以来毛泽东文稿》第11册(1964年1月—1965年12月)，中央文献出版社1996年8月版，第130页。其中"些"字，系据《建国以来毛泽东文稿》所录原批件补。

体系严谨 多获创见
——评吴泽先生主编的《史学概论》

李振宏

在史学理论研究日益深入开展的时候,吴泽先生主编的《史学概论》由安徽教育出版社出版了。该书在体系、内容安排上的特色以及在许多具体问题上的独到论证,都证明它是一本开创性的著作。

目前,虽然史学界对该门学科的对象、任务、体系结构等基本问题进行了不少研究,已经出版了不少教材和知识性读物,但是,如何科学地结构史学概论的体系,无论在理论上还是在实践上,都还是一个没有很好解决的问题。吴著《史学概论》的出版,比较科学地解决了这个问题,呈现在我们面前的就是由严谨的逻辑结构而建构起来的史学理论知识体系。

该书从认识论的角度对史学现象进行理论反思,把揭示历史研究中认识主体与历史客体之间的矛盾作为主要逻辑线索,来建立史学概论的学科体系。同任何科学一样,历史学也是人类的一种认识活动。在这种认识活动中,认识主体无法与研究对象取得直接的一致性,认识主体除了要受到时代的局限、阶级的局限之外,还要受到史料的局限。因此,在历史研究中,认识主体与历史客体之间的矛盾,较之一般科学认识中的主客体矛盾表现得更加突出,二者之间存在着明显的对立。作者说:"这种对立,构成了历史研究的基本矛盾。这一矛盾贯穿在历史研究的一切领域之中,它导致了其他各种矛盾的产生,并且规定和制约了其他各种矛盾的形式和特点。"[①]因此,"以马克思主义唯物史观为

---

① 吴泽主编:《史学概论》,安徽教育出版社,1985年,第3页。

指导,开展对史学本身的探讨,揭示历史研究中的主观认识与客观历史之间的矛盾,从理论上概括和总结这一矛盾不断产生又不断解决的基本经验,用以指导当前的历史研究,这就是史学概论的基本任务"。[1] 吴著《史学概论》的基本章节,就是按照揭示与解决历史认识中的主、客体矛盾的需要而编排起来的。我们知道,认识主体与历史客体之间的矛盾,必须靠不断地改造认识主体的主观条件来解决,而最重要的就是要有科学的历史观和思维方法。因此,作者把历史研究中如何应用唯物史观和辩证的思维方法问题,作为史学概论论述的中心,安排了"马克思主义对史学的伟大变革""历史科学的基础理论"和"历史研究的基本方法"三个章节,并做了精辟的论证。

作者认为,历史研究中主观认识和客观历史之间的差距,首先在史料上表现出来。一是史料与历史客体之间的矛盾,一是研究者与史料的矛盾,这使主体所获致的历史认识具有了双重的相对性,也是历史认识的特殊性之所在。因此,该书认为,"解决这些矛盾,是历史研究的根本下手处,是整个历史研究工作的基础"。[2] 作者在第六章"历史编纂学"中指出:认识主体要准确完美地表现历史客体的错综复杂现象及其运动规律,还必须解决表达形式问题。在第八章"史学评论"中指出:主体所获得的历史认识,是否是对历史客体的正确反映,必须回到实践中去,接受实践的检验,在实践中修正、补充、丰富和发展。而历史研究的特殊性,使得"实践对历史认识的检验,它对各种历史学说的取舍、修正、补充、丰富和发展,经常要通过史学评论反映出来。"[3] 史学评论在历史科学(包括史学理论)的形成和发展过程中起着杠杆和推进器的作用。同时,还在第七章"史学与其他学科的关系"中,从认识论的角度出发,围绕历史研究中的基本矛盾(即认识主体与历史客体之间的矛盾),概括了史学理论研究的一系列重大问题。但是,作者认为,这些只是对史学内部关系的探讨,而史学有三种关系,除了它的内部学科的关系外,还有史学与其他社会科学的关系以及史学作为社会科学与自然科学的关系。这两种关系的研究,对于促进历史研究中基本矛盾的解决

---

[1] 吴泽主编:《史学概论》,第4页。
[2] 吴泽主编:《史学概论》"前言",第3页。
[3] 吴泽主编:《史学概论》"前言",第4页。

有重大的影响作用。因此,作者把对史学与其他学科关系的研究作为史学概论的基本内容之一。

史学概论作为一门独立的学科,应该有一个科学的严谨的逻辑结构体系,吴著《史学概论》以解决历史认识中的基本矛盾为线索建立起它的严整体系,标志着这个学科的建设已经开始进入它的成熟阶段。

重视史学概论学科建设中的批判继承问题,是吴著《史学概论》的一个重要特点。

从1903年日本浮田和民的《史学通论》译入中国,到近年台湾出版的一些《史学导论》《史学方法论》著作,中国自20世纪以来的80年间,出版的史学概论一类读本有四十余种。这些读本的名称不一,有《史学概论》《史学通论》《史学要论》《史学原论》《史之梯》《史学导论》《史学纂要》等等。还有一类以史学方法命名的书,如《中国历史研究法》《历史方法概论》《史学方法论》等等,其中多数也都是史学概论体系。这四十余种书中,除李大钊的《史学要论》、翦伯赞的《历史哲学教程》、吴泽的《中国历史研究法》、蔡尚思的《中国历史新研究法》等书是用马克思主义观点写成之外,其余大部分都是资产阶级学者的著作。但是,尽管大多数史学概论读本的观点陈旧、错误,我们要能从方法论的角度去考察他们构造史学概论体系的思想方法,分析他们在设计这门课程体系时所提出的诸方面问题,那么,在建设史学概论体系的方法论上,我们还是会受到不少有益的启示。笔者考察过三十余种属于史学概论体系的史学理论方法论读本,其中有二十四种读本把历史观、方法论作为他们论述的主要内容,有十四种读本重视阐述史学的功能和社会作用,有十二种读本论述了史学与其他学科的关系问题。史学概论发展史上对史学的这些基本问题的重视,是值得我们在建设马克思主义史学概论体系时认真借鉴的。现在我们看到,吴著《史学概论》就认真进行了对先前思想资料的考察、整理、批判与继承的工作。该书"绪论"的第三节,专门讲了"史学概论的历史和现状",而重要的是对前人史学概论中精华部分的批判改造,贯彻于该书的全部论述中。

该书把关于如何运用唯物史观和辩证思维方法的问题,作为史学概论论述的中心,就是对前人著作中普遍重视史学理论方法论思想的批判继承。但必须指出,在资产阶级学者的史学概论著作中,所谓方法论,主要是形式逻辑的东西,多是搜集、考订史料的方法。譬如杨鸿烈,他给"历史研究法"下的定义是:"凡人对于现状和过去社会上种种事物的沿革变化有了解的必要而即搜集一切有关的资料,更很精细致密的去决定其所代表或记载的事实的真伪、残缺、完全与否,然后再用极客观的态度加以系统的整理,使能解释事物间的相互关系以透彻明白其演进的真实情形即所经历的过程,这便是所谓历史研究法。"[1]根据这个定义,杨氏的《历史研究法》讲了如下诸章:历史研究法的意义;历史研究法的重要;初步工作——研究题目的选择;史料的认识;史料的种类(上、下);史料的搜集;史料的伪误;史料的审订;史料的整理和批判等十章内容。显然,这样的历史研究法,没有跳出史料学的框框,叫"史料研究法"则可,谓"历史研究法"则非。吴著《史学概论》在吸收前人重视方法论研究的思想之后,对他们的方法论内容进行了马克思主义改造,着重论述"辩证思维方法在历史研究中的具体运用及其特点"。

可以说,吴著《史学概论》对历史观、方法论的重视以及着力研究史学与其他学科的关系问题,都曾从前人的思想资料中汲取了营养,就是在他们的独创性研究"史学评论"一章中,我们也可以看到许多对先前史学概论的分析、批判、借鉴或吸收。人类认识史上的每一进步,都"必须首先从已有的思想材料出发",[2]大概正是遵循了马克思主义的这一教导,科学地总结了史学概论发展史上有益的经验,吴著《史学概论》才取得了超越前人的成就,把马克思主义史学概论的研究推进到初步成熟的阶段。

吴著《史学概论》在史学方法论研究上也提出了深刻的见解,强调"必须坚持历史方法与逻辑方法相统一的原则"。[3]

按照列宁的说法,任何科学都要以辩证的思维方式来把握自己的对象,因此,"任何科学都是应用逻辑"。但是,一方面,历史科学作为一门具体的实证科学,它需要向人们展示历史发展的具体过程,一切重要的曲折过程和偶然现象,对于再现历史发展的完整情景都是必不可少

---

[1] 杨鸿烈:《历史研究法》,商务印书馆1939年版,第15—16页。
[2] 《马克思恩格斯选集》第3卷,人民出版社1972年版,第404页。
[3] 吴泽主编:《史学概论》,第154页。

的,不能忽视的;另一方面,客观历史过程的连续性、历史性及其在历史科学研究方法上的规定性等,都要求在历史科学研究中必须贯彻历史主义的原则,亦即采用历史的方法,历史地看待一切历史事物。所以,史学方法论研究中的一个根本问题,就是要研究历史方法与逻辑方法如何在历史研究的实践中实现统一。吴著《史学概论》对这个问题作了理论的研究,书中写道:"这两种方法中的任何一种都不可能以纯粹的形态,单独存在于认识过程中。它们是相互渗透的。既没有不包含历史方法因素的纯逻辑方法;也没有不包含逻辑方法因素的纯历史方法。逻辑方法同样是历史的方法,只不过是摆脱了历史的形式和起扰乱作用的偶然性而已。历史方法也同样是逻辑的方法,只不过是把理论体系体现于历史形式之中罢了。"①

当然,作者在这个问题研究中提出的某些看法,还是可以进一步讨论的。譬如把史学研究中的阶级分析方法作为一种逻辑方法来看待,安排到"分析和综合"一节中来阐述,就有可以商讨的余地。阶级分析固然是一种分析方法,但历史方法又何尝能离开"分析"呢? 这就是作者讲的"没有不包含逻辑方法因素的纯历史方法"。阶级分析,是包含着逻辑方法因素,但从基本点上看,它应是历史方法的一种。因为,它是用历史主义原则去考察阶级社会的历史所必然要求采用的基本方法,是马克思主义历史主义观点的派生物。

作者强调研究历史方法与逻辑方法的统一,可以说是抓住了当前史学方法论研究中一个根本性、方向性的问题。现在,我们都在研究现代科学方法引进史学研究的问题,而这个问题的实质,就在于如何把现代科学方法与传统的历史方法在历史研究的实践中科学地统一起来。譬如,现代系统科学的方法论,它的一个重要特征是整体性原则。它始终把研究对象作为一个整体来对待,认为世界上各种事物、过程都是一个合乎规律的、由各种要素组成的有机整体,这些整体的性质与规律只存在于组成系统的各要素的相互联系、相互作用之中,而单独研究其中任何一部分都不能揭示出系统的规律性。因此,它要求人们把对象作为有机整体来考察,从整体与部分之间、部分与部分之间、整体与外部

---

① 吴泽主编:《史学概论》,第153页。

环境之间相互依赖、相互结合、相互制约等相互作用的关系中去揭示系统的特征与运动规律。可以说这种方法论思想是辩证逻辑中综合方法的更深入的发展,它在本质上就是一种逻辑方法。研究这些方法在史学研究中的运用,也就是研究它如何能与历史研究中的历史方法统一起来的问题。因此,笔者认为,在当前或今后的一段时间内,史学方法论研究的一个重要方向,就是要研究解决历史方法与逻辑方法的统一问题,把它在理论方面和在史学实践中更深入、更具体、更细密地展开。

"史学评论"一章,是作者独创性的研究,我国史学界一直忽视这个问题。虽然近几年来,间或有人提到这个问题,抒发一些议论,甚至还有人提出应建立史学评论学科,但它一直没有引起史学工作者的普遍重视,更没有对它展开认真地研究。而吴著《史学概论》在这个问题上则着力开掘,写成长达四万言的全书分量最重的一章,对史学评论的对象、性质、标准、作用诸问题进行了系统深入地研究。作者指出:史学评论,"它集中一定社会对历史知识的需要,调节历史研究与社会需要之间的关系;又总结史学实践的经验教训,给予理论的概括和分析,这两方面都对历史研究和史学编纂具有指导和规范作用"。[①] 历史学发展的内在动力,在于认识主体与历史客体之间的矛盾运动,主体对客体的认识,有正确与错误之分,也有进步与反动之别,史学内部的正确与错误、进步与反动的斗争推动着史学的发展。而这种斗争的表现形式,就是史学评论。所以,作者认为,史学评论"就成为史学发展的直接推动力,成为史学发展的杠杆"。[②] 认真开展对史学评论的理论研究,以此指导史学评论工作的健康发展,是繁荣历史科学研究、建设有中国特色的马克思主义历史学,所必须进行的理论工作。而吴著《史学概论》在史学评论的研究方面,正是为我们做了奠基工作。

最后,我还想谈一点不成熟的意见,即该书还缺少一章关于历史认识论的专门研究。虽然全书是以揭示、解决历史研究中认识主体与历史客体之间的矛盾为主要线索而结构起来的,在"绪论"中也已分析了历史认识论的一些基本问题,但缺少关于历史认识论的专门、具体的研

[①] 吴泽主编:《史学概论》,第322页。
[②] 吴泽主编:《史学概论》,第326页。

究,似乎还应算是一个缺憾。如果能像讲"历史研究的基本方法"一样,专门写一章历史认识论诸问题,探讨一下历史认识的对象和任务、历史认识的特殊性、历史认识主体、史家在历史认识中的地位和作用、历史认识的构成、历史认识的诸形式、历史认识的相对性、历史认识的发展及其规律、历史认识的检验等问题,就可以造成历史认识论的系统知识。这些知识不论对于历史专业的学生,还是从事历史研究的专业工作者,都是必要的基本的历史学理论知识。任何一门学科如果缺乏该学科的认识论研究,它就很难达到自觉、成熟的阶段。我们应该把历史认识论作为历史科学的一个专门的理论学科加以研究,并把它作为史学理论的基本内容之一在史学概论中得到反映。"认识论问题取得进展,我们的思想就可以大大提高一步,我们的实践就可以更有成效,就可以少犯错误。"[①]这是我对吴著《史学概论》的一点建议,也是对当前史学理论研究中忽视历史认识论研究的一点意见。不妥之处,望多批评。

原载《社会科学评论》1987 年第 4 期

---

① 周扬:《关于马克思主义的几个理论问题的探讨》,《人民日报》1983 年 3 月 16 日。

史学理论建设的新成果
——读吴泽教授主编的《史学概论》

肖 马

最近读到安徽教育出版社出版的《史学概论》,颇受教益启发。该书约三十一万字,由我国著名马克思主义史学家吴泽教授主编,曹伯言、桂遵义为副主编。这是一本体例新颖、内容翔实的史学理论著作。

史学概论是史学领域中一个新的分支学科,近几年来受到史学界的广泛重视。因为时代的发展、两个文明建设的需要,都对历史学科提出了新的要求,有识之士普遍感到,加强史学理论建设,是使历史学科紧跟时代步伐,适应开创四化建设新局面要求的一项迫切任务。目前有关史学概论方面的著作已出版了三、四种,各具特点。有的突出如何把历史唯物主义原理应用于历史研究,有的突出如何在马克思主义指导下批判地继承史学遗产;还有的采取相当概括简明的写法介绍学习和研究历史这门学科所应具备的最基本的观点、常用的方法和必备的手段。同前几种相比,吴泽教授主编的《史学概论》又大胆探索,在相当深入研究的基础上作了新的尝试。体例的确定、内容的安排都是颇具匠心的。全书分为基础理论、基本知识和基本方法三大部分,较为深入地探讨了历史研究中的主体和客体的关系、史学实践的形式和特点、历史认识的基本过程、史学的层次结构、历史认识的检验、历史著作的编写和形式等,在史学概论内容的广度和深度上都有新的突破。

本书的第一个特点是系统性、逻辑性强。全书共分十章,无论横观、纵观,在内容上都是完整的有机联系,而不是生硬拼合。第一章"绪论"首先解题,开宗明义阐明本书的宗旨,明确指出了史学概论的对象和任务,内容和范围,历史和现状以及学习史学概论的意义和方法。这就给了读者关于本学科的一个基本认识,回答了为什么要学及怎样学好史学概论的问题。第二章"马克思主义对史学的伟大变革",是本书的一个重点。把这部分内容放到前面来叙述是颇有深意的,"学习史学概论,首先应该懂得人类历史学这个演进变化的过程,懂得人类历史学伟大变革的深远意义。"奠定了史学概论的两块基石——强烈的党性和高度的科学性。以下几章的安排,均按史学本身的内部基本结构来论述,先将历史科学的基础理论,次讲历史研究的基本方法,又讲史料与史料学(在史料学中兼及辨伪学、考据学、校勘学、目录学),再讲历史编纂学。这些内容环环紧扣,是有较强逻辑关系的。第七章则是论述史学的外部联系,较为深入地阐明了史学和哲学、考古学、民族学、历史地理学、文学、自然科学的关系。接下去是论述史学在发展过程中对自身的认识,即史学评论。最后两章则分别突出了深刻了解现状和展望未来两个特点。以上内容的安排,突出了重点,主要脉络清晰,体例上是有较多创新之处的。

第二个特点是大胆探索,有独特见解。史学理论往往被人认为是老生常谈,谁讲都是固定的格式和套话。然而这本书则力求深入研究,对有现实意义的问题充分展开论证,时有新颖的观点和见解,读来引人入胜,一扫人云亦云陈旧语调。如第二章的论述就是别具一格的。以往的几种史学概论,对于外国史学史或是没有论及,或是单独孤立叙述。但这本书站在俯瞰人类历史学发展的高度,对中国史学史和外国史学史作融会贯通的论述,阐述世界史学发展的规律。该章对于马克思主义产生以前的历史学,对于马克思主义对史学的伟大变革,对于马克思主义史学在中国的传播和发展,作了系统的研究,并对中外史学比较研究这一新课题、新领域作了大胆的探索,提出不少发人深思的观点、见解。这在史学概论类著作中是个有益的尝试。

第七章"史学和其他学科的关系",也是颇多创见的。虽然这方面内容在其他史学概论著作中也有论及,但大约是篇幅、体例所限,没有充分展开论述,往往是点到即止,或者是仅强调史学和其他学科有密切联系。至于究竟联系如何,似乎没有鲜明论证出自己的观点。此书在这方面则不仅肯定了史学和其他学科存在相互联系和相互促进作用，并且进一步说明了有什么样的相互联系和相互促进作用，大胆提出了自己的看法和观点。比如史学和自然科学的关系，该书撰写之时（当在两年以前）人们对于现代自然科学方法论能否应用于史学研究，怎样应用，自然科学方法与辨证唯物主义和历史唯物主义是怎样的关系，一般认识还不是很明确的。但该章颇有见地地指出："现代自然科学的高度发展，为人类认识和改造世界提供了最先进的技术手段，同时也深刻地影响到历史的研究方法"。强调"治史应借助自然科学的某些方法"，并肯定了数学方法、统计方法、系统论等在史学研究上的应用。同时又及时告诫，对于自然科学方法既要为我所用，又不能一味照搬，"现代的系统论、控制论等方法也只有经过哲学的概括和总结，才能运用于社会历史领域。否则就会混淆自然和社会两种根本不同性质的矛盾，就会产生认识上的混乱。"这些论述都是很精当的。

单辟一章对"史学评论"专门论述，系统阐述史学评论的性质、标准、作用，这样以较长篇幅论述史学评论的一些基本原理，是具有一定开创性的。第九章"国内外近代史学流派述评"，也是区别他书的有特色的一章。其中"现代国外史学述评"一节，对美国的计量历史学派和心理历史学派，法国的年鉴学派和历史批判哲学学派，历史形态学派（文化形态史观），英国的修正派史学（纳米叶学派和克莱彭学派），拉丁美洲的修正派史学等，都作了扼要的述评，这对于开阔读者视野，批判地借鉴其历史研究的方法不无裨益。

吴泽教授主编的这本《史学概论》，还有其他一些优点，如文笔流畅，深入浅出，可读性强等等，因篇幅所限，不能一一叙及。总之，这是一本令人耳目一新的好书，是对史学理论体系的一项新的探索。我想，这本书对于史学工作者及社会科学工作者，对于高等院校文科师生来说，是很值得一读的。不过现在书店里很难买到这本书，笔者希望安徽教育出版社能尽快再版，同时笔者也提两条不成熟的改进建议：第一，是否增加专章论述如何继承我国史学的优良传统。中国史学在世界上有特殊的学术地位，数千年来中国人民一直重视历史的记载和研究，各朝各代历史均有史籍记录，从未中断，保留至今，这在世界上是首屈一指的。中国还涌现出了许多杰出的史家,他们治史具有认真严谨的态度、秉笔直书的精神、献身史学的品质。对于我国优良的史学传统,应当加到史学概论中作适当的阐述,应当介绍到全世界,使人们明确,中国史学究竟有哪些优良传统?今天应该如何在新的条件下继承发扬中国史学的优良传统?第二,是否增加章节专论如何在史学研究中应用现代自然科学方法论。本书现有的部分虽然写得很出色,但鉴于目前出现历史研究法讨论的热潮,一、两年来,史学界对于如何应用以"三论"为代表的新方法,认识有了提高,也积累了一些经验。希望这本史学概论在修订之时,增加篇章对应用自然科学方法问题扩大论述,以加强指导作用。

原载《历史教学问题》1986 年第 3 期

吴泽历史哲学初探

李 航

一、个人与历史发展的关系

在20世纪40年代,以所谓客观主义者和实验主义者为代表的一些学者散布各种非科学的历史观。他们或不承认人在历史上的作用,或无限夸大个人在历史上的作用。这些非科学的历史观在社会中流行,误导了群众和舆论。吴泽站在科学历史观(即唯物史观)的立场上,对个人在历史上的作用给予了科学的解释,抨击了种种谬误。

客观主义者片面强调历史的必然性和生产工具的重要作用,"忽视了人在社会历史中的主动因素的地位和作用,把人完全当做被动的东西,当做工具的奴隶"。① 吴泽称呼客观主义者为历史机械论者,并表示他们忘记了人,而我们需要发现人的作用,因为人是历史的主动因素。与客观主义者过分强调历史的必然性而忽视人的作用相反,以胡适为代表的一批实验主义者极力夸大个人尤其是重要人物的作用,他们"极力抬高特殊个人而蔑视大众,把历史当做是特殊个人的创造事业,而把一般大众当做是泥土,他们像泥土一样可以特殊个人随意塑造成任何一种历史的社会形式"。② 吴泽把这种人称之为主观主义者。当时社会上流行着这些人的代表性观点,他们大谈一言可以兴邦,一言可以丧邦,个人在地上吐一口痰也许就可以毁灭一个村庄,世界大战的

---

① 吴泽:《个人领袖英雄的历史作用论——历史哲学论稿之一》,重庆,《中华论坛》1946年第2卷第4期14页。
② 吴泽:《个人领袖英雄的历史作用论——历史哲学论稿之三》,重庆,《中华论坛》1946年第2卷第6期15页。

爆发是由于希特勒头脑中"一念之转"所产生的。

在列举了上述非科学的观点之后,吴泽从唯物史观的角度发表了对这些个问题的看法。他认为,"社会发展阶段也有其严格的法则,必然的过程,换言之,历史本身自有其必然性或规律性"。① 从原始社会、奴隶制社会、封建制社会、再到资本主义社会、社会主义社会,这是历史发展的规律。许多批评者抓住唯物史观强调历史的规律性这点,提出他们的质疑。吴泽以德国学者斯托姆莱对唯物史观的诘责为例子,对质疑进行了回击。斯托姆莱认为,既然唯物史观认为世界是发展着的,并且认为社会发展的必然的、有规律的历史过程,社会主义终将代替资本主义,为什么还要组织无产阶级政党进行革命斗争?可见,科学历史观存在着不可解决的矛盾。他同时挖苦道,月蚀是自然运动的结果,谁也不会想组织一个政党去实现它吧!吴泽反驳道,月蚀是自然天象,在人类诞生之前就有了,人类完全没有参与之中。月蚀与人的关系与历史与人的关系完全不能相提并论的,斯托姆莱以这种假设为依据进行批评完全是文不对题,故意曲解。

历史的必然性由人来实现,那么这该如何理解呢?吴泽认为,历史机械论者强调社会发展的必然性和重视生产工具在历史发展中所起的重要作用,固然没有错误,但是他们忘记了,推动历史发展的生产工具是有谁来创造和改进的。生产工具在人类发展中起着重要作用,是人类文明的重要标志之一。可是"没有了人,根本就没有生产工具可言。根本上,人是生产工具的制造者和使用者,如果说生产工具是决定因素的话,那么人就该是主动因素"。② 从旧石器时代到新时期时代,再到蒸汽时代和电气时代,每次生产工具的革新都是由人来完成的,人在社会发展中起了重要的作用。

为什么法国七年战争会失败,殷商会灭亡?许多史学者"把路易十五和商纣个人的历史作用,夸大至无限大,当做唯一的决定因素,把社

---

① 吴泽:《个人领袖英雄的历史作用论——历史哲学论稿之一》,重庆,《中华论坛》1946年第2卷第4期15页。
② 吴泽:《个人领袖英雄的历史作用论——历史哲学论稿之一》,重庆,《中华论坛》1946年第2卷第4期14页。

会制度经济结构漠视无睹……取消历史的必然性或规律性,陷入观念史观"。① 个人的历史作用需要被承认的,夸大个人在历史中的偶然性因素却又不被赞同。吴泽列举并分析了法国史学家森达伯夫的观点。森达伯夫认为,如果罗伯斯皮尔和拿破仑被杀了,那么法国革命进程就会停止。吴泽评论道,"好像法国革命不是由社会内在矛盾引起,而是一二'杰出人物'英雄们的活动而掀起的! 革命领袖存在,革命就进行下去,革命领袖死亡了! 革命就停止了! 这种看法完全是英雄史观"。② 在法国革命前,封建制度已经严重阻碍了资本主义发展,这场革命是资产阶级为反对封建贵族发展资本主义而发动的革命。罗伯斯皮尔和拿破仑领导者不过是革命势力的代表,"革命的要求未达到,即社会矛盾未解决,革命是不会终止的,一个领袖被杀了! 可以推出一个新的领袖来继续革命,直到完成为止。个人的历史作用,历史的偶然性作用,是不会也不能取消历史的规律性或必然性的"。③

二、人口史观的批判

人口与经济发展的问题,历来是学者们所关注的。众所周知,社会经济的发展需要必要的劳动力。在原始社会,人们生产工具落后,技术水平低下,既要靠渔猎获取食物,又要抵御野兽和其他部落的攻击,只有成群结队,共同保卫和劳作才能生存下来。即使到了现代社会,生产力水平大幅度提高,社会生活依然需要必要的劳动力,所以"如果没有一定的最低限度的人口,那末,任何社会的物质生活都是不可能的,即任何社会生存,都是不可能的"。④ 但是,如果把人口数量作为判定一个社会发展程度的关键标准,又是违反历史事实的。以19世纪末的中

---

① 吴泽:《个人领袖英雄的历史作用论——历史哲学论稿之一》,重庆,《中华论坛》1946年第2卷第4期18页。
② 吴泽:《个人领袖英雄的历史作用论——历史哲学论稿之一》,重庆,《中华论坛》1946年第2卷第4期19页。
③ 吴泽:《个人领袖英雄的历史作用论——历史哲学论稿之一》,重庆,《中华论坛》1946年第2卷第4期19页。
④ 吴泽:《人口问题与人口史观批判》(笔名胡哲夫),上海,《中国建设》1949年第8卷第1期第36页。

国和美国为例,当时中国的人口远超美国,可是社会发展程度却远远落后于美国。19 世纪末的中国处于落入了半殖民的半封建社会的深渊,以农耕的自然经济为主;美国处于资本主义大发展的阶段,以大机器工业为主,两国的差距是显而易见的。结合众多例子得出这样的结论,"人口的增加不是亦不能是决定社会发展和社会制度的性质以及社会的面貌的主要力量。人口增长不能解决社会发展过程,人口增长不是社会发展的决定力量"。[1]

在 19 世纪,英国资产阶级学者马尔萨斯提出了一套人口理论。他提出,人口如果不被限制,那么就会成几何级数的增长,但是同时生活资料的增长不过是算数级的增长。如果这样长久下去,众多人口必然因为粮食不足而发生大饥荒直至饿死。马尔萨斯认为"人类社会之贫富分化,都是自然法则显示的必然结果;并不是人类社会的罪恶。现社会大多数劳动群众的陷于赤贫化,生活的饥馑与痛苦,确认不需要作任何怜惜与同情。就是饥饿到死,也是自然法则所使然,人类社会不必需要去予以救济"。[2] 那些饥饿到要死的人,本身就是社会多余的东西,他们根本就没有在世上生存的权利。一切社会问题都是由自然原因造成的。他的这套荒谬理论,被当时英国资产阶级贵族们奉为古典经济学的圣主,法西斯侵略者也把它当做对外侵略扩张的理论依据。吴泽指出马尔萨斯理论的错误在于"他把自然法则,和社会法则混同起来,把人口增加当做自然法则来解说,把社会自身发展法则所形成的罪恶;如贫穷饥饿等完全转嫁于自然,以此来转移人们的视线,隐匿社会的病态防止社会革命,这显然是一套政治把戏"。[3] 以当时资本主义世界的情况为例,他指出造成资本主义人口过剩的原因是资本主义生产力的发展,生产不断扩大,同时人民的购买力却在不断下降,生产出来的产品越多,生产危机越深刻,人口过剩数量越多。

马尔萨斯的反动理论传入中国并影响了一批人。他们认为,近代

---

[1] 吴泽:《人口问题与人口史观批判》(笔名胡哲夫),上海,《中国建设》1949 年第 8 卷第 1 期第 37 页。

[2] 吴泽:《人口问题与人口史观批判》(笔名胡哲夫),上海,《中国建设》1949 年第 8 卷第 1 期第 38 页。

[3] 吴泽:《人口问题与人口史观批判》(笔名胡哲夫),上海,《中国建设》1949 年第 8 卷第 1 期第 38 页。

中国人民生活困难,社会动荡的根源是人口繁殖太多,帝国主义的经济侵略和本身的经济衰退不过是副原因。为了缓解人口过剩可以用战争手段并主张节制生育。吴泽批驳这些人,"完全把人口与土地用马尔萨斯的理论来考察,他们对于社会历史的发展与人口的关系似乎未注意,因此,想限制人口节制生育,以为如此如此而后,便可以解决社会矛盾,便可救中国至富强之路,这是不可能的"![1] 同时他提出,中国社会还处于半殖民地半封建社会内,要解决人口问题,必须大力发展生产力,推动社会的发展。

三、地理环境与社会发展

(一) 唯物史观对地理环境的认识

在科学历史观诞生以前,许多历史学者,哲学家等对于因对地理环境的作用不甚了解而往往夸大地理环境的作用。这里面有代表性的是孟德斯鸠的气候决定论,卜克尔和普列汉诺夫的地理史观等。吴泽针对这些非科学的论点,着重宣传了科学历史观对地理环境在社会历史发展中作用的看法。

什么是地理环境,简而言之就是人类在社会生活中所面临的各种自然条件之和。它包括土壤、河流、气候、矿藏以及动物界和植物界等等。自从地球上诞生人类以来,人类为了生存就不断从自然界获取生产资料。在原始社会,人类生产水平低下,所需的生活资料全由自然界直接获得。随着人类工具的改进,社会生产和科学发展,人类开始理解自然,认识自然,懂得了刮风下雨、山泉洪水的道理,即懂得了自然界的规律和法则。人类逐渐争取得改变自然、支配自然的地位。

设想一下,随着科学技术的不断发展,人类对自然界的依赖越来越小,我们是否可以脱离了自然界而独立生活?在水底深潜的探险家和在高空的飞行员,他们呼吸的氧气在实验室里制的,但是制氧气的原材料却最终要从自然界获取。人们日常所穿的衣物是由棉花或者动物的

---

[1] 吴泽:《人口问题与人口史观批判》(笔名胡哲夫),上海,《中国建设》1949 年第 8 卷第 1 期第 43 页。

皮毛制作的,棉花要由土地来种植,如果气候不适合,棉花就生长不出来;动物没有足够的水草就难以生存和繁殖,也就无所谓皮毛。"所以说,地理环境中供给着一切劳动生产的物质条件,人的一切活动,都是在地理环境中进行的。排除了地理环境,社会的生产不可能,人类的生存也不可能;地理环境,实在是社会的生产和人类的生存之经常的必要的条件"。① 但是,从远古时期人们钻木取火到如今人们修建了大坝以防止可能出现的旱涝灾害,建立了炼油厂以保证源源不断的能源供给等表明人类在地理环境中生存并不意味着人们只能被动地接受已存的自然环境,他们为了自己的生存也在不断地改善着自然环境。

从世界历史角度来看,寒冷的北极,那里的居民不能从事茶树、葡萄等果树的种植,只能畜鹿和捕鱼,劳动生产率低下,经济生活困难。而那些具有着肥沃的土壤、适宜的气候、丰富的植物、较多的河流和湖海的地方经济的发展速度明显较快。埃及尼罗河的定期泛滥为埃及带来了肥沃的土壤,这促进了埃及经济的发展。中国春秋战国时期的齐国,地处黄河下游,东临滨海,据海岱河济水陆交通之便,这些优越的地理条件帮助齐国最早成为霸主。看到了这些例子,一些学者又急不可耐的开始无限夸大地理环境作用,开始宣扬地理环境决定论。事情果真如此吗?地理环境优越毫无异义会有利于社会历史的发展,但这并不是绝对的。在《地理环境与社会发展》②一文中吴泽列举了几个例子来证明这个观点。晚清与同时代的日本相比较,清朝可谓是地大物博,日本面积狭小,缺乏资源。中国的原料很多,自己不会利用,反而大量的供给日本人去用,每年农产物原料输出;许多煤矿,自己不开采,被日本开采利用。当时的清朝经济发展水平远远落后于日本。同是欧洲,二百年前的封建社会的欧洲和今天的资本主义的欧洲,地理环境没有多大变化,生产力和生产技术却有了大发展,社会处于不同的发展阶段。所以吴泽总结说"地理环境当然是社会发展的经常的必要条件之一,而且它当然影响到社会之发展——它是加速或延缓社会发展作用的。然而它的影响并不具有决定作用的影响。"③

---

① 吴泽:《吴泽文集·第二卷》,上海,华东师范大学出版社2002年版,第341页。
② 吴泽:《吴泽文集·第二卷》,上海,华东师范大学出版社2002年版,第354页。
③ 吴泽:《吴泽文集·第二卷》,上海,华东师范大学出版社2002年版,第356页。

(二) 对法西斯地理决定论的批判

东西方的法西斯主义者,利用各种形式的地理决定论为侵略制造依据,吴泽特地著文对这些谬论邪说予以一一驳斥。在欧洲,德国法西斯的宣传员,如拉塞尔、豪斯霍弗尔等人,他们宣扬德国的界限应该包括其地理界限所经过的地带。希特勒吞并捷克、斯拉夫、罗马尼亚、奥地利、波兰再到入侵苏联,这一直是为完成保卫德国疆界的任务。在莫斯科外围被苏联红军打败之后,法西斯主义者把德国军队的失败归咎于俄罗斯的严冬。吴泽认为,法西斯分子不从侵略战争必败这方面去解释战争失败的原因,"公然无耻地以地理政治论来曲说宣传,以掩盖法西斯匪军惨败的原因"。[1] 他进一步引用材料指出,从德军进攻莫斯科到被迫撤退,当地一直未进入冬天,这对德军的进攻还有利,所以说因为严冬而导致攻打莫斯科失败纯属是为了掩盖自身失败的真相。即使是退一步说,如果因为寒冬或者其他气候原因,那么在同一战场上的苏联红军怎么没受影响?"法西斯宣传员们的军事'气候决定论',只能欺骗自己,欺骗不了世人的。"[2]

在东方,日本侵略者鼓吹中国幅员广阔,人口密度相对较小,而日本面积狭小,人口众多。日本对中国的侵略是"物竞天择","优胜劣汰","生存竞争",是人类的本能。日本法西斯主义者说"中国地大,黄河、长江、粤江三条大河。都自西而东,天然把中国分裂成华北、华中、华南三部分决定了中国南北的政治对立分离,而不能统一、也不该统一的局面"。[3] 在抗日战争前和战时,以汪精卫为首的一批汉奸鼓吹日本法西斯提出的中国发展农业,日本发展工业的所谓中日经济相互提携的计划。这套地理经济论,说穿了,"不过是日本法西斯和汉奸以地理经济论的荒谬理论,来遂行其'经济侵略'乃至于'政治征服'、殖民地化中国的恶毒阴谋和骗局而已"。[4]

原载《科学导报》2014 年第 19 期

---

[1] 吴泽:《吴泽文集·第二卷》,上海,华东师范大学出版社 2002 年版,第 369 页。
[2] 吴泽:《吴泽文集·第二卷》,上海,华东师范大学出版社 2002 年版,第 370 页。
[3] 吴泽:《吴泽文集·第二卷》,上海,华东师范大学出版社 2002 年版,第 368 页。
[4] 吴泽:《吴泽文集·第二卷》,上海,华东师范大学出版社 2002 年版,第 370 页。

中国史学史研究

史学史学科建设的一项开拓性成果
——读吴泽主编《中国近代史学史》

方春逸

由吴泽先生主编,袁英光、桂遵义先生合著的《中国近代史学史》(上、下册),前不久由江苏古籍出版社出版,这是近年来国内史学史研究取得的一项开创性成果。

自二十世纪二十年代梁启超、何炳松等人倡导对中国史学史展开专门研究以来,经过几代学者的辛勤耕耘,这门学科日具规模和体系化。近十年来,国内的史学史研究更趋活跃,成绩斐然,出版的专著已不下十余种,如白寿彝先生的多卷本《中国史学史》(第一卷)、尹达先生主编的《中国史学发展史》、仓修良先生的《中国古代史学史简编》、刘节先生的《中国史学史稿》和朱杰勤先生的《中国古代史学史》等。不过,这些著作,除尹达先生主编的《中国史学发展史》对近代史学有较扼要的叙述外,其余的均为古代史学史。这就使中国近代史学史的研究及其专著的编写显得更有加强的必要。《中国近代史学史》的问世,恰恰填补了这一空白,因而格外受到有关专业人员和史学史爱好者的注目。

史学是中国历史最为悠久的传统学术之一,在长达几千年的文明史上,它曾一直以"道统相传"的方式递嬗并加固自己,垒积起根植深厚的封建史学体系。这种旧体系,直到近代才开始受到冲击和扬弃,出现了"史学近代化"潮流。中国史学在近代所发生的一系列深刻变化,对我国当代史学的发展有着直接影响。因此,探讨中国史学的近代化历程,不只是个"史"的问题,也具有明显的现实性。

《中国近代史学史》以长达七、八十万字的篇幅,详细论述了鸦片战争至"五四"运动时期的史学演变，读后给人以深刻的印象。本书不独叙述全面系统，且富有理论启发意义。其主要特点在于：

一、注重构筑马克思主义的史学史学科体系

近年来，我国的史学史研究对诸如学科研究对象、任务、方法、范围、评价标准等基本理论问题的认识正日趋深入，但要建立成熟的马克思主义史学史学科体系，仍需作很大的努力。本书力图从理论和实践的结合上，进一步推动这项工作。

如关于中国史学史的分期，这是一个涉及史学史编写大框架的体系性问题，诸家看法历来不一，究其原因，主要是由对分期标准的认识差异造成的。有的着眼于史学自身发展的阶段特点；有的强调以社会形态演变为基准；也有的主张综合经济、政治、学术文化等多种因素的分期法。本书也明确提出了自己的分期标准，认为，史学史的分期，一方面应考察构成史学演变发展的三个要素，即史学思想、历史编纂学和史学研究范围的变化情况，另一方面，则应与从根本上制约其发展阶段性的社会历史发展特点联系起来进行分析。因此，史学史的编写，必须"抓住每一社会形态发展过程中的各个不同历史时期的主要矛盾和主要矛盾方面，探索出当时各个社会形态中史学发生、发展、演变递嬗的规律，据此订出编、章、节"。依据这一编纂学思想，全书结合近代社会变迁与史学发展特点，将1919年之前的中国近代史学史划为鸦片战争前后到太平天国时期、太平天国革命失败到义和团运动时期、义和团运动失败到"五四"运动时期三编，分阶段具体论述了近代社会大变动中封建史学日趋没落，代表时代进步潮流的地主阶级改革派史学、资产阶级改良派史学和革命派史学相继兴起，以及科学的马克思主义史学在中国的初期传播和发展过程。并力求抓住各时期史学思潮、史学流派相互斗争或相互渗透融合之迹，来再现史学发展的主线，深入揭示其波浪形曲折推进的历史真相。书中对鸦片战争时期地主阶级改革派史学与封建正统派或投降派史学的对立、资产阶级改良派史学兴起时对封建旧史学的批判，二十世纪初年资产阶级革命派与改良派在史学领域

的论战，以及民国初年封建复古史学的回潮和"五四"时期马克思主义史学与封建史学及资产阶级史学的交错斗争等都作了重点分析。并认为，正是这些贯串于史学史上代表各阶级或政治集团思想的矛盾和斗争促进了史学自身的发展进步。这样的叙述，不仅加强了全书各章的前后连贯，且有助于深化人们对史学发展规律和特点的思索。

在评价各种史学现象时，本书既注重运用阶级分析的方法去揭示各史学派流和史家思想的阶级或阶层实质，说明这些流派和史学思想在各时期所起的政治作用，同时又不以此取代一切，而是力求全面辩证地看问题。如对王先谦、叶德辉、缪荃孙这些思想守旧的封建学者，书中在指出其史学活动反对社会进步、维护封建旧制度实质的同时，对他们学术研究上取得的一些成就也给予了实事求是的肯定。对于那些进步学者，也不随意作笼统的肯定，而是在把握其总的政治倾向的同时，依据其一生各个不同时期的思想变化和史学活动的实际影响，进行具体的分析判断。如魏源、夏燮等人，一生都撰有不少史著，其中有的表现出要求改革和反对外来侵略的进步倾向，有的则旨在反对农民起义、维护清朝统治。对此，书中都作了慎重的评价。这就避免了简单化和以偏概全，得出的结论也较令人信服。

本书明确提出，研究史学史，目的是要批判总结我国过去的史学成果，取其精华，弃其糟粕，以"进一步丰富和发展马克思主义史学，为繁荣社会主义文化和文化建设服务。"本着这一宗旨，书中对中国近代的史学遗产作了一番认真的清理，对由近代进步史学家建立起来的勇于结合现实治史的经世致用传统、反封建反侵略的爱国主义传统，以及注重求实的严谨学风，都作了充分肯定和阐扬。并深刻地总结了近代史学发展史上的一些教训。如近代中国的文化曾受到来自西方的各种文化思潮的冲击和影响，由此引发了一场激烈的中西之争。史学领域也是如此，国粹派强调恪守传统，西化派则主张全盘套用"西学"。这两者都因不能科学地认识中西文化而把中国文化的发展引上了歧途。对此，书中认为，正确对待外来文化的态度，是坚持"洋为中用"和批判继承的原则并与中国的实际相结合。同时指出"今天，对外国史学理论和方法，不是要不要引进的问题，而是要结合我国社会主义的实际，如何更好地引进和开放,使其能加快马克思主义史学的建设,在史学研究上取得丰硕的成果。"这些总结,无论对于研治历史还是史学史,都是十分有益的启示。

二、内容翔实,视野开阔

本书虽为国内全面论述中国近代史学史的草创之作,但却厚蓄而发,给人以内容扎实,观点成熟之感。全书资料翔实,征引所及,自近代史著、文集、碑传、笔记、译著、报刊杂志,乃至各地图书馆和私人珍藏的未刊手稿、书信墨迹、抄本等。有些史著,还搜集各种版本加以比勘,以明其异同变化之由。足见其搜罗爬梳之广。

在论述范围上,本书不同于那种仅注重代表性史家而忽略其他史学现象的做法,而是努力把视野展向与史学有关的各个方面。书中除对龚自珍、魏源、梁启超、章太炎、王国维等近代重要史家作了重点讨论外,对以往学术界较少论及或完全被忽视的一些史家、史著和领域也进行了认真的研究。如王先谦、叶德辉、缪荃孙三人,都是近代守旧的封建学者,前人对他们的学术成就虽有所肯定,但对其史学却无系统研究,本书则将他们列为专章,分节作了评述。又如鸦片战争前夕具有经世思想的常州派词论家周济,其史学向不为人注意,本书对其史著《晋略》作了探讨,认为周济的史学思想,反映了其时地主阶级改革派史学逐步兴起的趋势和特点,应予一定的注意。对原先被不少人以无学术性而拒之于史学殿堂之外的通俗史学,作者更以敏锐的史识,力排旧说,科学地区分了文学性质的小说演义与通俗史学的界限,并对近代通俗史学的发展作了系统而内容广泛的介绍分析,恢复了其应有的史学地位。此外,书中对那些与史学关系密切的辅助学科,如金石学、沿革地理学、版本目录学、校勘学、古器物学等的发展情况与成就,也给予相当的重视。

本书还认为,史学的发展,并非一种孤立的现象,而是整个社会文化的一个侧面。故书中对史学及其史学思想的论述,除了结合其所处的时代环境及社会经历,还总是联系其政治思想和哲学思想进行综合探讨,展开评论。

这些,不仅显示了作者较为开阔的历史视野,也从更深更广的角度反映了近代史学丰富的内容和多姿多彩的面貌。

三、把握时代精神,写出时代特色

史学,作为一种文化意识形态,归根到底是一定社会经济和政治关系的产物。中国近代的半殖民地半封建社会性质,决定了其史学既不同于过去的封建社会史学,也不是资本主义正常发展国家一般意义上的近代史学,而具有自己独特的时代特点,只有抓住了这点,才能真正反映其时代的风貌。对此,本书作了多方面的深入探索。

中国史学的近代化,经历了一个异常复杂的过程。整个近代社会急遽的沧桑巨变,各种矛盾的交相迸发,阶级关系的剧烈变动,西方文化学说思想的纷至沓来。这一切,把史学的发展交织在一种多元矛盾的冲突之中:一方面,新的社会思潮、史学思潮如波涛迭起,推动着史学的迅速进步。另一方面,由于传统史学的积蕴深厚,以及中国近代资产阶级文化学术兴起时间短促,缺乏一个系统充分的启蒙运动,输入西学过程中又有精芜不辨的毛病,使封建史学仍保持着相当的影响力,由此造成史学领域中西杂陈、新旧相缠的错综局面。这一点,在一些近代史家身上表现尤为突出。如梁启超的史学一生多变,其"保守性与进取性常交战于胸中",书中不仅指出了其史学理论体系的矛盾特点,且结合社会环境、思想渊源和个人经历分析了形成这种矛盾的原因。王国维的史学思想更为复杂,以致对其史学的阶级属性,学术界一度纷纭不一,有的称他为资产阶级史学家,也有的认为是封建史学家。本书从其一生学术活动的综合考察下手,指出其政治思想的根子实种于资产阶级改良主义,治学方法则以西方近代实证论为基础,兼承乾嘉考据学之长。由于其维新思想的软弱并保留着较多的封建意识,辛亥以后才成了一位依恋封建制度的资产阶级改良主义史学家。这些分析,都有其独到之处。对于康有为、严复、章太炎等一生前后思想变化跨度很大的史学家,本书为了准确地反映其在各不同时期史学活动的具体特点和不同作用，还在编纂方法上作了新的尝试，改变了过去大多数史学史著作采用的一人一章或节的叙述法，按不同的时期，将这些人的史著或史学活动分别纳入不同章节加以分析，从而比较深入地阐明了各史家、史学流派在某一特定时期的阶级地位、历史观、史学地位及其变化。

史学，历来是一门具有鲜明阶级性和政治性的学科，由于政治变革在近代占有的突出重要地位，使它的这一特性得到了尤为深刻的表现，以致中国近代的重要史学家有不少人都兼有政治思想家的身份，而各时期的史学发展也无不打上了强烈的政治倾向性和社会政治思潮烙印。有鉴于此，本书在论述各种史学现象及史学家的同时，还对与此相关的阶级斗争、民族斗争和政治运动作了认真考察。不仅如此，书中还依据近代以来史学的研究范围不断扩大的特点，加强了对与近代史学发展密切相关的哲学史、思想史、社会学等方面的横向联系考察。如郑观应、严复、孙中山、陈天华等人，一般的研究多从政治思想史角度着手。实际上，他们的哲学历史观或社会学思想对近代史学也产生过不同程度甚至很大的影响，故书中也作了相应的论述。这种方法，对于拓深史学史发展规律及特点的认识，无疑是有益的。

本书的上述研究方法和编纂学上的尝试，使之在中国史学史的著述之林中形成了鲜明的个性和独特风格，也给今后中国近代史学史乃至古代史学史的研究以新的启发。

当然，作为一部中国近代史学史的开创性专著，本书的论述，也难免会存在一些薄弱之处。如近代来华传教士的史学活动，曾对我国的思想界和史学界有过一定影响，但本书对此却几乎没有涉及。又如西方史学的输入及其影响，是中国近代史学发展过程中一个很值得注意的现象，本书在前言中虽已强调了这点，但实际论述却很不够。这些，似都有待于加强。

原载《史学史研究》1990年第2期

吴泽先生与中国史学史研究

王 东

吴泽先生是我国现代著名的马克思主义史学家。在长达半个多世纪的学术生涯中,他不仅在原始社会史、殷商史和中国通史等领域辛勤耕耘,先后出版了《中国原始社会史》(桂林文化供应社,1943版)、《中国历史简编》(重庆峨嵋出版社,1945版)和《中国历史大系·古代史》(上海棠棣出版社,1949版)等一系列重要的著作,为古史研究做出了重要的贡献;而且还在学术思想史,特别是在史学史领域,开展了大量的拓荒性研究工作,从而成为史学史学科的重要奠基人之一。本文拟就先生在史学史研究领域的主要成就,略加梳理与总结,权作为对先生百年诞辰的纪念。

一

像郭沫若和吕振羽等老一代马克思主义史学家一样,吴泽先生早年的学术研究,主要集中在中国古代史领域。从上个世纪 30 年代他就读于中国大学经济系时所发表的第一篇学术论文,[①]到写就于抗战时期、直到 1949 年 9 月才正式出版的《中国历史大系·古代史》,他在这十多年中所发表的一系列重要学术论著,几乎都是围绕着中国古代史,特别是先秦史而展开的。不过,从四十年代中后期开始,先生的治学出现了一个明显的转向,那就是在先秦史这个断代之外,他还逐渐将研究

---

① 先生的第一篇论文题为《传说中夏代之经济考》,刊于北京《经济学报》1935 年第 1 卷第 1 期。据先生晚年回忆,该文原是他选修黄松龄"中国经济史"一课的期末作业,经黄松龄亲自修改发表在由黄氏主编的《经济学报》上。

重点转移到学术思想史的领域。对于自己学术的这一"转向",他晚年曾有这样的回忆:

> "抗日战争胜利后,中国又一次走进十字路口,何去何从的问题再次摆到人们的面前。当时,有些人为配合国民党的文化专制,鼓吹尊孔读经,企图把如火如荼的新文化建设引向歧途。有感于此,我开始研究中国历史上的学术思想源流,并先后发表《孔孟的政治伦理思想》和《荀子封建改制论》等论文。稍后,我更是把明末思想家李贽作为研究的重点……这些都是我对当时知识界现状的有感而发之作。"①

根据这段回忆,他的这一"转向"显然是为当时"知识界现状"之刺激而产生的。但是,无论如何,这一"转向"却为他后来从事中国史学史的研究奠定了重要的学术基础。

1948年,先生在上海的《中国建设》上,发表了《王国维的思想道路及其死》一文。② 这是他所发表的有关中国史学史的第一篇专题论文,也是马克思主义史学界系统地梳理和总结"新史学"开山者王国维学术思想的较早一篇论文。像郭沫若和侯外庐等马克思主义史学家一样,先生在从事先秦史,特别是殷商史的研究过程中,十分重视王国维的史学遗产。在写就于1944年春的《中国历史大系·古代史》"序"言中,他就曾高度评价王氏的《殷周制度论》等论著,认为王氏的这些论著,为商代历史的研究"开创了些门径,并奠下了不可磨灭的功绩"。③ 在这篇专题性的论文中,他重点就王国维的政治思想与学术思想之矛盾,进行了较为详细的梳理与深入的分析。他认为,王氏在政治思想上无疑是"守旧的",但其学术思想却蕴含着"科学的"因素。这种政治上的"守旧"与学术上的"开新",其具体而微的表现,就是让王氏深陷其中而无法自拔的所谓"情"与"理"的矛盾与冲突。王氏在人生盛年、学术上也如日中天的时候,自沉昆明湖,正是这种"情"与"理"矛盾与冲突的结果。熟悉现代学术史的人都知道,以上有关结论,直到今天依然是分析

---

① 吴泽:《我的治学历程》,《吴泽文集》第一卷,上海:华东师范大学出版社,2002年版,第7、8页。
② 详见《上海建设》1948年第7卷第3期。
③ 吴泽:《中国历史大系·古代史》"序",《吴泽文集》第一卷,第2页。

王国维之死的诸多文字中较为中肯、也极具说服力的一种。

进入五十年代以后,先生一方面致力于用马克思主义的东方社会形态理论来从事中国古代史及其分期问题的研究,另一方面则开始了对中国史学史、尤其是中国近代史学史的系统探讨与学科建设工作。从五十年代后期开始,至六十年代初,他先后发表了有关王国维史学、"古史辨派"史学、魏源史学和康有为史学等一系列专题论文。[①] 这些论文涉及近现代诸多重要的史学家和史学流派。它们都是我国近现史学史学科建设草创阶段的重要成果,其中的不少结论直到今天依然具有重要的学术价值。

二

1961年,高等教育部设立"高等院校文科教材编写办公室",负责高等院校文科教材的编写与审定工作。其中,历史组的编审组长由著名史学家翦伯赞担任。鉴于吴泽先生在近代史学史领域已取得了一系列重要研究成果,翦伯赞决定把编写《中国近代史学史》教材的工作交由先生来承担(古代史学史教材由白寿彝先生承担)。为了完成教材的编写任务,先生在华东师范大学历史学系特别设立"史学史编写组",以集中力量,集体攻关。在1962年4月给吕振羽的书信中,他曾就教材编写人员的情况、全书的结构、编写大纲等问题,作了详细的介绍,兹征引于下:

> 去年(1961)9月开始,着手组成史学史编写组,进行编写工作。编写组老少共十人,预定1963年2月写出初稿。因此,现在我们集中力量,攻下近代后,再搞现代。翦伯赞同志现在苏州修改中国通史教材,上星期来上海,住了6天,昨天回苏州。在上海时,曾在史学会和(华东)师大历史系作关于历史上民族关系和阶级关

---

① 主要包括:《王国维史学思想批判述要》,《华东师范大学学报》1958年第4期;《古史辨派史学思想批判》,《历史教学问题》1958年第10期;《五四前后疑古思想的分析与批判》,《历史教学问题》1959年第10期;《康有为公羊三世说的历史进化观点研究》,《中华文史论丛》1962年第1辑;《魏源的变易思想与历史进化观点》,《历史研究》1962年第5期;《王船山历史观论略》,《江汉学报》1962年第12期;《魏源〈海国图志〉研究》(与黄丽镛合作),《历史研究》1963年第4期,等。

系问题的报告。我在上月底、本月初去苏州看他,谈了几天,对分期问题、结构问题等,也作了商讨。近代史学史大纲(草稿),多次修改,在上海史学会也作过几次讨论。初步定了下来,以后随写随改,大体定局。现在油印中,数日内即可印好,当即寄上,请指正。

编写组做法:(一)按学派、问题做出著述年表(包括版本、考异);(二)做出传记;(三)做出"资料长编;(四)写出专论;(五)然后按教科书的规格,在专论的基础上,概括出简明的教科书的一章一节的教材内容……

大纲:近代史学史分二期,以戊戌划线。对象分两大类,即史学思想部分和史料目录部分。前者分史观、史论、史评三项,以史观为中心;后者分为史纂、史料、史目三项,以史著(史目)为中心……附上大纲草稿,请抽暇指示一二。特别是总的原则精神等,希望得到您的指示。[1]

细读此信便不难发现,先生主持编写的这本《中国近代史学史》,拟定的时间段从鸦片战争开始直到五四运动前后,中间又以戊戌变法为界,分为前后两个阶段。具体的研究与写作则细分为五步:首先是按史学流派和问题,拟出近代所有重要史学著作的"年表";第二步是做出不同史学流派中有代表性的史家"传记";第三步则围绕史家和史学著作做出"资料长编";第四步是在"长编"的基础上写出专题性的论文;最后再根据专题论文写成教材。至于研究重点,则集中在史学思想与史学著作两大方面。

这里需要特别指出的是,在上个世纪的六十年代初,我国的史学史学科基础,在总体上还是十分薄弱的。尽管此前已问世了多种以"中国史学史"命名的著作,但是这些著作几乎都毫无例外地把研究的重点放在了古代。至于近代部分,大多是寥寥数语,简略带过。在这种情况之下,近代史学史怎么写、写什么,显然是一个需要详加探讨与斟酌的问题。先生在承担这项工作后,于很短的时间内,便组织成立了"史学史编写组",并在几乎没有现成的著述模式可资参考与借鉴的情况下,筚

---

[1] 吴泽1962年4月25日致吕振羽的信。此信由吕振羽先生的哲嗣吕坚先生提供,谨此致谢。

路蓝缕,发凡起例,拟就了这份结构严整、内容详实的写作"大纲"。他为此所付出的心血,是今天从事近代史学史研究的后学所难以想象的。

"大纲"拟定之后,接下来便是具体的研究工作了。按照先生当时的设想,由于相关的专题他此前已有不少的研究成果,再加上编写组其他成员的前期成果,因此,再有一年的时间,差不多就可以完成"初稿"了。然而,正当他们全力以赴,力争尽早写出这部中国近代史学史的教材时,中国的政治形势却急转直下。1963年春,吕振羽在出席长沙王夫之学术研讨会返京的途中忽然被捕。吕振羽是先生三十年代就读于北京中国大学时的老师,是李达之外对先生具有深刻影响的又一位导师。吕振羽的被捕,对先生的直接打击以及间接牵连,是不难想象的。稍后的1965年,《红旗》杂志又发表戚本禹的文章,点名批判翦伯赞的历史观。如前所述,翦伯赞是高教部高等院校"文科教材编审办公室"历史组的组长,也是先生的入党(1946)介绍人和志同道合的朋友。翦伯赞被点名批判,意味着教材的编写工作已自动限于停滞。再接下就是十年浩劫,先生也像他的众多师友一样,成为"牛鬼蛇神",备受肉体的摧残和精神的折磨。原先的一整套中国近代史学史教材编写计划,自然也只能束之高阁。

三

"文革"结束以后,伴随着教育战线和学术研究领域的拨乱反正,中国史学史的学科建设问题再次摆到了史学界的面前。为了推进中国史学史学科的建设,先生在华东师范大学历史学系设立"史学史研究室",集中力量,重点就中国史学史和史学理论问题展开系统的研究。不久,在原"史学史研究室"的基础上,他又设立"中国史学研究所"。后经教育部批准,该所成为华东师范大学的一个独立建制的专业研究机构,先生亲自担任所长一职。1980年,由先生主编的《中国史学史论集》二册,由上海人民出版社出版。该书精选中国古代史学史研究重要论文数十篇。很长的一段时间内,该书都是史学史研究者的重要参考文献。

1979年,全国哲学社会科学规划会议(筹备处)决定编纂一部大型的历史专业工具书——《中国历史大辞典》,并推举郑天挺先生与吴泽先生负责具体的筹备工作。根据规划,这部《中国历史大辞典》中,就有《史学史》分卷。在此后的多年间,先生一方面要忙于《大辞典》编纂的组织、分工与协调事宜,另一方面又与南开大学的杨翼骧先生一起,共同担任《史学史》分卷的主编工作。1983年,这部约60万字、共收3 600多个条目的《史学史》分卷,正式由上海辞书出版社出版。迄今为止,它依然是唯一的一部中国史学史专业工具书。该书出版后,不仅获得了史学史研究界的一致好评,而且还得到了史学界的广泛赞誉。在《大辞典》其他相关分卷的编纂过程中,《史学史》分卷一度还作为"范本"而被借鉴和参照。①

1978年的学位制度建立后,先生担任了中国古代史和史学史两个学科的博士生导师。从八十年代初开始,直至1998年正式离休,先生前后培养了10多届总共近20位的史学史专业硕、博士研究生。这些硕、博士研究生毕业后,大多都从事史学史专业的研究工作。时至今日,他们中的相当一部分人都在该领域有着相当大的建树,成为我国史学史研究领域的一支重要学术力量。

除繁重的教学、行政和学术组织工作之外,先生八十年代以后依然勤奋著述,笔耕不已。就史学史的研究而言,他基本上围绕着以下三个问题而展开。

其一,重启《中国近代史学史》教材的编写工作。如前所述,"文革"结束后,先生便立即投入《中国近代史学史》教材的研究与编写之中。在他的组织与推动之下,华东师范大学历史学系的"史学史研究室"以及稍后的"中国史学研究所",一段时间内都把有关该课题的研究作为重点工作。1989年,由先生主编的《中国近代史学史》(上下二册)终于由江苏古籍出版社正式出版。这部费时多年且历经周折的《中国近代史学史》,不仅凝结着先生数十年来对中国近代史学史学科建设所付出的巨大心血,而且也汇聚了华东师范大学史学史学科中老中青三代学者的主要研究成果。从某种意义上甚至可以说,华东师范大学史学史

---

① 张岂之先生在1984年4月22日给吴泽先生的信中就说:"《史学史》分卷问世,有了范本,我们现在对《思想史》分卷进行修订,就比较方便一些了。"

学科队伍的形成与发展,与这部著作的酝酿、研究推展及其最终完成都是息息相关的。

其二,关于王国维史学的研究以及《王国维全集》的编纂工作。前已指出,早在上个世纪的四十年代后期,先生就已着手从事王国维史学的研究工作。五十至六十年代早期,他又写就了多篇有关王国维史学的专题性论文。"文革"结束后,中断多时的王国维史学研究,再次被提上日程。在先生的精心组织与推动下,"王国维研究"被列为华东师范大学"六五"规划重点项目。中国史学研究所成立后,重编《王国维全集》成为该所研究工作的重中之重。从1982年开始,该项目被列入国务院古籍整理出版规划小组"古籍整理出版九年规划(1982—1990)"并获经费资助。1987年,先生发起召开了国际性的王国维学术研讨会,并在此前后出版了《王国维学术研究论集》三册(华东师范大学出版社,1983年、1987年、1990年)。先生自己在王国维的研究方面,也颇有著述。从八十年代初开始,他一连发表了《王国维周史研究综述》《〈洛诰〉史事年岁综释——读王国维〈洛诰解〉》《王国维唐尺研究成就综述》《王国维与〈水经注校〉》(与袁英光合著)、《两周时代的社神崇拜与社祀制度研究——读王国维〈殷卜辞中所见先公先王考〉》和《〈周礼〉司命、灶神与近世东厨司命新论——读王国维〈东山杂记〉》等多篇论文。[①] 与此同时,由先生主编的《王国维全集》,在经过多年的资料搜集与整理工作之后,也开始陆续出版。1984年,《王国维全集·书信集》由中华书局出版。令人遗憾的是,后来由于种种原因,《全集》的编纂与出版工作一度陷于停滞。[②]

其三,开展通俗史学的研究。众所周知,先生对于史学史的研究,

[①] 收入《王国维学术研究论集》第一辑,华东师范大学出版社,1983年版;原刊《社会科学战线》1980年第3期,后收入《王国维学术研究论集》第一辑;原刊《史学史研究》1982年第1期,后更名《论王国维的唐尺研究》,收入《王国维学术研究论集》第一辑;原刊《学术月刊》1982年第11期,后收入《王国维学术研究论集》第一辑;原刊《华东师范大学学报》1986年第4期,后收入《王国维学术研究论集》第二辑,华东师范大学出版社,1987年版;收入《王国维学术研究论集》第二辑。

[②] 2009年,由谢维扬和房鑫亮主编的《王国维全集》20卷,由浙江教育出版社和广东教育出版社联合出版。该书系在此前多年工作的基础上重新编纂、校刊,很大的程度上可以说是中国史学研究所前后三代学者集体努力的成果,也是迄今搜罗最丰、校刊最精的王氏全集,问世后获海内外学界的广泛好评。

首重对史家历史观与史学思想的梳理、发掘与分析。他关于魏源、康有为和王国维等史家个案的研究，都是这方面的代表。当然，梳理、发掘和分析史家的历史观与史学思想，并不是史学史研究的全部。史学作为人类知识的一个门类，也像其他任何类别的知识一样，必须有其特定的承载形式与传播方式。这也是史学史研究的重要内容之一。正因为如此，在晚年的史学史研究实践中，先生对"通俗史学"这一现象给予了特别的关注。1979年，上海文化出版社新版蔡东藩的《历代通俗演义》。得知先生是研究史学史的名家，出版方便邀请先生为该书的新版写篇序言。先生早年即读过该书，经过多年的史学史研究经验积淀之后，这次再读该书，他发现别有意味。在发表于《文汇报》上的《蔡东藩与〈历代通俗演义〉》一文中[1]，他详细地梳理了中国"通俗史学"的发展与流变，并重点就"演义体"史书的价值，进行了分析与讨论。在他看来，蔡氏"以正史为经，务求确凿；以轶闻为纬，不尚虚诬"的写作主旨，使得《历代通俗演义》成为一本真正意义上的"通俗史学"著作，并在根本上区别于以罗贯中《三国演义》为代表的演义体小说。在这以后，他又一连发表了《谈谈蔡东藩的〈历代通俗演义〉》《蔡东藩〈元史演义〉的史料与史料学》等多篇论文，[2]从史学史的角度，对蔡氏著作的史学价值进行分析与评价。这些论文对后来通俗史学研究，都起有很大的推动作用。

原载《历史教学问题》2013年第6期

---

[1] 原刊《文汇报》1979年6月15日，后作为上海文化出版社新版《历代通俗演义》一书的序言。
[2] 刊于《文艺新书》1982年第2期；刊于杭州《蔡东藩学术纪念论文集》，1983年版。

吴泽先生与中国近代史学史研究

陈 勇

吴泽(1913—2005)先生是中国现代著名的马克思主义史学家。先生一生治学广博,涉及社会史、经济史、中国通史、断代史、明清思想史、马克思主义东方学、史学史、华侨史、客家学等众多领域。本文不拟对吴先生多方面的学术贡献做探讨,仅以他主编的《中国近代史学史》一书为考察中心,对他研究中国近代史学史的主要成就和贡献做一梳理。

一、中国近代史学史研究的开创者

吴泽先生对中国近现代史学史的关注始于20世纪40年代后期。1948年,先生在上海《中国建设》第7卷第3期上发表了《王国维的思想道路及其死》一文,这是他较早撰写的一篇研究近现代中国史学史的文章。20世纪50年代后半期,先生相继发表了《王国维史学思想批判述要》《古史辨派史学思想批判》《五四前后疑古思想的分析与批判》等文,这些都是我国近现代史学史学科建设草创阶段的重要成果,为之后系统研究中国近现代史学史打下了基础。

1961年,教育部文科教材编审办公室召开会议,决定由白寿彝先生和吴泽先生负责编写中国史学史教材,白先生负责古代部分,吴先生负责近现代部分。先生接受任务后,立即在华东师范大学历史系成立了"史学史编写组",由桂遵义任秘书,主要成员有袁英光、刘寅生、黄丽镛、张若玫、林正根、林绍明等10人。先生与编写组的成员不仅在拟定大纲、编写近现代史家的著作目录和资料长编方面做了细致的工作,而且还展开了对中国近代史学史任务、对象和分期的研究。1962年4月25日,先生在给他的老师吕振羽的信中言道:"近代史学史分二期,以戊戌划线。对象分两大类,即史学思想部分和史料目录部分。前者分史观、史论、史评三项,以史观为中心;后者分为史纂、史料、史目三项,以史著(史目)为中心。"[1]关于编写方法,先生在信中给出了五点建议:

① 按学派、问题做出著述年表(包括版本、考异);② 做出传记;③ 做出资料长编;④ 写出专论;⑤ 然后按教科书的规格,在专论的基础上,概括出简明的教科书的一章一节的教材内容。[2]

根据先生信中所言,教材编写工作的具体做法可细分为五步:第一步,摸清近代史家所撰主要著作的各种版本和一般史学资料存在情况,广泛搜集资料,按史学流派和问题编出各家各派的史学著作年表;第二步,写出不同史学流派中有重要影响史家的传记;第三步,编写资料长编,对有关资料进行辨伪、校勘、考异工作;第四步,在长编的基础上探讨各家各派的史学思想与成就,结合主要史学著作写出专题性的文字;第五步,在专论的基础上,根据大纲的内容和章节顺序,进行提炼、概括,用简明扼要的文字写出教材来。[3]

"中国近代史学史"教材原计划写到中华人民共和国成立为止,因"五四"至中华人民共和国成立这一段困难最大,所以编写组首先对这一部分展开攻关。从1961年7月开始,编写组成员到北京、杭州、苏州等地进行调研访问,搜集资料,以弄清这一时期史学流派的源流、人物著作、学术体系及其影响。比如,吴先生与束世澂先生等人曾于1961年秋亲赴杭州调研民国时期东南史学派柳诒徵、缪凤林、张其昀的情况,以摸清这一派的史学特点。先生在给吕振羽的信中说,他在杭州调

---

[1] 吴泽致吕振羽函(1962年4月25日),华东师范大学历史系编《吴泽先生百年诞辰纪念》,2013年12月,第6页。
[2] 吴泽致吕振羽函(1962年4月25日),华东师范大学历史系编《吴泽先生百年诞辰纪念》,第5页。
[3] 参见吴泽《〈中国近现代史学史〉编写工作汇报和今后工作计划》1964年5月28日,上海档案馆藏,档案编号:B243-2-480。

研时对浙大史地系张其昀的历史地理学颇感兴趣。①1962年2月,"高校文科教材编审办公室"指示"中国近代史学史"教材写到"五四"为止,于是编写组集中全力编写"五四"以前的中国近代史学史和参考资料。从1962年2月至1963年11月,先生与编写组成员先后完成了中国近现代史学史上主要代表人物和学派的著作年表,约8万字;完成了魏源、康有为、梁启超、夏曾佑、黄遵宪、崔适、王国维、西北史地、明史研究、古史辨派、社会史论战与社会性质论战等资料长编,完成了《中国近代史学史参考资料》的选编工作,约38万字,先生还亲自撰写了魏源、康有为史学研究的专题论文。

教材编写工作也得到当时任高校文科教材历史组编审组长翦伯赞先生的支持。据桂遵义教授回忆,他曾与吴先生一道赴北京参加由翦伯赞召开的座谈会,应邀参加会议的还有范文澜、吕振羽、侯外庐、尹达等人,与会者就中国近现代史学史编写的原则、方法等问题进行了热烈的讨论,提出了许多具有启发和建设性的意见。②1962年春,翦伯赞在苏州修订中国通史教材,其间吴先生亲赴苏州拜访,多次与翦伯赞就中国近代史学史大纲(草稿)进行讨论。

就在吴泽先生全副精力贯注编写工作之时,"文革"爆发,教材编写工作被迫中断。"文革"结束后,先生再次将这个工作提上日程,先后主编出版了《中国史学史论集》(一、二)、《中国近代史学史论集》(上)、《王国维学术研究论集》(一、二、三)、《王国维全集·书信卷》《中国史学集刊》(第一辑),与南开大学杨翼骧先生共同主编了《中国历史大辞典·史学史》分卷(1983年出版),还写有不少研究王国维学术尤其是史学方面的论文,如《王国维周史研究综述》《论王国维唐尺研究》《王国维与〈水经注〉校勘》(与袁英光合作)等。同时,自研究生学位制度建立以来,先生担任中国古代史和史学史双学科博士生导师,他和苏渊雷、袁英光、桂遵义、刘寅生等人一道培养了不少研究中国史学史的专门人才,这些硕士、博士研究生也纷纷撰写专题个案,加入中国近现代史学

---

① 先生在信中言:"去年(1961年)秋季,曾和束老(束世澂)去杭州调查研究东南派柳诒谋、缪凤林、张其昀的情况,模出了一大系统,特别是'时空派'张其昀的一套兴趣很大。"吴泽致吕振羽函(1962年4月25日),华东师范大学历史系《吴泽先生百年诞辰纪念》,第6页。
② 参见桂遵义《马克思主义史学在中国》,山东人民出版社1992年版,前言第1页。

史编写队伍中来,为《中国近代史学史》一书提供过专题论文的就有盛邦和、胡逢祥、张承宗、童浩、张文建、路新生、周朝民等人。[①] 经过老中青三代学者的共同努力,1989年由吴先生主编的《中国近代史学史》(上、下册)由江苏古籍出版社出版,成为当时第一部系统研究中国近代史学发展史的权威著作。

《中国近代史学史》共分三编,全书依据近代社会变迁和史学发展的特点,将中国近代史学史分为鸦片战争到太平天国时期史学、太平天国革命失败后到义和团运动时期史学、义和团运动失败后到五四运动时期史学三个时期,系统而又具体地论述了鸦片战争至五四运动80年间的史学演变情况,专章专节论述的近代史家多达50余人,介绍和分析的史著在100种以上。全书的每个章节均是在专题研究或长编的基础上撰成的,内容丰富,资料翔实,征引所及,自近代史著、文集、碑传、笔记、译著、期刊,乃至各地图书馆和私人珍藏的未刊手稿、书信墨迹、抄本,极具史料价值。[②] 又,中国史学源远流长,在世界上不愧是历史学大国,但对史学发展史的研究却相对薄弱。自20世纪20年代梁启超等人倡导对中国史学史展开专门研究以来,经过几代人的努力,中国史学史学科得以建立并日具规模。20世纪80年代以来,史学界出版的中国史学史著作不下10余种,著名者如朱杰勤先生的《中国古代史学史》、刘节先生的《中国史学史稿》、仓修良先生的《中国古代史学史简编》、尹达先生主编的《中国史学发展史》、白寿彝先生的《中国史学史》(第一卷)等。但这些著作除尹达先生主编的《中国史学发展史》对近代史学有扼要的叙述外,其余的均为古代史学史。可见,史学界对中国近现代史学史的研究十分薄弱,可供研究和拓展的地方甚多。吴泽先生主编的《中国近代史学史》的出版,在相当程度上把这一薄弱环节给增强了,所以该书一问世,就受到了广大研究者的注目,成为这一研究领

---

① 先生弟子王东教授言,《中国近代史学史》一书"不仅凝结着先生数十年来对中国近代史学史学科建设所付出的巨大心血,而且也汇聚了华东师范大学史学史学科中老中青三代学者的主要研究成果。从某种意义上甚至可以说,华东师范大学史学史学科队伍的形成与发展,与这部著作的酝酿、研究推进及其最后完成都是息息相关的"。参见王东《吴泽先生与中国史学史研究》,《历史教学问题》2013年第6期。
② 参见方春逸《史学史学科建设的一项开拓性成果——读吴泽主编的〈中国近代史学史〉》,《史学史研究》1990年第2期。

域无法绕开的著作。自该书出版后,中国近现代史学史的研究越来越受到学界的重视,高国抗、杨燕起先生主编的《中国近代史概要》,陈其泰先生的《中国近代史学的历程》,马金科、洪京陵先生的《中国近代史学发展叙论》、蒋俊先生的《中国史学近代化进程》等书的出版,皆从吴先生主编的《中国近代史学史》中汲取了养料。

二、注重对近代史家史学思想的探讨

一般而言,史学史的研究应包括历史观、史学思想、历史编纂学、史料学和史学评论、史学方法等内容。但是长期以来,研究者常把史学史等同于历史编纂学,局限于史料价值、史著编撰、史体演变等方面的探讨,而忽视了对史学思想和历史哲学的研究。其实,史学思想在史学史研究中占有重要地位,因为史家研究历史总是在一定的思想指导下进行的,不同的历史思想、历史观会导致他们对社会历史做出种种截然不同的判断。因此,评价史著或史家,应结合其史学思想进行具体的分析论证,而不仅仅是研究历史编纂和历史表述的方法、体例、结构和技巧。同时,史家的史学思想也非铁板一块,它也会随时代的变化而改变。因此,在研究其史学思想时,应根据具体的历史实情做阶段性的区分和多层次的解析,以对其各个阶段史学思想的发展变化作具体的分析判断。对此,吴泽先生指出:

> 史学思想在史学史中占有头等重要的地位,它是史学的灵魂。无论哪一位史家,哪一个史学流派,都有一定的思想作指导的。因此,我们研究史学史,必须通过对各个时代的各个学派和史学家的史学思想形成和演变的研究,探讨其历史学说的阶级属性、发展规律与特点。在中国近代史上有些革命家、思想家、史学家的历史观点,对当时和后来史学的发展起有重要的影响。例如严复把西方资产阶级的庸俗进化论系统地介绍到我国来,对我国近代资产阶级史学的形成和发展产生过巨大的影响,就应作深入的研究。再如无产阶级革命家李大钊,是中国马克思主义史学的开拓者。他于1919年至1920年,在《新青年》等报刊上先后发表了《我的马克

思主义观》《马克思主义历史哲学》《史观》《唯物史观在现代史上的价值》等论文,后来又出版了《史学要论》,系统地介绍了马克思主义唯物史观,阐述了马克思主义史学理论,作出了杰出的贡献,更应深入地进行研究和总结。史学思想在史学史中占有极其重要的地位,撰写史学史著作如果只局限于史料等方面著述的介绍,而不写史学思想和史学理论,是不完整的史学史著作。[①]

基于如上理解,先生在研究中十分重视对近代史家史学思想和历史观的探讨,尤其是把史观置于史学思想的核心地位而加以重视。他曾在致老师吕振羽的信中说,就近代史观演进言,应"着重阐释魏(源)康(有为)辈春秋公羊三世说历史进化观——反正统学术思想文化的武器。注意魏到黄遵宪、到康有为、到崔适、到古史辨派的演变;注意中国传统的历史进化观点和严复译《天演论》的外国资产阶级的社会进化论或历史进化论在中国的传播及其和中国传统进化观点的关系的流变……"[②]先生以魏源、康有为的历史观为例作了具体的探讨。

魏源是中国近代史上杰出的初期启蒙思想家和史学家,他先后撰《诗古微》《书古微》《董子春秋发微》《两汉今古文家法考》等,奠定了清代今文经学的基础。并撰《默觚》及《老子本义》《孙子集注》《庸易通义》等,建立了一套初具体系的历史变易思想和历史进化学说,对当时及其后的史学界影响甚大。1962年,先生在《历史研究》第5期上发表了《魏源的变易思想和历史进化观点》一文,通过对魏源所撰著作的具体分析,系统地论述了他史学中的变易思想和历史进化观点,如《默觚》中的"常变"论变易思想、后代胜前代的历史进化观和反复古主义思想、"势变道不变"和"逆情欲""反本复始"的唯心主义历史观,《老子本义》中"无我""得一"说的阶级论,《书古微》中的历史运会思想和历史自变说,《论老子》中太古、中古、末世三世说和历史循环论的三复说。第二年,又在《历史研究》第4期上发表了《魏源〈海国图志〉研究》一文,不仅考证了《海国图志》的版本、成书年代、史料依据及其与《四洲志》《瀛寰

[①] 吴泽主编:《中国近代史学史》,江苏古籍出版社1989年版,前言第1—2页。
[②] 吴泽致吕振羽函(1962年4月25日),华东师范大学历史系编《吴泽先生百年诞辰纪念》,第6—7页。

志略》等书的关系,而且还着重考察了该书中"师夷"思想的资产阶级思想倾向及其这一思想在国内外的影响。

康有为是中国近代著名的维新派思想家,他将中国古代的公羊"三世说"与西方进化论相结合,提出了"通三统"和"张三世"的进化史观,对近代史学界有重要影响。吴先生指出,"康有为是今文经学家,他的历史观,便是从西汉以来中国传统的《春秋》公羊学承继、发展而来的公羊三世说历史进化观点。康有为的疏议、政论和经学著作较多,史学专著较少。但其公羊三世说历史进化观点,已自成体系,不仅贯彻在他所有经史著作中,而且贯彻在他所有疏议、政论乃至《大同书》之类的专著中,对当时学术思想起着极为广泛的启蒙作用,特别是对当时及其后世的一些资产阶级史学家起有深远的影响,在中国近代史学史中占有重要的地位,我们应予足够的重视,及时加以研究和总结。"①为此,他专门撰写了《康有为公羊三世说的历史进化观点研究》一文来加以探讨。

首先,吴先生对康有为公羊三世说历史进化观点的学术渊源及其形成过程进行了梳理,认为康氏的三世说历史进化观点,远源于西汉董仲舒,直接传承于近代龚、魏传统的今文经学《春秋》公羊三世说,并接受西方资产阶级历史进化论综合而成。其次,他把康有为的历史进化思想分为前、后两个时期,并对这两个时期的思想演变及其异同作了详细解说。先生指出,戊戌变法前康有为提出的公羊三世说历史进化观点主要体现在《礼运注》中。康氏在书中力倡"时义"进化思想,进而提出礼的"因时"改制思想,为其后变法运动创立理论依据。康氏认为人类社会历史的发展顺序是由据乱世到升平世,再由升平世到太平世,三世进化,前后相承,"循序而行",最终必然"进至大同"。对于这种"循序而行"的历史渐变、渐进说,他在文中给予了充分肯定,说:"他的《春秋》公羊三世说结合《礼运》大同学说,作了太平、升平、据乱等新的解说,认定当前中国社会是升平世,并即进化为大同太平世。这种历史进化观点,就其外貌上说,不仅在政治上积极倡导维新变法运动,而且热情洋溢地向往为大同太平之世的及早实现,确实具有激进派姿态。这种为

---

① 吴泽:《康有为公羊三世说的历史进化观点研究》,原载《中华文史论丛》1962年第1辑,收入《吴泽文集》第四卷《学术思想论集》,华东师范大学出版社2002年版,第258页。

大同太平世的未来理想社会的美丽前景，正是魏源的历史进化观点中所没有的。"①戊戌变法后，康有为的进化思想出现了退步，这集中体现在他在《中庸注》中首先提出，并在《春秋笔削大义微言考》《孟子微》中一再阐释的"三世三重说"上。先生认为三世三重说反映了康氏进化论与循环论相掺杂的进化史观，相对于变法前的三世说是一种退步，为此他把康氏进化思想出现退步的原因置于当时的时代背景下进行分析，指出戊戌变法失败后，康有为在嚣张的顽固派的追击下，在日益觉醒和成长中的资产阶级民主革命运动的高潮下，为了缓和前者的追击，并对后者进行狡黠的攻击，便将其政治上的君主立宪运动和走向资本主义社会的速度和步序放得更慢些、更渐进些，从而在学术思想上相应地把三世的历史进化速度和步序放得更慢些、更渐进些。"康有为的历史进化观点，由变法前的三世说改变为变法后的三世三重说，固然在反对顽固派的斗争中尚保存某些进步性，但在反对革命派民主革命斗争中，特别是同盟会成立后的资产阶级民主革命时期，便落到历史的幕后，成为反对民主革命的学说思想了。"②先生用发展变化的动态眼光去分析康有为进化思想前后的演变，注重论述史学思想的社会政治背景和思想基础，的确独具慧眼，是很有说服力的。

胡逢祥教授在《关于改进中国史学史研究范式之我见》一文中言道："自上世纪初中国史学史成为一门专史以来，其研究范式经历了两次大的转变：第一次以梁启超《中国历史研究法补编》提出的研究框架为代表，其后数十年间，国内相关研究大多不出此范围；而从实践层面看，其重心尤集中在历史编纂学和文献学方面。第二次大的格局变化，发生在1960年代初，经过这一时期有关史学史研究对象、任务等理论的深入讨论，研究风格也随之转换，特别是大大强化了对历代史学思想，包括史家政治思想、学术思想和历史哲学的研究，由此形成了以史学思想、史料学和编纂学为基本内容，而以前者为核心的研究范式。"③

---

① 吴泽：《康有为公羊三世说的历史进化观点研究》，《吴泽文集》第四卷《学术思想论集》，第279页。
② 吴泽：《康有为公羊三世说的历史进化观点研究》，《吴泽文集》第四卷《学术思想论集》，第293—294页。
③ 胡逢祥：《关于改进中国史学史研究范式之我见》，《史学月刊》2012年第8期。

应当说，以吴泽先生为代表的老一辈学者，在20世纪60年代通过他们的具体研究，为第二次中国史学史研究范式的确立做出了重要贡献。正是他们对史家史学思想研究的重视和提倡，使中国史学史的研究走出了初创时期"要籍解题式"的窠臼，对于推进史学史的学科建设及其研究的规范化起到了引领风骚的作用。

三、对近代史学史研究内容的拓展

吴泽先生对中国近代史学史研究的一大贡献就是重视对近代通俗史学的研究，把它纳入史学史研究的范围之内，恢复了它应有的史学地位。

中国史学按传统说法有正史、野史、稗史之分，而无通俗史学之说。如通俗的讲史、演义史等书，往往归入文学中的小说类或其他类。事实上，以历史事实为依据，以文学形式出现的历史演义应归于史部。中国史籍众多，卷帙浩繁，一部二十四史就多达3 259卷。正史一类的书是出自史官手笔的高文典册，不仅史事内容头绪纷繁，史料芜杂，一般人望而生畏，不敢去读；就是读了，也不易读懂、读通。在使这些高文典册的历史知识广泛传播并为普通民众所掌握方面，通俗史学就起到了正史所不能起到的作用。

通俗史学是一种在民间广为流传的浅显易懂、生动活泼、容易接受的大众化史学，在中国古代主要以口耳相传的讲史形式流传延续。近代以来，由于西方列强的入侵，民族危机严重，"小说救国""演义救国"呼声日隆，史学领域要求摆脱经学和八股文言的束缚，用通俗易懂并能感人肺腑的文字来重新编写历史，唤醒民众。近人梁启超曾大声疾呼："六经不能教，当以小说教之；正史不能入，当以小说入之"[①]，力倡编写通俗的历史读物来启迪民智，激发爱国热情。吴先生很早就对通俗史学发生兴趣，他曾回忆说：

> 我在少年时代就十分喜爱《三国演义》，书中栩栩如生的人物

[①] 梁启超：《〈译印政治小说〉序》，张品兴主编《梁启超全集》第一卷《变法通议》，北京出版社1999年版，第172页。

形象、生动准确的语言表述、极富有故事性的历史推进情节,都曾深深地吸引着我。等我从事历史研究之后,我才知道,原来中国民间所广泛流传的三国故事,主要是通过《三国演义》,而不是《三国志》。这引起了我的思考。在后来研究中国史学发展史的过程中,我就有意识地关注中国通俗史学的发展问题。特别是读了近人蔡东藩的《历代通俗演义》之后,我对通俗史学的兴趣更是与日俱增。①

为此,先生对明清以来尤其是近代以来以历史题材创作的演义小说和历史演义进行过系统而深入的研究。他曾对来访的陈其泰教授说:

> 我对以冯梦龙、蔡东藩为代表的"演义体"通俗史学进行过研究,认为以他们为代表的历史演义作家,也是史学之一派,他们强调的"以正史为经,务求确凿"的原则,与《三国演义》的"三分真实,七分虚构"实有天壤之别。蔡氏之书,是"故说部体裁,演历史故事"。所以,演义体可视为一种特别的、广大群众所喜闻乐道、容易接受的史学体裁。②

早在20世纪七八十年代,吴先生就发表了《蔡东藩与〈中国历代通俗演义〉》《谈谈蔡东藩的〈历代通俗演义〉》《蔡东藩〈元史演义〉的史料学研究》等文,对蔡氏提出的"以正史为经,务求确凿,以轶闻为纬,不尚虚诬"③的写作原则深表赞同,肯定了历史演义体裁的作用。在《中国近代史学史》中,又列"通俗史学的发展与蔡东藩《中国历代通俗演义》的编撰"一专节加以讨论,不仅从通俗史学溯源、近代通俗史学的勃兴、主要内容、表现形式等方面详加论述,还以"蔡东藩集演义体之大成"为题,对蔡氏撰写的这部500多万字的《历代通俗演义》的贡献作了细致分析,认为蔡氏这部著作之所以获得成功,一方面是他继承并发展了吴趼人等关于撰写演义体史书的理论,即把握历史的真实,以通俗易懂的笔法表现出来。另一方面,他在求真的基础上,兼采历史小说"文以载

---

① 吴泽:《我的治学历程——代序》,《吴泽文集》第一卷,第20页。
② 岳峰(陈其泰):《吴泽先生访问记》,《史学史研究》1991年第1期。
③ 蔡东藩:《唐史演义》上册,上海文化出版社1980年版,第1—2页。

事,即以道情"的特长,做到"语惟以俗",即通过通俗易懂、生动感人的笔法写历史,再现历史的真相。蔡东藩在如何既吸取历史小说之长,又能把史料处理得恰到好处方面下足了功夫,其著作是历史而非文学,因而在历史知识的传播方面,大大超出了历代正史。

吴泽先生重视通俗史学的研究,把近代通俗史学纳入史学史的体系中进行叙述,这是以前所写的中国史学史著作未曾有的。可以说,这一做法极大地拓展了史学史的研究内容,是有价值的洞见,值得重视。诚如一些论者在评论《中国近代史学史》时所言:"对原先不少人以无学术性而拒之于史学殿堂之外的通俗史学,作者更以敏锐的识见,力排旧说,科学地区分了文学性质的小说演义与通俗史学的界限,并对近代通俗史学的发展作了系统而内容广泛的介绍分析,恢复了其应有的史学地位。"[①]

四、对近代史学史研究队伍的培养

吴泽先生不仅致力于近现代史学史的研究,成绩卓著,而且也极为重视中国史学史学科和研究队伍的建设。1978年我国恢复了中断12年之久的研究生教育,当年跟随先生读史学史专业的研究生就有盛邦和、胡逢祥、童浩、张承宗等人[②]。1979年,先生在华东师范大学历史系成立了史学史研究室,以后又在此基础上设立了中国史学研究所,聚集了一批研究中国史学史的专门人才。1981年我国开始博士生招生,先生成为中国史学史和中国古代史两个方向的博士生导师,先后培养了近30名先秦史、隋唐史和中国史学史等专业的博士研究生。

在吴泽先生培养的众多研究生中,从事史学史研究的学生就有近20人,盛邦和的黄遵宪史学研究,胡逢祥的梁廷枏与鸦片战争史研究、沈喜的西北史地研究和国粹派史学研究,张承宗的王先谦、叶德辉、缪

[①] 方春逸:《史学史学科建设的一项开拓性成果——读吴泽主编的〈中国近代史学史〉》,《史学史研究》1990年第2期。
[②] 张承宗教授1978年考入中国社科院研究生院,师从尹达先生学习中国史学史。后来尹达先生把他送到华东师范大学历史系跟随吴泽先生学习中国近代史学史。他参加了吴泽先生主编的《中国近代史学史》,承担龚自珍、叶德辉、缪荃孙史学的写作。

荃孙史学研究,邬国义的《资治通鉴》研究,朱政惠的吕振羽史学研究,赵俊的《史通》理论体系研究,张文建的柳诒徵史学研究,宋立民的宋代史官制度研究,王东的欧阳修史学研究、20世纪二三十年代社会史论战和社会性质论战研究,臧世俊的康有为大同思想研究,陈勇的钱穆史学研究,田亮的抗战时期史学研究,陈鹏鸣的常州学派研究等皆承继了吴先生的史学史研究风格。目前活跃在国内的中国史学史研究的队伍中,有不少学者出自先生门下,尤以治中国近现代史学史的为多。华东师范大学的中国史学史研究与北京师范大学、南开大学鼎足为三,各领风骚,为中国史学史学科的建设和发展做出了重要贡献。诚如一些学者所言:"这三所学校,在研究中国史学史方面,各有特点和优长。北京师范大学比较重视史学思想、史学理论的研究,在学科理论建设方面更加突出;华东师范大学对近代史学史研究成绩显著,在引进和借鉴海外学术成果方面有自己的特色;南开大学对史学史的资料整理、官方史学以及史馆制度研究卓有贡献。近十年来,这些学校培养的众多研究生或进修学者分布到全国各高校历史系,成为该学科研究的生力军和教学骨干,有力地促进了中国史学史学科的普及。"[1]

在吴泽先生培养的中国史学史专业的学生中,以盛邦和、胡逢祥、朱政惠、邬国义等人所取得的成就为最大,他们后来都成为所在学校史学史专业的博士生导师,成为新一代的学科带头人。盛邦和教授是先生培养的第一个博士生,也是华东师范大学培养的第一个文科博士。他的博士论文做的是黄遵宪史学研究,以后转入中日史学比较研究和中国现代史学研究,著有《东亚:走向近代的精神历程——近三百年中日史学与儒学传统》《解体与重构:中国现代史学与儒学思想变迁》等著作,近年来,致力于亚洲与东方学研究,开拓出了新的领域。胡逢祥教授是吴先生培养的最早的硕士研究生之一,他为《中国近代史学史》教材提供过不少的个案研究专题,后来与张文建教授合作撰写了《中国近代史学思潮与流派》一书,填补了中国近代史学研究中的许多空白,成为这一研究领域必备的参考著作,近年来转入港台史学与人文学术的研究,著有《五十年来中国港台地区的史学史研究》《史语所迁台与

---

[1] 周文玖:《史学史导论》,学苑出版社2006年版,第121页。

1950—1960年代台湾的人文学术建设》《文化保守主义与激进主义的鏖战——1950—1960年代的台港文化思潮及其学术走向》等文。邬国义教授长期致力于中国古代史学史的研究,在司马光《资治通鉴》研究上成绩斐然,以考订谨严著称。近年来,转入中国近现代史学史、史学理论的研究,编校浮田和民《史学通论》四种,撰有《梁启超新史学探源》等长文,提出了不少富有价值的新解。

新近去世的朱政惠教授长期致力于中国马克思主义史学的研究,著有《吕振羽和他的历史学研究》《吕振羽学术思想评传》等著作。在史学理论方面,他早在20世纪80年代中期,就对接受史学理论和比较史学理论发生兴趣,从"接受史学""比较史学"的研究出发,提出了"从接受角度研究史学"的新观点,并对"比较史学"与"比较历史"两个容易混淆的概念作了明确的界定,由此产生联想,转入海外中国学研究这个新领域的探索,著有《美国中国学史研究——海外中国学探索的理论与实践》《史华慈学谱》等著作。朱政惠教授对海外中国学的研究,侧重将其放置于中国史学史和史学理论的框架之下,同时又注重对由民族、社会、文化差异造成的史学异同进行比较研究。[①] 朱政惠教授自言中国史学史、史学理论和海外中国学史的研究是相互依存的三个重要方面,是中国史学史得以深入开展的相关重要环节。要研究好中国史学史,没有正确的理论和方法不行,马克思主义的科学唯物史观是研究的基础理论和方法论。同样,不断吸取我们民族和海外的优秀理论和方法,也是我们深化史学史研究的必要条件。而海外中国学史的研究,为我们深入中国史学史研究,提供了重要的学术背景。海外中国学家总的说是跨学科的研究,但对中国史学史研究者言,最重要的是珍惜他们两个方向的内容:一个是研究他们如何研究中国历史,他们的理论、方法及其成果怎样;还有就是他们如何研究中国史学史,如何看待中国的史学,看待中外史学的交流和结合。有了这两条,我们中国史学史的研究,就有了比较,有了合适的参照系。由此也可以比较准确地把握我们自己的成果、理论和方法在世界史学中的发展背景,以及在中国史学发

---

① 参见陈勇、彭媛媛《海外中国学研究的新收获——读〈美国中国学史研究〉》,《史学理论研究》2005年第1期。

展长河中的地位和分量。从这一点而言,对海外中国学史的研究,是深入中国史学史研究的一个不可忽视的环节。至少缺少了这个环节,大平面研究会受影响。而这个大平面,正是我们通常所说的中国史学史研究和建设的主体。[①] 可以说,朱政惠教授在继承吴先生研究中国马克思主义史学的基础上继续拓展,在海外中国学的研究上独树一帜,开拓了一片新天地。

原载《史学理论与史学史学刊》2014年卷

[①] 参见朱政惠《美国中国学史研究——海外中国学探索的理论与实践》,上海古籍出版社2004年版,前言第2页。

一部开创性著作
——吴泽主编《中国近代史学史》读后

臧世俊

中国是一个史学发达的国家,但对史学发展史的研究,迄今仍较薄弱,特别是近现代史学史研究方面的论著更是寥寥无几,近几年史学界重视中国史学史研究,先后出版了尹达主编的《中国史学发展史》,白寿彝的《中国史学史》(第一册)和仓修良、魏得良的《中国古代史学史简编》等专著,但大都围绕在古代史学史部分。因此,开展中国近现代史学史研究更显得迫切而又艰巨。

最近江苏古籍出版社出版了由吴泽教授主编,袁英光、桂遵义教授编著的《中国近代史学史》(上、下册),洋洋数十万言,可谓为研究中国近代史学史的开创之作。

中国近代社会是个半封建半殖民地社会,八十年的风风雨雨激荡起各种思潮,在史学领域有着充分的反映。国内传统史学各流派源远流长,丰富多彩;展现近代社会变迁的各种史学流派此起彼伏,相互抗衡;外来各种史学思潮也纷至沓来,五光十色。并且,近代史学与中国近代哲学史、中国近代思想史、中国近代文化学术史以及中国近代政治史等有着极其密切的联系。与传统史学存实传信不同的是近代史学有着异常丰富的思想内容和较强的时代感。所以,中国近代史学史要全面深刻地反映新旧交替时代史学的发展变化及其矛盾斗争的状况,确实是件不容易的事情。

《中国近代史学史》采取纵贯横通的立体结构方法,很好地解决了这一难题。本书通过三编把近代史学史分为三期。第一编 鸦片战争到太平天国时期的史学(1840—1864);第二编　太平天国革命失败后到义和团运动时期的史学(1865—1901);第三编　义和团运动失败后到五四运动时期的史学(1902—1919)。这样分编把握住了近代社会变革对史学发展的影响,有利于反映出史学变化的时代背景。同时,本书又坚持马克思主义的阶级分析法,将近代史学流派和史学家按其阶级属性、史学主张和具体内容,划分为地主阶级改革派和地主阶级保守派史学、资产阶级改良派和资产阶级革命派史学等,这样编排就突出了各种史学流派的史学特点以及相互之间的矛盾斗争状况。较好地反映出史学变化的阶级背景。从而整部著作清晰地勾勒出中国近代史学发展之轨迹,为我们展示了各个时期、各种流派、各位史家的史学概貌,并在史学进化的大势中把握其演变发展的规律性。

关于中国近代史学史研究的对象,作者认为是中国近代史学,主要包括历史实录和史学理论两大部分。这一提法颇能表现史学史的学科个性,即它是一门既重史实又重理论的学问,两者不可偏废。过去史学史研究的弊病就是缺乏应有的理论分析,缺乏对史学思想和历史哲学的精辟阐释。《中国近代史学史》一改前风,把史学思想放在史学史中占有头等重要的地位,把它看成史学的灵魂,重视对各个时代的各个学派和史学家的史学思想形成和演变的研究,以探讨其历史学说的阶级属性、发展规律与特点。本书的篇章布局也主要是依据史学思想的演变来安排的。从近代史学发展进程来看,民族危机的加深促进了社会变革思潮的诞生,并因时代不同表现出一些新的内容,如魏源的社会改革思想代表着地主阶级改革派的社会要求,康有为、梁启超的维新变法思想代表着资产阶级改良派的政治愿望,章太炎、刘师培前期的社会革命思想代表着资产阶级革命派的斗争意识。这些思想大家同时也是史学大家,代表着社会变革不同时期的史学发展趋势。不同政治思想的矛盾冲突必然反映到史学上来,因此,近代史学有着极其丰富的思想内容,体现时代发展的脉络。要编著中国近代史学史没有对中国近代哲学史、思想史和政治经济史等的深刻把握是很困难的。

本书的功力所在也就是在于它不但对中国近代史学本身做了深刻的阐述,而且能够把它放在当时的广阔社会背景中加以透视。例如,关于王韬的史学，作者分析了魏源等封建地主阶级改革派史学家们开始放眼看世界，因而注意世界史的研究，但是，他们并没有走出国门。后来的洋务派所提倡的"中体西用"虽比"师夷长技以制夷"思想有所发展，但仍然停留在模仿外国的皮毛，远远跟不上形势的需要。王韬激于爱国义愤，呼吁中国一切有远见的知识分子和政治家，应该及时放开眼界，研究西方的政治和政治制度，以推动中国政治和政治制度的改良。他和郑观应、黄遵宪等人都从事这一方面的研究，他们先后由地主阶级改革派转变为近代资产阶级改良主义的思想家和史学家。在这一背景交待之后，作者介绍了王韬游历法、英、日本等国及对普鲁士、法国、日本史的研究，阐明了他编撰《普法战纪》《法国志略》《扶桑游记》等动机和史书中表现出来的史学思想及政治思想。作者肯定了王韬的贡献，也指出其不足，认为王韬将中西方政治体制作了比较，得出了西方资本主义政治制度优越于清朝封建君主专制制度的认识，呼吁在中国实行资产阶级议会民主制度，在历史观上主张行君民共主，仿行英国式的君主立宪政体。在当时的历史条件下，资产阶级民主革命领导力量还没有登上政治舞台之前，对王韬等资产阶级早期改良派的言和行，应作历史主义的肯定，肯定其反对君主专制，重视"民"的地位和作用的一面。然而，王韬学习和吸收西方的文化，完全脱离了中国半封建半殖民地社会的实际，他既没意识到帝国主义要奴役中国，不容许中国富强独立，又没意识到封建主义要维护自己的统治，不容许走资本主义近代化的改革道路。因此，王韬所希冀在中国得以实行的君民共主，实现君主立宪的主张，自然不可能实现。

《中国近代史学史》具有十分丰富的内容，全书起讫跨度八十年，专章专节论述的史学家就有五十多位，除龚自珍、魏源、王韬、严复、康有为、梁启超、章太炎、王国维等著名的史家之外，还有张穆、何秋涛、梁廷枏、夏燮、屠寄等过去不太引人注目的史家，全书较详细地介绍和分析的史学著作在一百种以上，真可谓博大精深。过去的史学史专著往往把一人单独成章成节，这在几千年的跨度上似乎无可厚非，但要在近代八十年时间内这样安排就欠妥当。为了突出史家在不同的历史时期、不同历史背景所产生的思想观点上的变化发展，本书把近代一些史学大家不同时期的史学活动分开来写。如魏源在史学领域内活动长达四十余年之久,有《圣武记》《海国图志》《道光洋艘征括记》《元史新编》四大史学著作问世。本书根据其不同的写作时代,不同的编纂历史背景,不同的指导思想和所起的不同作用和影响,分别列入不同的章节加以论述。对于严复、康有为、梁启超、章太炎等人则根据他们史学思想的前后变化列入不同章节论述、阐明其进步或退步的表现、社会背景和原因。这就能够在变化发展中反映史学的流变,避免把史家写成铁板一块的人物。其实,随着人的知识积累和社会历史的变革,每个史家思想都会发生变化,表现出不同的史学倾向和主张,这一点也是本书的独创之处。

由于中国近代史纷繁复杂,由于各个史家出于不同的编纂目的或史料来源不同,近代史家对他们所处时代的历史记载出现众多歧异。如对于鸦片战争的记载,梁廷枏的《夷氛闻记》一再指出"夷欲未厌",其情况是"我愈退而彼愈进,盖情事之常"。他对林则徐、邓廷桢、关天培、姚莹等抵抗派深为推崇,一再称引他们的书信、奏章以张其说。他详述林则徐到粤后"洋考禁令,访悉近年情事与夷商轻藐所由来",以及与英国侵军者义律坚持斗争又讲求策略的过程。在记录爱国将士抗击侵略军的可歌可泣事迹时,梁廷枏笔下更倾注着一片爱国挚情,热情歌颂了爱国将士为保卫祖国视死如归的精神,真实地反映了卫国战争中中国人民坚决抗击外来侵略的英勇情景。而投降派黄恩彤撰写的《抚远纪略》则对林则徐坚持维护国家主权横加诬蔑,说什么"当日起衅之由,肇自禁烟,而成于绝市","于是英商之在澳者,一并驱逐出洋,而兵端自此起矣。"竟以启衅之罪不归英侵略军,反而归之林则徐等人。对于这些记载,本书坚持实事求是的原则和爱国主义的立场,对历史事实加以澄清,赞扬爱国主义史学思想,痛斥投降卖国史学的谎言滥调。因此,我们可以说这本书是一部爱国主义的佳作。

在改革与保守、革命与改良问题上,本书用马克思主义的历史唯物主义观点进行辩证分析,对顺应时代发展和社会要求的史学观点给予充分肯定,反之,则加以剖析。对于康有为在戊戌变法时期主张变法自强的爱国思想和反"尊古守旧"的斗争精神,作者认为在当时的历史条件下,这是有很大进步作用的。但是,戊戌变法以后,特别在资产阶级民主革命兴起的年代,再坚持改良主义路线,那就落后于时代,成为阻碍历史向前发展的绊脚石,本书对其史学思想上步步走向堕落又做了深刻的剖析和批判。对于严复开始积极宣传历史进化论思想,后来逐渐趋于保守的思想倾向,本书也有精当的阐发,并专门列一小节分析了严复历史观倒退的社会历史根源,指出庸俗历史进化论是严复思想的理论基础,他只承认事物发展中的渐变,否认事物发展中的突变(飞跃),主张一点一滴的进化,反对任何形式的剧烈变化。所以,当戊戌变法失败以后,地主阶级顽固派一反扑,严复就吓得落魂失魄,不敢参加革命,也不敢再提倡"新学",并以庸俗进化论来反对"骤变",倒向旧学的一边。

《中国近代史学史》每个章节都是在专题研究论文或长编的基础上编著而成,有很高的学术价值。但是,笔者感到美中不足的是外来史学在中国近代史学的传播和影响略显薄弱,虽然在论述严复、梁启超等人的史学时做了一些交待,还是没有深入阐发、似可列专节加以论述。

总之,《中国近代史学史》是一部填补了中国近代史学史研究的空白的优秀著作,是广大史学工作者特别是从事史学史、中国近代哲学史、中国近代思想史、中国近代学术文化史的学者的极好参考书,也是广大青年学生学习史学史的极好教材。

原载《历史教学问题》1990年第1期

吴泽先生与通俗史学研究

鲍永军

吴泽先生是当代著名马克思主义史学家,在马克思主义理论、中国通史、中国史学史等学术领域,成就卓著。他很早就认识到通俗史学的巨大作用,从上世纪七十年代末开始,在古稀之年,致力于开拓通俗史学研究新领域,并取得重要成果。吴先生关于通俗史学的作用、特征、编撰等方面的理论,对于当今史学工作者积极应对"通俗史学热"并发挥作用,具有现实指导意义。在吴先生诞辰100周年之际,谨就吴先生的通俗史学研究成就及其理论略作探析,以表景仰之情。

一、深入研究《中国历代通俗演义》

吴泽先生从小就对通俗史学产生浓厚兴趣,2001年在自己文集序言中写道:"我在少年时代就十分喜爱《三国演义》,书中栩栩如生的人物形象、生动准确的语言表达、极富有故事性的历史推进情节,都曾深深地吸引着我。等我从事历史研究之后,我才知道,原来中国民间所广泛流传的三国史事,主要就是通过《三国演义》,而不是《三国志》。这引起了我的思考。在后来研究中国史学发展史的过程中,我就有意识地关注中国通俗史学的发展问题。特别是在读了近人蔡东藩的《历代通俗演义》之后,我对通俗史学的兴趣更是与日俱增。"[①]

蔡东藩生活在清末民初,是一位学问渊博的爱国知识分子,在救亡

---

① 吴泽:《我的治学历程——代序》,《吴泽文集》第一卷,华东师范大学出版社2002年版,第19页。

图存思潮兴盛的时代,借中国历史上兴衰成败的事迹,用通俗演义之手法宣传教育,激励国民的爱国情操。《中国历代通俗演义》是他呕心十年(1916年—1926年)而写成的一部巨著,包括前汉、后汉、两晋、南北史、唐史、五代史、宋史、元史、明史、清史、民国等十一部演义。全书1 040回,662万余字,从秦始皇写到1920年,共2 166年的历史,是一部空前的具有二十四史规模的庞大卷帙之作。为了写这部通俗演义,他看过的书籍光正史就达4 052卷,此外还浏览了众多的稗官野史、笔记小说。这部演义时间跨度之漫长,卷帙之浩繁,为历代演义之最,并且完全是独立完成,称得上是著述史上的奇迹。然而,在文学界,因为《中国历代通俗演义》与《三国演义》《水浒传》相比,文学成就逊色,几乎无人问津;而在史学界,不少人将此书视为小说,以为雕虫小技不登大雅之堂,也不屑去研究。因此,蔡东藩及其《中国历代通俗演义》长期以来,在文学史、史学史上只字不提,这是不公平也不合理的。

1949年以后,顾颉刚先生有志新编历史演义丛书,首先看中这部自成系统的通史演义,便由上海文化出版社在1955年先印了一本《前汉通俗演义》。顾颉刚先生在序言中说:"我认为这部书的重新出版,不但可以作为一般人的读物,并且可以作为爱好历史的人们的参考,因为一部《二十四史》,分量太多,就是历史专家也不容易把它完全熟记,倒不如这部演义,随意翻览一下,说不定会有提纲挈领的功效。特别是用新的历史观点和通俗流畅的文字撰写的《历史通俗演义》,还不可能在短期内出版以前,先把这部《二十四史通俗演义》出版,这对我们历史工作者和读者们,也是很有意义的事。"

1962年11月,江苏人民出版社重印了前汉、后汉、两晋三部演义,请柴德赓先生写了《蔡东藩及其〈中国历代演义〉》一文,对该书作者、内容作了评介,印在卷首,后又发表在《文汇报》1962年第15期。

1978年末,上海文化出版社计划重版这套著作,走访复旦大学、华东师大、上海师大的专家学者,征求意见,以吴泽先生为代表的大学教授都表示支持。吴先生应邀撰写了长篇总序《蔡东藩与〈中国历代通俗演义〉》,1979年3月初稿,10月修订定稿,多达1.5万余字,全面客观评价该书作者、内容、历史背景以及影响。吴先生后来还在天津、成都的史学会议上,为这套书的重版作宣传,并与会上持不同意见者作论辩。从 1979 年到 1985 年,上海文化出版社新版的《中国历代通俗演义》重印 4 次。每部印数一般累计到 20 万册以上,最高的到 50 多万册,后来又加印了附有绣像与插图的精装本 8、9 千册,深受广大读者欢迎。吴先生为此书再版作出了重要贡献,因此被上海文化出版社编辑称为该书的"慧眼伯乐"①。

吴先生在《蔡东藩与〈中国历代通俗演义〉》文章摘要中指出:"蔡东藩是清末民初的一位历史学家和演义作家。他写《中国历代通俗演义》时,史料上一遵其'以正史为经,务求确凿;以佚文为纬,不尚虚诬'原则,文艺上吸取演义体历史小说'文以载事,即以道情'的特长。因此,蔡著问世后,流传很广,为广大人民所喜爱,在历史知识的传播上,起着二十四史等高文典册的正史所不能起到的作用。它确是一部自秦汉到民国的演义体断代史的通俗读物,是明清以来一部历史演义巨著。当然,蔡著和其他旧文史学家的著作一样,由于作者的历史局限和阶级局限,无可避免地存在不少封建性的糟粕。我们对这份珍贵的学术遗产,自应及时进行深入的研究,做好分析批判和全面评价的总结工作。"②吴先生充分肯定蔡著是通俗史学发展进程之中的一块里程碑,蔡东藩的学术贡献应该得到历史的尊重。

吴先生这篇序言,对《中国历代通俗演义》作了全面深入、实事求是的评价,是迄今为止学术界研究蔡著的代表作,后来不断被期刊杂志、论文集所转载,如:《文汇报》1979 年第 15 期;人大复印报刊资料(历史学)1979 年第 6 期;《新华月报》1979 年第 8 期。还被收入:《蔡东藩学术纪念文集》(萧山文史资料选辑之二),1988 年 6 月;2002 年《吴泽文集》第四册;《蔡东藩研究》,中国文史出版社 2005 年版等,产生了广泛影响。

1987 年 7 月,浙江萧山召开蔡东藩诞辰 110 周年学术纪念会。时任华东师大历史系名誉主任、中国史学研究所所长的吴先生,应邀出席,欣然题词"修史育人,一代师宗"。吴先生在大会上作了《蔡东藩〈中

---

① 金名:谈《〈中国历代通俗演义〉的出版》,《蔡东藩研究》,中国文史出版社 2005 年版,第 103 页。
② 《蔡东藩学术纪念文集》(萧山文史资料选辑之二),1988 年,第 128 页。

国历代通俗演义〉研究的若干问题》的主题学术报告,引起与会者的极大兴趣。1988年2月,吴先生修订讲稿部分内容,写成《蔡东藩〈元史演义〉的史料学研究》一文,约1.1万字,收录在《蔡东藩学术纪念文集》中。同时与会的刘寅生先生,也发表了论文《通俗史学发展中蔡东藩的地位》。

1989年江苏古籍出版社出版了由吴泽先生主编、袁英光与桂遵义先生合著的《中国近代史学史》(上、下册),第四章专门设立《通俗史学的发展与蔡东藩〈中国历代通俗演义〉的编撰》一节,这是当时中国史学史著作中的创新之举。

二、系统阐发通俗史学理论

1. 确立通俗史学的学科地位

吴泽先生对中国通俗史学研究的开拓,主要体现在他很早就关注通俗史学的功用,并对概念界定、发展历程、目的任务、学术价值、编撰方法、评价标准等基本理论问题,作了深入探索,有力地推动了通俗史学研究工作。

吴先生指出:"就像文学作品有高雅与通俗之分一样,在中国史学的发展过程中,也很早就有雅俗之别。史学著作中的所谓'雅',就是指以二十四史、《资治通鉴》和《十通》等为代表的主流史学著作。这类著作网罗丰富,字斟句酌,非经专门训练的人,一般是难以通读的。所谓'俗',就是指以演义体为代表的通俗性史学著作。"[1]

中国史学著作浩如烟海,由于体裁与受众的不同,传播方式与影响力也有较大差异。如何使那些高文典册的历史知识,能广为传播到人民群众中去? 吴先生发现,这个问题,早在唐宋时代就有一些平民文学家开始注意了。敦煌文献中就发现大批唱说历史故事的写本演史变文;到了宋代,演变为专以历史题材的讲史,盛行唐宋;元代讲史艺人演讲野史,十分流行;到了明代,说书艺人和知识分子,开始创作通俗演义形式的章回小说。明清间特别到晚清,历史演义小说日盛一日。当时,

---

[1] 吴泽:《我的治学历程——代序》,《吴泽文集》第一卷,华东师范大学出版社2002年版,第20页。

说部叙史有记、花、传奇、演义四种。《三国演义》《水浒》《东周列国志》等名著,先后问世,这些长篇历史演义小说,成为我国历史书中所特有的一种民族风格的体裁,在历史知识的传播上,起着二十四史等史书所不能起到的作用。

吴先生说:"我对以冯梦龙、蔡东藩为代表的'演义体'通俗史学进行过研究,认为:以他们为代表的历史演义作家,也是史家之一派,他们强调的'以正史为经,务求确凿'的原则,与《三国演义》的'三分真实,七分虚构'实有天壤之别。蔡氏之书,是'故说部体裁,演历史故事'。所以,演义体可视为一种特别的、广大群众所喜闻乐道、容易接受的史学体裁。"①

通过梳理通俗史学发展轨迹,吴先生确定,通俗史学著作是我国特有的一种民族风格的体裁,在民间具有深远影响。史学工作者要主动承担起教育广大群众的使命,摈弃成见,将通俗史学视为自己专业工作的一部分。通俗史学的目的任务,就是用马克思主义的新思想、新观点,普及历史知识,对读者进行思想教育。

吴先生谈到:"所幸的是,我对通俗史学的界定和学术价值的评估,后来均得到学术界的认可。"②吴先生晚年对通俗史学倾注了大量的心血,其开拓之功,诚如方春逸所说:"对原先被不少人以无学术性而拒之于史学殿堂之外的通俗史学,作者更以敏锐的史识,力排旧说,科学地区分了文学性质的小说演义与通俗史学的界限,并对近代通俗史学的发展做了系统而内容广泛的介绍分析,恢复了其应有的史学地位。"③

2. 坚持马克思主义史学理论

吴泽先生是当代公认的马克思主义史学家,强调提出,"史学思想在史学史中占有头等重要的地位,它是史学的灵魂,无论哪一位史家哪一个史学流派,都有一定的思想作指导的"。他认为,研究史学史,目的是要批判总结我国过去的史学成果,取其精华,弃其糟粕,"在马克思主义指导下,进一步丰富和发展马克思主义史学,为繁荣社会主义文化和

---

① 岳峰:《吴泽先生访问记》,《史学史研究》1991年第1期。
② 吴泽:《我的治学历程——代序》,《吴泽文集》第一卷,华东师范大学出版社2002年版,第20—21页。
③ 方春逸:《史学史学科建设的一项开拓性成果》,《史学史研究》1990年第2期。

文化建设服务。"① 就通俗史学发展来说,"蔡东藩能和其前人冯梦龙等那样以其毕生心力用在历史演义的写作上,其用心之苦,学术研究方向之高远,是值得我们敬仰、崇奉,值得我们深入研究、总结、批判继承的",要"以历史唯物主义对之进行科学的分析、研究和评价"②。本着这一宗旨,他以蔡东藩的《中国历代通俗演义》为突破口,总结通俗史学著作撰写的经验教训,为当代史学编撰服务,把历史知识生动地、科学地传播给人民群众。

在《蔡东藩与〈中国历代通俗演义〉》一文中,吴先生对蔡氏爱国思想以及注重求实的严谨学风,给予高度评价。他指出,蔡东藩是一位热烈的爱国主义者,时刻关心国家民族的安危。在孙中山下野、袁世凯称帝、张勋复辟等等一系列复辟与反复辟的政治事变中,民国命脉,不绝如缕,蔡东藩悲痛不已。但他对祖国与民主共和无限热爱,对《临时约法》中有关民主自由的规定,热情赞扬。蔡东藩在辛亥革命后,热爱民主共和,反对袁世凯称帝和张勋复辟,反对军阀割据和政客弄政,热情洋溢地赞扬歌颂孙中山、黄兴建立民国以及蔡锷再造共和的历史功绩。蔡东藩写五胡十六国、元朝和清朝的少数兄弟族贵族统治历史时,也写得较为详实,持论也较平稳。

同时,吴先生从历史唯物主义的立场出发,对蔡东藩蔑视农民起义、妇女运动以及宗教迷信方面,也提出批评。他指出,蔡东藩"论及人事休咎和朝代兴衰存亡等社会历史问题时,他和其他旧文史学者一样,无可或免地也堕入不可知论的报应论、天命论的泥沼里去了。特别值得注意的,他受正史纪传体断代史史法的影响,字里行间,很少写到社会经济情况和人民群众活动的事迹。演的尽是帝王将相、王朝盛衰之义,仍是唯心史观的一套。至于叙述宫闱丑事时,也嫌笔墨不洁。这些局限、糟粕比起全书的民主精华、重大成就来确是次要的,可以理解的。但读者们还应随时识辨才是。蔡东藩的这部历史演义巨著是值得我们珍视的,我们应该及时总结好这份珍贵的学术遗产,并在条件许可的情

---

① 吴泽主编:《中国近代史学史》前言,江苏古籍出版社1989年版,第1页。
② 吴泽:《蔡东藩〈元史演义〉的史料学研究》,《蔡东藩学术纪念文集》(萧山文史资料选辑之二),1988年。

况下,运用马克思主义的文史理论,为我们具有悠久历史的伟大祖国,演写出一大部为广大人民所喜爱的、民族风格演义体裁的、新的人民的中国历史。"

在吴先生看来,"要写好一部历史演义书,如果作者没有一定的史学理论和历史研究的学术造诣,是不可能把这么一件重大历史事件的始末实质与具体情节,写得如此地'依次铺叙,随笔而下',条条理理,简洁明瞭。同时,如果作者没有文艺小说的笔力修养,也就是说,没有'用笔之长',是不可能写出比史传好读、'较有兴味'的历史演义出来的。"[①]对于一个优秀的通俗史家来说,史德、史学、史识、史才缺一不可。

3. 指明通俗史学著作编撰方法

吴先生在1990年,计划出版一套《新编中国通史演义》,准备组织力量,依照马克思主义的社会经济形态学说,重新修撰《中国通史演义》。他说:

> 二十四史是用文言文写成的,一般群众难看得懂,也不可能有这个时间和精力。我的想法是用新的马克思主义历史唯物主义的观点、方法,写新的中国通史演义,把科学的历史知识传播到群众之中。我认为,兹事体大,必须认真慎重从事。《三国演义》文学价值较高,至今仍有生命力,但书中的写作观点、对人物的评价多封建主义观点。我们与之不同,我们认为凡是能代表历史前进,谁就应受到肯定,反之,则否。再者,《三国演义》中有大量虚构的东西,我们则不允许捏造、虚构,内容要符合历史真实。又再者,也要有文学笔法。《三国演义》文学价值较高,属于说部,蔡东藩的书则历史价值较高,属于史部,各有所长。我们要二者结合起来,既有历史价值,又有文学价值。历史价值为主,在文学价值上各显神通。过去我们写史学论著作摆脱不了考据式或八股式的写法,似高文典册,现在我们要学习新的表达方法和技巧。写得通俗易懂,又有文学艺术价值的这套《中国通史演义》,计划从古到今共有四十本,

---

① 吴泽:《蔡东藩〈元史演义〉的史料学研究》,《蔡东藩学术纪念文集》(萧山文史资料选辑之二),1988年。

可分可合,合起来是一个整体,分为开又可各自独立。要体现社会分期学说的指导,划分为几个大段:夏代以前为一段,为原始社会,一卷,夏商为一段,为奴隶社会,一卷二册,西周春秋战国为一段,为领主制封建社会,一卷三册;秦汉三国为一段,是地主制封建社会确立时期,一卷三册;一直写到辛亥革命后的五四运动爆发。①

吴先生计划编撰的《中国通史演义》,是以历史价值为主,又兼具文学艺术价值,通俗易懂。他主张"一部优秀的史学著作,应该是史学之真与文学之美的统一,是科学性和艺术性的统一。"②

文史结合是我国古代史学的一个优良传统,《左传》《史记》与《资治通鉴》等史学名著,不仅是内容丰富、史料价值很高的重要历史著作,而且还是富有文学价值的历史散文名著,在文史结合方面树立了典范。然而,无论是史学专著还是通俗作品,要做到文史结合、深入浅出,绝非易事。

吴先生指出,"写历史演义时如何吸取历史小说之长,又能把史料处理得恰到好处,使二者融会贯通之,这是个多年的难题。在这个问题上,作为史学家的蔡东藩不无有所偏爱之处,就历史知识传播说,蔡著称得上一部演义体断代史的通俗读本,就文学艺术价值和社会影响说,受正史史料束缚过甚,不及《三国演义》《水浒》之大之广。""作为一个史学家,他有意或无意地摆脱不了史料的束缚。在理论上他承认演义是文学,要以情动人,有别于史学。对于历代成功的演义与小说,特别是《三国演义》与《水浒》在塑造人物形象与借景抒情等方面的经验与成就,他是十分重视的。然而,他一面看到历史小说之长,一面又为史料所拘束,难于融合。"③

蔡东藩遇到的困难与矛盾,我们今天同样存在。吴先生主张,史学著作是史学之真与文学之美的统一,是科学性和艺术性的统一,求真为主,又讲求表达艺术,力求通俗。

---

① 岳峰:《吴泽先生访问记》,《史学史研究》1991年第1期。
② 王东:《吴泽传略》,《晋阳学刊》1991年第2期。
③ 吴泽:《蔡东藩与〈中国历代通俗演义〉》,《蔡东藩研究》,中国文史出版社2005年版。

吴先生一再表彰蔡东藩坚决反对历史演义歪曲或虚构历史事实，对史料力求忠实可靠，指出这部演义的最鲜明特色正是历史资料的真实性。《中国历代通俗演义》所引用的史料，主要依据正史，并进行考证以决定取舍。吴先生引用《唐史通俗演义·序》云："以正史为经，务求确凿；以轶闻为纬，不尚虚诬。徐懋功未作军师，李药师何来仙术？罗艺叛死，乌有子孙？叔宝扬名，未及子女。唐玄奘取经西竺，宁惹妖魔？薛仁贵立绩天山，岂藉子妇？则天淫秽，不闻私产生男；玉环伏诛，怎得饭真圆耦？种种谬妄琐亵之误，辞而辟之，破世俗之迷信者在此，附史家之羽翼者在此，子虚乌有诸先生谅无从窃笑于旁也"。

吴先生在《蔡东藩〈元史演义〉的史料学研究》一文中，从史源学角度，指出蔡东藩撰写《元史演义》时，在史料匮乏的情况下，专意于史料的收集，在应用史料时，选择、评论都有分寸；在应用《元史》《元朝秘史》《蒙古源流》等正史与稗史之间"异同"处，做了较为细致、审慎的"参证"工作，不随便滥用；对旧史书之人名、地名、官名、国号、称号乃至改元等事，有所简略失漏或前后错乱之处，也随笔下注或作评语加以补充、纠正，务使读者能得到正确的历史知识。吴先生感叹"一本历史演义书，能如此地重视史料与史料学，可见其史学修养有素，自非一般小说演义作家所能出此手笔的。"

同时，吴先生也注意总结蔡东藩处理史传与小说之间关系的经验教训。蔡氏写作历史演义时，涉及的某些主要历史事件和历史人物，都以史传为据，绝不任意移易，更不允许虚构、捏造。例如在胡巫祷风祭雨一事叙述上，蔡氏一面认为这是蒙俗信巫的"虚词"，一面又以方观承诗注和陶宗仪《辍耕录》等散笔注录之说为史料依据，加以小说描摹渲染，将他的"历史家小说家之长"融于历史演义中，笔法别开生面。吴先生认为，蔡氏历史演义中每写一历史人物或历史事件时，均有"史乘"为据，只是文字表达形式，不是沿用令人难读的高文典册那样传统的史传笔法，而是采用民间喜闻乐道的演义体小说笔法。史传与小说不一样，历史演义与文学小说不一样，写历史演义，必须兼有"历史家小说家之长"，偏其一，就写不好。

蔡东藩写有关阿合马专横自恣、"计臣致乱"和文天祥忠毅英烈、

"信国成仁"的历史事件时,确是严遵其"史传有据"的史料学原则和"史家之长"、层次叙述"叙事文"笔法的,他和唐宋以来平民文学家们那样,深感旧的史传,尽是些"非尽人能读,且非尽人得读"的高文典册。因此,他在明清以来前人所撰历史演义的基础上,兼采"小说家之长"的小说笔法,把旧史传中"非尽人能读"和"非尽人得读"的两弊全去掉,写成"语浅意深,老妇都解"的新的通俗历史演义,是能把历史知识普及到民间去的通俗历史读物。有鉴于此,吴先生感叹,《元史演义》是蔡氏在公元1920年写成的,就当时元史研究的水平来说,能写出这样既"真"又"肖"的文笔来,确是不容易的事,应予以应有的肯定和评价。

三、理性应对"通俗史学热"

吴先生一贯主张关注现实,理论联系实际,他说"研究历史的人,应该具有'由今而知古'的能力。要做到这一点,就必须关注现实生活,从当下的生活实践之中,提高自己的识见,选择自己的研究课题。古往今来,一切伟大的史学家,都是在现实的感召之下,而从事历史研究的。中国的司马迁、班固和司马光等是如此,西方的马基雅维里、吉本等也都是这样。我自己在几十年的治学历程中,也始终把学术研究与现实的生活实践结合起来,力图让学术生命与时代脉搏一起跳动。"[①]

对于当代"通俗史学热",吴先生也提出了看法,他说:"近年来,随着物质生活水平的提高,人民群众对文化的需求也日益旺盛。有识之士在历史唯物史观的指导下,也开始尝试借鉴历史上通俗史学的手法,着手编写适合广大人民群众阅读的通俗历史读物。我想,和文学一样,历史科学只有贴近生活,贴近群众,才有出路。有责任、有抱负的史学工作者,应该通过文学化的语言表达和艺术性的创造,使自己严肃认真的研究成果,升华为史学之真与文学之美的统一,从而让我们民族丰厚的历史和文化遗产,让全人类在过往的历史进程中所积累起来的智慧,

---

① 吴泽:《我的治学历程——代序》,《吴泽文集》第一卷,华东师范大学出版社2002年版,第21页。

最终能够成为广大人民群众取之不尽、用之不竭的精神资源。"[1]吴先生的这些重要论述，无疑为我们如何应对当前的"通俗史学热"指明了方向。

通俗史学具有巨大的市场和价值，应当肯定其地位与作用。对一般人来讲，史学论著枯燥干巴，曲高和寡，他们是不可能去看的，感兴趣的主要是通俗史学作品。《三国演义》与《三国志》的读者数量是天壤之别，人们喜欢看蔡东藩的《中国历代通俗演义》，而没有几个人会看二十六史。史学需要借助文学乃至艺术的表现手段，以便更容易被大众所接受，历史学家需要把自己的研究成果转化为群众喜闻乐见的表现形式。

对于通俗史学，当今史学界评聘考核时，通俗史学作品不算重要的科研成果，许多人不屑于写历史通俗读物。现在的情况是，文学学者与业余史学爱好者主动开辟历史文学园地，而专业的史学工作者却退避三舍，惟恐影响史学研究的科学性、严肃性。非史学专业的人大显身手，许多作品热衷于挖掘历史名人隐私、解读宫闱秽乱，牵强附会，错漏百出，甚至达到了"气死"历史学家的程度。一些"戏说"历史、穿越古今的通俗读物成为出版热门，常以通俗之名，行庸俗、媚俗、低俗之实，误导公众尤其是青少年读者对历史的认知，败坏通俗史学的声誉。

通俗历史读物强调生动性和对公众的吸引力，本无可厚非，但保持历史真实性与客观性是底线，否则就是小说。在不违背历史真实的前提下，通俗历史读物可以运用文学的表现形式与手法。史学工作者不应再满足于扮演批评的角色，更不应冷眼旁观、孤芳自赏，而应放下身段，急起抗争，收复逐渐丧失的通俗史学阵地。为了推动优秀的通俗历史著作写作和出版，有关部门应该建立有效的奖励机制。可喜的是，教育部学科评估已经将社会服务作为一项评价内容，具有社会效益的优秀通俗史学作品，应属统计范围。

改革开放以来，与城乡经济迅猛发展形成鲜明对比的是，史学的地位一落千丈。这种状况的发生，有两方面的原因：一是主观原因，即史

---

[1] 吴泽：《我的治学历程——代序》，《吴泽文集》第一卷，华东师范大学出版社2002年版，第20—21页。

学工作者的思想意识不能适应社会需要,固守象牙塔并自得其乐,从而使史学脱离现实,脱离大众;二是客观原因,在市场经济大潮冲击下,人们最关心的是眼前的经济利益,而史学研究是创造精神财富,少人关注也是情理中事。史学作品因其读者面广、趣味性强和特有的历史厚度,完全能够适应市场,参加文化市场的竞争,而通俗史学的研究与写作,不失为一条出路。正如吴先生指出的那样,"历史科学只有贴近生活,贴近群众,才有出路"。面对史学危机,史学工作者不必逃避现实,怨天尤人,应当反省自身,积极探索史学与市场经济之间的结合点,史学作品尽量追求科学性与文艺性的统一,满足社会对史学提出的新要求。

吴泽与历史的教育和普及

孔永红

中华民族的历史源远流长,虽然曾经也经历过痛苦的分裂与割据,但其整体的历史传承,却从未间断过,并表现出有容乃大的气局,不断吸收着各个民族的优秀文化,用以充实其主体。中华民族的光辉历史是值得我们骄傲的,中华民族所蕴含的优秀历史文化值得汲取和借鉴。

中国史书的编纂起源甚早,最晚可追溯到殷周时期,至春秋战国时期,已经趋于成熟。秦汉之后,更是史家辈出,创作出了很多优秀的历史作品。且不说中国古代的野史、杂史,仅就官方承认的正史来说,至今已有二十五部,可谓是汗牛充栋。司马迁所著《史记》,纪事从传说中的黄帝开始至其所生活的年代汉武帝时期,是中国历史上第一部纪传体通史。随后,班固的《汉书》主要记载西汉一朝的历史,改通史为断代史。从《汉书》到《后汉书》,一直延续到民国时期赵尔巽主编的《清史稿》,均是纪传体断代史。这些史书中蕴藏着中华民族的优秀历史文化,需要后人去发掘和探索。只有不忘却古代光辉灿烂的文化,站在更高的角度去传承和发展优秀民族文化,才可以走得更远。

"一部十七史从何处说起",这是文天祥在被俘后回答蒙古丞相博罗的一句话,却道出了中国民族的历史著作卷帙浩繁。仅所谓"二十六史",总卷数已达四千多卷,展现出了一幅中华民族优秀文化的历史画卷。这些历史典籍,即使是史学工作者,也要经过长年累月的积累,方可建功一二。对于普通大众来说,他们也希望从历史中汲取经验和教训,并用以陶冶情操。然而,翻阅历史典籍,其史料繁杂,艰涩难懂,使普通大众往往望而生畏。

据现有史料记载,李斯《仓颉篇》、史游《急就章》,这些书即是由统治者编纂,用以启蒙教育,在当时想必拥有很多读者。这些书籍主要是用于识字,但也包含历史知识的传递。况且,在先秦时期,官方史学思想中已经有了"殷鉴"的观念,同时还伴随着以史辅政、以史借鉴和以史教化等意识,这些朦胧的观念,也在一定程度上促进了史学的传播。汉代说书俑的存在(有当今出土物为证),惟妙惟肖的讲述着动人故事,也向现代人诉说着汉代知识传播的一个途径。另外,还有熹平石经等等,也可以作为文化传播的一种形式。虽然东汉时,纸张已经发明,有时也关涉到历史知识的传播,但范围比较狭窄,并不能起到真正意义上的普及。

隋唐时期,雕版印刷术开始在社会上应用,并逐渐推广。纸质书如细雨润物,开始逐渐渗透到社会的各个阶层及各行各业,承载着文化传播的重任,历史文化的传播便是其中之一。在唐代,即有与史学相关的普及读物面世,如《兔园册》是根据经史编撰而成的童蒙读物,现已经散佚,仅存半篇序文,见《鸣沙石室佚书》[①]。宋元明清时期,也有大量的普及历史读物面世,如有陈梦协《十七史蒙求》、南宫靖一《小学史断》、黄震《古今纪要》、吕祖谦《十七史详节》、胡一桂《十七史纂要》、察罕《帝王纪年纂要》、陈栎《历代通略》和《历代蒙求》、曾先之《十八史略》、顾锡畴《纲鉴正史约》、李廷机《鉴略》、李渔《古今史略》、吴乘权《纲鉴易知录》、郑元庆《廿一史约编》等等,编纂者主要从通俗易懂的角度出发,面向初学者或者社会普通大众。这些史书对于中国古代传统的历史教育和历史文化的普及起到了正史所不能起到的作用。

吴泽与《中国社会简史》

吴泽(1913—2005),原名瑶青,笔名宋渔、哲夫、胡哲夫,江苏省武进县(今常州)人。他出生于一个农民家庭,祖父英年早逝,父亲也在其刚满两岁之时因病去世,在祖母和母亲日耕夜织的辛劳中长大成人,七岁开始入私塾。由于家境贫寒,常在私塾中遭受歧视和欺凌,故而在幼

[①] 罗振玉编纂:《鸣沙石室佚书正续编》,北京:北京图书馆出版社,2004年。

小的心灵中,早已萌发了"求上进,争平等的思想幼芽",同时在私塾读书期间,虽然都是些"子曰""诗云"之类的传统教育方法,但也对于吴先生"后来从事中国历史的教学和研究,却具有启蒙意义"。[1] 私塾中历史教育对吴先生起到了很大作用。生活的艰辛使其对普通大众的生活了解的非常深入,正如他在晚年所回忆的那样:"我从小生活在农村,对挣扎在当时中国社会最底层的农民的疾苦知之较切。加之贫寒的家境和不幸的身世,使我对人间的不平感受较深。但是,限于当时的年龄和识见,一切都还是一种朦胧的意识。到了上海之后,目睹这个全国最大城市的繁荣兴盛,心中更是平添感触。久而久之,一个又一个关于中国现实问题的疑问,开始在我的心中生成,并迫使我作进一步的思考。"[2] 从这里可以看出,吴先生对普通大众的关注和了解非同寻常,对中国的社会问题与民族问题也给予深切的关怀。

国民大革命之后,学术界曾对中国的现实问题展开了一系列的讨论,学者的论战也激起了青年和社会大众的普遍关心。吴泽先生在1942年出版的《中国社会简史》[3]即是其中的一个重要组成部分。此书在历史唯物主义的指导下,以文献资料与考古资料相结合的方式,通过对历史的考证,着力于阐明中国古代历史发展的特点与规律。而在编纂方法上,一改传统史书的体例,主要对中国的社会问题和经济问题进行论证和叙述。这与吴泽先生的研究方向是分不开的。吴泽是于1933年入北京中国大学经济系,专注中国社会经济史,发表有《殷代经济研究》等,写成《中国原始社会史》书稿。再者,马克思认为经济基础决定上层建筑,马克思主义史学者也非常重视经济史的研究,故而《中国社会简史》对经济史的关注较多。七十年代,吴泽先生在评述蔡东藩的《中国历代通俗演义》之时,仍然认为:"他(蔡东藩)受正史纪传体断代史史法的影响,字里行间,很少写到社会经济情况和人民群众的活动的事迹,演的尽是些帝王将相等统治阶级内部篡窃乱夺王朝递变间社

---

[1] 吴泽:《我的治学历程》,《吴泽文集》,上海:华东师范大学出版社,2002年,第一卷,第2页。
[2] 吴泽:《我的治学历程》,《吴泽文集》,上海:华东师范大学出版社,2002年,第一卷,第3页。
[3] 吴泽:《中国社会简史》,桂林:学艺出版社,1942年。

会战乱乃至宫闱秘闻之义,全是唯心史观的一套"。① 以唯物史观为指导,将社会经济状况和社会状况给予勾勒,是《中国社会简史》的亮点。同时,此书"作为青年自学读物",是用于青年读者和普通大众学习历史的入门之书,"能启发出广大青年们,来对中国社会历史作共同的研究,或以此而给青年们对中国社会的过去现在未来的客观发展规律,和对中国民族解放运动中,青年们主观上'推动中国历史前进'的努力方向和任务,有所启示,那我就感觉到无限的快慰了",②教育青年人要了解中国历史,并从中国历史中得到解决现实问题的答案,此书也正如学艺出版社所标识的,是作为"中等学校历史补充教材",用以传播历史知识和文化。

吴泽撰写《中国社会简史》的想法来源于其老师吕振羽。吴先生在北京中国大学读书时,就得到吕振羽的器重和栽培。在重庆之时,师生重逢,相谈甚欢,二人在学术上切磋商讨时,吕对吴说到:"你写一部《中国社会简史》,按社会形态写,我写一部《简明中国通史》,依朝代写,同时出版。"③很快,吕振羽的《简明中国通史》(上)在香港得到出版,而吴著《中国社会简史》在桂林出版,珠联璧合,成为中国马克思主义史学上较早的中国通史著作。当然,在当时还有很多有关马克思主义史学的中国通史著作,如范文澜《中国通史简编》,邓初民《中国社会史教程》等,都是较为著名的中国通史教材,这些都有利于传播中国历史知识,同时也有利于传播马克思主义史学。

《中国社会简史》经过修订和增补,于1947年再版改为《中国历史简编》④,原书仅仅写到春秋战国时代,新著中的内容则贯穿中国的历史,一直到抗日战争时期。此书在传播马克思主义史学和中国历史的文化方面做出了特殊的贡献。其"行文通俗易值、晓畅明白,便于广大干部、战士和民众阅读","一出现,便受到欢迎,无论在重庆还是在延安"。⑤

---

① 吴泽:《蔡东藩与〈中国历代通俗演义〉》,见蔡东藩:《中国历代通俗演义·前汉演义》卷首,上海:上海文化出版社,1979年。
② 吴泽:《中国历史简史》卷首《序》。
③ 朱发建、张林发著:《吕振羽传》,长沙:湖南师范大学出版社,1999年,第112页。
④ 吴泽:《中国历史简编》,上海:峨嵋出版社,1947年。
⑤ 中共上海市委宣传部理论处编:《党史党建论文集——纪念中国共产党成立七十周年学术讨论专辑》,上海:上海人民出版社,1992年,第401页。

在随后的一段时间内,吴泽的《中国社会简史》成为普通大众或者非历史专业学习历史的一个重要渠道,如"(1949年)6月2日,中州电信管理局由党政工代表和职工代表组织成立宣教委员会,负责指导推动全局文化、政治、业务技术学习和文娱体育活动。宣教委员会下设31个小组。政治学习主要内容为《中国社会简史》《中国近代史》《论人民民主专政》《中国共产党党章》等"。①《中国社会简史》作为青年学者和普通大众的学习教材,在社会上广泛流传着。

吴泽与通俗史学

吴泽先生关注历史的教育,也关注历史的普及与传播。随着社会生产力的发展,当普通大众在物质条件满足之后,也需要精神享受和愉悦,但普通大众几乎不可能阅读那些艰涩难懂的历史典籍,故而卷帙浩繁的历史典籍对普通大众来说是没有太多意义,也无法从中吸收到中国优秀的文化。那么,中国古代的历史文化如何传播给普通大众,是吴先生关注的问题,"如何使这些高文典册的历史知识,能广为传播到人民群众中去"。吴先生认为,"早在唐宋时代就有一些平民文学家开始注意了。"②古代的说书、讲史等,对社会的影响较大,"到了明代,说书艺人和社会上的知识分子们,常将原来分散凌乱的说书题材整理统一成话本,又在这基础上加工润饰,发展成为通俗演义形式的章回小说。明代评话、词话兴旺,章回小说流行更盛。明清间,特别到晚清,历史小说和历史演义,日盛一日。"这里指出历史演义和历史小说对传播文化的重要性,"明清以来的这些以历史题材创作的演义小说和历史演义,成为我国特有的一种民族风格演义题材,在历史知识的传播上,起着正史二十四史所不能起到的作用",同时,也将历史演义和历史小说分开来说,并不是统一的概念,他认为"罗贯中的《三国演义》和冯梦龙、蔡元放的《东周列国志》原是两种泾渭分流的有代表性的演义作品"。③《三国演义》中有太多的虚构成分,融入了很多话本、民间故事和传说等,是

---

① 逯全清主编:《郑州电信工运史》,1999年,第12页。
② 吴泽:《蔡东藩与〈中国历代通俗演义〉》。
③ 吴泽:《蔡东藩与〈中国历代通俗演义〉》。

一部文学作品,并不足以言史学,而《东周列国志》的作者冯梦龙则认为文史殊途,竭力扭转历史演义向文学作品发展,并将那些没有来历、于史无据的虚构故事逐出演义之列,如"临潼斗宝""鞭伏展雄"等。吴先生虽然是引用了《三国演义》和《东周列国志》的言语,但却表明了他对演义的认识,就是历史演义是以史实为依据而撰写的历史作品,而历史小说则是在历史背景的基础上,可以掺杂传说、民间故事和神话的文学作品,两者具有本质的区别。

吴泽先生主要论述了蔡东藩的《中国历代通俗演义》这部历史演义,对历史演义的写作方法给予翔实的论述。

首先,历史演义必须以可靠记载为基础,将那些荒诞不经的故事排除在外。吴泽首先引用了蔡东藩的言论,认为文史殊途,历史演义必须以正史为基准,并引用了蔡东藩《唐史通俗演义》的自序曰:

> 以正史为经,务求确凿,以轶闻为纬,不尚虚诬。徐懋功(勋)未作军师,李药师(靖)何来仙。罗艺叛死,乌有子孙。叔宝(秦琼)扬名,未及子女。唐玄奘取经西竺,宁惹妖魔⋯⋯则天淫秽,不闻私产生男。玉环伏诛,怎得皈真圆耦。种种谬妄琐亵之谈,辞而辟之,破世俗之迷信者在此,附史家之羽翼者亦在此。子虚乌有诸先生,谅无从窃笑于旁也。

又引用《宋史通俗演义》的序言曰:

> 宋代小说,亦不一而足,大约荒唐者多,确凿者少。龙虎争雄,并无其事;狸猫换主,尤属子虚。狄青本面涅之徒,貌何足美。庞籍非怀奸之相,毁出不经。岳氏后人,不闻朝中选帅。金邦太子,曷尝胯下丧身。种种谬谈,不胜枚举。而后世则以讹传讹,将无作有,劝善不足,导欺有余。为问先民之辑诸书者,亦何苦为此凭虚捏造,以诬古而欺今乎。

当然,还引用了其他很多材料,都在表明,历史演义要以历史事实为依据,对那些荒诞之故事坚决排除于历史演义之列,不能让读者虚实难辨,或误以为虚妄之故事为历史事实,让读者蒙受不正确的历史知识。

其次,如果需要引用稗官野史中的内容,需有旁证方可。古代典籍中的记载,很多出自于稗官野史,部分逸闻趣事的确引人入胜,有些逸闻趣事的确补充了正史中的缺憾,故而有时也可以引用,但必须有旁证方可。另外,正史中的记载也并非完全正确,有的也掺杂着编撰者的主观意见,如司马迁《史记》,就是在"整齐百家杂语"的基础上撰写的,研究证明,其中的确存在诸多与历史不符的现象。故而,当正史与杂史、野史有出入时,也要权衡利弊,不能一概而论,迷信于正史中的记载,而是要权衡事理,择善而从,还有一个方法就是"取存疑或折衷方法"。①

第三,注释要通俗易懂。吴泽先生认为,蔡东藩《中国历代通俗演义》中,虽然已经尽可能的通俗易懂,但由于古代所使用的官制、法制、地理、器物、名号乃至俚语等,对当代人来说,仍存在很多费解之处,故而需要用通俗易懂的语言给予注释。这些通俗易懂的注释"既帮助读者正确理解正文,也给读者增加不少确切的历史知识,是必要的。"②

第四,要站在马克思主义史学的立场上,进行评述历史。吴泽先生首先表扬了蔡东藩在"五四运动前后,受资产阶级民主与科学思潮的激扬,对鬼神、风水迷信以及某些封建保守思想,采取一定的批判态度",这是值得肯定的。但又认为蔡东藩作为中国半封建半殖民地社会的知识分子来说,所处的情况也比较复杂,在很多情形之下,还渗透着古代的正统思想及宗法观念等等,需加以纠正。

古代的史书,大多都是站在封建统治者的立场上进行撰写的,"历史上较为开明的封建、资产阶级文史学者,出于其阶级偏见,对历史上广大劳苦人民大众,时有同情之处,对农民起义或少数民族运动,大都站在地主资产阶级或汉族统治政权一面,颠倒是非,横加诬蔑的。"对那些污蔑农民战争之评述坚决批判,告诫读者"蔡东藩对农民革命的阶级偏见,比起一般资产阶级民主派来确是保守、落后得多",这些偏见贯穿于整套的《中国历代通俗演义》之中,因此希望读者们"应随时注意识辨"。当然还有对待民族关系、妇女观念等等,都是需要特别注意的问题,认为他们那些"全是唯心史观的一套"。对这些问题的重视,也是在

---

① 吴泽:《蔡东藩与〈中国历代通俗演义〉》。
② 吴泽:《蔡东藩与〈中国历代通俗演义〉》。

提醒当今的普及历史读物的编纂者要站在马克思主义史学的立场之上,以唯物史观为指导思想,不能重复过去的错旧观念,要跟上时代的步伐。并对后人提出了殷切的期望,"我们应该及时总结好蔡氏这份学术遗产,去其封建性的糟粕,吸取其民主性的精华,做好批判继承工作。希望在条件许可的情况下,运用马克思主义的文学理论和史学理论,为我们具有悠久历史和优秀文化的伟大祖国,早日采用广大人民所喜爱的历史演义体裁,谱写出一部具有传统民族风格的人民的中国历史通俗演义。"[①]吴先生期盼的呼声至今依然振聋发聩,久久在我们耳边回荡。

---

① 吴泽:《蔡东藩与〈中国历代通俗演义〉》。

中编 生平追踪

传 记

我的治学历程

吴 泽

我原名瑶青,笔名哲夫、胡哲夫和宋鱼,于一九一三年农历腊月初八,出生在江苏省武进县西郊的一个农村家庭。十六岁以前,我在村里的私塾读完了四书和五经,后来又在洋学堂学习算术、绘画、手工和体操。一九二九年,我考入常州中学。次年,考取大夏大学附属中学,来上海读书。当时的上海,外国的洋行、商店和教堂充斥街巷,"十里洋场"灯红酒绿,纸醉金迷……然而,在我的家乡江、浙一带,由于洋纱、洋布等"洋货"的大量倾销,农村中的桑蚕业和手工业纷纷衰落,镇上的纱号、布行纷纷倒闭,我母亲借以供养全家的纺车和织机也只好放置屋顶……目睹城乡社会、经济此情此景,我百感交集困惑难解,爱国之情,油然而生,学术救国的理想,也于兹萌芽。

一九三三年夏天,我考取了北京中国大学经济系,师事李达、吕振羽等先生,学习经济学和中外经济史。记得在大学一、二年级时,我听了李达先生的政治经济学、吕振羽先生的中国经济史。此外,黄松龄、张友渔和杜叔林等先生还为我们开设了中国土地问题与农村经济、国际问题以及社会主义思想史等课程。就在先生们的指导下,我开始走上了学术研究的道路。

我原是抱着学术救国的理想来中国大学经济系读书的,希望通过经济学的研究,能为国家的富强提供建设性的意见。然而,我一踏进大学校门,关于中国社会史的大论战就已开始了。由于社会史论战与国家的前途和民族的出路息息相关,从而很快以压倒的优势成为中国学术界的最重要议题。论战开始不久,吕振羽先生的《史前期中国社会研究》和《殷周时代的中国社会》两书就先后出版，它们是论战初期我国"新史学界"的重大创获。吕先生的这两本书原是发给我们的讲义，因此对我自有很大的影响。于是，从一九三四年起，我也由经济学的学习转而注重中国经济史和社会史的学习和研究，并先后在《劳动季报》《经济学报》和《文化批判》等报刊上，发表了《殷代经济研究》《传说中夏代经济考》《史前期中国社会的亲族制》《中国先阶级社会的崩灭》和《奴隶社会论战总批判》等论文。当时，在苏联和中国的学术界，有不少学者是把奴隶制社会作为中国古史的"空白"提出来的。在这些文章中，我认为夏代以前的传说时期是原始公社制社会，殷商是奴隶制社会，并对中国上古时期的经济生活和政治制度作了初步的分析。这些都是我探讨上古历史的最早尝试性之作。在此基础上，我还在一九三六至一九三七年间写成《中国原始社会史》书稿。可是，由于接着而来的抗日战争，这部书稿也就在战火中散佚了。

一九三七年七月，正当我从中国大学经济系毕业时，"芦沟桥事变"爆发，七月底，我匆促逃离北京，后来辗转回到故乡常州。此时，"淞沪抗战"已经发生，自上海失守后，苏州、无锡也频频告急。为了筹画抗日之策，我和几个中学同学在常州创办《抗敌导报》，倡导全民族抗战。在该报的创刊号上，我发表了《从"淞沪抗战"看中日战争的前途》一文，揭露英、美帝国主义在亚洲怂恿日本的外交本质，并纵论京、津、沪失守后的抗战形势。不久，南京沦陷，我携家避难武汉。不意武汉也跟着失守，我又辗转来到重庆，先后在复旦大学、朝阳学院和大夏大学任教，过了整整八年的离乱生活。

抗战时期，史学战线上的首要任务，是配合抗战，批判法西斯主义的侵略史观和殖民主义的"地缘政治论"，高扬中华民族优秀的文化遗产和光荣的历史传统，激发全民族的爱国主义精神。为此，我在重庆的《中华论坛》和桂林的《文化杂志》等刊物上，发表了《中国社会发展史论纲》和《中国历史是停滞倒退的吗》等论文，驳斥日本法西斯文人秋泽修二等所谓中国社会具有"亚细亚停滞性"的谬论。此外，我还发表了《中国人种起源论》和《地理环境在社会历史中的作用》等论文，力主中国人种和中国文化的"本土起源论"，对帝国主义殖民主义者散布的中国人种和文化的"西来说""东来说"和"南来说"以及"地缘政治论"等谬说，予以堵击和批判。

抗日战争时期，全国各地烽火连天，作为陪都的重庆，也时遭日寇飞机的狂轰乱炸。离乱生活，苦不堪言。然而，为了解决抗战实践中留下的有关问题，在颠沛流离的艰苦条件下，在史料严重不足的情况下，我仍然勉力笔耕，上下求索，尽心力而为之。现在将这一时期的著述情况，简介如下：

《中国原始社会史》一书，是我在原稿散佚后于复旦大学史地系授课的讲义基础上重新整理而成的，一九四三年由桂林文化供应社出版。该书依据摩尔根《古代社会》一书中的基本理论，结合中国的文献史料、考古材料以及神话、传说等，对夏、商前中国原始社会发展史作了较为系统的整理和研究。它是我研究中国古史的第一本著作。

《中国历史大系·古代史》一书，也是我在复旦大学讲授"殷周史"时所写的讲稿基础上增补而成的。此书完稿时，已接近抗战尾声，学校忙于搬迁，故无暇订稿付印。直到一九四九年，才由上海棠棣出版社出版。我撰写本书时，学术界关于中国社会史问题的论战已处于低潮，但许多问题仍然有待解决。特别是关于商代的社会性质问题，学术界一直有着截然不同的意见。我根据自己的研究认为，殷代就是奴隶制社会，并指出："古代奴隶制社会，是人类历史发展过程中必然经过的阶段；中国社会历史发展过程中，也未'空白'古代的阶段。"在此基础上，我还进一步分析了商代奴隶制社会的"亚细亚"特征，并将它与古希腊、罗马的"古典"奴隶制社会作了比较研究。

在上述两本断代史著作的基础上，我又写作了《中国历史简编》一书，一九四五年由重庆峨嵋出版社刊行。这是一部中国社会通史著作，从远古的历史一直写到一九三七年的"芦沟桥事变"。在写作该书时，我有一个基本的想法：任何一个国家、民族的历史，都是在特定时空背景下发展起来的，一部通史应该全面地反映这个国家和民族的活动空间——地理环境、民族构成和人种、文明的由来；揭示其发生、发展的规律和特点。为此，在该书中，我首先叙及中国历史上的地理环境、中国人种和文明的起源，然后将中国历史划分为"原始公社制社会""奴隶制社会""封建制社会"和"半殖民地半封建社会"四个发展阶段。当时,史学界关于中国古史分期的讨论正在展开。我根据自己的研究认为,夏代以前的传说时期为原始公社制社会,殷代是奴隶制社会,西周至鸦片战争为封建社会,鸦片战争以后是半殖民地半封建社会。在关于中国封建社会发展规律及其发展阶段的认识上,我认为中国封建社会的发展也经历了领主制和地主制,不久封建制度就已开始解体,进入资本主义社会,而中国的封建社会在经历了西周、春秋和战国时代的领主制之后,从秦汉以来便进入地主制,到明朝中后期,终于出现了资本主义的萌芽,但由于外国殖民主义的入侵,鸦片战争战败后,使中国的地主制封建社会在发展到典型形态阶段之后,没有直接进入资本主义社会。在对鸦片战争以来中国社会发展阶段和特点的认识上,我认为:鸦片战争至甲午战争,是半殖民地半封建化的开始时期;从甲午战争到辛亥革命,是半殖民地半封建社会的形成时期;从辛亥革命到国民大革命,是半殖民地半封建社会结构的深化时期;从大革命到"芦沟桥事变",是半殖民地半封建社会的崩溃时期。《中国历史简编》的撰述,是自己多年来探索科学的中国通史体系的一个总结。它不仅代表了我在抗战时期的主要研究成果,而且还是我自成一家的中国通史体系初步建立的标志,其中有关基本观点,诸如夏代以前原始社会说、殷商奴隶制社会说、西周封建社会说、中国封建社会的领主制和地主制以及中国近代社会发展的四个阶段划分等,直到今天我仍然没有多大的改变。

此外,这一时期我还撰写了《中国历史研究法》《田赋会要·田赋史》和《地理环境与社会发展》等著作。

一九四五年,抗日战争胜利后,我去贵州赤水,在大夏大学任教。次年夏天,大夏大学迁回上海,我也携家来沪。自此以后,我一直生活在上海。

早在抗日战争时期,正当全民族全力以赴反抗日本帝国的侵略时,南京汪伪政权提倡要"尊孔读经",鼓吹"礼、义、廉、耻""四维八德"的"立国之道",企图以此来动摇全民族的抗战信念。抗战胜利后,此风又一度盛行,从而成为阻挠民族、民主运动的一股暗流。针对这种思潮,从一九四六年起,我陆续在《中华论坛》和《新中华》等杂志上,发表了

《名教的叛徒李卓吾》《李卓吾浪漫主义主观主义文学论》和《李卓吾哲学思想的批判》等专题论文。后来,在这些论文的基础上,我又改写成《儒教叛徒李卓吾》一书。在这本著作中,我系统地阐述了李卓吾思想产生的社会背景,分析了他作为"王学左派之尤"的思想渊源、政治态度和历史地位,充分地肯定了他"为个性自由而毅然反礼教反道统"的精神和磅礴磊落的"特立独行",并对他的人格、思想风格及其文学理论作了分析。

这期间,我还对中国近代改良主义思想作了整理和初步研究,先后发表了《戊戌五十年祭》《戊戌政变与新旧党争》《保皇党与康梁路线》等八篇专题论文,后来改写成《康有为与梁启超》一书,由上海华夏书店出版。在该书中,我选择"戊戌变法"这一中国近代史上的断面,通过康、梁一生的曲折经历,分析了改良主义产生的社会原因,梳理其演变、发展过程,肯定其历史地位和作用,从一个侧面阐述了中国近代变幻莫测的政治思潮和历史变动。

除上述两部著作之外,这一时期我还就有关史学理论的问题,作了尝试性的探索,先后发表了《人口史观批判》《个人领袖在历史中的作用》以及有关史学方法论的文章。后来,又撰著出版了《地理环境与社会发展》一书。它与抗战时期出版的《中国历史研究法》一样,也是自己多年来探索、研究有关史学理论和历史哲学的结果。

一九四九年以后,我一直在上海华东师范大学(原大夏大学)任教。在这近四十年的岁月里于学术研究方面,我主要做了以下几个方面的工作:

开展东方学研究:早在四十年代初,当我在从事中国古史的教学和研究时,我就在考虑这样一个问题:为什么西欧在近代以后都纷纷进入资本主义社会,而亚洲的印度、中国等却一直停留在中世纪时代,以至成为殖民地和半殖民地?两者在历史发展的始点和途径上有何异同?出于这种考虑,我在自己的研究中,总是力图从中西比较的角度入手,以期揭示出中国社会历史的具体特点,厘清中国社会的基本国情。五十年代中期以来,我更是有意地把科研的重点放到东方学的研究中来。根据自己多年来的摸索,我认为,整个世界是一个有机的整体,但由于历史的、地理的诸多差异,世界又可分为东方和西方这两个既有着共同发展规律又有着各自特点的部分。大致说来,整个亚洲、北非和东欧都属于东方,中国更是东方的一个泱泱大国。因此,在研究中国史时,不能只作孤立的研究,既要把中国放在世界的总体中来考察,又要把它放在东方的框架中来比较。为此,我发表了《亚细亚生产方式问题研究》《古代东方社会的基本特点问题》《古代公社与公社所有制诸形态》《关于古史分期中的生产力性质和标准问题》等论文,并在此基础上集结成《中国通史基本理论问题论文集》一书,于一九六〇年由华东师大出版社出版。近年来,我又陆续撰写了《亚细亚生产方式理论与古代东方社会特点研究》和《建立中国式的东方学》以及《论俄国亚洲式村社土地所有制与民粹派乌托邦理想》等论文。在这些论文中,我试图阐述以下几个问题:第一,自原始社会末期以来,东、西方的社会就沿着两种不同的途径发展着,西方自原始社会后进入"古典古代",而东方则发展成"亚细亚古代"。第二,尽管东、西方社会历史发展的途径各不相同,但是殊途同归,其基本的运行法则还是一致的,"亚细亚古代"与"古典古代"同是奴隶制社会,它们分别代表了古代东西方两种不同类型的奴隶制社会形态。第三,在以希腊、罗马为代表的"古典古代",农村公社的残余彻底消除,商品经济和城市经济发达,土地私有制充分发展,建立在土地私有制基础之上的是奴隶主贵族共和国;而在东方的"亚细亚古代",农村公社长期存在,土地为公社所有,公社内部是自给自足的自然经济,商品经济和城市经济萎缩,建立在土地公社所有制基础上的是专制主义的集权国家。第四,中国自夏、商以来至春秋、战国时期,一直具有东方社会的"亚细亚特点",但是自秦代以后,土地的公社所有制和农村公社均已解体,当然也有某些残遗一直保存下来。

开展华侨华人史的研究:中华民族是一个多支脉的伟大民族,秦汉以来,尤其是近代以来分布到世界各地的广大海外华侨,也是中华民族的一个重要支脉。他们分布五大洲,足迹遍世界,显示出中华民族支脉纵横、根深叶茂的兴盛气势。他们不仅有着中华民族的血统,而且还带有中国人勤劳勇敢的天性,为当地的经济发展,为中华优秀文化的传播,为增进中国同世界各国人民的友好往来,为祖国和家乡的繁荣富强，作出了积极的贡献。然而，在我们中国学者撰写的《中国通史》和《世界通史》著作中，至今都没有华侨历史的专章。这不能不说是一大缺憾。为了填补这一空白，完善科学的中国通史体系，近年来我一直致力于华侨、华人历史的研究，开设讲座，编辑史料，培养研究人材。我还主编出版了《华侨史研究论集》一书，希望通过具体的、扎实的研究，为科学的中国通史写作，提供基础。

开展史学和通俗史学的研究：中国史学，起源很早，源远流长，千百年来，史家辈出，史著如林。一部二十四史不仅是中华"绝学"，而且还是世界文化史上的奇观。因此，总结中国的史学遗产，理应是弘扬中华传统文化的一项重要任务。为此，从五、六十年代以来，我就开始注意对中国史学史的研究。多年来，我一直选择了魏源、康有为、章太炎和王国维等近代大家，希望通过微观的研究来摸索中国史学发展的趋势和规律。其间，我撰写了《魏源的历史变易思想研究》《魏源〈海国图志〉研究》《论康有为公羊三世说历史观》《章太炎史学研究》《王国维周史研究综论》和《论王国维的唐尺研究》等论文。此外，我还主编出版了《中国史学史论集》（古代二册，近代一册）和《王国维学术研究论集》（三册）等书。

为了突破原有的中国史学史研究状况，从五十年代以来，我就开始研究以冯梦龙、蔡东藩等人为代表的"演义体"通俗史学。我认为，以冯梦龙、蔡东藩为代表的演义作家，都是史学家，他们强调的"以正史为经，务求确凿"的原则，与《三国演义》的"三分真实，七分虚构"应有天壤之别。因此，演义体应是继编年体、纪传体和纪事本末体之后的又一种史学编撰体例。近年来，我还在《文汇报》《文艺新书》和《蔡东藩学术纪念文集》等书刊中，发表了《蔡东藩与〈历代通俗演义〉》《蔡东藩〈元史演义〉的史料和史料学》等论文，充分肯定通俗史学在中国史学史中的地位和作用，分析其渊源流变，总结其学术成就。目前，我正在组织力量，准备按照自己的中国通史体系，运用演义体的形式，重新撰写《中国通史演义》，将史学之真与文学之美统一起来，把中国通史知识科学地、生动形象地介绍给广大的海内外读者。

如今，我已年逾古稀，但是作为在史学界工作了五十多年的一介书生,我理当为弘扬中华学术、保存史籍贡献余热。最近,应出版社之约,我正在整理《东方社会形态史论》一书,估计年底可以出版。我主编的《中国近代史学史》(上、下册)也即将问世。在这之后,我将修订旧作《中国原始社会史》和《中国历史大系·古代史》等书,并整理自己的《古代中世纪史论》《中国政权、族权和神权史论》以及《中国学术思想和史学史论集》等著作。在此基础上,我将融合自己五十年来的探索所得,陆续写出多卷本的《中国通史》和《中国史学史》。如天假时年,得遂此念,则吾愿足矣。

俗云:知世不易,知人亦难,知己则更是难乎其难。以上所记,恐多自以为是之论。好在学术为天下之公器,切盼海内外师友教正。

原载《国文天地》第 57 期,1990 年 2 月 1 日

《中国近现代史学史》编写工作汇报和今后工作计划

中国近现代史学史编写组

一、编写工作情况

我们先后接受教育部交下的《中国近代史学史》《中国现代史学流派》和《中国近代史学史参考资料》任务以来,工作进展情况大体分为如下几个阶段。

第一年(1961.7—1962.8)。开头几个月,原定写到中华人民共和国成立,编写组因这部分困难较多,因此,曾至北京、杭州、苏州作了一些调查访问,搜集资料,以探索中国现代史学史诸流派的源流、人物著作、学术体系、作用等等,把工作全面铺开。62年2月后,指示决定写到"五四"为止,于是集中全力编写中国近代史学史和参考资料。这一年,由于人力集中,并发挥了集体作用,工作进度较快。完成了中国近现代史学史上主要代表人物和学派的著作年表,约8万字;完成了魏源、康有为、夏曾佑、王国维、陈垣、西北历史地理、明史研究、古史辨派、社会性质和社会史论战等资料长编和秋泽修二法西斯史学的资料编译,以及完成魏源、康有为、徐鼒等等专论。基本上探索出了各家各学派史学的中心论旨及其学术体系。同时,编订了中国近代史学史大纲(四修),总共70万字左右。此外,吴泽同志还开讲《中国史学史专题讲座》课,编了约15万字的讲义和参考资料。这些工作,为中国近代史学史编写和开展科学研究打下了科学基础。

第二年(1962.8—63.9)。吴泽同志和其他两位中年力量(袁英光、刘寅生)被调去搞《辞海》编审工作;张若玫、林正根、林绍明等先后抽出担任教学工作。因此工作进展颇为缓慢。只完成黄遵宪、崔适、世界史和革命史研究等资料长编;开展中国近代史学史任务、对象和分期的研究,写出了初稿。共20万字左右。

近半年来(1963.9—现在)。63年9月,《辞海》编审工作告一段落。我们于10—11两月集中突击了《中国近代史学史参考资料》工作,完成了选目和节录、小传、提要工作。计38万字,完成了《参考资料》编辑的基本选辑工作。其注释、校审工作尚待继续进行。上学期,吴泽同志担任五年级的"中国思想史"新课的教学工作,至11月,又去北京开会;袁英光、刘寅生等先后从事四年级通史补课和历史文选辅导工作。本学期,本来领导上决定吴泽同志等脱产搞史学史编写工作,但吴泽同志现在撰写反修文章,袁、刘、黄丽镛等从事教学工作,桂遵义患肝病已半年多未从事工作。因此,近半年来史学史的编写工作全部陷于停顿状态。由于编写人员的逐步缩减和工作时间得不到保证,特别是吴泽同志在近两年中搞了一年《辞海》工作,开了两学期两门新课,最近又在写反修文章,致使工作不能按计划完成任务,一再拖延了完稿日期。

二、编写工作的具体做法

中国近现代史学史过去毫无基础,没有一本著作乃至小册子或一篇文章(不论是资产阶级的或马克思主义的)可供参考,一切有关编写工作,都得从头做起,亲自"入山砍木",困难确是较多的。我们设想:要编好这本教材,必须从原始材料下手,搜集整理第一手资料和全面占有资料,切实下功夫干,再进行科学的理论分析,才能正确地反映中国近现代史学发展的真实面貌,探索出它的特点和发展规律来。不做好材料长编和专论工作把各家各派及其历史著作作出总结、评价的基本功夫,浮光掠影地"编写"教材,教材的每句每字不可能是科学的,是落实不了的,也是要走弯路的。本着这个精神,我们编写工作的具体做法是:第一步,摸清主要著作的各种版本和一般史学资料存在情况,广泛搜集资料,全面编出各家各派史学著作年表;第二步,编写资料长篇,对有关资料进行辨伪、校勘、考异工作;第三步,在长篇基础上探索各家各派史学思想、史学成就,结合主要史学著作作出专论,予以总结、评价;第四步,在大量具体的长篇、专论的基础上,根据大纲的内容和章节顺序,扣紧马克思列宁主义理论原则、史学史的任务和对象以及和教学有关的各项方针政策,进行高度的概括,简要地编写出教科书来。这四个步骤是有机联系的。第一、二、三步,在整个编写过程中,要占十分之八以上的时间。我们认为,在当前中国近现代史学史的水平和条件下,不耐心、细微、艰苦地做好这部分工作,就不能打下科学基础,将既不利于教材本身,也不利于对青年同志"学风"的培养。这样做了,在编写长篇、专论阶段,固虽用力较大,费时较多,但其后编写教材时,能够处处有根据,字字句句都心中有数,落笔反而快了。

三、现在存在的问题

(1) 人力问题。目前编写工作停顿的主要原因,是编写人员没有时间从事编写工作。吴泽同志反修文章还有一段时间才能结束;袁、刘、黄等这学期教课,下学期也排了教学任务。这个具体问题不解决,编写工作根本没有人力和时间去进行。最近,我们已向系行政反映了这一实际问题,要求在人力上得到安排。期校方促成这个问题的解决。

(2) 图书资料和编写办公室问题。关于图书资料问题,我们研究一些问题往往需要较长时间,这与图书馆借书期限制度存在一些矛盾;影响最大的是馆藏善本和特藏书记(如愚斋藏书)碍于馆章不能出借。关于工作场所,过去我们在教研室工作,教研室经常开会,日常往来人又多,影响工作效率及质量。我们曾多次向有关同志提出过这个问题,但迄今未得到适当解决。

(3) 调查研究的经费问题。根据我们这项工作的特点,调查研究相当重要,很多问题不调查研究就无法解决或是不能作出正确的处理。但有时往往因经费问题使得工作不能进展。我们应本着增产节约、不浪费国家资财的精神工作,但必要的调查研究经费,希予适当的解决。

四、今后工作计划

如果上述问题(特别是人力问题)得到一定程度的解决,我们打算于7月底集中起来编写。力争在一年内完成《中国近代史学史》教科书和《中国近代史学史参考资料》编写任务。《中国现代史学流派》定于明年暑假开始工作,一年完成。

执行计划如下:

(1) 7月至今年12月,集中力量补完梁启超、严复、章太炎、元史学等资料长编;做好《圣武记》《元史新编》《蒙兀儿史记》《历史研究法》等二十余种主要史学代表著作的总结、评价工作。

(2) 65.1月至4月底,在资料长编和专论基础上,完成教科书初稿。5月份印出,送请领导、有关院校和有关专家征求意见。6—7两月,一面修改教科书初稿,一面完成《中国近代史学史参考资料》完稿工作,交有关方面审查及征求意见。

(3) 65年9月以后,着手《中国现代史学流派》编写工作。计划一年左右完稿。

袁、刘、桂、黄、吴
中国近现代史学史编写组
吴泽　1964年5月28日

(编者注:本材料为上海市档案馆藏,档案编号:B243-2-480)

历史学者吴泽

朱成剑

吴泽先生是江苏武进人,今年还只三十余岁,可是只看过他的作品而没有见过他的人,没有一个不认为吴先生是一位"垂垂老矣"的学者,这成见的产生是并不奇怪的,但是要研究这成见产生的本源,我们就不能不远溯到十年以前吴先生在中国大学求学的时代。

吴先生在中国大学读的本来是经济系,可是吴先生认为如果要把经济学搞得好,非得把这一时代的社会制度搞清楚不可,而要把这一社会的社会政治学搞好,又非得运用前进哲学方法不可,于是他觉得这三位是浑然一体的,如果残缺了其中的一部,必然的对于其他部门不会正确地把握住问题的核心。接着他又感到如果单研究了这一社会的政治、经济、哲学,试问这时代的政治、经济、哲学究系从何处来的? 世界上决无无源之水,无本之木,而政治、经济、哲学也一定有它们的来路和去向的,所以要明了政治、经济、哲学的纵的发展,又不得不从它们的历史根源上去探究不可。这样把吴先生要研究的范围更扩大了一层,而且把他的兴趣也真正引到了史学的研究。又由于当时客观环境的不允许正确地研究近代史,和当时一班史学家对于中国古代史研究的忽略,于是吴先生决心以少年的精神,对于这空白的历史找出适当的材料来填充。在大学二三年级的时候,他就已着手对古代史的研究工作,而且把他研究的心得在报章杂志上发表,当时就引起广东大学当局的注意,以为他是一位老学生,想聘请他到南方去执教,可是吴先生因为还没有修毕大学的学程而去信婉言辞却了。从这一点来看,我们认为吴先生已是一位老学者的成见,可说是并不今日始,而且所以产生这成见的原由，完全是因为他研究古代史的关系也是很显而之易见的。

但是就如上面的动机，还不能叫我们吴先生对于古代史真正能深入的研究，而使他更醉心于这一时代的历史研究却又不能不归功于战前史学界的论争。

在战前，顾颉刚等这一派纯反封建实验主义的史学者把一切上古的世代完全否定了，而且单是钻研在名字的论断上陷入了形式主义的深穽，一口认定春秋战国时代以前的历史是虚无的，在他们看来，好像中国的历史就从春秋战国时代开始一样。第二派认定殷代并不是奴隶社会，而且在中国的各个历史阶段上根本就找不出奴隶制社会的存在。但是吴先生同另外几位史学工作者从社会发展史和历史科学研究的观点上，认为社会制度的跳越是不可能存在的，于是就拼命地致力在古代史奴隶社会存在问题的研究上，并且也从甲骨文的研究着手。吴先生等更把世界史和中国史作比较的研究，以探讨其一般性，又从中国史本身所具有的种种固有的独特之点，以指出其特殊性，因此他们把中国周代以前的历史划分为如次的连续发展的阶段：

一、传说中之"尧舜禹"的时代，为中国女性中心的氏族社会时代；

二、传说中之"启"的时代，为中国史由女系本位转入男系本位的时代；

三、殷代为中国史的奴隶制社会的时代；

这可说中国史学界一个辉煌的研究的业迹，而吴先生是首先给这业迹拥护的一员。

现在我想再回复到吴先生在教育界的历史，前面已经说过吴先生在大学求学的时代，已经有人请他做大学教授了，一等他大学毕业的时候，他对历史的研究已奠下了浓厚的基础，接下就在朝阳大学担任教授，抗战胜利前四年转在复旦大学任史学教授，一面在中山文化教育馆担任编纂事务。（一）

在复旦大学，学校当局不放心他讲中国近代史，所以他在那边讲的是中国古代史和史学的研究方法，而让另一位研究国学的老先生讲解近代史，这样的颠倒的放置，无疑间的简直是给这不合理的时代一个有力的讽刺。

在复旦大学教书的一段时间,以当时讲堂上的讲义印行了《中国历史研究法》(峨嵋社版)《中国社会简史》(学艺社版)《中国原始社会史》(文化供应社)和《中国历史简编》(峨嵋社印)等四部巨著,而尤其是《中国历史简编》已成为目前一般大学里的普遍课本或参考书,这部书的长处,它是把中国历史以社会发展史的阶段而划分,而且在纵的方面对于各社会制度所采取的材料相衡,在横的方面又把各阶段社会上的经济、政治、学术思想也不偏废的平均论及,这的确是一部把历史阶段构成完整体系,把各阶段的政治、经济、学术思想间的相互作用,不主观,不机械,综合各种史观来解释的完善读本。还有《历史哲学论》(第一集人物历史作用论,第二集大史观批判论),这是他发表在《中华论坛》、中山文化教育馆会刊上的论文的集子。《中国田赋史》,这是他在中国经济研究社会事的一著作。

在论争中国古代社会性质(特别是殷代)的时候,吴先生对于这一方面的材料,收集得非常丰富,而这些材料使吴先生写了长达四十万言的《殷代古代奴隶制社会》,而这一部《殷代古代奴隶制社会》吴先生决心计划把它收在将要出版,而足与翦伯赞先生的《中国史纲》媲美的"中国历史大系",这部伟大的著作拟分四卷,十分册,已写成的第一卷二分册,第一分册是中国人种起源与民族分布,第二分册是史前原始公社制社会,第二卷一巨册是殷代古代奴隶制社会,第三卷三分册是讲中世封建制社会,第一分册从西周到战国—初期封建制社会,第二分册从秦汉到唐—中期封建制社会,第三分册从宋到鸦片战争—末期封建制社会。未写成的第四卷从鸦片战争到现代是讲半封建半殖民地的历史,其中又有四分册,第一分册从鸦片战争到中日战争—半封建半殖民地化时期,第二分册从中日战争到辛丑条约—半封建半殖民地形成时期,第三分册从辛丑条约到国民革命—半封建半殖民地深化时期,第四分册从一九二九年经济危机到"七七"抗日民族解放战争—半封建半殖民地最后阶段。全书长达二百万言左右。

现在吴先生在大夏大学担任中国通史、春秋战国史、中国近代史等科目,而他的"中国史大系"中的第四卷预备就乘讲解中国近代史一课这个机会中把它完成,预料他此书写成前后可带着十个年头,十个年头已不是个短暂的时间,好! 就十个年头让它能顺利的产生吧! 但愿不要受种种的限制,像翦伯赞先生的《中国史纲》是把它幽禁在木箱中。

最后我想对于吴先生研究历史的态度和方法作一简明的介绍:吴先生是一个历史唯物论者,他是真正的能运用辩证法的历史学者,他研究历史非但要从帝王的文物典章中着手,而且更要从野史小说等足以反映当时社会人民生活的一切著作中探究,他不承认中国的历史会跟哪一国、哪一洲走,因为中国的社会有中国历史的自己条件,它是自成体系的,但不否认世界社会史发展的一般规律。对于古代史的研究,他在《殷代古代奴隶制社会》里自己曾经写过这么句话,现在把它抄下,作为我本文的结束:

"从地下出土宝物上着手,作科学的考察,然后深入到问题的正面,作具体而踏实的说明。"

分两次原连载于1947年6月5日、7日《时代日报》第3版

吴泽传略

王 东

吴泽教授,笔名哲夫、胡哲夫和宋鱼,江苏省武进县人。现任国务院学位委员会学科评议组成员、上海市华侨历史学会名誉会长、中国社会科学院《中国历史大辞典》总编、华东师范大学历史学系名誉主任、中国史学研究所名誉所长、中国古代史和史学史双博导师、一级教授。自从本世纪三十年代以来,先生一直致力于中国历史的研究,努力把马克思主义唯物史观与中国历史的具体实际结合起来,提倡历史为现实服务的"经世"学风,并在马克思主义史学理论、中国通史和中国史学史等学术领域,进行了辛勤的探索,取得了重大的成就。

一、苦难身世 农家少年

先生于1913年农历腊月初八日出生在一个农村家庭。尊祖父是泥水匠兼包身工,后来积攒些钱财,在农村买了些土地。到祖父一代,吴家便成为工商兼营的小地主。祖父在少年时代进过私塾,颇通文墨,后来执意参加科举,因家庭横加反对,遂愤而自杀。父亲,是吴家的领养子,因为庶出,所以在祖父去世后,只分得很小的一块地和一栋简陋的房子。不久,父亲也因病去世。从此,先生便在祖母和母亲的扶养下,艰难地蹉跎着人生的童年岁月。

先生七岁那年,被母亲送到族里的私塾读书。当时,在私塾读书的,大多是富家弟子。先生幼年丧父,家境贫寒,所以屡受族里富家子弟的欺凌。从而,在他幼小的心灵里,就已埋下求上进、争平等的思想种子。先生前后读了三年,所学的内容不外乎"子曰""诗云"一类。这对少年时代的他,自然不甚明瞭,但对他后来研究中国历史,却有很大的帮助。

也就在先生就读于私塾时,新式学堂开始在他的家乡普及起来。十三岁那年,转入新式学堂上小学,开始接触到新知识。由于家境原因,直到十六岁,才走出小学校门,升入中学。

先生自幼聪颖过人,早在少年时代,就有着多方面的兴趣。中学时,又迷上绘画、书法、诗文、新式小说和木刻等,并在有关报刊上发表习作多篇(首)。这些兴趣,一直延续到大学时代,有的甚至保持到今天。1930年,考上大夏大学预科,到上海读书。1931年,日本帝国主义悍然发动"九·一八"事变,民族危机迫在眉睫。然而,国民党政府在"攘外必先安内"的幌子下,拒不抗日,致使东北的大片河山,沦陷敌手。为此,全国学生纷纷去南京向当局政府请愿,要求当局抗日。先生也参加了上海学生赴南京请愿的队伍,他把一个农村青年追求进步、渴望光明的朴素的个人理想与国家的前途和民族的出路初步地联系起来。为他后来追求真理,接受马列主义,并最终走上革命的道路,奠定了基础。

二、探索真理 钻研马列

在上海读书期间,先生开始接触了有关中国马克思主义者的著作。特别是李达的《中国产业革命概观》一书,更令他心痴神迷。书中对中国近代经济发展趋势的分析,对农民和手工业者破产原因的解说,对中国未来前途的探索,深深地打动了他这个急于找寻出路的年轻人的心。在中学好友朱穆之的帮助下,先生终于认识了该书的作者——李达,并于1933年夏考取了李达所在的中国大学经济学系。三十年代的中国大学,虽然笼罩在白色恐怖之下,但却是中国共产党地下组织活动的重要地点之一。李达、吕振羽、黄松龄、曹靖华、张友渔等一大批"红色教授"都执教于此。当时,李达是经济学系主任,吕振羽也在经济学系任职。他们都以马克思主义理论为指导,开展中国经济史的教学和研究。在他们的影响、关心和帮助下,先生系统地研读了有关马列主义的经典著作,开始走上了学术研究的道路。

先生就读于中国大学之日,正是中国学术界围绕着国家往何处去的问题,先后展开了关于中国社会性质、中国社会史和农村社会性质的激烈论战之时。李达、吕振羽都是这几次大论战中马克思主义理论战线的杰出代表。在他们的引导下,先生从 1934 年起,开始悉心研究中国社会史,以期为解决中国的现实问题提供答案。1935 年,他先后在《劳动季报》等刊物上发表了《殷代经济研究》和《传说中夏代之经济考》等多篇学术论文。这些文章都力图以马克思主义的唯物史观为指导,对中国上古的历史,进行分析和研究。它们都是社会史论战时期,进步史学战线上的珍贵文献。

1935 年 6 月,国民党亲日分子何应钦与日本华北驻屯军司令官梅津美治郎签订了丧权辱国的《何梅协定》,不久又签订了《秦土协定》,致使河北、察哈尔的主权,沦于敌手。北京大中小学校学生在中国共产党的领导下,掀起了震惊中外的"一二·九"学生爱国运动,要求"停止内战,一致对外"。先生作为中国大学游行队伍的旗手,积极组织并亲自参加了这场活动,再一次经受了革命风雨的真正考验。1936 年,先生与杨易辰、彭天奇、张象贤、孙湘等同学一起,参加了中国大学地下党外围组织——"民族先锋队"。

在学术方面,这一时期他先后发表了《奴隶制社会论战总批判》《中国先阶级社会的崩灭》等十几篇论文,集中批判社会史论战中"新生命派"和"取消派"的中国奴隶制社会"空白"论,进一步阐述并发展了由吕振羽首创的"殷商奴隶制社会"论。在此基础上,又写成了《中国先阶级社会史》,对中国的原始社会史进行系统的研究。吕振羽在《世界文化》(1937 年第 1 卷第 9 期)上发表的《〈中国先阶级社会史〉序》一文,就是对这部书稿的推荐。遗憾的是,这部书稿在后来日寇的侵华战火中佚失了。

三、配合抗战　辛勤笔耕

1937 年 7 月,先生从中国大学毕业。此时,"芦沟桥事变"已经发生,华北形势十分吃紧。7月底,先生逃难天津,再几经周折,回到老家常州。在家乡和几个同学创办《抗敌导报》。在创刊号上,他以哲夫的笔名,发表了《从淞沪抗战看中日战争的前途》一文,由于文章触犯了当局,遭到宪兵司令部的通缉和逮捕。后在亲友的多方营救下,才得以出狱。出狱后,又在吴冷西为社长、朱穆之为主编的南京《金陵日报》上,发表《庭讯》一文,披露他在狱中的生活片断和揭露当局专制独裁政治。不久,南京沦陷,携家逃难至武汉,再辗转重庆,在朝阳大学和复旦大学任教。

抗战时期的重庆,是当时的临时首都。这时已实现第二次国共合作,郭沫若、吕振羽、翦伯赞、侯外庐等一大批马克思主义史学家,此时都活跃在重庆。当时,文化学术界的首要任务,是配合抗战,批判法西斯主义的侵略史观,宣传爱国主义的民族精神,建设新型的民族文化。先生相继发表了《中国历史是停滞倒退的吗?》《中国人种起源论》等多篇文章。这些文章有力地堵击了日本法西斯文人秋泽修二等对中国历史的歪曲,批判了东西方殖民主义者所谓中国人种"西来说""南来说"和"东来说"等奇谈怪论,从而高扬了中华民族的优良传统和民族文化。

重庆时期,是先生在学术上最为活跃、最为多产的时期之一。短短的几年内,他在繁忙的社会活动之余,在生活艰难、资料严重不足等困难条件下,"为了把握国内外新形势新现实的发展方向",为了解决"当前中国往哪里去"的问题先后撰著和出版了《中国历史研究法》《中国原始社会史》《田赋会要田赋史》《中国社会简史》《中国历史简编》和《中国历史大系·古代史》等6部专著。在繁重的写作工作压力下,先生的身体被拖垮了。这期间,曾几次大出血,并染有严重的结核病。因此,这些著作都是他青春热血和辛劳汗水的结晶。

《中国原始社会史》,是他在大学时代书稿佚失后重新编著而成的,1943年由桂林文化供应社出版。书中依据恩格斯《家庭、私有制和国家起源》一书中的基本理论,对中国原始社会史进行了系统的探索和研究。它是自吕振羽《史前期中国社会研究》之后,我国马克思主义史学界研究中国原始社会史的又一部力作。

《中国社会简史》和《中国历史简编》是先生这一时期研究中国通史

的代表著作。前者于1942年由桂林学艺出版社出版,后者于1945年由重庆峨嵋出版社刊行。在这两部著作中,先生本着解决"中国社会历史发展规律问题和抗战实践过程中,主观努力的方向与任务问题"的目的,对中国上古以来的历史,进行了系统的研究。作为首批问世的二部马克思主义中国通史著作,具有如下特点:首先,打破了传统史学的王朝史观,严格地按照马克思主义的社会经济形态学说,来揭示中国历史发展的规律和特点,依次把中国历史划分为原始社会、奴隶制社会、封建社会和近代半殖民地半封建社会几个前后相继的发展阶段。在《中国历史简编》中,作者从上古一直写到"芦沟桥事变"。这在当时的中国通史著作中,还是绝无仅有的。其次,一改传统史学的英雄史观,力求从生产力与生产关系的矛盾运动中揭示中国历史发展的根本动力,恢复人民群众创造历史的本来面目。再次,都力图把经济、政治和文化融为一体,在注重生产力这一历史发展终极原因之外,还注意揭示历史发展的多层次性以及经济、政治和文化等多重因素的交互作用。这两部著作标志着先生自成一家的中国通史体系的初步形成。与吕振羽的《简明中国通史》、范文澜的《中国通史简编》、邓初民的《中国社会史教程》等一样,都是我国马克思主义中国通史体系形成阶段中重要的代表性著作。

《中国历史大系·古代史》,也是先生在重庆时期写成的。由于当时已接近抗战尾声,学校忙于搬迁,故未能立即刊行,直到1949年9月,才由上海棠棣出版社正式出版。它是一部系统地研究殷商断代史的专著,所以副标题又叫《殷代奴隶制社会史》。在著作中,全面地回顾了中国社会史论战的历程,总结了马克思主义史学界在论战中的积极成果,并用大量的文献材料、考古实物以及甲骨文资料,论证了商代的社会性质,进一步确认商代是奴隶制社会。全书对商代奴隶制的产生和发展,社会经济、政权形态、阶级关系、社会习俗、宗教文化等各个层面,进行了具体的、详尽的论述。该书不论是在材料的运用方面,还是在具体结论和理论体系方面,都代表着中国马克思主义史学在形成和发展时期的崭新成果。

此外,这一时期先生还撰写了《中国历史研究法》一书,于1942年由重庆峨嵋出版社出版。该书与先生这一时期发表的《地理环境在社会历史中的作用》《个人领袖英雄的历史作用》等论文一起,成为这一时期中国马克思主义史学理论和方法论方面的重要著作。

四、坚守理论阵地　迎接祖国解放

抗战胜利前夕,许多知识分子对何去何从问题,左右不定,飘来荡去。一些人鉴于抗战后期国民党当局掀起的一次又一次反共高潮,预感抗战结束之日就是内战爆发之时,故而纷纷移居海外;还有一部分人,甚至对国民党政府抱有幻想,希图参加国民党以升官发财。为此,先生在《中华论坛》上发表《刘伯温论元末》一文。文章运用刘基《郁离子》中的有关寓言,暗喻国民党政府行将风雨飘摇,告诫有志之士,应向元末的刘基那样,弃暗投明。不要对国民党抱有任何幻想,应该加入中国共产党的队伍,完成民主主义革命的重任。文章在重庆的知识界,引起了很大的影响。

抗战胜利后,先生携家至贵州赤水,在大夏大学任教。1946年夏,大夏大学搬回上海,先生随校迁至上海。当时,解放战争已经爆发,上海笼罩在白色恐怖之中。先生所在的大夏大学,国民党特务活动也十分猖獗。由于先生早以唯物史观研治中国史而著名,从而屡遭特务盯梢、抄家甚至通缉、列入黑名单等迫害。

1946年10月24日,先生光荣地加入了中国共产党。从此,他以一个秘密的地下党员身份,坚守理论阵地,为迎接上海的解放而紧张地工作。

当时,在国民党统治区,尊孔读经的逆流,一浪高过一浪,加之"唯识论""新理学"的影响也未彻底根绝,这些都成为民族民主主义革命思想的严重障碍。因此,彻底地抨击封建专制主义,宣传民主主义革命理论,成为这一时期进步文化界的一个重要课题。故而,先生于1946年在《中华论坛》等杂志上,一连发表了《名教的叛徒李卓吾》等战斗性论文。后来,这些文章都集结在《儒教叛徒李卓吾》这一著名的著作中。在这些论文中,借李贽之口,对以孔孟为核心的封建思想,进行深入、彻底的批判,痛揭当局"号召尊孔读经,施行封建的专制独断,来堵绝民族民主革命思想"的反动本质。该书在当时的国民党统治区,起有震耳发聩的作用,直到六、七十年代,海内外都还不断有该书的新版问世。

1947至1948年间,中国人民解放军已由战略防御转入战略进攻阶段,蒋家王朝岌岌可危。在这种情况下,一部分民族资产阶级的政治代表,幻想走"第三条道路",鼓吹所谓"新维新",主张建立"联合政府",以"避免在中国出现一个以共产党为中心的政权"。为此,先生以宋鱼的笔名,撰写了《论自由主义》这一政论性著作。此外,还在《中国建设》等刊物上,接连发表了《戊戌政变与新旧党争》《保皇党与康梁路线》等论文。在此基础上,集结成《康有为与梁启超》一书,于1948年由上海华夏书店出版。作者以史鉴今,通过戊戌维新失败的惨痛教训,昭示在中国资产阶级改良主义的"维新""变法"万难行通,只有通过社会革命,才能完成民族民主主义的革命任务。他大声疾呼:"康梁败于前,清廷崩于后,前车可鉴也!时异境迁,远非昔比,人民已经起来,民主自由,已成时代主流。历史洪涛,革命形势,不可抗拒。人民时代,民主世纪,哪里还容孤臣孽子们侈谈'维新'、'变法',玩弄'拥光绪'、'保大清'的一套?"

1949年春,人民解放军渡江南下,上海已处于解放的前夜。这时,先生接受党的嘱托,积极筹划接管大夏大学的工作。不久,先生与全市人民一起,终于迎来了上海的解放。

五、教书育人　再展宏图

全国解放后,先生担任大夏大学校务委员会委员、文学院院长。1951年,经过全国高等院校的调整,大夏大学改名为华东师范大学,先生担任历史学系主任。1954年,先生接受国家教育部的委托,招收新中国第一批中国史专业的研究生,前后三届,共有30多名。新中国成立后,先生的治学道路也随之转舵,开始把全部精力转移到社会主义文化建设事业上来。五十年代中期,结合研究生的教学工作,把科研重点放到马克思主义的东方学理论和古代东方史的研究上来。先后发表了《亚细亚生产方式问题研究》《古代东方社会的基本特点问题》《关于奴隶制社会形成的年代、始点、途径及标志问题》等论文,于1960年集结成《中国通史基本理论问题论文集》一书。这些论著初步地表述了他的东方学理论体系。

六十年代前后,郭沫若和翦伯赞等在北京发起了对曹操的重新评价的讨论。当时,适逢上海越剧界正准备上演《则天皇帝》一剧。在观看了该剧的预演之后,先生发表了《从〈则天皇帝〉论武则天的评价问题》一文,提出要以阶级分析和历史主义相结合的方法,重新评价武则天的历史作用。从此,史学界围绕着曹操和武则天的评价问题,先生又在《文汇报》《光明日报》等报刊上发表《评价历史人物的几个理论问题》《关于曹操的历史作用问题》以及《论武则天在历史上的地位和作用》等论文。这些论文后来都分别被收入由三联书店出版的《曹操论集》和华东师范大学出版社出版的《历史人物论集》二书中。

六、老骥伏枥　志在千里

1966年开始了"文化大革命",这年8月,先生被诬为华东师范大学第一个"反动学术权威""三反分子",被揪出批斗,使先生的身心遭受到严重的摧残,造成多次胃出血,并住进医院。然而,作为一个终身研究国家兴亡之道、治乱之理的著名学者,尽管在"造反派"拳打脚踢的淫威面前,依然豁达乐观,保持着一个探索真理的人的从容与大度。坚信"四人帮"及其爪牙的倒行逆施,最终必将受到人民的公审和历史的惩处。

1976年10月,"四人帮"反革命集团终于被粉碎了。先生蒙受了10年之久的不白之冤也终于得到了彻底的平反。"文革"结束后,先生历任华东师范大学历史系主任、中国史学研究所所长、国务院学位委员会学科评议组成员、上海华侨历史学会会长等职。八十年代初,先生被国务院学位委员会授权为中国古代史和中国史学史双博导师。同时,还受国家教委的委托,与南京大学韩儒林教授组织制定中国古代史专业硕士研究生培养方案。几年来,他指导、培养了五届近20名先秦史、魏晋南北朝史、隋唐史和中国史学史等专业的博士研究生。

党的十一届三中全会以来,随着社会主义现代化建设事业的广泛开展,历史学科也面临着一系列崭新的课题。先生不顾年高体弱,在繁重的教学之余,依然笔耕不已。近年来,先生在学术方面的研究工作,主要围绕着以下几个问题:

其一,关于马克思主义的东方学研究。从八十年代初开始,先生继续从事因"文革"劫难而被迫中断的马克思主义东方学理论的研究工作。几年来。陆续发表了《马克思论古代土地所有制诸形式及其发展规律》《亚细亚生产方式理论与古代东方社会特点研究》等多篇论文。在总结自己多年来研究马克思主义东方学理论的成果基础上,已撰写完《东方社会经济形态史论》一书,不久将由上海人民出版社出版问世。这将是我国第一部马克思主义东方学专著。

其二,关于华侨史和客家学的研究。先生认为,中国是一个多民族的国家,新出版的几部通史著作,都没有各民族人民共同创造中国历史的篇章,都没有华侨史的专门章节,这不能不说是一大缺憾。为了填补这一重大空白,从八十年代初开始,先生多次呼吁史学界要重视开展华侨史的研究,并在华东师范大学中国史学研究所增设华侨史研究室,推动华侨史的研究。由他主编的《华侨史论文集》,是新中国第一部华侨史专题论文集。

与华侨史密切关联的,还有客家学。客家人是汉民族的一支重要民系,然而,建国以来,我国的客家学研究长期处于停滞状态。为了填补这一学术空白,近年来,先生多次奔走于闽、粤、赣等客家地区,呼吁学术界关心客家问题研究。在华东师范大学中国史学研究所设立的客家学研究室,是我国大陆学术界首家客家人研究机构。由他主编的《客家人与客家史研究》杂志,是我国第一份客家学专刊。目前,华东师范大学还正式成立了客家学研究中心,先生亲任主任。由他主编的《客家学研究》创刊号,已由上海人民出版社出版。此外,多卷本"客家学丛书"也正在编写、出版中。

其三,关于中国史学史和通俗史学的研究。早在六十年代,先生就接受中宣部文科教材办公室的委托,准备编写一部《中国近代史学史》专著。还先后发表了《魏源的历史变易思想研究》《魏源〈海国图志〉研究》《论康有为公羊三世说历史观》等多篇论文。不久,"文革"全面爆发,工作中断。"文革"结束后,先生再次把这一研究工作提上日程。从七十年代末到八十年代初,先后主编出版了《中国史学史论集》和《中国近代史学史论集》等书,一九八九年,由他主编的《中国近代史学史》上、下册,已由江苏古籍出版社正式出版。它是我国第一部近代史学史专著。

在研究中国史学史的过程中,先生十分注重于对中国古代史学中一些优良传统的继承、总结和发扬。特别是对通俗史学,更是倾注了大量的心血。他认为:一部优秀的史学著作,应该是史学之真与文学之美的统一,是科学性和艺术性的统一。为此,选择了蔡东藩《中国历代通俗演义》为突破口,力图通过对以往通俗史学成功经验的总结,来为我们的史学编撰服务。近年来,先生在《文汇报》《文艺新书》等报刊上,发表了《蔡东藩与〈历代通俗演义〉》《蔡东藩〈元史演义〉的史料和史料学》等论文,目前,正在组织力量,准备依照马克主义的社会经济形态学说,重新修撰《中国通史演义》,把历史知识科学地、生动地传播给广大人民群众。

如今,先生虽已年近八旬,但依然精神焕发,壮心不已,决心为发展和繁荣祖国的历史科学贡献余热。据悉,目前正在着手修订旧著《中国原始社会史》和《中国历史大系·古代史》等著作。在此基础上,他将陆续推出多卷本的《中国通史》和《中国史学史》,以遂他多年来的心愿。

原载《晋阳学刊》1991 年第 2 期

恩师吴泽：通古晓今的史学大家

王立民

吴泽教授(1913.1.14—2005.8.6)是我的博士研究生导师。恩师百年诞辰即将来临之际，我更加深切怀念他。晚年时，他曾用"通古今指点江山，说未来经纬天地"来勉励自己的学生。其实，吴师的毕生经历已经证明，他就是一位通古今说未来的大师，也是我终身学习的榜样。

著名的史学大师

2002年华东师范大学出版社推出4卷本《吴泽文集》。其中，对吴师公开出版、发表的成果作了一个统计。统计显示，他的个人专著有13部，主编的著作有7部，论文达200余篇。其成果之丰硕，可谓"等身"。其间，从30岁至45岁就出版个人专著11部；80岁高龄时，又还出版了40余万字的个人专著《东方社会经济形态史论》；89岁米寿后，又出版了4卷本的《吴泽文集》，总字数达166万；70岁前后还另辟新的研究领域，即华侨史、客家学和通俗史学的研究，发表了不少相关成果。

吴师出生在江苏武进县(今常州市武进区)城西郊蠡河桥镇荷花坝村的一个农村家族，祖父英年早逝，父亲也在他两岁时就因病离开了人世。于是，便在祖母和母亲含辛茹苦之下，艰难成长。7岁时，母亲送他到村里的私塾读书，以后转到镇上新办的初级小学堂读书。在那里，开始接触到算术、绘画、手工、体育等一些新式课程和相关新知识。由于有亲戚的帮助，此后还曾转到无锡和常州的小学读书。15岁那年，他读完高小，成功考入常州中学。读完初中，又考入上海大夏大学（1951年大夏大学与光华大学等校合并成立华东师范大学）附属高中部。高中毕业以后，又顺利考进北京的中国大学经济系，师从李达教授，攻读经济学专业，其间还学习了黄松龄、吕振羽和杜叔林等一批进步教授开设的课程。这对吴师来说十分重要，正如他自己所讲的："正是在这些进步师长的指导和关心下，我开始系统地阅读马克思主义创始人的著作，一步一步地走到经济学和社会经济史的学术研究道路上来。"1937年大学毕业。从进入大学阶段以后，就开始了学术研究的生涯。吴师是在十分艰苦的条件下，不断追求，不懈努力，从私塾、小学、中学、大学一步步走过来，最终完成大学学业，为以后的发展奠定了坚实的基础。

吴师从事史学研究70余年，在深化中国古史分期问题、社会经济形态学说、古代东方社会理论研究等一些领域，均有卓著成就和突出贡献。这里仅以深化中国古史分期问题为例。郭沫若首创殷代原始社会论，在《中国古代社会研究》一书中有阐述。吕振羽则创立了殷代奴隶社会说，在《殷周时代的中国社会》一书中作了论述。吴师在他们的基础上作了深化性研究。他在大学时期就对中国原始社会史产生了浓厚的兴趣，并在《劳动季报》《文化批判》一些杂志上，发表了自己的研究成果《尧舜禹禅让说释疑》《中国原始社会经济研究》等论文。大学毕业那年，还完成了《中国先阶级社会史》的书稿。以后，又完成了《中国原始社会史》一书，并于1944年由桂林文化供应社出版。这些成果的公开面世，使中国古史分期更为清晰。即尧舜禹是中国原始社会后期的部落联盟时代，夏是家长制奴隶制时代，商是奴隶制社会时代。在抗日战争时期，他又把自己的这一研究成果融入了《中国社会简史》和《中国历史简编》两书之中，使中国历史的表达更为科学和真实。

"文化大革命"期间，吴师也受到了不公正的对待，蒙受了10年的不白之冤。批斗、限制自由接踵而来，还被诬为"反动学术权威""三反分子"，饱受精神和肉体上的双重摧残，无法进行正常的学术研究工作。可是，他探究学术问题、追求真理的精神仍存，笔耕不止。在生病住院期间，吴师利用稍有自由的时间，坚持写作，把平日里有关《新唐书》中的《藩镇列传》和《方镇表》的笔记，略加整理，写就了《考校记》一文。以后，还扶病撰写了《正确评价春秋战国时期的法家思想》一文。"文化大革命"结束后，这些成果先后问世，与读者见面，得到一致好评。在那个风雨如晦的岁月里，吴师还是探研不断，其精神不能不使后生折服。

"文化大革命"以后，中国学术研究的春天到来了，吴师及时把握这一时机，在古稀之年开拓了华侨史、客家学、通俗史学等领域。这里以华侨史研究为例。他认为，我们中华民族是一个人口众多、支脉纵横的伟大民族；秦汉以来，尤其是近代以来，分布到世界各地的广大海外华侨，也是中华民族的重要组成部分；他们分布在五大洲，足迹遍天下，显示出中华民族根深叶茂的博大气派，而且还为侨居地的经济发展，为中华优秀文化的传播，为增进中国与世界各国人民之间的友好往来，都做出了积极的贡献；然而，我们中国学者在自己编写的《中国通史》和《世界通史》著作中，长期以来都一直没有华侨史的专章，这不能不说是一大缺憾。为了弥补这一不足，吴师努力拓荒。1982年在上海筹建了上海市华侨历史学会，并担任会长。在此前后，还致力于华侨人物的研究，开设讲座，编辑史料，培养研究人才等。另外，还发表了《马克思恩格斯论华侨》《华侨对抗日战争的伟大贡献》等论文和主编出版了《华侨史研究论集》。华侨史研究成了他晚年学术研究中不可分割的一个组成部分。

他把史学研究与国家的命运联系在一起，与学术上的大是大非结合在一起。抗日战争期间，日本法西斯御用文人秋泽修二抛出了《支那社会构成》等书，鼓吹地缘政治和人口史观，认为中国社会停滞，只有通过外力入侵，才能推动中国社会的发展，公然为日本侵略中国提供理论支撑。对于这种反科学的法西斯理论，吴师及时进行了反击，先后撰写了《中国历史是停滞倒退的吗？》和《地理环境在社会历史中的作用》等论文进行驳斥。以后，还专门写成了《地理环境与社会发展》一书，从理论上更为全面、系统地阐明了地理环境与社会发展的关系，更为彻底地反驳了这一侵略的谬论。另外，吴师深化中国古史分期的研究，是针对当时"新生命派"和"动力派"阵营中的人否认中国有奴隶社会，从而否认马克思主义社会经济形态学说而作；《正确评价春秋战国时期的法家思想》一文则是在"文化大革命"期间针对"评法批儒"的歪风而写等等。这样,吴师的学术研究成果不仅具有科学性,还具有了时代性,充满了强大的生命力。

吴师的史学大师地位得到了国家、社会的肯定。他曾参与创建了中国史学会和上海历史学会,先后担任中国史学会的常务理事、上海历史学会的党组书记和副会长;20世纪80年代以后担任了首任上海市华侨历史学会会长。"文化大革命"结束以后,被聘为国务院学位委员会历史学科评议组成员和召集人。

著名的史学教育大师

吴师一身与执教相伴。大学毕业后的第二年即1938年,就在重庆执教于复旦大学、朝阳法学院等高校。抗日战争胜利以后,又转到贵州赤水大夏大学任教。1946年大夏大学迁回上海,他也携家来到上海,继续在那里从教。解放以后,经过1951年院系调整,继而在大夏大学的后身华东师范大学施教,直至1998年离休。史学教育也是他一生的事业。

在坚守教学岗位的同时,还兼任教学领导职务。解放以后,他先任大夏大学的校务委员会委员、教务长和文学院院长,华东师范大学建立后又长期担任历史系主任、名誉主任和中国史学研究所所长、名誉所长。就是在管理岗位上时,吴师仍坚持为学生上课,身先士卒,兢兢业业,为人师表。

从吴师的教育中受益的学生有许许多多,其中本科生的人数已无从统计,而在1978年学位制度建立以来,培养的博士生人数还可计算。那以后,他始终担任着中国古代史和史学史的双学科博士生导师,先后培养了十多届的数十名先秦史、隋唐史和中国史学史学科的博士研究生。吴师培养的学生在许多岗位上任职,发挥着重要作用。其中,有管理岗位上的部、局级领导;有教学岗位上的教授、博士生导师和博士后合作导师;有研究岗位上的研究员;有法律服务岗位上的高级律师等等。吴师为国家培养了大量高端人才。因此,对他的这样评价一点都不过分：吴泽教授"终身从事高教事业,培养了一大批教学和科研的英才";"为我国学位制度的建立、完善和研究生教育事业作出了重要贡献。"

我在1990年幸运考取了吴师的博士研究生,有幸成为他的弟子。从那以后的三年学业,深得他的教诲。那年,他共招收了三名博士研究生,年近80高龄的他每周仍坚持给我们上课,一次课便是半天。吴师上课不用讲稿,出口成章,滔滔不绝,各种史料运用得当,马列警句信手拈来。因此,每次上课都给予弟子很大的信息量,使吾辈受益匪浅,留下深刻印象。

他对我们这些博士生还严格要求。记得进校后的第一次见面,他就提出在读期间的各种要求,关于学业问题,特别强调,博士论文的字数在20万字以上,毕业前发表万字以上论文两至三篇。还专门解释了博士论文字数在20万字以上的理由。他语重心长地说,低于20万字的著作太薄,不厚重;你们宁可在校期间辛苦一些,把博士论文写得好一些,成熟一些,免得以后走上工作岗位再作补充,再花费时间,而那时你们的时间更宝贵了。我们三位博士生都按他的要求努力,并顺利毕业。

吴师课内课外都十分关心学生,给予许多教导,让我至今记忆犹新。吴师教导我要治学严谨。他经常说,史论要结合,运用史料要准确,要重视利用最新发现的资料,文章的逻辑性要强等等。先生多次提到因为运用史料的错误,以致有些学者论文的观点不堪一击的教训。他认为,有的文章史论脱节,没能做到论从史出;特别是有的作者在使用史料时不严谨,出现了由以后的资料来证明以前的事实的情况,导致论文的观点无法自圆其说。他多次教导我,一定避免这种情况的出现,做学问就应有科学、严肃的态度,不能马马虎虎、草草了事;论证一个事实,一定要准确把握史料,仔细求证;不成熟的论文,宁可不发表。吴师的这些教诲,对我一个从事法律史教学与研究的学者来说,教益很大,终身难忘。现在,我自己也指导博士研究生了,也把吴师的这些教诲告诉他们,让他们同样受益。

吴师教导我要重视史学中的理论问题,特别要努力学习马克思主义。他告诉我,马克思主义是颠扑不破的真理,只有用她来指导研究历史和史学问题,才能还原历史的真实,正确地解决史学问题。在确定我的博士论文题目为《古代东方法研究》时,还专门给我讲解了马克思主义东方学中的一些重要理论,关照我一定要用这一理论去研究古代东方法,这样才不会迷失方向,走向歧途。事实证明,吴师的教诲完全正确。我遵循他的教诲撰写了这一论文,顺利通过答辩。以后,论文还得到了上海市马克思主义学术著作出版基金的资助,于1996年公开出版,为法律史的研究再砌一砖。

吴师还教导我要理论联系实际,不能脱离实践,千万不要做书呆子。特别强调爱国的知识分子应忧国忧民,关心国家大事,投身中国的现代化建设事业。他知道我来自政法院校,以后仍回政法院校工作,所以他对我的期望主要是要为中国的法制和法学教育事业尽一份应尽的力量。他还联系自己在解放前的革命经历,讲联系实际问题。那时,为了中国的解放事业,他尽心为党工作,甚至冒着生命危险。他表示,今天已无这样的危险,更应为中国的事业努力。吴师的教诲一直在指导、激励我,使我深受启发,鞭策我前进。他就是这样一位忠诚党的教育事业,孜孜以求,贡献卓著的著名史学教育大师。

著名的马克思主义史学理论大师

吴师学马克思主义,讲马克思主义,用马克思主义,把马克思主义作为真理,指导自己的史学研究,把史学变成了科学,正确反映了历史。因此,把他称为"我国老一辈著名的马克思主义史学家"名副其实。

吴师接受马克思主义有一个过程。他幼年丧父,家境贫寒,自小就对世间的不平,特别是对当时农民的疾苦,有切身体会。在上海读高中期间,接触到一些进步的教师和报刊杂志,学到了"马克思主义""帝国主义"和"殖民主义"等一大堆名词及其相关知识。到北京上了中国大学以后,师从李达、吕振羽、黄松龄、杜叔林等一批被称为"红色教授"的著名马克思主义理论大家,有机会较为系统、全面地学习马克思主义。当时,他听了李达的《政治经济学》、吕振羽的《中国经济史》、黄松龄的《中国农村经济与土地问题》、杜叔林的《社会主义思想史》等一些课程,很受启发。也就是从这个时期开始,吴师养成了系统阅读、学习和研究马克思主义创始人著作的习惯,并把马克思主义运用在自己的本职工作之中。

吴师的研究成果总是闪烁着马克思主义史学理论的光芒,马克思主义是其中的灵魂。《东方社会经济形态史论》一书是他长年来研究东方学的一个重要成果,其前期成果《建立中国式的东方学》《〈资本主义生产以前的各种形式〉与古代东方社会史研究》《论五种社会形态的运行规律》《亚细亚生产方式问题的争论与中国马克思主义史学的发展》等一系列相关论文,在20世纪80年代就已问世。其中的理论基础便是马克思主义的社会形态学说。它包括了社会经济形态、政治形态和意识形态三个组成部分,但社会经济形态则是基石。此著作总结以前研究之大成,是一个以马克思主义社会形态学为指导,专门研究东方社会经济形态运行规律和特点等的重大研究成果。

他的大量研究成果以马克思主义史学理论为指导,以解决中国的实际问题为目标。解放战争期间,国民政府的政权处在摇摇欲坠之中,有些学术界人士幻想在国民党和共产党之间走"第三条道路"。这是一件有关中国发展和前途的大事。吴师以马克思主义史学理论为武器,引古筹今,先后在《中国建设》上发表了《保皇党的反动路线与纲领》《保皇思想的堕落再堕落》《梁启超的拥袁与倒袁》等一系列论文,以康有为、梁启超的政治实践为例,论证在半殖民地半封建的中国,任何自上而下的改良和维新都行不通;只有通过社会革命,才能胜利完成反帝反封建的民主革命任务。吴师从史学研究的角度,为把中国革命进行到底,提供了一个方面的依据。

吴师还用马克思主义理论指导自己的革命实践,为伟大的中国革命奋斗。就在北京读大学期间的1935年,日本帝国主义大肆侵华,进犯我国的华北地区。此年的6月,国民政府派遣亲日的何应钦,先后与日本帝国主义签订了丧权辱国的《何梅协定》《秦土协定》,华北、察哈尔地区的主权因此而落入日本帝国主义之手。北平的大、中学生得到此消息,义愤填膺,毅然走上街头,强烈要求国民政府停止内战,一致对外,掀起了震惊中外的"一二·九"学生运动。吴师积极参加了这次运动,经历了一次抗日爱国运动的洗礼。翌年,在老师和同学们的帮助下，他毅然加入了中国共产党的地下党外围组织——民族解放先锋队，更为积极地投身于抗日救亡斗争。

抗日战争爆发后，吴师从大学毕业，几经周折，回到故乡常州。此时，他的抗日热情倍增，与几位旧时同学共同创办了《抗敌导报》。此报全力"宣传全民族抗日，并指划抗日救亡之策"，以激励民心，弘扬民族气节。在创刊号上，他专门发表了《从淞沪抗战看中日战争的前途》一文，对国民政府当局有所指责，因此而被捕受审。经亲友的多方营救，才得以释放。回家的当天晚上，便写就了《庭讯》一文，寄给当时在《金陵日报》任职的朱穆之，很快见报。文中揭露了在狱中受宪兵司令部审讯的答问，阐述了自己对中国抗战前途的看法。抗日爱国之情跃然纸上。

解放战争爆发后，上海被白色恐怖笼罩，吴师任教的大学内的特务活动十分猖獗。由于他长期以运用马克思主义治学而著名，成为国民政府的眼中钉、肉中刺，屡遭特务的盯梢、抄家，甚至通缉。此时，吴师已于1946年10月加入中国共产党，以一位地下党员的身份，坚持马克思主义，坚守理论阵地，在教育和思想文化战线上，为迎接上海的解放和新中国的诞生，紧张努力地工作。

2000年前后，吴师终因长年的积劳成疾，身患多种疾病，多次住院治疗。每次我去探望，他总与过去一样，讲学术、议国事、评时事，不断鼓励我要做好本职工作，为中国的现代化建设努力。2005年8月6日，吴师在上海华东医院与世长辞，终年92岁。

博士研究生毕业以后，我仍然回到我的原单位华东政法学院（现为华东政法大学）工作。有了吴师的三年教导和培养，毕业后的发展快了起来，四年后被评为教授，六年后任副院长，八年后当上了博士研究生导师。2011年1月因为年龄的原因，我从副校长岗位上退了下来，成为一名全职教授，有了更多时间从事法学教育与科研工作。我一定牢记恩师的教诲，努力工作，为中国的法学教育事业和法治建设多贡献一些自己的力量。

通古今经纬天地
——著名历史学家吴泽传略

陈鹏鸣

南北驱驰报主恩,江花边草笑平生。
一年三百六十日,都是横戈马上行。

明代抗倭英雄戚继光的这首诗作,真实地刻画出作者戎马倥偬的一生。今年已逾90高寿的吴泽,每当回忆起往日的峥嵘岁月,也许心中的感触如诗中所说的那样,要不,他怎会手书此诗置于书案一端呢?

少年气壮志四方

吴泽原名吴瑶青,笔名胡哲夫、哲夫、宋鱼、宋衍等,1913年出生于江苏省常州市武进蠡河镇荷花坝一农民家庭。

吴泽的祖父早逝,父亲亦在他两岁时病故,在祖母和母亲日耕夜织的抚养下,他艰难地度过了童年时光。7岁那年,吴泽被母亲送进村里的私塾读书,同学中有一些是附近村上的富家子弟,吴泽因幼年失怙,家境贫寒,累受歧视和欺凌,他那幼小的心灵里,此时便埋下反抗压迫、争取平等、追求上进的思想种子。在私塾读了3年后,吴泽转学到蠡河镇上的初等小学堂,一年后,在任小学教师的亲戚帮助下,辗转于无锡、常州的高等小学堂继续读书,直到15岁考入私立常州中学。

1930年,吴泽考进上海大夏大学附中读高中。1931年,日本帝国主义悍然发动"九·一八"事变,民族危机日益深重,国民党政府在"攘外必先安内"的幌子下,推行不抵抗政策,致使东北大片国土沦陷。上海学生纷纷到南京向国民党当局请愿,吴泽也积极加入请愿队伍。但学生的请愿哪里能改变蒋介石的既定国策?临近春节,怨愤之情撞击着吴泽,他挥笔撰成一幅对联:"铁血爆发自由花,头颅铸成平等果",横批"还我河山",贴在大门上。对理想的追求,对民族独立、国家富强的期盼,激励年少气壮的吴先生坚定革命理想,也为他后来追求真理、接受马克思主义,最终走上革命道路奠定了坚实的基础。

在上海读书期间,吴泽开始接触早期马克思主义者的著作,尤其是李达的《中国产业革命概观》等书,开始明白中国农民和手工业者贫穷及破产的根源所在,产生师从李达的强烈愿望。后从常州中学时代的同学朱穆之那里得知李达在中国大学教书,遂在亲友的资助下,来到北平报考中国大学,被录取在经济系。

当时中国大学经济系名教授云集:系主任李达授政治经济学,黄松龄教中国农村经济和土地问题课,吕振羽讲中国社会经济史,张友渔开设国际关系课,杜叔林上社会主义思想史课,他们均以马克思主义的观点方法分析问题。在这些"红色教授"的教诲影响下,吴泽较为系统地研读了马克思主义的经典著作,逐步走上学术研究的道路。1935年,吴泽以政治经济学的观点分析当时国际经济的发展趋势,发表第一篇论文《一年来国际经济的回顾与展望》,历史事实证明他的分析基本正确。

吴泽求学之时,学术界正围绕中国社会的形态及今后往何处去展开空前的社会史大论战。在深入研究马克思主义原著和各家言论的基础上,吴泽大学三四年级时发表《殷代经济研究》《奴隶制社会论战总批判》两篇文章,前文在甲骨卜辞、考古实物和文献资料研究的基础上,分别从农业生产、商业、手工业等殷代社会经济生活方面论证殷代社会经济基础和所有制形态为奴隶制社会;后文论述了奴隶制社会是人类社会历史发展过程中"必然经过的"阶段,驳斥了反马克思主义的奴隶制社会"空白论",乃至"三形态""四形态"之类错误观点。读书期间,吴泽还较为系统地研究了中国原始社会史,撰写《中国先阶级社会史》书稿,吕振羽特地为此书做序,写下《〈中国先阶级社会史〉序》(《世界文化》1937年第1卷第9期),并向学术界大力推荐。遗憾的是,这部书稿在日寇侵华的炮火中佚失。

1937年7月卢沟桥事变前后，吴泽从中国大学毕业，一个更富有挑战性的生活正在前方等待着他。

书生意气斥方猷

吴泽毕业之际，北平的形势非常危急。7月底，他南下上海，恰巧又赶上"八·一三"淞沪抗战，几经周折才回到常州的老家。面对严峻的民族危机，吴泽与几位老同学联合创办《抗敌导报》，谈论抗日救亡之策，激励民众信心，在创刊号上，吴泽以胡哲夫的笔名，发表了《从淞沪抗战看中日战争的前景》，由于文中指责了当政者，他被逮捕入狱，后在亲友的营救下才得以出狱。

出狱后，他在南京《金陵晚报》上发表《庭讯》一文，披露狱中受审情况，揭露国民党监狱的黑暗内幕。10月，他携家眷辗转镇江、武汉，到达重庆，见到了许多来自北平的师友，如李达、吕振羽、侯外庐、张友渔以及翦伯赞、华岗等一批马克思主义史学家。在吕、翦、华三位师友的领导下，吴泽一边在高校从事教学和学术研究工作，一边在青年学生和朋友们中间开展抗日爱国宣传，取得了丰硕的成果。《中国原始社会史》《中国历史大系·古代史》和《中国历史简编》便是先生这个时期的代表性著作。

《中国原始社会史》是吴泽在遗失稿《中国先阶级社会史》的基础上重新改写而成，1943年由桂林文化供应社出版。书中根据恩格斯《家庭、私有制和国家起源》的论述，系统地研究了中国的原始社会史，确认殷代以前为中国的原始社会。

《中国历史大系·古代史》主要研究殷商社会的性质问题，故此书的副标题是《殷代奴隶制社会史》，成稿于1944年，1949年由上海棠棣出版社出版。书中根据丰富的考古资料，对殷代奴隶制社会的发生、发展，社会经济、政治诸形态，乃至阶级、家族制度、宗教文化等各层面都作了详尽考察，进一步阐明了吕振羽创立的殷代社会为奴隶制社会的论断。书中还较为全面地回顾了中国社会史论战的历程，总结了马克思主义史学家在论战中的积极成果，解决了许多悬而未决的问题，是第一部系统研究殷商史的专著，填补了古史研究上的空白，在当时和此后都产生了很大影响。1993年上海书店影印出版《民国丛书》，曾收入此书。后来，"夏商周断代工程"的有关人员还就商代历史上的一些问题致信吴泽，征求意见。

《中国历史简编》是吴泽对出版于1942年的《中国社会简史》的修订本，原书仅写到春秋战国时代，为了揭示社会发展规律，在新著中他补写了春秋战国到抗日战争时期的内容，1945年，由峨嵋出版社出版。书中以马克思主义社会形态学说为指导，明确指出殷代以前为原始公社制社会，殷代为奴隶制社会，西周到春秋战国为领主制封建社会，秦汉到鸦片战争前为地主制封建社会，鸦片战争到抗日战争时期为半殖民地半封建社会。在具体论述社会发展过程时，书中力图从生产力与生产关系的矛盾中揭示中国社会历史发展的根本动力，同时还注意揭示社会发展的多样性，对于政治、经济和文化等其他因素的作用也加以客观分析。此书的出版，标志着吴泽自成一家的中国通史体系的初步形成，与吕振羽《简明中国通史》、范文澜《中国通史简编》、邓初民《中国社会史教程》等一样，都是马克思主义中国通史体系形成阶段中重要的代表性著作。

抗日战争时期，重庆学术文化界首要任务是配合抗战，批判一切法西斯主义的侵略史观，宣传爱国主义的民族精神，建设新型的民族文化。当时，日本法西斯御用文人秋泽修二等人在《支那社会构成》等书中利用法西斯地理政治论和人口史观，胡说什么中国地大人少，社会停滞倒退；日本地少人众，要向中国争取生存空间，促进"大东亚共荣"。东西方的殖民主义者还胡说中国人种西来说、南来说、东来说等，污辱中华民族人种文化。

为了反击这些谬论，吴泽相继发表《中国历史是停滞倒退的吗？》《中国人种起源论》《地理环境在社会历史中的作用》等文，指出中国历史并非停滞倒退，中国人种起源于中国的本土，地理环境对社会历史的发展有一定的影响，但并非决定性，有力地反击了侵略者的奇谈怪论。但是，地理环境决定论、地理史观乃至地理政治论、地理军事论等种种谬论时时沉渣泛起，抗战胜利后吴泽又写下《地理环境决定论与地理史观批判》《人类在社会历史中对自然环境的利用和改造》等文，宣传马克思主义的历史观，批判唯心主义的地理史观，这些文章后收在《地理环境与社会发展》一书中。

抗战胜利前夕,一些知识分子鉴于国民党政府的反共逆流,预感到内战即将爆发,纷纷移居国外;也有一些知识分子幻想进入国民党政府去升官发财;一些知识分子则精神空虚,大搞尊孔读经活动……为此,吴泽于1945年发表《名教叛徒李卓吾》《刘伯温论元末》等文章。前者借李贽之口批判尊孔读经活动,歌颂追求个性解放和思想自由,1949年修订后由上海书店以《儒教叛徒李卓吾》的书名出版;后者借元末刘伯温看透元朝将亡而弃暗投明、协助朱元璋推翻元朝的故事,规劝时人对国民党反动统治不要存在任何幻想,及时"自我抉择",跟共产党走,争取新民主主义革命的胜利。

1945年抗战胜利,9月,吴泽来到贵州赤水的大夏大学任教。第二年8月大夏大学迁回上海,吴泽亦随校"复员"回上海,继续在大夏大学任教。这年10月24日,翦伯赞与华岗介绍吴泽加入中国共产党。从此,作为地下党员的吴泽在党的领导下,坚守教育、理论阵地,为迎接上海的解放而紧张地工作着,曾数次遭到国民党特务的跟踪,但在进步学生的保护下均平安脱险。

为阻止解放战争的前进车轮,国民党反动派一面施展"和谈"等缓兵阴谋,一面乞灵于"维新变法",宣布总统竞选制。一时间,"新维新运动"暗流滚滚。一些所谓"中间路线者""自由主义者"们也幻想在不推翻现存政权的基础上,建立英美式议会制度的资产阶级民主共和国。为反击这股逆流,吴泽写下《保皇党的反动路线和理论》《保皇思想的坠落再坠落》《梁启超的拥袁运动》等文,在《中国建设》等报刊上发表。文章以铁的历史事实指出:在近代半殖民地半封建社会的中国,任何自上而下的"维新"、改良运动,都是注定要失败的,只有通过社会大变革,才能彻底完成反帝反封建的历史任务。文章号召人们读史鉴今,从历史的高度识破这场美蒋合演的反革命丑剧的真面目,"将革命进行到底"。这些文章后于1948年收入华夏出版社出版的《康有为与梁启超》一书中。

1947年到1948年间,围绕着自由、自由主义、自由主义者及谁是"真正的自由主义者"等问题,学术思想界再一次展开空前的大论战,吴泽以宋鱼的笔名,撰写《论自由主义》,1948年由上海新知书店出版。

书中指责那些自命为"真正的自由主义者"们,本应是反帝、反封建、反官僚资本和反法西斯殖民主义的,可实际上却和反革命联盟伙同一起,成为美蒋反革命团伙的帮凶。只有广大被压迫的受苦受难的人民大众才能真切理解和确信真正的自由,并为之而战,甚至为之献身,才能实现"真正的人类自由"和"人类社会的自由王国"。吴泽此书戳穿了那些所谓"自由主义者"的虚伪画皮,并在当时学术界起了很大的作用。

1949年春,人民解放军胜利渡过长江,上海解放在即,吴泽积极筹划接管大夏大学的工作,不久,他和上海人民一起迎来了解放,一个新时代开始了。

取精用弘著新篇

全国解放之后,吴泽先生担任大夏大学校务委员会委员、文学院院长。1951年全国高校调整,大夏大学与圣约翰大学等合并组成华东师范大学,吴泽担任历史学系主任,直到1956年。1954年,受教育部委托,吴先生招收了新中国第一批中国史专业的研究生,前后三届,共培养出30多名学生。

新中国成立后,吴泽的治学重点逐渐转移到社会主义文化建设上来,曾就中国古史分期问题、亚细亚生产方式问题发表《亚细亚生产方式问题研究》《古代公社与公社所有制》《关于古史分期中的生产力水平与性质问题研究》等论文,初步建立起中国的东方学理论体系。

在他看来,亚细亚生产方式学说是马克思主义社会经济形态理论的重要组成部分,马克思对古埃及、巴比伦、印度等古代东方社会和古希腊、罗马等古代西方社会都作过详实的比较研究,他将二者同视为"古代"奴隶制社会,并就各自在公社土地所有制和农村公社制的存废等方面所具有的不同特点,分为东西方两大不同类型,即"亚细亚的古代"和"古典的古代"。这些论文后于1960年结集,书名为《中国通史基本理论问题》。

随着马克思主义史学理论研究的深入,如何正确运用历史唯物主义的观点重新评价历史人物的功过是非问题展现在学术界和全国人民的面前。郭沫若和翦伯赞首先在北京发起重新评价曹操的大讨论，这也引起吴泽的重视，他先后发表了《评价历史人物的理论问题》《关于曹操的历史作用问题》等论文，肯定曹操具有促进社会进步的作用。恰在此时，上海越剧团准备上演《则天皇帝》，吴泽应邀观看了该剧的预演之后，写下《从〈则天皇帝〉论武则天的评价问题》《论武则天在历史上的地位和作用》等论文，提出要以阶级分析和历史主义相结合的方法重新评价武则天的历史作用。这些论文后分别收入《曹操论集》和《历史人物论集》中。

在研究武则天的同时，唐末农民起义领袖王仙芝、黄巢是否"乞降"问题也引起吴泽的重视，经过深入研究，他先后发表《王仙芝受敌诱降问题》《黄巢乞降问题考辨》等论文，要求给予二人以客观公正的评价。

对于我国历史上的思想家，吴泽也花费很多精力作专门研究，在《历史研究》《学术月刊》等刊物上发表《杨朱篇考辨》《老子哲学思想研究》《王国维学术思想研究》等有关杨朱、老子、孔子、吴起、王充、王夫之、顾炎武、魏源、王国维等人思想学说的专论。由于吴泽的研究注意联系各自所处时代的政治思想、经济思想，具有较高的理论深度，多能言人之所未言，在学术界产生了很大影响，尤其在杨朱、魏源、王国维的研究上成就更大。

正当吴泽在学术上成就累累之时，1966年爆发了"文化大革命"，吴泽被诬为华东师范大学的第一号"反动学术权威""三反分子"，横遭批斗，受尽凌辱，但是在"造反派"拳打脚踢的淫威面前，吴泽毫不畏惧，依然豁达乐观，一有机会就继续看书学习。1971年，他将阅读《新唐书》中《藩镇列传》和《藩镇表》的部分笔记略加整理，写成两篇《考校记》，后发表在90年代初出版的《史学史研究》上。

高龄犹是笔生花

粉碎"四人帮"后，强加在吴泽身上的不白之冤得到彻底洗刷，年近古稀的吴泽重新焕发学术青春，先后担任华东师范大学历史系主任、中国史学研究所所长、客家学研究中心主任、国务院学位委员会第一、二届学科评议组成员、上海市华侨历史学会会长等职。80年代初,吴泽被国务院学位委员会授权为中国古代史和中国史学史双学科博士生导师。十几年来,他培养指导了来自全国(包括台湾地区)及日本、韩国的29名博士研究生,其中绝大多数如今已被评为教授或副教授,成为各自所学专业的学科带头人。

在繁重的教学工作之余,吴泽不顾年事已高,依然笔耕不辍,发表和出版了一大批有份量的论著,从内容上看,主要集中在几个方面:

其一,关于马克思主义东方学研究。由于种种原因,学术界在研究亚细亚生产方式问题时,对马克思《资本主义生产以前的各种形式》遗著不够重视,导致出现一些不必要的混乱,在深入研究马克思的遗著后,吴泽撰文肯定《形式》在马克思主义学说中的重要地位,指出:《形式》首次从人类有史以来的生产关系特别是从作为生产关系基础的所有制关系的高度,考察了全部历史过程,把历史唯物主义的原理真正用之于人类社会经济形态发展史领域,它是马克思主义创始人关于人类社会发展规律学说最终形成的标志;它首次系统地阐述了人类历史上不同的社会经济形态由低级向高级发展的过程,以缩影的形式包容了五种社会经济形态理论的主要内容。它首次提出亚细亚生产方式理论,为科学地理解古代东方社会历史发展规律和特点,提供有力的理论武器,并彻底冲破"欧洲中心论"的历史唯心主义藩篱。

改革开放以来,各种各样的思想学说纷纷涌入国内,其中固然有先进的正确理论,但也有一些错误的说法。有人对马克思原著中论及人类社会、社会关系和社会形态的内容未加详查,贸然以前二者的"三形态"说,否定社会形态"五形态"说。对此吴泽撰文指出:马克思曾将原始社会、奴隶社会和封建制社会定为人类尚未完全脱离自然史的"人类自然史时期",资本主义社会为人类社会开始进入"市民社会时期",而人类自然史时期与市民社会时期又可合称为"人类社会史前时期"。只有到未来的共产主义社会实现时,也即人类社会实现"自由王国"时才称之为"人类社会时期"。

吴泽还重点研究列宁与民粹派之间就近代俄国社会性质而展开的论战。吴泽根据大量史料指出,列宁一贯认为近代俄国社会的性质是资本主义社会,而民粹派空想社会主义者却将其当做农奴制社会,他们将农村中残存的农村公社误认为是社会主义的"胚胎""基础",胡说什么俄国人民是"天生的共产主义者",俄国可以据此"绕过"或"跳过"资本主义,直接进入社会主义社会,由此导致对革命的性质和任务的看法产生巨大分歧。列宁多次撰文批判民粹派的错误言论,坚持认为俄国已是资本主义国家,并且已面临无产阶级革命时期,因此必须彻底消灭落后的村社小生产,实行土地国有制,才能进入社会主义社会。为了阐述列宁的正确主张,吴泽先后发表论证俄国农奴制后期和资本主义初期村社土地所有制与民粹派空想社会主义理论,以及列宁与普列汉诺夫之间关于《土地国有化》和《亚细亚复辟论》等5篇文章,从而澄清了许多模糊认识。

吴泽研究马克思主义东方学的代表著作是上海人民出版社在1993年出版的《东方社会经济形态史论》一书,吴泽写作此书的目的既是为了弄清真正的马克思主义,也是为了深入研究、正确揭示中国的国情,为建设具有中国特色的社会主义社会服务,故在书中他还回顾了近代中国社会形态的性质与中国社会史大论战的历史,希望通过总结其中的经验教训来促进社会主义革命和建设的顺利发展。

其二,关于华侨史和客家学研究。吴先生在研究中国通史的过程中发现,早在古代和中世纪时期,侨居国外的千百万华侨就曾把中国的先进文化传播到世界各地,起了伟大的桥梁作用。到了近现代,侨居各地的华侨与当地人民同甘共苦,开拓社会经济,为争取独立自由而并肩作战,为世界人类的进步与文明做出了辉煌的业绩;同时,他们无时不关心着祖国民族的命运。尤其是改革开放以来,华侨纷纷回国,投资开办"三资企业",支持祖国的经济建设。华侨同是炎黄子孙,但中国人写的中国通史里却少见有关华侨、华人史的章节。为了改变这种状况,吴泽大声呼吁加强华侨史的研究,并在华东师大开设华侨史讲座,编写《华侨史研究的对象、课题和任务》的讲义,发表《马克思恩格斯论华侨》等论文。在吴先生的推动下,上海市在全国较先成立华侨历史学会,吴泽被选为该会的会长。

吴泽在研究华侨史时发现各国华侨中三分之一以上的人口是客家人,这引起了他的重视。客家人是汉族的一支,在历史上和当今社会主义现代化建设上，客家人都做出了很大的贡献。但是，长期以来，客家学的研究一直处于迟滞状态。为了填补这一学术空白，吴泽提出创建客家学的战略构想，并写下《建立客家学刍议》等论文，倡议成立客家学研究中心，主持召开上海首届客家学研讨会，主编《客家学研究》，从而将客家学的研究推向深入。

其三，关于中国史学史、史学概论的研究。早在1961年，吴泽接受中宣部文科教材办公室的委托，准备主编中国近代史学史，为此还专门成立编写组。"文化大革命"爆发后，编写计划中断。"文化大革命"后，吴泽再次将这个工作提上日程，先后选编出版《中国史学史论集》（上、下册）和《中国近代史学史论集》，直接导致80年代史学史热的兴起。1989年，吴泽主编的《中国近代史学史》（上、下册）出版，这是迄今为止第一部系统研究中国近代史学发展史的专著。

为了帮助青年尽快掌握史学研究的理论与方法，1990年安徽教育出版社出版了吴先生主编的《史学概论》一书。由于书中介绍的一些史学研究的理论与方法都是先生多年治史的经验总结，故而受到广大读者的热烈欢迎。

进入上世纪90年代，吴泽又将精力集中在吴文化及常州学派的研究上，他积极支持无锡吴学研究所和吴文化公园的建设，亲自撰写《新石器时代先吴原始文化探源》《常州学派史学思想研究》等论文，并多次呼吁加强常州学派的研究，在他的积极倡导下，曾在常州地区成功召开了常州学派研究的专题学术讨论会，促进了常州学派研究的深入。

满头银丝的吴泽雄心勃勃，不知老之已至，既有编著多卷本中国通史的宏伟计划，又有撰写总结社会主义现代化建设经验的打算……老骥伏枥，志在千里。烈士暮年，壮心不已。著名书法家苏局仙在109岁高龄的时候曾书赠吴泽诗一首，让我们借这首诗祝吴先生健康长寿，写出更多更好的著作：

胸罗万古兴亡史，言论纵横一作家。
班马文章原不老，高龄犹是笔生花。

原载《龙城春秋》1999年第3期

历史学家吴泽

徐晓楚编写

吴泽(1913—2005),原名瑶青,笔名哲夫、胡哲夫、宋渔和宋衍。江苏武进(现江苏常州)人。著名历史学家。1933年毕业于大夏附中。20世纪40年代任大夏大学教授,并任大夏大学历史社会系主任、文学院院长、教务长等职。

吴泽1913年1月14日出生于武进县西郊农村家庭。1930年考入大夏附中高中部,曾于1931年"九·一八"事变后参加上海学生赴南京抗战请愿活动。1933年高中毕业后考入北平中国大学经济学系,师事著名的马克思主义理论家李达和吕振羽等人,开始比较系统地学习马克思主义理论,以之研究经济学和中国社会经济史,并参加中国社会史大论战。1937年7月初,毕业于中国大学,创办《抗敌导报》,旋因批评国民党当局而被捕入狱;经亲友营救出狱后,辗转于镇江、武汉等地,1938年春到重庆。抗战时期,吴泽一边积极开展抗日爱国宣传工作,一边在复旦大学、朝阳学院等校任教,从事教学和学术研究。

1945年秋,吴泽应邀赴赤水任大夏大学文学院历史社会系教授。1946年夏,随大夏大学迁回上海;同年10月,在上海由华岗、翦伯赞介绍,加入中国共产党。1947年为营救被国民党逮捕的进步学生,吴泽在《大夏大学教授为本校学生被捕陈诉书》(见1947年6月9日的上海《大公报》)上签名。1949年,任大夏大学校务委员会委员、文学院院长兼历史社会系(后改名历史系)主任。1950年兼任大夏大学教务长。

1951年,大夏大学与光华大学等合并组建华东师范大学后,吴泽长期担任华东师范大学历史系主任。1956年被国家评定为二级教授。

"文革"结束后,任华东师范大学历史系主任、中国史学研究所所长、客家学研究中心主任,是国务院学位委员会第一、二届历史学学科评议组成员。吴泽参与创建中国史学会和上海历史学会,先后担任中国史学会理事和常务理事、上海历史学会党组书记和副会长。自20世纪50年代中期,吴泽开始培养中国古代史专业的研究生。1981年被国务院确定为中华人民共和国首批博士生导师之一,同时在中国古代史和中国史学史两个学科指导博士研究生,培养了一批出色的人才。吴泽于2005年8月逝世。

吴泽从事史学研究六十余年,在深化中国古史分期问题、社会经济形态学说和古代东方社会的理论研究方面成就卓著,是我国著名的老一辈马克思主义史学家。他先后发表《中国先阶级社会史》《中国原始社会史》《中国历史大系·古代史》《中国历史简编》《中国社会简史》等著作,有力地推动了我国马克思主义史学的发展,填补了古史研究领域的重大空白。其中,《中国历史简编》以马克思主义社会经济形态学说为指导,是我国马克思主义中国通史体系形成阶段中的重要代表性著作。

吴泽治学历程和学术思想发展的第二个时期(1946年至1949年)正在大夏大学。这一时期,他开始探究中国历史上的学术思想源流,先后发表了《孔孟的伦理政治思想》和《荀子封建改制论》,随后把明末思想家李贽作为研究重点,认为李贽的思想是中国历史上反封建儒学专制独断主义的先身,连续发表多篇论文,并于1948年结集为《儒教叛徒李卓吾》,于次年出版。该书一度风行海内,几年内印销数万册,直到20世纪七八十年代港台等地区仍在重印。同期,他还对当时知识界现状有感而发撰写了《批判旧文化、建设新文化》《新知识分子的理论与实践》等文。

1947年后,吴泽研究魏源、康有为等今文经学家思想时,有感于南京国民党政权的"维新"闹剧,发表多篇论文。他以康、梁的政治实践论证了在半殖民地半封建的中国,任何自上而下的改良和维新都是行不通的;只有自下而上的社会革命,才能彻底完成反帝反封建的民族民主主义革命任务。这些论文1948年结集为《康有为与梁启超》《论自由主义》出版。

五六十年代,吴泽的研究重点在史学理论及古史理论,主要关注马克思的东方学理论,并尝试运用该理论来研究中国古代社会。他曾就亚细亚生产方式、中国奴隶制社会与封建制社会的分期、古代东西方历史发展的统一性与差异性等问题发表论文多篇,后结集为《中国通史基本理论问题论文集》(1960年出版)。这一时期,吴泽还就中国古代思想学说发展问题进行了系统探讨,并主持设立了华东师范大学史学史研究室,先后完成了对魏源、康有为、梁启超、章太炎和王国维的个案研究。

"文革"结束后,吴泽继续对马克思主义社会形态学说及东方学进行研究。1993年出版的《东方社会经济形态史论》,是他在这一领域数十年研究的总结和心得。在史学史研究方面,吴泽继续"文革"前的研究工作,将华东师范大学史学史研究室发展为中国史学研究所。他先后选编了《中国史学史论集》和《中国近代史学史论集》,共同主编《中国历史大辞典·史学史》分卷,推动了新时期中国史学史学科的发展。他于1989年主编出版的《中国近代史学史》一书,是首部系统研究中国近代史学发展史的专著。

在吴泽的组织和推动下,华东师范大学历史系在20世纪80年代中后期曾举办国际性的王国维学术研讨会,前后出版了三辑《王国维学术研究论集》。基于对中国通史体系的新思考和对中国民族史研究的关注,吴泽提议加强对华侨史和客家学的研究。他于80年代在华东师范大学历史系开设华侨史讲座,成立了华侨史研究室,并于1991年成立了华东师范大学客家学研究中心。吴泽作为中心主任,进行了大量开拓性工作。这一时期,吴泽还对乡村城市化、先秦社会总政权和神权的关系等问题进行了思考与初步研究。

原载汤涛主编:《大夏大学:90年90人》,华东师范大学出版社2014年版

回忆

吴泽先生的两封信札和一张合影照片

谢保成　丁　波

吴泽先生的两封信札由丁波提供、谢保成作简短跋语,丁波再补以柴德赓先生日记。一张合影照片由谢保成提供,并以第一人称作简短跋语。

一、致柴德赓两札

(一)

德赓

孟源先生：

日来深感不安,我来京工作事,最后决定暂留华东,原因有二：

一、华东师大初创(由大夏、光华合并而成),我在人事上比较熟悉,特别是历史系,需人筹备,因此华东教部要我担负这个筹备名义的责任(我仍养病,工作由人代理);

二、近去医院检查身体,病灶尚未完全痊好,要我继续休养,"三月后复查",这是我最大困难,无力解决。如来京工作,病再发,就难处理,顾虑太多。现华东给我再休养条件(仍住校外休养,不到校,不上课,负设计推动工作而已),对康健上作一劳永逸之计,这样决定,是比较稳当的办法。

所以,暂时不能来京了！我也想到,这样决定,对柴主任和辅大同学是很不礼貌的,衷心抱愧,无以言容。开初,我把事情的发德彰先生：

日来深感不安，我来京工作事，最后决定暂留华东，原因有二：

一、华东师大初创（由三校合并而成），我在人事上此辅系，特别是历史系，需人筹备，因此，华东教部要我担负这个筹备名义的责任（我仍养病，工作由人代理）；

二、听去医院检查身体，病灶尚未完全痊好，要我继续休养，三月后再复查，这使我最大困难，无力解决。如来京工作病再发，就难处理。顾虑太多，观华东给我再休养条件（仍候稿补休养，不到校，不上课，只设计搞劝工作而已）对康健上作一勞永逸之计，这样决定是比较稳妥的办法。

所以，暂时不能来京了，我已想到这样决定，对柴立任和辅仁大同兄是很不礼貌的，衷心抱愧，无以言容。开初我把事情的发展估计错了，徒劳你们一番照顾和希望；但我因身体

展估计错了，徒劳你们一番照顾和希望；但我因身体失健，不宜再搞行政工作。回复史学研究工作，较为适当。北京史料集中，气候干燥，来京比留上海适宜些，把师大筹备工作完成，身体再有半年养息，当可正常工作，再来京应命，追随左右，学步前进，为人民历史的研究尽半分心力，愿矣。区区心意，伏祈见宥为荷！陈校长、历史系同学先生前，请柴主任婉辞致意说明，并表示万分歉意。来日方长，报命有期，诸请谅詧，匆此谨致

最敬之礼！

　　　　　　　　　　　　　吴泽谨启　九、九

　一、荣源兄嘱购《中国革命秘史》，新旧中西书店，遍觅不着，可否将该书出版年月书店见示，当再托书店尽最后一次之努力。

　二、聘书附上，请柴主任查收。转致陈校长，下学期可能来京。(师大筹备任务完成)聘书暂退还，似较妥？请柴主任作主。

信署"九、九"，为1952年9月9日。

全国院校调整之前,吴泽先生曾欲赴京应聘辅仁大学。时陈垣为校长、柴德赓为系主任,已经办妥一切手续,并发出聘书。由于院校调整,吴泽先生不能赴京应聘,便带着歉疚之意给柴德赓写了这封信,一则说明原因,二则表达希望来京的心愿。附言一是关于荣孟源购书事,二是关于聘书事,仍然传递出希望进京的意愿。

(二)

德赓同志:上月初接读手书,知即去年工作。本拟于月中来苏州一行,因反修文章较急,未能如愿,殊为歉疚。今日晤李季谷先生,知您在京整理陈老著作甚忙,并谓已第二次来信(尚未收到,不知何故),多承关注,感荷无已。翦、范二老,近来身体如何?京中史学界情况如何?便中望告知一二。孟源见到否,并请代(问)候。弟近来赶写反修文章,身体情况欠佳,进度慢,效果差,预计六月底恐难完成。题目是《驳苏联世界通史对中国西藏历史的严重歪曲》(古代部分)。中心论旨在于驳斥:唐宋时代吐蕃为中国邻国和独立国、元代吐蕃为征服国、明清时代西藏为中国藩属国等等。目的在揭露修正主义的西藏为独立国、藩属国、分裂中国多民族国家的谬论。文中涉及成吉思汗、忽必烈、元代历史和民族政策,乃至涉外问题,恐不能成文,以后请您指正。反修结束,立即转入史学史编写工作,预计下学期完成初稿,明年开始搞史学流派(现代)。为了保证时间,我已完全脱产。只是身体情况太差,只能半日工作半日休息。陈老五代史稿定多新见,可否先告知一二。近来搞了一下西夏史,深感正史中有金史、辽史而无西夏史之缺陷,未知谁何氏有志补之否。袁英光同志的《徐鼒的史学研究》已成稿,即将于《师大学报》刊出。《夏燮史学》的长编和专长亦快成稿。我每日下午搞些太炎的史学资料,摸清体系,还要费大力。请转告伯赞同志,史学史编写工作很得手,只是时间进度,前为《辞海》拖了一年多,近半年又为反修文章所累,六月以后当可全力以赴,勿念。有空望即来信。翦师母好否?此请

撰祺

弟　吴泽　五月卅日晚

德瀓同志：

三月初接读来书和即去另二作本擬於月中乘第卅一行因反修文章赖急未能如願，殊为歉仄。今日昭李李谷先生和德在京整理陈老著作甚忙，並謂已前二次来信（尚未收到，不知何故）多承实注意感荷荒已。範范之老，近来身体如何？京中史学界情况如何？便中望告知二。西原见即辰，苦请代候。

近来赶写反修文章，身体悟況欠佳，进度慢，效果差，预计六月底恐難完成。題目是"駁家联世界通史对中国西藏历史的歪重歪曲"（古代部分）中心论点在於：唐朱時代吐蕃为中国邻国和独立国，元代吐蕃为征服国，明清時代西藏为中国多民族国家的諧论文楷啟修正五义的西藏为独立国，广属国分裂中国多民族国家的謬论，中沙反戚吾思汗忽必烈，元代乃史和民族以等乃至海小問題，恐不能成文以后請您指正。反修结束，立即投入史学史编写工作，预计下学期完成初稿，明年开始搞史学（宗派）（现代），为了保证时间，我已完全脱产，祇是身体情况太差，只能半日工作半日休息。陈老五代史稿尚多新见，可否先告知一二。近来搞了一下两晋史，深感已史中有金史，还史而无金史要复之缺陷。未知维何匕有志者否。袁英光同志的徐霞客的史学研究已成稿，即将于师大学报刊出。夏燮生平的长编和手长亦快成稿。我每日下午到此太炎的文学资料搞通体系。还要贵大力，陈枝告伯赞同志之史学史编写工作很浮手，只是时间过迟，前力辞他之后又多反修文章听聚，六月以後或可全力以赴。初答。有空望即来信。师师母好医

此请

撰祺

小吴泽 六月肖晚

"五月卅日",为 1964 年 5 月 30 日。

全国院校调整之后,柴德赓到江苏师范学院(今苏州大学)任职、任教,与吴泽先生保持经常往来。据柴德赓日记,1961 年 11 月 12 日吴泽、林举岱与郭圣明、戴家祥等一行 30 余人至苏州,午后"同游天平山、灵岩山,直至六时二十分返校"。13 日学院派人"陪华东师大诸君至拙政园、狮子林等处游览",柴德赓召集教师筹备下午座谈会。座谈会前,"吴泽先生提出问题",分两组讨论,柴德赓参加世界史组。14 日上午柴德赓陪同游网师园,"吴泽谈近代史学中抗战时期北方史学家着重写援(按:指陈援庵,即陈垣)师,嘱余无比(务必?)担任。下午二时,吴(泽)在系中作报告",当晚"吴泽来寓"。15 日日记记录:"午在苏州饭店请吴(泽)及助教晋相辰(金相成?)午餐,共十四元,六菜一汤";"晚秦和鸣同志与地委宣传部电话商量,分得锡剧演出票两张,由余陪吴泽同志往观"。

信一开头"上月初接读手书","本拟于月中来苏州一行"以及柴德赓在京期间还有"两次来信",足见其交往之频繁。信中透露出诸多信息:柴德赓在京整理陈垣著作,陈垣老五代史稿成,吴泽先生本人除写文章驳苏联《世界通史》中关于中国西藏的谬论之外,高校教材"史学史编写工作很得手",并准备搞现代史学流派以及章太炎的史学资料,对西夏史研究关切,还通报了袁英光的徐霨、夏燮研究情况。

二、会见侯外庐的见证

这张合影的拍摄地点,北京市东城区大方家胡同侯外庐寓所。拍摄时间,1987 年 4、5 月间,希望了解吴泽先生行程的朋友能够提供更加准确的月份。

吴泽先生来京,知侯外老已经卧病在家不见客,便托人找我,希望能见一见"侯外老"。我与侯外老的小儿女儿侯均初是 1961 年考入北京大学历史学系的同年级同学,毕业时正逢"文革",一起被分到长春郊区,后来她去了福建,1978 年分别考研回京,我在历史所,她在近代史所。大学期间曾到过她家几次,考研回京后到她家的次数就更多一些。

而且,侯外老时任历史所所长,我的导师尹达先生与侯外老在历史所共事20多年,尹达主编《中国史学发展史》一书书名是我和叶桂生请侯外老题写的,《尹达史学论著选集》的书序也是我和桂生请侯外老在先前所写《深切悼念尹达同志》一文基础上改写成的。因此,我通过均初的关系,转致侯外老,说吴泽先生求见,才有了这张照片。见面时间不长,侯外老当时已经不能多说话。合影用的是乐凯胶卷,色彩较差,底片有划痕,但却非常珍贵,这是侯外老在家中最后的一次见客,不久即住院,9月中旬便逝去。

来沪之前,找到原来的底片,重新洗印了一张7寸照片,现连同底片一并送给纪念会保管,同时表示对两位史学界前辈的深切缅怀之情!

吴泽教授印象记

李克和

我于1946年秋入大夏大学读法律系,"中国通史"一科,当时有四位教师授课,选谁的课好呢？老同学推荐吴泽教授,于是我就拜读在他门下。

我听吴泽教授的课仅一年,每周三节,接触不甚多,但却给我留下了深刻的印象:他,中等个子,身着黑色西服,庄重朴实,显出学者风度,深邃的目光显出睿智,略带微笑的脸显得和蔼可亲,平易近人。课堂上,他那丰富的学识,翔实的史料,精湛的分析,生动的讲述,深深地吸引着我们。选他课的共有七八十人,大教室内座无虚席,却鸦雀无声。在中学我本就喜欢历史课,听了他的课更喜爱了,几乎要改变我的专业弃法学史。

他在教学上既有自己的创见,又尊重别人,从不排斥异己。第一堂课,他指定的教材是他自己编著的《中国历史简编》,还开列了一些书目:有他编撰的《中国历史大系》,也有其他著名历史学家如周谷城、翦伯赞等的著作,共有六七本书,让学生对照阅读,取各家之长。在讲中国历史分期时,他既讲自己的观点,分析理由,又介绍郭沫若等历史大家的见解,客观评述,引导学生研究,体现一个学者实事求是的态度。

他上课从不照本宣科,而是抓住重点,讲清史事,分析史情,评判是非。他常抱着一大摞书和图片实物走进课堂,边讲边展示。如讲青铜器时代,他拿出了一些珍藏的实物、化石、拓片及放大的图片等,还介绍一些历史专家在这方面的研究成果,史料丰富,观点鲜明易懂。这类史学问题,初学比较枯燥,他生动的讲述却吸引着我们对古老的时代产生浓厚的兴趣。

他教学的最大特点是启发式，引导学生在正确掌握史料的基础上自己去思考，去分析，评古论今，把死的历史变为活的经验教训。我印象最深至今谈起还激动不已的是一次考试。在第二学期半期考试时，他在黑板上写出一排醒目的字："假如你是宋江，梁山泊往哪儿去？"然后交待这是试题，两节课内交卷，可以翻书。乍一看懵了，不知从何下手，翻书，找不到现成答案；仔细一想，吴老师上课时对史事的透辟分析顿给我深刻的启示。于是我从北宋王朝经济、政治、社会诸方面情况分析农民义军及其领导成员的主客观因素和条件，指出应往哪里走，写了近两千字，得了86分。这次考试，我至今不忘。

往事历历，忆及吴老师的教学，仍如坐春风。

原载张德龙主编：《大夏大学建校七十周年纪念》，1994年

吴泽教授与我

东方瑜

我和吴泽教授相识是缘于我有求于他。

吴泽先生是华东师范大学的历史学教授,我是上海师院中文系学生,我们既非同校,又不同学科,论年龄他比我大20多岁,无论从哪一方面说,我们都没有相识机会,更不要说交往了。但是,人世间的事常常会出乎意料,一件预想不到的事,竟使我们相识了,而且成了忘年之交。

那是1985年,我与陈必祥应河南人民出版社之约,编写了历史知识通俗读物《在今天的日历上》(外国卷),书稿已写成,出版社编辑已审定,但却节外生枝,提出新的要求,要请一位著名专家为书作序,还指定三个专家名字,其中一个是吴泽。要一位国内外著名的历史学家为通俗读物写序无疑是很难的,这是出版社为了提高书的身价给我们出的难题。但这个难题必须解决,因为出版社编辑说:"只要《序》一到,就可付排。"那言下之意,《序》若不到,就不付排,那还得了?没有办法,我只好四处打听,寻求门路。有一次,我和市党史研究室翁三新同志谈起。她说:"别人不行,你行!"我问她为什么,她说:"吴教授和陆老关系很好,对陆老很尊重,只要陆老开口,他没有不答应的。陆老很喜欢你,你只要求陆老,陆老肯定会帮你忙的。"于是我去见陆老(陆志仁),求他帮忙,果然如翁三新所料,陆老一口答应,说:"这是好事,我给吴教授打电话。"

过了几天,陆老打电话给我说:"我已和吴教授讲好了,你先写个内容简介,并选几篇样稿,直接送到吴教授家。"并将吴教授家的地址和电话告诉我。于是我按照陆老的意见,准备好有关资料,专程送到吴教授家。他正在和他的博士生们讨论论文,于是让我坐一边暂候。这时,我才看清楚,眼前这位吴泽教授,个子不高,稀疏的头发已完全白了,但面孔却是白里透红,是个寿星老儿的样子。他讲话声音很洪亮,滔滔不绝,边讲边做手势,生动活泼,显然是个很健谈的人。

他送走了博士们,重新坐下,我向他说明来意,并将资料呈给他,他接了朝茶几上一放,朝我笑笑说:"你的意思老陆已经在电话里讲了,你把材料放在这里,我看看再说吧!"我连忙说了几句感激的话,但他却没接我的话茬,却问我:"陆老身体好吗?长远没见了。"我告诉他陆老身体很好,在为党史和地方志操心等等,他没再说什么,显然,他已不愿谈下去,为了不浪费他的宝贵时间,我告辞了。

从他家出来,我心里很不是滋味,对于出版社非要名人写序这种作法很反感,名人不愿意,却非要我们去求,这不是作难人么?而且,对于吴教授,我并不了解。后来,我从史志同仁中逐步了解到,吴教授在解放前已是名教授了,解放后在华东师范大学任历史系主任,中国史学研究所所长,是中国古代史、史学史双学科博士导师,国家级有突出贡献专家,国务院学位委员会第一、二届学科评议组成员,著述颇丰。以他这样的身份,要他为一本通俗读物写序,确实是很不得当的。

大约过了十天左右,陆老打电话给我说吴教授已看了我的样稿,并约我去面谈。本来我已不抱希望,岂知失望之余却又来希望之光。我想:既然主动约我去,总不至于是为了当面拒绝吧?于是我去了。

这一次见面,他不像上一次那样冷淡,一见面就笑容可掬地说:"薛振东啊,上次老陆在电话中讲得不具体,我还以为你们要搞一本日历之类的东西,我想,日历还要写什么序?"

听到这里,我立即意识到,上一次因为误解,他根本不打算为我们写序,只是因为老陆的面子,才接见我们。既然不准备写序,当然也就无需和我们多谈,随便聊几句就过场了。

他接着说:"后来我看了你们的简介,也看了你们的样稿,才发现你们在做一件很有意义的事,编一本很好的书。当今的世界,由于科学技术和经济文化的迅猛发展,人类社会的进步,国与国之间的联系日益密切,各国人民的前途和命运已联成一个整体,息息相关,休戚与共。中国是世界的一部分,绝不是孤立存在的。中国和世界各国之间,互派人员学习、访问将日益频繁,如果我们对各国历史上发生过哪些重大事件,出现过哪些杰出人物,有哪些名胜古迹,各民族有什么奇特的风俗习惯等,知之甚少,甚至一无所知,将会影响相互学习和交流。而你们这本书,以最短的篇幅、最精的材料,为人们提供了这方面的知识,真是太好了。"

他滔滔不绝地说着,我认认真真地听,我觉得他讲得太好了。本来,我们在编写这本书时,只是按照出版社的要求去搜集资料,进行编写,而对这本书的价值,以及其现实意义,并未多想。经他这么一指点,我才认识到我们所做的事是很有意义的。

他是个十分健谈的人,从我们这本书稿谈起,讲到历史知识普及,他觉得研究和考据固然重要,但普及更重要,若不普及,研究和考据仅停留在几个学者之间津津乐道,有什么实际意义呢?他联系《三国志》和《三国演义》说,学者们对《三国演义》并不赞同,因为书中有不少内容是不符合历史的。但是,毋容置疑,中国绝大多数人都是从《三国演义》中了解三国史,没有任何一本有关三国的史书能敌得过《三国演义》的影响。说着,他又把话题转到我们这本书上,他说:"你们能用这种通俗易懂而又充满趣味性的文体,向青少年传授历史知识,这样做很有意义。"然后,他要我将他讲的原则联系我们那本书的实际,先为他写个草稿,于是我写了寄给他,他很快就修改好寄回给我,我发觉他只用了我在文章中为他提供的资料,并没有用我的原文。

上海市志编纂委员会成立时,他是编纂委员会顾问,但是,他从未参加市地方志的会议。有一次,我对他说,请他担任我们的顾问,他不愿意,说:"你们有什么事需要我帮忙,尽可对我明说,我会帮忙的。我不喜欢东里挂个名,西里挂个名。"后来,我请他为《南汇县志》作《序》。他欣然同意。《南汇县志》专家评审时,我请他为我们审稿,他也同意了,还参加了评稿会,提出很多宝贵的意见。市地方志办公室主任吴云溥见他来南汇参加评稿会,对我说:"老薛,你不简单,连吴泽都被你请来了。"其实,因为他不知道吴泽教授和我的关系,否则,他就不会这样说了。"

1988年，市地方系统开始评职称。有一次，我去看望吴教授，讲起来评职称的事，他说："你们什么时候开始评？你可以申请副研究员，我给你写推荐信。"本来我是想请他的，他既然主动讲了，那再好不过。他很认真，要我将发表过的文章都复印一份给他，我照做了。但是，我先后两次按他约定的时间去取推荐信，都没取到，我心里不免有些焦急。第三次按约定的时间又去了，他对我说："薛振东啊，我已写了一段，还没写好，今天你不要离开，我关在卧室写。否则，你走了，又会有人插进来。"我坐在客厅，他的夫人高老师陪着我说话，从高老师的口中，我才知道，吴教授基本上不为申请教授或研究员写推荐信，现在请他写推荐信的，是全国各地大学教授申请担任博士导师的史学界人士，像我这样申请副研究员的人，是绝对请不到他的。他主动要给你写，是因为他喜欢你。这时我才明白，原来是这样。他终于写好了，写得比较长，千字以上。他拿出来给我看了一遍，还要重抄一遍，我觉得字迹很清楚，可以了。然而他不同意，一定要重抄，于是我又等了一个多小时，已经晚7时多了，他才从内室出来，将推荐信给了我。

人与人之间就是这样，互不认识，谁也不会去关心谁，一旦认识了，便会关心起来。吴教授自从认识了我，不仅关心我的工作，关心我评职称，还关心我的读书学习。每次见面，他总要问我近日读了什么书，我是喜欢文学的人，所读的大都是些文学作品，而他是搞历史研究的，对文学作品很少涉猎，能使我们两人共同感兴趣的，就是文史结合的东西，一些历史演义，如《三国演义》《隋唐演义》之类。有一次，他忽然对我说："薛振东啊，你先学文，会写小说，现在又搞史，如果把文学的手法融入史学的理念，将会比单纯学史的人更能发挥效用。"我朝他笑笑，因为我对他这段话的真实含义还不明白，我等他继续说下去。他果然说了："蔡东藩搞了二十四史演义，最近重新出版，出版社要我写个序，我写了。蔡东藩的历史演义比《三国演义》更忠于史实，史学价值高，但是，文学价值不高，语言呆板，情节单调，不怎么吸引人。我常常想，若是用新的观念，文学笔法，编写一套新的二十四史演义，对普及中国历史知识将产生不可估量的作用。可是，我周围的人都是搞研究的，对这方面不擅长,我发现你倒是个合适人选,你愿不愿意和我一起搞?"

我听了心里一惊,这么大的工程,我岂敢贸然答应?当然,我对他如此重视我,心里很感激。于是我说:"让我考虑一下。"后来我下了决心,追随他干下去。将我的十年精力投入这项工程,还是很有价值的。于是,我们又谈了几次,口头上分了工,由他出观点、出史料,把观点和资料关。由我探讨写作手法,并写样稿。后来,他经过缜密的规划,确定为38卷本,总规模500万字。并商定如何组织人力,如何对人员进行培训。他把38卷的内容,分卷写出要点,我重点讲解纯历史演义和文学的历史演义有什么不同,如何写纯历史演义。我在他的提示下,写了近1万字的稿子,题目叫《历史、历史演义和历史小说》。他还落实了出版社,准备签合同。后来,由于出版社的人事变动,合同没签成。但吴教授并未就此罢休,又先后和两个出版社联系过,这两个出版社都愿意出,却又不愿签合同,几经周折,加之吴教授身体欠佳,终于搁了下来。吴教授对人很负责,他将我的《历史、历史演义和历史小说》推荐给《历史教学》发表了。但是,他自己搞的2万多字的计划书却就此搁了起来。

二十四史演义没有写成,但是,在准备过程中,我主动读了史料,增加了不少历史知识,而且,吴教授的史学观点,以及他观察分析历史的思维方法,给了我很多启迪。俗话说,近朱者赤,近墨者黑,我和吴教授这样的历史学家交谈,深为他的渊博的知识和博大的胸怀所折服,心胸阔了,眼界高了,总想为社会做点什么,为身后留点什么。在和吴教授的交谈中,我们对于史书上把一个王朝的衰亡归罪于一个坏女人这一现象,觉得不符合历史唯物主义,最高统治者的腐败绝非一个坏女人造成的。于是,我忽然产生一个念头,以几个绝色女子为题材,写点历史小说,把上述观点寓于其中,于是一口气写了《笑妃传奇》《鸳鸯传奇》《虞美人传奇》《瘦梅传奇》和《二月花传奇》。我写历史小说,虽然不是在吴教授的指导下进行的,但是,他要我编写二十四史演义,却对我写历史小说起了诱发作用,这是不容置疑的。

原载东方瑜:《难忘的记忆》,广陵书社2005年版

吴门问学记
——回忆吴泽师指引我走上治史之路

张承宗

一、兼容开放的学术氛围与边干边学的良好环境

今年是吴泽师诞辰100周年。35年前,当我从北京到上海,接受吴泽先生的委培,攻读中国近代史学史时,吴泽师已是65岁高龄,我当时则是35周岁的中年。我们之间整整相差30岁。

1978年是科学的春天来到的一年,国家恢复研究生的考试招生制度,使我有机会进入中国社会科学院研究生院中国史学史专业学习,成为我人生道路与学术道路上一个最为重要的转折。当时研究生院借住在北京师范大学西南楼办学。金秋十月,我按照录取通知到北师大报到后不久,历史研究所副所长兼历史系主任熊德基先生、学术秘书李经元先生就找我谈话,说要派我到上海师范大学历史系去跟吴泽先生学习,研究方向为近代史学,并说这是导师尹达先生与所里的共同决定。然后我就到建国门外永安南里尹老的寓所,去聆听尹老的指示与教诲。尹老向我简要介绍了吴老的学术成就,并希望我到上海后努力学习,完成论文答辩后回来工作。临行前,尹达先生、熊德基先生都给吴老写了信,让我带上。然后,尹老的学术秘书叶桂生先生找我谈话,说:"我原来毕业于华东师大,也是吴老的学生。后来进入中国人民大学读中国近代史研究生,60年代祁龙威先生应邀到人大讲学,我听过祁先生的课。这次派你去上海学习近代史学,一是考虑到你是祁先生的学生,近

代史方面有一定基础;二是考虑到你是苏州人,吴泽先生是常州人,你去上海,听课上没有语言障碍。我已经先到上海去过一次,都安排好了。你到上海后,先到中山北路上海师大(也就是原来的华东师大)历史系办公室,找一位女老师戚道澂报到,听她安排。学习期间,主要向吴老请教。如果吴老忙,就向袁英光老师请教。"并嘱咐我说:"由于'文革'的破坏,师大内部人事关系很复杂,你千万不要介入该校内部的纷争,要严守中立。"这些具体吩咐,我都牢记在心。后来,叶桂生先生骑上三轮黄鱼车,拉着我的简陋的行李,亲自把我从建国门送到北京火车站。此情此景,实在令人感动,至今历历在目。

我到上海后的住宿安排、首次与吴老的见面,都是戚道澂老师安排周一平同志带领我去的。他待人热情、周到而友善。同住一室的盛邦和、胡逢祥、童浩三位都是读中国史学史的研究生,潘光是读世界近代史的研究生,我们相处融洽。在寝室中,我首先补听了吴泽先生关于中国社会史论战的讲课录音,然后就与上海的同窗一起听课、一起学习。

不久,吴老收到了北京寄来的聘书。他很高兴,在课间休息时从办公室抽屉里拿出来给我们看。这份聘书是由时任历史研究所第一副所长的侯外庐先生签署的,正式聘请吴老为中国社会科学院历史研究所兼职研究员。当时全国高校历史系教授中受聘的,还有北京师范大学白寿彝先生、四川大学徐中舒先生、武汉大学唐长孺先生、杭州大学陈乐素先生。

这一年,"实践是检验真理的唯一标准"的大讨论正在全国范围内展开。拨乱反正、解放思想、实事求是、改革开放,吴老以身作则、积极投入,为我们树立了历史研究要经世致用的榜样。吴老讲课与作学术报告的最大特点是理论联系实际,对中国社会史论战问题、古史分期问题、农民战争史问题、历史研究与实践标准问题、史学史研究的对象与任务问题,都有自己的见解。我深深感到跟这样的导师学习,是人生的一种幸福。

吴老十分重视在历史研究的实践中研究历史。当时,他领导的中国史学史研究室正在编选《中国史学史论集》,就让研究生一起参加校对工作。通过校对,熟悉史料,进一步了解前人在史学史方面的研究成就,为我们的学习起步开了个好头。在目录学的训练方面,吴老让我们去旁听古籍整理专业的版本目录学课程,讲课的是周子美先生,是罗振玉的弟弟罗振常的女婿。吴老又请历史研究所研究员谢国桢先生给我们讲明清版本目录学,历史系的本科生也可以来旁听。兼听不同老师的课,是为了扩大我们的视野,丰富我们的知识。我与盛邦和、胡逢祥、童浩还曾一起到复旦大学的教工宿舍拜访谢老,因为当时他住在复旦工作的女儿家里。谢老很高兴,拿给我们看江浙访书写的笔记,都是用毛笔写在朱丝栏毛边纸上的。我们见谢老的字写得好,就抓紧时间掏出笔记本,请谢老题字,留作纪念。谢老毫不犹豫,当即挥毫,给我写了"百尺竿头,更进一步",又给三位分别写了"锲而不舍""奋发有为"与"世上无难事,只要肯登攀",都是鼓励的话。回到师大后,我们很开心地拿给其他专业的研究生看,他们都很羡慕。

后来,吴老与南开大学杨翼骧先生共同主编《中国历史大辞典(史学史)》,也都让研究生一起参加。这样边干边学,边学习边研究,不仅接触到了更多的古籍,还在讨论中聆听到许多史学前辈的高论,大大开阔了我们的眼界。记得有一次讨论词条时,我发现脱脱没有列入史学家的词条,就提出脱脱将宋、辽、金三史并列,体现了民族平等的精神,应该列入词条。杨翼骧先生当场就表态,支持我的看法,表示要增加这一词条。

除了指导学术研究外,吴老还带领我们参加一些与学术相关的社会活动。1978年秋,苏双碧先生在《光明日报》发表《评〈评新编历史剧《海瑞罢官》〉》后,上海市社联在淮海中路召开揭发批判"四人帮"的座谈会,吴老带我们研究生一起去参加。在会议上,我们听到了李平心夫人的控诉、周信芳儿子与儿媳的控诉,听到了胡道静老先生的揭发,十分震撼。会议后,《学术月刊》的一位编辑郑女士约请吴老写揭批"四人帮"的文章,吴老就让我们四位研究生动手来写。我与盛邦和、胡逢祥、童浩合作,写了一篇《驳姚文元对〈海瑞罢官〉的诬蔑》。由于童浩字写得好,大家就请童浩誊清,让我交给吴老。吴老交给了郑女士。这篇文章虽然没有刊用,后来退了回来,但对于我们来说是一次锻炼。

在研究生学习期间,我们在龙华殡仪馆参加了李平心先生的平反追悼大会,在会上我见到了周谷城先生在李平心先生纪念册上的题签。我们这些参加者都要在纪念册上签名。这种场面,对于我来说,是第一次经历。后来,又在龙华殡仪馆参加过师大世界近代史林举岱教授的追悼会与遗体告别仪式。吴老让我们参加这些活动,是在教育我们要学习前辈的治学精神。

凡是在师大举行的学术会议,如中国农民战争史研讨会、中国史学会理事会等,我们研究生都有机会参加,或者旁听,或者帮忙办理会务,从中认识史学界的前辈与同行。听他们的发言,或是听他们的学术报告,学到很多书本上和课堂上学不到的东西。

当时给我们讲课的,除了华东师大中国史学研究所内部的袁英光、刘寅生、桂遵义、戴家祥、苏渊雷、李家骥等老师外,还有历史系的夏东元、简修炜老师。吴老还曾经邀请过不少在学界有造诣的学者给我们讲课,如北京的谢国桢先生,上海的汤志钧先生、杨廷福先生,兰州的赵俪生先生,厦门的傅衣凌先生,都给我们做过讲座。袁仲一先生做过关于秦兵马俑发现及发掘情况的报告。这对于开阔研究生的眼界,活跃学术空气与思维方式,都起到了很好的作用。

吴老有时候还委托我去办一些学术上联络的事。有一次他让我到扬州找卞孝萱先生,请卞先生担任《中国历史大辞典(隋唐五代史)》的编委,卞先生欣然答应,又提出出差经费等问题请中国历史大辞典编纂处解决。我回上海后向吴老汇报,很快就顺利解决了这些问题。

正是吴老努力营造的这种兼容开放的学术氛围,与边学习边研究的良好环境,促进了我们研究生开眼界长见识,并得以茁壮成长。

二、学年论文与毕业论文撰写中的师生互动

对于研究生的论文选题,无论是学年作业论文还是毕业论文,吴老都放手让研究生自己选题,给予充分的选择余地,以培养独立思考、独立工作的能力。当时华东师大中国史学史研究室的刘寅生老师等人,已经编出了一本中国近代史学家著作的油印目录。吴老让我们研究生再编一份研究这些近代史学家的已经发表的论文的目录。通过这两份

目录的对照，使我们知道哪些是研究的热点，哪些是研究的冷门与空白。吴老特别鼓励我选择冷门，填补空白。这样做的好处是必须从第一手资料入手，写出来的论文不会变成重复劳动，而且有价值、有新意。

1. 关于龚自珍史学的研究

我在研究生学习期间写的第一篇作业《龚自珍史学研究》，是一篇全面评价龚自珍史学的论文，得到吴老的首肯而收入他主编的《中国近代史学史论集(上)》。

我之所以选择龚自珍为题，主要出于下列三方面考虑：一是我对龚自珍比较熟悉，60年代上大学时读过《龚自珍全集》，也练习写过有关其经济思想《平均篇》与《农宗》的评价文章。二是知道60年代中国史学史教材编写的分工，北师大负责古代部分，时间界限从上古到龚自珍；华东师大负责近代部分，时间界限从魏源到"五四"前。龚自珍虽然去世于鸦片战争前夕，但对近代思想与近代史学有相当影响。所以研究中国近代史学史，应该从龚自珍开始研究。三是"文革"后期的评法批儒，将龚自珍尊为法家，否定他与常州今文学派的关系，显然不符合历史的真实，需要拨乱反正。吴老对我的看法表示同意，让我大胆放手去写，他指示不仅要写史学思想，还要注意龚自珍在历史地理、史料学等方面的贡献，要写一个全面的史学史研究的龚自珍。

最令人感动的是，吴老曾经到研究生宿舍，与我一起讨论文章的写法。当时讨论最多的是龚自珍与常州今文学派的关系，因为1975年上海人民出版社重版《龚自珍全集》的序言，曾经先发表于《学习与批判》杂志，把龚自珍说成法家，充满了"评法批儒"的味道。对这篇文章要不要点名批评，这是学术问题，也是政策问题。我当时的看法是，这是特殊时代产生的错误文章，犯类似错误的并非一个人，责任并不在某个人身上。前些年出版的侯外庐主编的《中国近代哲学史》，也把龚自珍说成法家，显然与他解放前出版的《中国早期启蒙思想史》与建国后出版的《中国思想通史》中对龚自珍的评价不符，可见那并不是侯外庐先生的真实看法。我们还是以正面讲道理的写法来处理这个问题，吴老表示同意。

吴老当时的助手袁英光先生更是从文章标题的安排对我加以指

导,指出要把龚自珍代表作的篇名列入小标题,这才是史学史的写法。这篇文章最终修改定稿,分为五段:一、批判社会、要求改革的论著:《明良论》《乙丙之际著议》;二、入古出今的史学论著:《尊史》《古史钩沈论》;三、爱国主义思想与历史地理研究;四、方志学、谱牒学和人物传记;五、训诂、校雠、考据之学与古器物研究。原来初稿中还有一段"公羊三世说的历史进化观",后来被一起编入江苏古籍出版社1989年出版的吴泽师主编的《中国近代史学史》上册第1编第1章第2节"龚自珍史学"中。

1999年3月,我在撰写自选论文集《江南文化与经济生活研究》一书的代序中,回忆这段经历时说:"1979年春,吴泽师为我选的第一个题目就是《龚自珍史学研究》。这就是我研究江南近代学术文化人物的开始。我在龚自珍研究中的主要创见有两点:一是运用诗文证史的方法,从《常州高才篇·送丁若士》考证出龚氏在16岁作《尊隐》一文时就和常州今文学派有所接触,而不是在28岁'就刘逢禄受公羊学'才开始。这对弄清龚自珍改革思想之渊源很有价值。二是从历史文献学的角度论述了龚氏在方志学、谱牒学、人物传记以及训诂、校雠、考据之学与古器物研究上的成就,为同行学者研究清代实证史学的演变提供了启示。"

2. 关于《罂粟花》与历史演义的研究

1979年上半年完成《龚自珍史学研究》一文后,我就转入第二篇作业《鸦片战争史的通俗演义——〈罂粟花〉》的写作,这是配合吴老为蔡东藩的《中国历代通俗演义》撰写再版序言收集资料而写作的。吴老写的再版序言,先发表于《文汇报》1979年6月15日,标题是《蔡东藩与〈中国历代通俗演义〉》。在正式发表前就把打印稿发给了研究生,让我们学习与提意见。

我在阅读吴老写的再版序言,翻阅、研究《罂粟花》等通俗历史演义的相关材料时,注意到近代史家对历史演义与历史小说这一类书的看法。我自己文章的初稿写于1979年暑假,9月份开学后交给吴老,并谈了我对吴老所写再版序言的看法,认为与60年代柴德赓先生写的序言相比,柴先生的序注重史料考据与辨正,而吴先生的序注重对作者成书时的社会背景及有关历史演义的理论与方法的分析。我还提出有些材料可以补充,有些失误可以更正。

吴老对我的文章及对他写的再版序言所提意见都十分重视。10月份,他一方面指示我对文章重加修改,他自己也身体力行,对再版序言作进一步的修改。上海文化出版社重印蔡东藩的《中国历代通俗演义》再版序言,《前汉演义》《后汉演义》是用的《文汇报》发表的初稿。后来印的其他断代演义,用的是修改稿。修改稿增加了严复、夏曾佑在《〈国闻报〉附印说部缘起》中说:"夫说部之兴,其入人之深,行世之远,几几乎出于经史之上,而天下之人心风俗,遂不免为说部所持。"增加了梁启超在《译印政治小说序》中也说:"六经不能教,当以小说教之;正史不能入,当以小说入之。"增加了《罂粟花》在孙楷第的《中国通俗小说书目》中列入明清讲史部。修改稿还删去了初稿中章太炎为《太平天国演义》写序的说法,改为章太炎为黄世仲的《洪秀全演义》写过序。上述三处增加与一处修改,正是我当时向吴老提供的意见。这场对演义体史书探讨的师生互动,使我深深感到吴老的平易近人、平等待人、从善如流、亲切可爱的品格。

事后,他热情地推荐我的文章。先是寄给天津的《历史教学》,被退了回来。他对我说:"文章暂时不能发表,不是文章有问题,而是史学界对演义体这类史书的理解不同。有人认为是小说,属于文学,不属于史学。"他坚持自己的看法,认为演义体就是通俗史学。吴老又把我的文章推荐给江苏师范学院历史系主办的杂志《中学历史》,在1980年第3期发表了文章的前三段:一、《罂粟花》成书的时代及其作者;二、《罂粟花》的主要内容和史料依据;三、《罂粟花》作者的思想倾向。第四段是谈演义体史书在史学史上的地位,可能是不适合《中学历史》杂志的阅读对象而被删去了。事情果然如吴老所料,是学界对演义体史书的看法还存在分歧。令人感动的是,吴老始终坚持自己的意见,认为演义体对普及历史知识有重要作用。

在我离开华东师大后,吴老又发表了《谈谈蔡东藩的〈历代通俗演义〉》《蔡东藩〈元史演义〉的史料与史料学》等文章。吴老提倡通俗史学,推广演义体史书的执著精神,令人感佩。

建国以来,陈寅恪先生论《再生缘》,熊德基先生论《天雨花》,柴德赓先生、吴泽先生相继论蔡东藩的《历代通俗演义》,他们交相辉映,都折射出当代著名史家对通俗史学的重视。

3. 关于叶德辉史学的研究

1979年下半年,在完成《鸦片战争史的通俗演义——〈罂粟花〉》的写作后,我就开始全力投入叶德辉史学的研究,起初试图做毕业论文。从中国近代史研究的角度看,康有为、梁启超、章太炎都是热门人物,研究的人很多。廖平,四川有人研究。吴虞,上海社科院的唐振常先生有研究。相比之下,研究叶德辉的人极少。当时能查到的文章,只有《湖南文史资料》1964年第8辑发表的《大劣绅叶德辉》一文,署名"文干之"。叶德辉是在1927年湖南农民运动中被镇压的,吴老知道选择这个题目的难度。他把叶德辉作为封建顽固派史学的代表,希望我能攻坚克难,为编写《中国近代史学史》提供资料。他认为政治与学术既有联系,又有区别,要一分为二,实事求是,恰如其分地评价叶德辉的政治活动与学术成就。由于吴老曾请谢国桢先生给我们讲明清版本目录学,谢老在《明清笔记谈丛·丛书刊刻源流考》中曾说:"叶氏为湖南土豪,出入公门,鱼肉乡里……论其人实无可取。然精于目录之学,能于正经正史之外,独具别裁,旁取史料,开后人治学之门径。"对谢老的论断,我十分赞成,于是就在吴老的鼓励下大胆搞起了这个专题研究。

华东师大图书馆有一套完整的《郋园先生全书》,承蒙吴老关照,在周一平同志的具体帮助下,把这套装订为200本的线装书借了出来,放在我寝室,得以随时翻检,大大加快了我的工作进度。此外,华东师大图书馆还藏有《观古堂藏书目》(书目后有叶德辉赠曹赓笙的亲笔题跋)、《郋园读书志》《觉迷要录》《经学通诰》《郋园北游文存》《双梅景闇丛书》《丽廎丛书》《郋园小学四种》以及叶氏刊印的《石林燕语》《避暑录话》《元朝秘史》《通历》等书。叶氏的代表作《书林清话》,除了线装书,还有建国后古籍出版社整理出版的附有《书林余话》的平装书。华东师大图书馆藏书丰富,教师阅览室的老师熟悉古籍,服务热忱而周到。我需要查找很多书,她们都不厌其烦地尽可能帮我找到。有这样的有利条件,在不到一年的时间里,我就写出了《叶德辉史学研究》的初稿。

1980年上半年，吴老审阅后，认为文章写得很有特色，但要慢慢推敲修改，不要轻易出手。他认为这个题目作为研究生毕业论文虽然也可以，但答辩还是会遇到问题；因为叶德辉政治上毕竟是反派人物，答辩时难免会有麻烦。他说："离毕业还有一年时间，按照你的写作速度，还可以再选一个题目作为毕业论文。或者两个题目一起考虑，如果新选的题目做得好，就用新的。"究竟选什么题目？吴老让我自己考虑。既然如此，我就把对叶德辉的研究暂时放一放。

1980年11月，我到长沙访书。在湘潭大学韩长耕先生的帮助下，在湖南省博物馆资料室抄录了一份《郋园六十自序》，还查阅了戊戌变法前发行的《湘学报》。韩先生赠送我一本新书《杨度传》（何汉文、杜迈之著，湖南人民出版社出版），并告诉我杜迈之曾经用过"文干之"的笔名，介绍我去拜访杜老。承蒙杜老指点，我在湖南省图书馆查阅了李肖聃编的《湘学略》，李肖聃是李淑一的父亲。我重点翻阅了其中的《湘绮学略》（王闿运）、《鹿门学略》（皮锡瑞）、《葵园学略》（王先谦）、《郋园学略》（叶德辉），因为这四人在中国近代史学史上都有一席之地。同时我还看到了叶德辉弟子刘肇隅编的《郋园四部书叙录》。长沙访书后回上海，遇到湖南人民出版社的邓代蓉女士正在华东师大进修，她就是《杨度传》的责任编辑，于是萌发了我后来撰写《叶德辉评传》，找湖南出版的想法。

《叶德辉史学研究》的初稿，后经压缩精炼，编入了吴老主编的《中国近代史学史》下册第2编第2章第2节"叶德辉史学"中。

4. 关于缪荃孙史学的研究

在聆听吴老对《叶德辉史学研究》初稿的意见后，我考虑再选一个比较中性的、纯学术一点的学者加以研究。我向袁英光老师请教，他给了我一个明晰提示，说："缪荃孙是个大家，应该好好研究。"我就很快地转入了对缪荃孙史学的研究。

我在读研究生时，听吴老讲课时说："北大邓广铭先生讲的'四把钥匙'（年代、地理、职官、目录）都是历史研究的具体方法论，我们还要有一把总钥匙，那就是马克思主义。"吴老的这段话，给我印象很深。我本人感到，史学史与目录学的关系最为密切。所以，我对毕业论文的选题,比较倾向于选在版本目录学方面有成就的史学家,以便将来扩大研究范围。袁老师的指点,正合我心。我就毫不犹豫地开展起对缪荃孙的研究。

在对缪荃孙史学研究的准备上,我要特别感谢刘寅生等老师编的那份中国近代史学家著作的目录,使我能按图索骥地很快查找到缪荃孙全部著作的书名。华东师大图书馆,依然是我查找资料的首选场所。

为了全面了解缪荃孙的生平,我手抄了一份《艺风老人年谱》,又购买了上海古籍出版社出版的《艺风堂友朋书札》上、下册,了解到他与学术界朋友的交往。我仔细查阅了《艺风堂文集》《艺风堂文续集》《艺风堂文漫存》(辛壬稿、癸甲稿、乙丁稿),其中《续集》与《癸甲稿》是通过馆际借书从复旦大学图书馆借阅的,还有《日游汇编》《日本考察学务游记》也是从复旦借阅的。目录学方面,查阅了《书目答问》《艺风藏书记》《艺风藏书续记》《艺风藏书再续记》《艺风堂金石文字目》,翻阅了他与章钰、吴昌绶一同校辑的《荛圃藏书题识》与《荛圃刻书题识》。史学著作方面,重点查阅了《续碑传集》,找出了他自己撰写的十三篇碑传,并作分类研究。清代掌故方面,查阅了朱师辙的《清史述闻》、邓实创办的《古学汇刊》、邓之诚补编的《云自在龛随笔》,邓之诚是缪荃孙的连襟。古代史方面,查阅了他对《晋书》的六个补表与对《辽史》的补志《辽艺文志》和《辽金石存目》,以及他编的《辽文存》。地方志方面,重点阅读了《顺天府志》和《江阴县续志》。古籍整理方面,查阅了他印行的《云自在龛丛书》《对雨楼丛书》《藕香零拾》与《烟画东堂小品》。

1980年暑假我没有回家,有空就到图书馆查阅资料,再回宿舍整理材料。每天往返于图书馆、食堂、宿舍,或是晚饭后去吴老家聊天,在那里常常会遇到袁英光老师、桂遵义老师,有时也会遇到刘寅生老师,顺便向老师们请教。开学后,仍继续整理缪荃孙的材料,大致划分为生平、当代史(清史)、古代史(晋史、辽史)、方志、目录学及古籍校刊、评价等六个方面。还有些待补充收集的材料,则寄托于外出访书。

大约在10月下旬,我们就根据各人的论文需要,外出访书。童浩要到常州查访屠寄的材料,我也想到常州查访缪荃孙的材料。这样,就童浩先行一天。第二天我到常州,童浩已经查到了屠寄的年谱。他住宿的旅馆床位就由我继续住一天,他先去南京。我在常州图书馆看到了一份有关缪荃孙目录学的论文打印稿,就摘录了其中的要点;还顺便向工作人员询问缪荃孙参加《常州府志》编纂的情况,但未见到原书。

到南京后我与童浩会合,住在鼓楼附近一个旅馆,离颐和路南京图书馆不远。在南京我看到了缪荃孙参与编纂的《江苏通志稿》,还有他的诗集及记载金陵掌故的《秦淮广记》等书。同时还查阅了缪荃孙以潘祖荫名义编刻的黄丕烈《士礼居藏书题跋记》,以及江标刻印的《灵鹣阁丛书》。

这次我们研究生访书的重点是到北京图书馆。童浩先离开南京,我查完要看的书后也赶到北京。我借住在历史研究所史学史研究室的办公室,童浩与胡逢祥、盛邦和住在旅馆,他们到历史所与我会合。吴老让叶桂生先生提前联系,安排我们到西皇城根拜访吕振羽先生的遗孀江明女士,使我们进一步了解吕老的革命精神、治学道路与坎坷人生。又安排我们到美术馆后街拜访荣孟源先生,荣老是吴老在中国大学求学时的学长,曾长期担任近代史研究所的资料室主任,学识渊博而作风简朴,与我们一起交谈学问,如拉家常,十分亲切。吴老还嘱咐我们到北京师范大学拜访白寿彝先生,向白老请教史学史方面的问题,当时跟我们一起座谈的还有朱仲玉先生。

我在北京住的时间长一些。在北京图书馆文津街古籍部,我见到了《艺风堂杂钞》22册;在古籍部收藏的善本《香涛制军手札》上,发现了一封张之洞致潘祖荫的信,其中有对缪荃孙的评价,可见他把缪荃孙物色为编撰《书目答问》的重要助手,确是经过一番挑选的。在北图的柏林寺分馆,我查阅了缪荃孙参与编纂的《昌平州志》,这部方志已有缺损;还见到了《缪艺风行述》(清史馆旧藏)的摄影本,作者为其子缪禄保、僧保。我把这份摄影本复印了一份,以便与夏孙桐的《缪艺风先生行状》相对照。在历史研究所的藏书中,见到了《清史例案》,其中有缪荃孙与杨钟羲、于式枚、吴士鉴、秦树声、陶葆廉等六人同呈的《谨拟开馆办法九条》。

在北京访书期间我拜访了谢国桢先生,向他请教。他告诉我历史所的袁行云先生住在呼家楼,收藏有缪荃孙与章钰、吴昌绶等人的通信,陕西师大黄永年先生收藏有一部缪荃孙眉批过的《艺风藏书记》。离开北京前,我拜托叶桂生先生帮忙,复印缪荃孙与章钰、吴昌绶等人的通信。我又到武汉,在武汉大学姚薇元先生的帮助下,在湖北省图书馆看到了缪荃孙参与编纂的《湖北通志稿》,但志稿因受潮而缺损,有些页纸张已粘在一起,无法揭开。离开武汉后,我又去长沙访书。

回到上海后,我收到了叶桂生先生寄来的复印件,看到袁行云先生汇编并加题跋、说明原委的《荛跋案件》。复印件的十余封书信中,不仅有缪荃孙与章钰、吴昌绶的通信,还有与王国维、董康的通信。从中可见缪荃孙校辑《荛圃藏书题识》与《荛圃刻书题识》时,他与这几位学人之间的争议。我又写信给黄永年先生,请求借阅他收藏的《艺风藏书记》,他回信说邮寄怕丢,待明年春天来沪,把书带给我看。

我向吴老汇报了外出访书的收获与体会,在北京见到了不少有关缪荃孙的重要史料。我认为缪荃孙思想上接受张之洞"中学为体,西学为用"的影响,曾到日本考察学务,是京师图书馆与南京图书馆的创办人。他在当代史、古代史、方志编修、目录学与古籍校刊方面都有建树。缪荃孙应该属于洋务派的史学家,在中国史学从封建史学向近代史学的转变过程中有重要贡献,应该恰如其分地评价其史学地位。吴老对我的看法十分赞成,同意将《缪荃孙史学研究》作为毕业论文,让我大胆放手去写。

1981年春天,黄永年先生来沪,住在师大一村的招待所,那里与吴老寓所靠近,便于晤谈。我到招待所拜访黄永年先生,并带去了《缪荃孙史学研究》的初稿,请他指正。他拿出《艺风藏书记》给我看,说:"缪荃孙晚年经济拮据,靠卖书补贴生活。这套《艺风藏书记》书目旁边的批语,大多是价钱、卖出与否之类,没有太大的学术性。但我们可以从中判断各种书的价值,了解当时的书价、物价。"于是,我就翻阅这部线装书,黄先生翻阅我的论文。大家都翻阅完了,黄先生指着我的论文说写得不错,很下功夫;同时又指出论文引文中存在一个标点错误,我向黄先生表示感谢。

毕业论文经吴老审阅后又重新修改,重点改写了最后一段"余论:史学特点与评价",再将全文5万多字抄写誊清,交付打印。1981年5

月,我的研究生毕业论文答辩提前举行。论文答辩委员会主任是顾廷龙先生,时任上海图书馆馆长,著名版本目录学家。《艺风堂友朋书札》本是上海图书馆的旧藏,由顾先生主持标点出版的。吴老请他做答辩委员会主任,实在是最合适的人选。委员有吴泽师、袁英光先生、汤志钧先生与叶桂生先生。记录答辩的秘书,由刘寅生先生担任。可见当时对这场答辩的重视。

我是当时华东师大历史系"文革"后第一个进行研究生论文答辩的人,心里不免有些紧张。但我在读研究生前毕竟做过十几年中学教师,对答辩还是充满了信心。对本人宣读论文要点,我作了充分的准备。答辩时提出的问题,我基本上都简洁明了地回答了。当汤志钧先生问到缪荃孙与《常州先哲遗书》的关系时,我只能实事求是地说缪荃孙参与了其事,具体情况我不太了解。答辩结束宣布通过后,我向汤先生请教,他说这不算什么大问题,《常州先哲遗书》是盛宣怀的父亲请缪荃孙帮助编纂的。我心里想,汤先生是常州人,吴老也是常州人,问我这个问题,也不算为难我,只能怪我自己准备得还有所不足。

论文答辩结束后,我在华东师大还住了一段时间。袁英光先生让我把缪荃孙的生平、思想及清史研究与编纂方面的成就合在一起,写成一篇《缪荃孙与清史研究》的文章,以便收入《中国近代史学史论集(上)》。《缪荃孙史学研究》全文的主要内容,后来由袁先生压缩,编入了吴老主编的《中国近代史学史》下册第 2 编第 2 章第 3 节"缪荃孙史学"中。

离开华东师大前,我按照桂遵义老师的要求,把做毕业论文时复印的全部资料都交给了周朝明同志,当时他负责保管史学所的各种材料。当我离开华东师大时,胡逢祥同窗招了两辆机动三轮车,帮助我把行李运到真如火车站,送我上车,我向他表示感谢。

三、执教苏州吴老对我的指引与支持

我研究生毕业到苏州执教,是吴老安排的。时任江苏师范学院历史系副主任何保罗先生是吴老的学生,又与袁英光先生是同学、同乡,关系密切。所以，吴老就介绍我回苏州工作，说苏州离上海近，便于今后联系。临行前，吴老与我谈话，一如上课的风格，严肃而亲切，他再一次强调："史学史研究不是目的，目的是为了更好地研究历史；研究历史也不是目的，目的是为了更好地服务现实，经世致用，以史为鉴。"然后说："你到苏州后肯定要教一门基础课中国古代史，还可以教一门专史中国史学史。但这还不够，你至少还得再教一门断代史。"我回答："一定以老师为榜样，再深入研究一门断代史。目前的初步考虑是选择魏晋南北朝史，我已经购买了唐长孺先生的《魏晋南北朝史论丛》与《魏晋南北朝史论丛续编》，做这方面的准备。"吴老听了很高兴，找出一份《魏晋南北朝世族地主政权的演变》的打印稿，赠送给我，说这是他50年代给研究生讲课的讲稿，让我带回去参考。我向吴老表示感谢。这次谈话，吴老指明了我到苏州工作后学术上的主要努力方向。

1981年10月，我到江苏师范学院历史系报到后，果然让我教《中国古代史》，这就成了我在苏州上课的主要工作。

1982年2月的一天，我收到谢国桢先生托人带给我的一封信，说他南下访书，住在乐乡饭店，约我去晤谈。第二天，恰巧是寒假后开学的第一天，要打扫办公室卫生，我打扫完卫生赶到乐乡饭店，谢老已外出访书了。等到傍晚，谢老才回来，说是一早就去吴江图书馆看书，见到一些好书。他当时正在写《江浙访书记》，十分兴奋。晚饭后，谢老问我到苏州后安排什么工作，我说："这学期就上课，从三国鼎立讲起，先讲到隋灭陈。然后再备课，暑假后再从原始社会讲到东汉。"他说："这与你原来研究生时学的东西相距很远。"然后就跟我介绍起刘师培的《中古文学史讲义》，说这本书写得好。谢老谈话就是这样，开口离不开书，总是侃侃而谈，如数家珍。1981年秋我离开北京时，谢老曾挥毫题诗，馈赠与我，鼓励我"研治乙部"，"讲学吴门"。这次谈话，又给了我很多鼓励。

1982年下半年，江苏师范学院改名苏州大学。1983年起，我又被派到财经学院与法学院讲《中国古代史》，从原始社会一直讲到清代鸦片战争前。结合讲课，我与何荣昌老师、黄正藩老师合作，于1986年编了一本《中国古代史学习指导书》，供本科生与函授生参考。以后我又在历史系开设过《中国史学史》《史学概论》《六朝史》,在历史系旅游专业及外国语学院英语旅游专业结合苏州园林讲《中国园林学》,到文学院基地班讲过《史学概论》,还到过苏州图书馆办的进修班,苏州大学办的干部进修班、新方志编修进修班、中学历史教师函授班等各种不同名称的班上过课。

苏州大学要办成综合性大学,要办成创新型人才基地,对科研的要求也逐步增强。改名苏州大学后的首任校长陈克潜先生,决定聘请吴老为苏州大学兼职教授,帮助历史系加强学科建设。在校本部西门大礼堂举行的聘请仪式上,陈克潜校长亲自给吴老佩戴苏州大学校徽。历史系全体师生参加,我接受系领导的关照,在会上介绍吴老从事马克思主义史学研究的革命经历、师承关系与学术成就、治学风格。此后,吴老每次到苏州来,系领导都让我一起接待,照顾好吴老的生活。

我在苏州大学的主要科研工作,大致可以分为三个方面,是按照吴老指引的方向逐步展开的。

1. 在前人的基础上学步,继续从事史学史研究,其中与吴老相关的有:

① 继续修改研究生毕业论文,将标题改为《缪荃孙的史学成就》,文字压缩到两万五千字以内,发表于《近代史研究》1983年第2期。当年《中国历史学年鉴》编辑部编辑的《史学情报》,很快就刊登了这篇论文的摘要。1984年获江苏省哲学社会科学优秀成果三等奖。

② 继续为《中国历史大辞典(史学史)》撰写释文。我在华东师大学习期间,结合专题研究与毕业论文,写了六个词条释文:鹦粟花、叶德辉、书林清话、缪荃孙、辽文存、辽艺文志。到苏州工作后,又补写了觉颠冥斋内言、浏阳二杰遗文两个词条释文。1983年12月《中国历史大辞典(史学史)》出版,我在收到样书后,发现《藩部要略》的作者祁韵士没有列入史学家的词条,在一次见到吴老时提出这个问题。吴老说可能是对鸦片战争前后清代史家词条撰写的分工上没有衔接好,这个问题可以在将来出《中国历史大辞典》合订本时弥补。

③ 继续深入进行叶德辉研究。在苏州查阅了叶德辉撰序的《吴中叶氏族谱》(辛亥年增修本)、叶昌炽的《缘督庐日记》《藏书纪事诗》,以

及《江苏省立苏州图书馆馆刊》等资料,发表的主要成果有:《〈书林清话〉与书史研究》,《史学史研究》1984年第4期;《叶德辉印〈通历〉一书简介》,《河南大学学报》1985年第1期;《叶德辉评传》(与杜迈之合作,书名请顾廷龙先生题签),岳麓书社1986年版;《叶德辉赠曹赓笙〈观古堂藏书目〉题跋》,《文献》1990年第3期;《叶德辉的政治生涯与学术活动》,《文史》1999年第2期(总47辑),中华书局1998年12月第1版;《〈藏书十约〉与编刻家集》,收入《吴门探史录》上编,黑龙江人民出版社2009年版。

④ 应刘寅生先生与周一平同志组稿,撰写《王韬的〈法国志略〉和〈普法战纪〉》,收入吴老主编《中国史学集刊》第1辑,江苏古籍出版社1987年版。

⑤ 应袁英光先生组稿,撰写《〈碑传集(附续、补、三编)〉评介》,收入仓修良主编《中国史学名著评介》第3卷,山东教育出版社1990年版。此文对钱仪吉的《碑传集》、缪荃孙的《续碑传集》、闵尔昌的《碑传集补》、汪兆镛的《碑传集三编》作了全面评介。

⑥ 应邀出席华东师大1987年举办的王国维国际学术研讨会,会议期间吴老在高家莺老师陪同下,和全体与会代表一起到浙江海宁盐官镇参访了王国维故居,我第一次见到了高老师。我这次提交会议的论文是《王国维与〈魏石经考〉》,经袁英光先生增补修改,以"司马平"的笔名与我联名发表,收入吴老主编的《王国维学术研究论集》第3辑,华东师范大学出版社1990年版。后来又收入袁先生的著作《王国维——新史学的开山》。

⑦ 应邀出席华东师大1990年举办的何炳松史学研讨会,会议赠送《何炳松文集》与《何炳松纪念文集》(刘寅生、谢巍、何淑馨编),当时我没有提交论文,最大收获是对《新史学》有了进一步了解。2006年我到扬州大学出席"走向世界的中国史学"研讨会,提交了一篇《要重视史学流派的研究》,其中提到"改革开放以来,中国大陆学者对《新史学》的看法,显然有了很大变化",正是得益于何炳松史学研讨会的启发。此文收入瞿林东先生主编的《史学理论与史学史学刊》2007年卷,社会科学文献出版社2007年版。

⑧ 应邀出席华东师大1993年举办的庆祝吴泽先生80华诞的祝寿会。这次会议开幕的时间,跟江苏省六朝史年会闭幕的时间紧接。我与徐州师大的刘希为、汤其领,都是吴老的学生,在扬州参加年会,必须提前半天离会,才能赶到上海。卞孝萱会长让我们先走。我们就坐船摆渡到镇江,再坐火车到上海新客站。当时地铁3号线尚未开通,在南广场恒丰路坐63路公交车不能直达华东师大,只能在曹杨新村附近下车,天已经黑了。我们每人吃了一碗面,刘希为学长坚持要由他付款。汤其领师弟包里装着一大摞《北朝五史辞典》的词条初稿,行李很重。我们步行了许久,才到达住宿地。他们二位同住一室。我与华中师大的熊铁基先生同住一室,才知道熊先生原来也是吴老的学生。第二天开会,来宾很多,会场气氛热烈。我印象较深的是:校领导致辞后,请叶公崎先生发言。他是吴老解放前教过的学生,时任上海市人大常委会主任。他感谢吴老指引他走上了革命的道路。请戴家祥先生发言时,他徐徐欠身而起,双手捧一个陶瓷酒瓶,说:"我送吴先生一瓶寿酒。"然后缓缓坐下。还有田泽滨先生代表建国后50年代的研究生向吴老祝寿,无锡吴文化公园的高燮初先生也向吴老祝寿。吴老赠送与会代表的《东方社会经济形态史论》一书,都是他预先亲笔签好了名的,真令人感动。这本书对于我进一步领会30年代中国社会史论战的问题有很大帮助。午餐时我才见到袁英光先生,我知道他前一阶段身体不好,因脑血栓动了手术,就送他回师大一村住处。路过吴老住所,袁先生说:"顺便进去看看。"进门后,吴老劝袁先生早些回家休息。我送袁先生回家后,正要告辞,袁先生说:"你慢点走。我还有事要找你帮忙。"我说:"听老师吩咐。"袁先生说:"《南朝五史辞典》的编写,前些时因为我生病被耽搁下来了,简修炜先生主编的《北朝五史辞典》已经搞得差不多了。我想请你帮忙,可惜你又不在上海。"我说:"没有关系,我不在上海,也能在苏州帮忙写词条。我有个在苏大教过的女学生葛红,现在跟简老师在读研究生,正参加《北朝五史辞典》的编写。她家在无锡,常往返于上海与无锡之间,有什么事也可以找她帮忙办。"袁先生打开抽屉,拿出一张纸写词条,让我先帮忙写14个事件词条释文,回苏州写好后寄给他。我让袁老师休息,就告辞了。晚上,吴老又在师大一村

的餐厅订了两桌,自费宴请研究生。第二天我回到苏州后,很快完成了14个事件词条释文,寄给了袁先生。后来,袁先生与胡逢祥同窗又陆续让我写中医药及动植物方面的词条释文,最终都完成了任务。撰写词条的条目与稿纸,都是葛红回家时从上海带给我的;我写好的词条释文,也都是她从无锡回上海时带过去的。写中医药词条促进了我对魏晋南北朝医药的研究,我写了一篇《魏晋南北朝医药与服食养生之风》,发表于《苏州大学学报》1996年第1期,后来又把其内容编入《中国风俗通史·魏晋南北朝卷》第七章"卫生保健与养老风俗"中。

⑨ 纪念顾颉刚诞辰100周年大会暨学术研讨会1993年在苏州举行。吴老在高家莺老师及桂遵义老师陪同下,一起来到苏州,住在道前街西美巷的苏裕饭店。这次会议规格很高,大会开幕式在苏州大学学术报告厅举行,全国人大副委员长费孝通、雷洁琼,政协副主席钱伟长、胡绳都出席大会,发表讲话。他们在讲话中都谈到自己与苏州的密切关系。开幕式结束后转入学术研讨,大会发言的都是与顾颉刚先生身前有过交往的学术界前辈。吴老在会上发言,正面评价了顾颉刚与古史辨派的学术成就及对中国史学发展的贡献。从第二天起,代表们在苏裕饭店举行小组讨论,访问了临顿路悬桥巷顾颉刚先生的故居,还参观了顾颉刚与叶圣陶、王伯祥、郭绍虞执教过的甪直小学。甪直在苏州与昆山的交界处。在会议行将结束之时,吴文化公园就派人把吴老接到无锡去了。这是吴老身前最后一次来到苏州。

⑩ 参加卞孝萱先生主编的《资治通鉴新编》的编写,我任编委,负责魏晋南北朝部分。全书基本告成时,卞先生委托我到上海向吴老汇报情况,并请吴老题签书名。当时吴老已经80多岁,仍欣然允诺,只是说:"这几天手有点抖,写不好,过几天写好后寄给你。"几天后,我收到吴老寄来的墨宝,及时交给了卞先生。吴老遒劲有力的题签,就印在《资治通鉴新编》黄山书社1996年版的封面与扉页上。

2. 开展吴文化研究,为地方经济文化建设服务,这是与吴老的言教身教分不开的。

苏、锡、常是吴文化的中心地区。吴老生于吴地常州,他对吴文化与家乡常州有着深厚的感情。1984年,他为常州母校题词:"怎忘得龙城钟声,难书尽阳湖风物,怀师教学海迴澜,愿乡梓英才辈出。"1987 年吴老到丹阳出席 3—6 世纪长江下游经济开发研讨会,作了精彩发言,可惜我那天因病未能成行,没有能亲自聆听。

我一直主张对吴文化的研究,要把范围放得大一点,历史上吴文化的区域绝不局限于苏州。不同历史时期的吴文化区域是变动的,我们应该实事求是,作动态的研究。

对于乡梓的热爱,我与吴老的心是相通的。我对家乡苏州与母校感情深厚。我的母校苏州市第四中学,前身是苏州私立桃坞中学,创办于清光绪二十八年(1902 年)。从历史演变的长河来看,她诞生于戊戌变法失败后的晚清新政时期。从旧式私塾向新式学校转变,是社会转型的需要。农业文明要转向工业文明,迫切需要建立近代教育制度。桃坞中学经历了辛亥革命、五四新文化运动与抗日战争的考验,并迎来了新中国的诞生。母校前 50 年培养了一大批学有专长而具有爱国心的卓越人才。至今仍为母校学子引以为骄傲的文坛泰斗钱钟书先生,与钱钟韩、张青莲、刘元方等好几位中科院院士,大多是在这前 50 年中就读于母校的。1992 年,我作《母校九十校庆有感》:"桃坞九十庆,群英聚苏城。贾人重贸迁,寒士勤笔耕。读书破万卷,赞助胜千金。物质变精神,教育是根本。"如今母校的一座老建筑已命名为"钟书楼",以纪念这位文史大师。

吴老关怀无锡吴文化公园的建设。我在吴文化的研究上投入较晚,原因是我 1960 年上大学离开苏州,到 1981 年研究生毕业回苏州执教,相隔 21 年,许多情况需要了解与熟悉。苏州研究吴文化的人很多,学术观点也不尽相同,我需要观察分析,辨别孰是孰非,再考虑我应该做些什么。

起初,我把研究生毕业论文中的一段抽出来,改写成一篇《缪荃孙在方志编修上的成就》,交给苏大历史系的苏州地方史研究室,收入 1983 年印行的《苏州历史学会论文集》(内部交流)。后来,做过一篇《近年来江苏地方史研究概述》(与耿曙生合作),刊于《中国史研究动态》1987 年第 6 期。接着,我写过一篇介绍吴地近代科学家的普及文章《李善兰、徐寿、华蘅芳在科学技术方面的贡献》,刊于《中学历史》

1988年第1期；还有一篇论述清代江南史家的论文《王鸣盛对南北朝史的校勘》，收入中国历史文献研究会编《嘉定文化研究》，三秦出版社1990年版。嘉定在清代属苏州府管辖，当时苏州是江苏省省会。王鸣盛与他的妹婿钱大昕，先后在苏州紫阳书院读过书。紫阳书院是江苏省苏州中学的前身，人才辈出。

在主编《青峰学记》的时候，我与苏州市政协文史资料委员会、苏州市地方志办公室发生了较多的联系，撰写《柴德赓与他的老师陈垣》，刊于《学海》1991年第2期。《青峰学记》中的《柴德赓先生传略》（与何荣昌合作），又收入北师大王淑芳、麻星甫主编的《师范群英光耀中华》第15卷，陕西人民教育出版社1994年版。柴德赓先生在上世纪50年代离开北师大来到苏州，创建江苏师院历史系，70年代初病殁于苏州尹山农场。他与吴老交谊深厚，苏州大学博物馆如今收藏有50年代初吴老给柴德赓先生与荣孟源先生的复信，是2007年纪念青峰百年时柴先生哲嗣邦衡捐赠的。柴邦衡最近到我寓所，跟我商量编辑出版《柴德赓全集》的事，听我说华东师大要开会纪念吴老诞辰百年。隔了几天，他打电话给我，说1964年吴老曾经应他父亲的邀请到苏州讲学，讲的题目是关于若干历史问题，而所讲内容多与武则天有关。

世纪之交，苏州大学历史系设立了专门史（江南地方史）的硕士学位点，我才以较多精力投入吴文化研究，并开展为地方经济文化建设服务。为了配合研究生上课及办研究生课程班的需要，我汇编了一本以六朝与近代为主要内容的《江南文化与经济生活研究》的论文集，撰写了一篇《对江南文化研究的回顾与思考》的代序，1999年由江苏古籍出版社出版。我与研究生李家钊合作，撰写了《秦始皇东巡会稽与江南运河的开凿》，发表于《浙江学刊》1999年第6期。又与研究生方南波、潘浩合作，完成了《吴文化与其他区域文化的比较研究》，收入《吴文化与现代化论坛》，江苏古籍出版社2002年版，获苏州市2003年颁发的吴文化论坛优秀成果二等奖。在这篇比较研究的论文中，我们认为近代上海兴起的海派文化，就是中国传统吴地文化吸收海外文化，并与之相结合产生的一种新时代的地方文化。2003年，我在台湾东吴大学出版的《东吴历史学报》第9期上，发表了《吴文化演变的历史考察》，以增进两岸的文化交流。

我对吴文化的研究与对六朝史的研究是相互结合的。退休前发表的相关论文有：①《六朝时期的婚姻与家庭》，《苏州大学学报》1988年第3期，《文史知识》1988年第10期摘登；②《东吴学术散论》（与金召洋合作），《东南文化》1989年增刊；③《魏晋南朝的清谈与经学的玄化》，《苏州大学学报》1990年第1期，人大复印报刊资料《中国哲学史》1990年第3期全文转载；④《吴地人士与东吴兴亡》，《苏州大学学报》1991年第4期，人大复印报刊资料《魏晋南北朝隋唐史》1992年第2期全文转载；⑤《六朝时期蚕桑丝绸棉布生产与人民生活的关系》（与孙立合作），收入江苏省六朝史研究会编《六朝史论集》，黄山书社1993年版；⑥《三国"吴四姓"考释》，《江苏社会科学》1998年第3期；⑦《六朝音乐与舞蹈》，《史林》2002年第3期；⑧《六朝交通路线述论》，《江苏文史研究》2003年第1期。

退休后发表的相关论文有：①《六朝时期的江南园林》，《苏州大学学报》2004年第3期；②《六朝教育格局的多样化》，《南京理工大学学报》2006年第1期；《高等学校文科学术文摘》2006年第3期摘登；人大复印报刊资料《魏晋南北朝隋唐史》2006年第4期全文转载；③《季札及其故里延陵考略》①，《苏州大学学报》2008年第1期；④《孙坚的崛起与战死考》，《南京理工大学学报》2008年第4期；⑤《"天下打拼"说孙权》，《南京理工大学学报》2013年第2期。

退休后我担任《江苏吴文化志》编委会委员，参与了章节大纲的通讯评审，并向主编推荐苏州大学文学院赵杏根教授为第十一章"文学"的撰稿人，后来又对全部志稿作了一个多月的评阅，写出详细的评审意见。这部《江苏吴文化志》已于2013年4月由江苏科学技术出版社出版。今年夏天又冒着酷暑，给《苏州市志》的第二轮修志审稿。同时对苏州园林艺圃的名称变化加以分析，写了一篇《关于艺圃多次更名所具文化内涵的探讨》的短文，放在审稿意见中，供苏州市地方志办公室参

---

① 此文中对延陵季子庙的考证，就涉及《南齐书》卷一八《祥瑞志》、卷二二《萧嶷传》、《陈书》卷二一《萧允传》、《南史》卷四《齐高帝纪》、卷一八《萧允传》、卷四二《萧嶷传》等正史材料；与实地调查所见"涌井"与"沸泉"相印证，延陵季子庙就在今江苏丹阳的九里境内。可见吴文化的研究与六朝史的研究是可以互相促进的。

考,以尽自己的绵薄之力。

3. 在中国古代史方面,我重点深入研究魏晋南北朝史,这也是与吴老经世致用的治学理念相关的。

我原来从事的晚清近代史学研究,与魏晋南北朝史研究虽说隔了很长的时段,但这两个不同时段都属于社会的转型期。历史变迁的规律,古今虽然不尽相同,却有相似相通之处,可以互相比较,有所启发。国家制度的变化,要适应历史与社会的转变,才能出现国家昌盛的盛世,民族才能复兴与振兴。魏晋到隋唐的历史演变就揭示了这一真理。鸦片战争以来,中国进入了一个新的历史与社会的转型期,当前的改革开放只有进行时,还没有到完成时。中国要出现类似唐代的盛世,还任重而道远。魏晋到隋唐的这段历史恰好能为我们提供借鉴。

试图打破以帝王将相为中心的旧史格局,力求立体而细化地再现魏晋南北朝时期的社会风貌,真正写人的生活与人的历史,是我的一个心愿。中国近代史学家王韬,在《重订法国志略·凡例》中,就曾将中西史学的不同特点加以比较。他认为欧洲古代,"素无史职,记载阙如",到近代始有"私史",其搜罗佚事,网举旧闻,又往往"惟纪国俗、物产、舆地",而"事实未备";中国史书"专叙历代治乱沿革,天地变异",而对"国势民情"却略而不讲。相比之下,"西史则间及民间琐事,如发明一事、创造一器,必追原其始,以觇人才之进步、制作之源流",这是西史的优点,"亦记载之所不可废也"。在《法国志略》的编撰中,他吸收西史的长处,以"广述"的形式,专载有关通商、军政、物产、民俗、文化等各方面的琐事逸闻。王韬是中国近代走出吴中,走向世界的先驱人物,他在史书写作上是有创新精神的。我最初学习研究中国近代史学,王韬的著作给我留下了深刻的印象。后来在《史学概论》的教学中,涉猎到法国年鉴学派的史学,对其历史认识论与方法论的更新十分心仪。法国年鉴学派强调长时段是把握和认识历史的关键,强调史学与其他各门科学平等而独立的地位,重视跨学科的总体研究,尤其重视经济、文化、民俗、心理等因素对历史进程的长时段影响。这些认识,正合我心。我把魏晋南北朝作为一个相当的长时段,把当时南北对峙的长江流域与黄河流域作为相对的两大区域,逐步研究其间的分合、异同、变化,并提出问题加以比较。目的在真正打破以帝王将相为主角,以王朝兴衰为中心的政治史的束缚。魏晋南北朝时期佛教的传入与逐步中国化,也启示我认识到史学工作者在学习国外的史学方法时,不能照搬照抄,而要用中国传统的语言,写出自己的民族风格。

我在讲《中国古代史》的备课过程中,撰写了一篇《北魏立三长行均田时间研究综述》(与沙郑军合作),刊于《中国史研究动态》1983年第9期。我在教学与科研相结合、开展魏晋南北朝史研究方面迈出了第一步。

1984年秋,我到四川成都出席中国魏晋南北朝史学会成立大会。熊德基先生恰好就住在我对门房间,休息时间我就去和他聊天。他知道我已经转向魏晋南北朝史研究,非常高兴,说:"这段历史看起来很乱,却很值得研究。秦汉史学会、唐史学会都早就成立了,这次成立魏晋南北朝史学会,是填补空缺的一个很好开端。"他鼓励我好好努力,说:"你们是第一届,要为研究生院增光。"又把他在北京的住址写给我,让我到北京时去他家。这次会议礼聘10位德高望重的学者为学会顾问,吴老与熊先生都在其中。我向这次会议提交的论文是《拓跋鲜卑的起源与〈魏书·序纪〉的史学价值》。在会议上聆听了缪钺、周一良、田余庆、洪廷彦、黄烈、米文平等先生的发言后,觉得自己的文章写得很不深入,十分惭愧。这篇文章我一直不敢拿出去,直到反复修改后才发表于《北朝研究》1993年第1期,题目改为《〈魏书·序纪〉的史学价值》,时间已经相隔快十年了。

对《〈魏书·序纪〉的史学价值》的反复修改,是我有意识地把中国史学史研究与魏晋南北朝史研究结合起来的一个尝试。这种尝试后来还继续进行,发表的论文有:①《〈四库全书〉与魏晋南北朝史研究》,《苏州大学学报》1994年第4期,人大复印报刊资料《中国古代史(一)》1995年第3期全文转载;②《〈荆楚岁时记〉与六朝南方风俗研究》(与孙立合作),《历史文献研究》(北京新5辑),北京师范大学出版社1994年版;③《〈汉晋春秋〉在史学上的影响》,《史学史研究》1996年第2期;④《六朝佛教人物杂传述要》,《历史文献研究》(北京新7辑),北京师范大学出版社1996年版;⑤《六朝道教人物杂传述要》,《苏州大学学报》1998年第1期;⑥《南朝史官制度述论》,《扬州大学学报》2004年第2期;⑦《六朝史学研究的回顾与展望》,瞿林东主编《史学理论与史学史学刊》2009年卷,社会科学文献出版社2009年版。

1985年在卞孝萱先生的带领下,江苏省六朝史研究会成立。这对于以六朝故都南京为中心的江苏地区的魏晋南北朝史研究,是一个有力的推动。

1986年,我担任苏州大学历史系中国古代史教研室主任后,就开始计划组织大家一起编写《六朝史》。拟出章节目录后,我们曾在苏州大学本部南校门内的招待所,向当时正在苏大讲学的唐长孺先生请教,同时参加座谈的还有武汉大学的卢开万先生与苏州大学科研处的郑亚楠老师。唐老对拟目的设想很赞成,仅提出应该把"六朝的职官制度"改为"六朝的官制兵制",这才全面。我们对唐老表示感谢,说书成后出版请唐老题签书名,唐老也欣然允诺了。全书大纲确定后,又明确章节分工。除本系教师外,邀请苏州铁道师院黄佩瑾先生撰写"六朝的阶级结构""六朝的民族融合",南京大学卞孝萱先生撰写"六朝的历史地位"。学校科研处很重视这个项目,1988年4月正式列入江苏省哲学社会科学"七五"规划项目,我作为课题负责人,与田泽滨、何荣昌等主编,最终完成全书的通稿定稿工作。

1989年春夏之交,《六朝史》一书交付给江苏古籍出版社后,恰好吴泽师来苏州度假讲学,我将复印的副本送老师审读并请他撰写序言。吴老在苏州逗留期间来不及读完全部内容,又将复印件全部带到上海认真研读,然后亲自动手,写了一篇很长的序言。在序言的第一段,他开宗明义指出:"六朝史,即东吴、东晋、宋、齐、梁、陈的历史,是魏晋南北朝史的一部分。从中国通史的角度来说,魏晋南北朝史是一部断代史;而对于魏晋南北朝史言,六朝史则是一部专注于南方地区的区域性断代史。因此,这部历史有它自身的特点。当然,我们不能孤立地来看六朝史,应该把它放在整个魏晋南北朝史的框架中去研究。事实上,南方地区不仅有其自身的政治、经济、文化特点,而且由于大量移植,吸收了中原文化,长时间是在南北文化融合中向前发展的。"在序言的第五段,吴老热情洋溢地赞扬我们的研究工作,说:"掩卷而思,我以为《六朝史》是一部成功之作。首先,它在体例上是一种开创。传统史学,尤其是封建史学所谓的六朝史,事实上还包括着北朝史,如司马光的《资治通鉴》,都是以东晋、南朝为正统,将十六国政权和北朝的历史,都包括其中,相当于我们今天所谓的两晋南北朝史,而以南方地区三至六世纪的历史独立成编、名之曰《六朝史》,进行系统深入研究的专门著作,至今所见,还只是这一本。因此,这部《六朝史》,在对三至六世纪南方地区发展历史的综合研究方面,做出了开拓性的工作。"

这篇序言与《六朝史》复印副本,由我从上海取回,把序言交给《苏州大学学报》,编辑加了一个《六朝社会经济政治的发展规律和特点》的标题,先发表于1990年第3期;然后交给江苏古籍出版社,为《六朝史》1991年11月版序。《六朝史》出版后获江苏省哲学社会科学优秀成果三等奖,但我感到该书对文物考古资料的运用还有所不足,于是就决心在这方面狠下功夫。

我反复领会吴老在《六朝史》序言中的教诲,意识到魏晋南北朝史研究,必须把狭义的"六朝"与广义的"六朝"这两种研究相结合,才能不断深化,推陈出新。自《六朝史》问世后,逐步由狭义的"六朝"研究转向广义的"六朝"研究。从20世纪90年代起,我在苏州大学历史系开设六朝史选修课,先后参加了李学勤、徐吉军先生主编的《长江文化史》(第4章"南北对峙与文化交融")、《黄河文化史》(第6章"魏晋南北朝时期的黄河文化"),陈高华、徐吉军先生主编的《中国风俗通史·魏晋南北朝卷》与《中国服饰通史》(第5编"魏晋南北朝时期的服饰")的编写,力求做到宏观与微观、文献与考古、通史与断代、提高与普及相结合。后来,《中国风俗通史·魏晋南北朝卷》(与魏向东合作)又获江苏省哲学社会科学优秀成果三等奖。

2002年9月,南京出版社出版了《六朝民俗》,我又从广义的"六朝"回到狭义的"六朝",看起来似乎是循环往复,实际上却是一个不断探索、迂回前进的过程。这一年刚好我儿子被录取为同济大学的研究生,我与内人一起到上海看望儿子,上午先把《六朝民俗》一书送到吴老家中,吴老当时非常开心,手捧着书连声说:"你成功了,你成功了!"这时吴老已年近九旬,视力欠佳,他先翻阅插图,把有图的页面折了角,口中喃喃自语说:"我慢慢看,我慢慢看。"高家莺老师做好饭菜,给吴老胸前围了一块布,让我们一起吃午饭。这时的吴老,露出天真的笑容,仿佛是返老回童了。午饭后,我们告别吴老,向高老师表示感谢,然后我们就去同济大学看望儿子了。

2003年,我又应邀到华东师大出席吴老的90华诞庆祝座谈会。那天,上海博物馆馆长马承源先生原定是要来祝寿的,但因接待外宾难以到会,他请人送来了礼品与祝词。吴老在高家莺老师的陪同下出席会议,他没有讲话,只是微笑着静静地听大家的发言,内心显得十分平静。此时的吴老已经到了"桃李不言,下自成蹊""待到山花烂漫时,她在丛中笑"的境界。这么多友人与弟子为他祝寿,向他汇报治学的心得与成绩,他从内心深处感到欣慰。

2004年3月31日,我正式办理了退休手续,但学术研究不能停步,要继续笔耕,像吴老那样做到老有所为,老有所乐。我的研究工作,又从风俗文化史的角度,深入到妇女史的视野,试图全方位多角度地开展魏晋南北朝妇女史的研究。

2005年8月6日,吴老与世长辞。这是我国史学界的重大损失。我闻讯后从苏州赶到上海,与华东师大的师友们一起为吴老送行,内心感到痛失良师。

2008年,为了纪念改革开放30年,我自编了论文集《吴门探史录》上、下编(请卞孝萱先生题签书名)。上编为史学与文化研究,收文章39篇,依次为代序1篇、缅怀先贤2篇、史学评论4篇、史学史研究16篇、江南文化研究8篇、读史札记4篇、书评4篇;下编为魏晋南北朝史研究,收文章34篇,依次为南北交往与风俗研究4篇、妇女史研究7篇、三国两晋南朝研究11篇、十六国北朝及隋朝研究8篇、书评4篇,附录已刊史学论著目录汇编1篇及回忆录1篇。2009年5月由黑龙江人民出版社出版,书名寄托着我对吴老的怀念。

我在退休后发表了47篇文章,其中与魏晋南北朝妇女史相关的学术研究论文有23篇:

①《魏晋南北朝时期的妇女服装》,《江苏文史研究》2004年第4期。

② 《三国两晋南朝宫女考略》,《南京晓庄学院学报》2005 年第 1 期;人大复印报刊资料《魏晋南北朝隋唐史》2005 年第 3 期全文转载。

③ 《魏晋南北朝妇女从军考》,《南通大学学报》2005 年第 1 期。

④ 《三国妇女参政考》,《苏州大学学报》2005 年第 3 期。

⑤ 《魏晋南北朝妇女的社交活动》,《襄樊学院学报》2005 年第 3 期。

⑥ 《十六国后妃考略——十六国妇女事迹考之一》,《湖南民族职业学院学报》2006 年第 1 期。

⑦ 《魏晋南北朝妇女的宗教信仰》,《南通大学学报》2006 年第 2 期。

⑧ 《北朝宫女考略》,《苏州大学学报》2006 年第 2 期。

⑨ 《六朝江南妇女的经济活动》,《浙江师范大学学报》2006 年第 5 期。

⑩ 《六朝倡伎考》,《南京理工大学学报》2007 年第 1 期。

⑪ 《两晋南北朝妇女参政考》,《扬州大学学报》2007 年第 2 期。

⑫ 《三国两晋倡伎考》,《襄樊学院学报》2007 年第 3 期。

⑬ 《十六国妇女事迹续考——十六国妇女事迹考之二》,《湖南民族职业学院学报》2007 年第 2 期。

⑭ 《魏晋南北朝妇女的贞节观念与性生活》,《学习与探索》2008 年第 1 期。

⑮ 《从妇女史的视野深化魏晋南北朝史研究》,《传统中国研究集刊》第五辑,上海社会科学院《传统中国研究集刊》编辑委员会编,上海人民出版社 2008 年版;又收入《魏晋南北朝史研究:回顾与探索——中国魏晋南北朝史学会第九届年会论文集》,中国魏晋南北朝史学会、武汉大学中国三至九世纪研究所编,湖北教育出版社 2009 年版。

⑯ 《魏晋南北朝时期与妇女相关的法律问题及司法案件》,《南京理工大学学报》2009 年第 2 期。

⑰ 《魏晋南北朝时期妇女的家务劳动》,《扬州大学学报》2009 年第 2 期。

⑱ 《魏晋南北朝妇女在家庭与社会生活中的地位变化》,《浙江学

刊》2009年第5期；《中国社会科学文摘》2010年1月（总第73期）"历史学"栏目摘登。

⑲《魏晋南北朝夫妇合葬习俗考》，《扬州大学学报》2010年第1期。

⑳《魏晋南北朝妇女丧葬礼仪考》，《苏州大学学报》2010年第2期。

㉑《魏晋南北朝时期的妇女单身葬》，《南京理工大学学报》2010年第3期。

㉒《两晋南北朝列女事迹考》，《阅江学刊》2011年第1期。

㉓《东晋南朝尼姑事迹考》，《南京理工大学学报》2011年第2期。

在专题研究的基础上再写专著，是吴老的一贯主张，他自己就是这样做的。在研究生学习期间，吴老一再向我们强调这一点。这是吴老推崇实学、不尚空言的思想体现。我遵循吴老的教导，从本世纪初开始收集资料，退休后与陈群博士合作，一本七十三万五千字的《中国妇女通史·魏晋南北朝卷》终于在2010年11月由杭州出版社出版了。她撰写了其中"妇女的教育""妇女的才华与业绩"两章。书出版后我发现还有一些遗憾，就是校对中还存在一些疏漏与失误。接着，我又完成了30万字的《六朝妇女》一书，力求精益求精，尽量减少错字。此书2012年4月由南京出版社出版，我发现错字率明显减少，全书中一共不到3个错字。从研究的路子看，我依然是沿着吴老指示的方向，将狭义的"六朝"与广义的"六朝"这两种研究相结合，不断深化，推陈出新。

今年我已经70周岁，到了古稀之年。回忆我的前35年，几乎一事无成，后35年赶上了改革开放的新时代，我在老师的指引下走上了治学之路，生活愉快而充实。实事求是、经世致用的历史学，成了我安身立命、贡献社会、回报国家的事业。

我爱中华民族悠久而辉煌的历史，我爱我的老师与我的学生。我在退休前虽然执教41年，但比不上吴泽师桃李满天下。在纪念吴泽师诞辰100周年之际，我感到最重要的是要有自知之明。吴老1988年7月墨书陆游《冬夜读书》诗云："古人学问无遗力，少壮功夫老始成。纸上得来终觉浅,绝知此事要躬行。"正是这种躬行实践的精神,造就了一代代优秀中华儿女,人才辈出,薪火相传。让我们继承吴老的治学精神,把中国史学推进到一个更新的高度。

2013 年 11 月 28 日于上海浦东金桥

"科学的春天"之回忆
——先生治学方法给我的启迪

赵 俊

1978年3月31日,郭沫若在全国科学大会闭幕式上发表热情洋溢的讲话——"科学的春天",他说:"我们民族历史上最灿烂的科学的春天到来了。我是上一个世纪出生的人,能参加这样的盛会,百感交集,思绪万千。……这是革命的春天,这是人民的春天,这是科学的春天!让我们张开双臂,热烈地拥抱这个春天吧!"(人民日报1978年4月1日刊)

郭老不愧为大师,比喻相当准确而且深远,第一,科学迎来发展的季节;第二,季节当然也是可以转换的。

在这个"科学的春天"之前,1966年至1976年的中国大陆取消高考十年。如果没有1977年12月恢复高考,大陆青年谁想上大学,就只能走基层单位推荐"工农兵大学生"的门径——你懂的。我就根本没有投到吴先生门下学习的机会。

在全国科学大会召开的当月,我作为恢复高考后首批77级大学生,正在辽宁大学历史系的课堂上学习。

一次考试,改变命运的77级学生,我从六年多工龄的工人变成了大学生。当时的大学生,何等意气风发!入学联欢会上,在校的二三年级学生都是工农兵学员,为历史系77级新生送上诗朗诵——《献给三十六只雄鹰》。

弹指一挥间,40年过去,77级现在也几乎全退休了,我们老了!

世界上,新的1977在成长,1977年出生的婴儿,现在已能在各行各业挑大梁了。这几天就有两个消息：1977年出生的马克龙成为法兰西共和国58年来最年轻的总统。1977年出生的颜宁，作为世界顶尖结构生物学家、清华大学生命科学学院教授近日受聘为美国普林斯顿大学分子生物学系雪莉·蒂尔曼终身讲席教授。

我在这里想谈谈吴泽先生教给我的学习方法，如古人所云："授人以鱼，不如授人以渔。"

我于1981年底本科毕业，求学之心颇盛，接着考取本校历史系陈光崇先生的硕士研究生，1984年底硕士毕业后，留在辽宁大学历史系任教，但内心还是想深造。于是在1985年上半年考为上海华东师大史学所吴泽先生的博士研究生，9月初入学，到1988年7月取得历史学博士学位，在先生身边度过3年的学习时间。先生是享誉海内外的史学大家，早年成名，在上世纪40年代即有厚重史学专著问世，当时先生还不到30岁。到了80年代，先生培养出一大批卓有成就的中年学者和风华正茂的青年学者，我也很幸运地成为先生的弟子。

当时，我主要面临着学业如何深入的问题，即如何在历史专业上取得突破。

在这之前，我通过在本科和硕士研究生两个学习阶段，初步打下了学习历史专业的基础。我在辽宁大学的导师陈光崇先生很注意给我打专业基础，他让我通读《资治通鉴》，每天两卷，我读不懂处，陈老师每周答疑一次。这对我打牢古文和古史基础帮助很大。陈老师又请系里长于古文献的杨士孝老师给我上《史记》三家注专门课程。我又通读了《史记》。

可以说，在去上海攻博前，我有了初步的史料研究基础，也写过几篇小文章，但历练远远不够。

先生的教学，颇有孔子之风。他很少长篇大论地给我们博士生讲某一门课，但喜欢和我们坐而论道，采取启发式教学、讨论式教学。先生先讲一个主题，然后博士生们各抒己见，相互补充，也相互辩驳。先生也确实有导师的风范，面对历史研究中的疑点难点问题，总能高屋建瓴，循循善诱，要言不烦，切中肯綮。我们博士生也非常喜欢这种上课方式，不枯燥，收获大。先生的讲授，谈笑风生，妙语连珠，时有治学警句和闪光箴言迸出,对我们如醍醐灌顶,以往一些朦胧的历史谜团往往被先生几句话就揭开了实质。因为先生的思绪如鲲鹏遨游于古今中外数千年历史中,离开了固定教案的文字局限,对某个历史命题的解读,已融会他半个多世纪的治学体验及人生经历。先生虽貌似剖析一个问题,但实际上是用半个多世纪的学问人生去解读这个问题的上下左右、背景渊源、前世今生,犹如用牛刀杀鸡,以大炮轰蚊(此俗语,褒义而用之),对学术难点迎刃而解,所向披靡,使我等未出茅庐小子受益匪浅。

现在回忆,以下几条,先生较为重视。

一是史学研究要为现实服务。

先生认为,史学是战斗的学问,是警醒现实、启迪未来之学问。先生的治学经历,是和他参加中国革命的经历紧紧联系在一起的。早在上世纪四十年代,先生就追随吕振羽等参加共产党的革命工作,学习并宣传马克思主义,用历史唯物主义观点研究中国历史,把研究历史与推动革命结合起来。所以,先生的心目中,治学与革命是相互促进的。先生不赞成脱离政治现实的史学研究。当然,史学与现实的关系也是双向的,历史研究可以古为今用,现实也可以制约历史研究。

史学的功用虽然很广泛,但最重要的功用是鉴往知来,是资治,是为走向未来提供历史经验。了解过去,就知道现在;知道过去和现在,就可以推知未来。由此言之,"历史学"也可以是"未来学"。

二是要有理论思维。

先生认为,要想把一个学科建立起来,要想把这个学科的研究推向深入,就必须建立起研究这个学科的指导性理论。

没有一个理论的把握、理论的抽象、理论的升华,就很难深入历史问题的本质,就难以对历史做出规律性的阐释。没有理论性思维,众多史料就是一盘散沙。所以要用科学的、先进的理论把该学科基本问题统领起来,对于该学科的研究宗旨、研究方法、研究领域等,给予理论说明。

三是要抓时代政治特点及主要矛盾。

首先找出时代的主要矛盾,然后将自己所研究的对象置于当时的时代矛盾中去考察,观察其立场、作为、影响,不是孤立地看待几条史料。

历史上的重要人物、重要学术代表者，都逃脱不了时代政治的影响。时代政治必然赋予其一定的政治倾向，其经历、求学、谋生、仕宦、交友等，必然与时代政治发生千丝万缕的联系。考察研究对象的政治立场如何？他对时代的大是大非问题是何种态度？这种政治态度如何影响了其学术研究方向和研究成果？就能深化对其的认识，就能说清某些单从学术上无法说明的问题。其实，无论历史还是当代，政治都与学术存在关联。纯学术很难存在。政治确实能影响学术的走向、兴衰。离开对时代政治的探讨，很多学术问题也是说不明白的。

四是要真正理解古人，就要把自己代入历史中。

先生对"知人论世"的研究理念有进一步的发掘和拓展。先生认为，研究古人，就要了解古人。要设身处地想古人之所想，思古人之所思，甚至把自己代入历史的时空中，即"穿越"回古代。先生认为，书呆子研究不了历史杰出人物。这揭示出历史与现实的代入代出问题。为什么？以唐太宗为例，这是历史上少有的杰出人物，其雄才大略、民族包容、顾惜民力、虚心求谏、自我批评……是极为罕见的（当然，人无完人，以上只是择优长而言）。试想，研究这样一个杰出人物，实际就是探索唐太宗的内心世界，阐释其战略战术举措的来龙去脉，不仅述其然，还要述其所以然。被研究者是这样的格局气度，研究者也要力求接近这样的格局气度，如此才能深入地而不是肤浅地展现、剖析、评判历史人物。所以，先生在这里也揭示出史学研究者的自身素质问题，要研究好历史重要人物、伟大人物，首先要提高自己的素养。

五是要把研究对象动态地看，砍几段。

先生不赞成那种普遍存在的研究方法，比如研究某个人物的思想——就把那个人的思想史料阅读一下，分几个特点归类，然后想几个小题目，于是就撰写出"某人的思想特点""某人在××史上的贡献及特色"。先生认为这是很幼稚、很懒汉的研究，因为一个人的思想在一生中是不断变化的，不同时期可能有截然不同的特征。比如，青年时激进，中年趋向保守，晚年可能思想倒退。再比如，某阶段崇儒，下阶段迷老庄，最后归于拜佛。所以，简单归纳一个人的思想特征，是肤浅的，甚至是不着边际的。对于一个人、一种体制、一个学派的研究,应该分段分期。任何事物都经历着萌芽、形成、演变过程——初期、中期、末期;初创、发展、鼎盛、衰落。一定要注意时段性,分期、分阶段研究,忌统而言之,囫囵吞枣。

先生的教诲,使我改变了一些过去显得粗糙、幼稚的史学研究方法。在我写作博士论文《〈史通〉理论体系研究》时,注意运用先生教我的研究方法,果然能使史料研究不断推进,使我对《史通》的认识逐步深化,对《史通》作者刘知幾的认识也越来越立体化(见《〈史通〉理论体系研究》,辽宁大学出版社1990年版)。

先生教我的治学方法,是我终生受用不尽的。在此以本文追忆先生的业绩。

深深怀念先师吴泽教授

陈丽菲

先师吴泽教授,是我的硕士研究生导师。我1982年进入吴门,当时考的是华东师大中国史学研究所中国古代史专业隋唐史方向。

我本科就在华师大历史系78级就读。1982年本科毕业时,本系有6位同学一起考吴先生的研究生,当时吴先生已经年届古稀,70高龄了,但却是"文革"结束之后,老先生学术生命第二春的开始。老先生只手擎天,开辟并主持着两个专业,一个是史学史,一个是中国古代史,后来均发展成全国历史教育学界最早的博士点。这是我的母校华东师大历史系名副其实的学科发展奠基石。

一眨眼,35年过去了,我也已年近花甲。同门师弟、母校历史系主任王东教授通知我,要编吴师的纪念文集,希望我提供文章,他来信说:"主要是想给老人家做点事。我们不做,可能就没人做了。"之前,师母高家莺老师也因听了我平时的回忆,嘱咐我,一定要给吴先生写点纪念文字。这些日子,得空就想想,写什么呢? 我有好多的话想写,尤其是对先师的身后冷落。但,以我对先师二十多年跟随中,无片言只语听老人家言人事的印象,他大概还是喜欢我在那些最后的日子里一样,进得门去,高兴地叫一声:吴先生! 我来啦……老师就跟着我的声音,弯起嘴角,无声地笑了起来。

好吧,老师,我们就聊聊家常。希望您老人家喜欢。

一、课业琐忆

当时我们同级生六人考中国古代史专业,考史学史方向的有朱政惠、邬国义、吴修艺同学,考隋唐史方向的有魏承思、李晓路同学,再加上我。因为是"文革"十年停招之后重新恢复高考,当年 77、78、79 级同学大多是在这艰苦的十年中吹尽黄沙始到金、有自学成才意味的有志大龄青年。除晓路师兄外,政惠、国义、承思、修艺等诸兄均长我十岁以上,我以高中生进入大学,本科四年只有拼命读书才能附骥于后,很幸运,这次跟着师兄们一起考上了。

我们隋唐史专业当时有三位导师,除了吴先生之外,还有史学所的袁英光先生,以及从上海教育学院以借调名义过来带隋唐史方向的杨廷福先生,而中国史学所的隋唐史方向,似乎自我们三人之后,也没有再招生过。三位先生都住在当时的师大一村,离校园差不多只一箭之遥,所以教室与老师的家,几乎都是我们的受教常地。我们要感恩上苍,能这样得三位名师同时指导,是非常之福分。三位导师同时带教三名研究生,也许可以说是特殊历史时期,恢复高考之后学位制度草创的一个小小痕迹。

三年中,平时接触得比较多的是袁英光先生,袁先生受命于吴先生,具体指导学业安排,我常到袁先生家去。但研究生的大课,杨先生和吴先生均给我们开过。杨先生的课一大半在家里上,我曾有专文忆念,不再赘述,吴先生的课则基本是在教室上。当时吴先生承担了很繁重的教学行政岗位职务,白天没有时间,我记得经常在晚上上课,应该是史学史的教学内容。吴先生重点讲当代史学的风潮与社会变动的关系,特别是为了抗争半殖民地半封建社会沦落,知识分子与革命党人艰苦卓绝的奋斗历程。这些奋斗包括吴先生自己的亲身体验。

先生出生穷苦,孤儿寡母相依为命,为了不再受人欺凌,祖母、母亲和哥哥合力拼命务农纺织,将聪慧的先生送入常州新式小学中学读书,又升入上海的大夏大学高中,接着考入北京的中国大学,师从红色教授李达与吕振羽先生,走上了以学术研究救中国的道路,几十年中数次危难,但初心不改。

精神矍铄的吴先生经常一讲就讲三四个小时。我一开始不太听得懂吴先生的常州话,但时间长了就完全明白了。而且吴先生讲话很有感染力,随着讲授的内容表情不断,皱眉时非常严肃,凛凛然不可侵犯;

欣喜时开怀大笑,鹤发童颜,慈眉善目。还经常自己给讲话中的人物和事件下评语,"号瓦,号瓦(好哇!好哇!)""拨永宜啊(不容易啊!)"我听得入迷,也不知道记笔记了。记得有几次讲到快深夜11点,只有我一个女生落单回女生宿舍。好在那时社会风气很好,读书氛围也很浓厚,我们女生宿舍四位女同学来自数学系、心理学系、化学系、历史学系,各自认真念书,回宿舍都不早,特别是化学系的女生,做实验有时通宵不归呢。有人晚回来,大家都习以为常。

现在回过头来看,研究生三年似乎是比大学本科四年还要漫长的时间,因为值得记取的事情,比大学本科多得多了。比如导师们安排我们三个隋唐史研究生,公费参加在兰州召开的国际敦煌学大会,以及青年学习班培训活动,这是一次美妙的游学。在会上有幸聆听段文杰、季羡林、姜伯勤等各位中外著名专家学者的报告发言,参观敦煌研究所。印象最深的是聆听朱维铮教授的总结发言,因为朱教授并不以敦煌学研究为自己的专业,但那天他的闭幕式发言,视野之开阔,评点与建议之新颖,逻辑表述之周密,让我叹为观止,觉得上海人海纳百川,海上的八面来风,真是了得!于是回校后偶尔听到朱教授受邀在政教系授课的消息,像得了宝贝一样飞快地跑去听课,一节也不敢拉下,虽然已经是后半段的课了。朱教授讲的是汉魏思想史,中古思想史之前我并不熟悉,但听得津津有味。朱教授一身旧旧的蓝色中山装,套着两只蓝色的袖套,经常在黑板上板书。他有时为了干净特地去拍一拍落下来的粉笔灰,这下就弄得两手和袖套乃至衣襟全是粉笔灰印了。我几次在听课结束后想上去问朱教授问题,但一见他拎起黑皮包,就不敢趋前了。自己还安慰,能听到朱教授横跨上海专门来我们学校讲课,也该知足啦。

那时研究生制度,导师并不年年招生。吴先生带了我们三个一届,就在三年中不再录取隋唐史的其他学生了。老师对学生的要求与呵护,都是蛮高蛮细的。顶顶开心的是导师嘱咐我们趁参会之际,要去瞻仰名震天下的敦煌石窟艺术,因为有时间慢慢看细节,那真是愉悦和感动到令人泪下的经历。还可以骑骆驼,观榆林长城,游玩独步沙漠美景的月牙泉,和复旦的徐连达教授等同游刘家峡水库,品尝正宗孜然好香好香的烤羊肉串、极鲜嫩的煮羊肉、蜜蜜甜的白兰瓜、马奶子葡萄……所以,单程乘火车就要三天的脚肿腰痛,面孔被火车头的煤烟熏得乌黑,极热而没有水漱洗;兰州大学的饭菜盆大得像小脸盆,油条粗得像小杠棒,我因太大太咸太辣太干完全吃不下,捧着饭盆却饿得胃痛哭出来的等等苦楚,全都因为游学带来无限扩展的美好,烟消云散。至于后来学校发给论文资料考察费,又可以周游各地,更是认识祖国大好河山、梳理各地档案资料难忘的回忆。那时的社会远远不如现在富裕,但是教育的环节设置,学校与教师对学生倾尽心力的付出,却是蔚为风气,人心很正,让学子得益良多,终身难忘。

二、论文琐忆

要考虑硕士论文了。英光师让我"不要管能不能写得好,先练习写一篇"。这一篇,让我东改西改,晚上不断去他家受教挨训,足足改了四五遍(也许更多,我已经记不太清了)。这一经历让我明白,写历史论文,每句话都要有出处,每一个字都不能随意褒贬,更何况在运用概念之时。历史学是最讲科学性、资料性和严谨性的。

我喜欢敦煌,喜欢艺术,喜欢社会史和文化史,所以挑学位论文的题目都是靠近艺术和文化的小题目。吴先生招我去家,一问之下,就皱眉头了,说不能鸡零狗碎啊。先生自己本科经济学系出身,后来转向中国经济史、中国社会史乃至思想史、史学史领域,眼光格局宏大,总是希望自己的学生做论文也能入口小而价值大。"要经济,要制度,要通贯",我整日念念叨叨的,翻阅着各类书籍论文。忽然脑子灵光一闪,中唐时期能对抗割据而转折中兴,就和一个大家庭能兴旺发达一样,主要是因了盐政的专卖制度变革,中央政府有钱之后开始的。刘晏的榷盐法,极大地支持了皇权,很周密,很锋利,也很聪明专业,财政三司制一直影响到五代和宋代盐政,但是整个过程当时却没有人专门研究过。我的这一初步设想,首先是被吴师肯定,认为"可以写出新意,填补空白",让我心里落下一块大石头。

其时,廷福师已经因肺癌入院,但入院之前,他给我写了几张字条,介绍我几位隋唐史研究的教授,让我参加会议、活动时,就论文的思路、材料去"请教请教"。但凡接到廷福师介绍手书的,无不对我这个年轻的研究生郑重相待,坐下来和颜悦色地谈话。英光师一如既往,首先让我穷尽一切地收集史料,给我开了唐人文集,以及《文苑英华》《玉海》等书目,让我在历史系资料室一页一页地翻阅,做资料卡片记录。那个时候每天上午学校的广播都放广播体操,广播声一起,资料室的老师和读者大多都出去做操了,我怕时间来不及,总是安坐不动,勤看勤抄,有时到了关门时间,却一下子站不起来了。毕业前确诊患了坐骨神经痛,不知是否与这一段枯坐的经历有关。仅仅是天天在系资料室查阅资料做卡片,就有三四个月或者四五个月之久,我已经记不很清,总之是一到资料室坐下,半个台面就要被我占据。因经常要根据某条记载再去翻阅其他卷或者书的对应材料,以为辨析条贯,《文苑英华》等都是16开大蓝封面的古籍,只要摊开两三本,就把两边椅位的桌面都占下了,现在想想真是少不更事。可当时自己一心查资料,资料室圆圆脸的女老师可好了,总是笑眯眯的,从来没有因此责备过我。当然后来资料还是要查的,那就是用零碎时间了。仔细考证史料,让我马上纠正了《新唐书》在关键史料上的标点错误。毕业论文答辩在1985年结束之后,我曾将论文的这一史料考订抽出来,在《华东师大学报》1987年第2期发表了《刘晏盐法中"官榷""亭户榷"考辨》,至今看来,还是新时期以来研究刘晏盐法相当早的一篇论文。这全是拜三位老师训练我们标点、训练我们史料功夫所赐。

论文写得差不多,得了三万多字了。英光师命我,遵吴师之嘱,先去拜访复旦大学历史系专攻隋唐史的专家徐连达教授,请徐教授为我把把关。记得是一个深秋之日,我早早地到了复旦大学徐教授的家,徐教授非常和蔼亲切地接待我,用了近三个小时的时间翻阅论文,听我回答各类提问,很形象地对我说:你的论文有点像维吾尔族小姑娘的头发,长得又多又漂亮,论文观点本身是站得住脚的。但没有好好地编小辫子。你要动脑筋,把一些没有编起来的头发,用各种形式编成辫子,要说明这些材料。那么,整个发型就好看,论文的说服力就更强了。我在徐先生不厌其烦的教导下听懂了修改的路径。徐先生还请其公子出来作陪,留我用了午餐。我忐忐忑忑地去,高高兴兴地回。之后还有与徐先生的几次交集,比如我们三个隋唐史研究生毕业论文的答辩委员会主席,就是徐连达教授。至今心中对作为深具温良学人风范的徐先生,仍怀有深深的敬意和感激之情。

再稿终于写完,又加了一万多字。那时全是用手写的,稿件一次又一次地改,都是大大小小颜色不一,这次我用了白稿纸用心地抄,每页纸下面用尺笔直地划一道线,作为页下注的地盘,厚厚一沓。论文审阅由吴师亲自操刀,过完年开学之后上交。我终日等待结果,心中惶惶不安。终于,在一个初春三月的下午,吴师召唤我去他家里,谈谈论文。吴师让我坐在他身边,翻开我的论文,将他写在我文稿上的修改意见,一条一条逐字念来,并加以解释。讲解完了,老师让人给我们两人都倒一杯茶,对我说:"休息一下吧!"我一边捧着喝,一边紧望着老师,心里想,论文这是通过了呢,还是没通过?吴师仿佛看穿了我的心思,让我调整椅子坐到他的对面,笑容满面地对我说,这篇论文在史料上和财政制度梳理下了功夫,很有意思。你们年轻人,思路活跃,我以前也想过这个盐法的问题,但是没有你研究得这么深,你写得不错,有新东西,是个好题目,可以继续深入研究下去。但是,你的大背景和贯通的思路不够。你应该打通封建社会的中央集权制变化的几个阶段特点,来看刘晏盐法为什么阻碍重重,为什么能实施,为什么要分权,为什么要监察使……秦汉以来树立的封建制度经过战乱经过少数民族的融入,不断有变化……中唐以前,中国的封建集权制还没有走到中央的皇权集权制,但以此为分界线,开始走向集权模式的成熟,之后有相权和皇权的直接对立冲突和取消,所以,中唐的财政制度变化,是和政治制度的变化紧密相关的,你的论文,要紧紧抓住历史大趋势的变化,集权制度的变化,来观察和解释材料……从秦汉讲到明清,让我首次简明扼要地领受了中国古代政治制度史的要义。

这一课,至少讲了三四个小时,因为已经过了吃晚饭的时间,有人来催饭了,老师还在讲,直到红日西沉,雾霭四起,师大新村已经家家灯火通明。老师家进门就是小客厅,在我印象里,我与老师当庭坐着,可能是讲得热了,屋门大开,灯光从门内直泄出门外,映着屋外的棕榈树影婆娑。除了老师抑扬顿挫的讲话,其他一丝儿声音,我都听不到。一派梦境样的氛围。

老师起身了,送我出门,站在门口,扬扬手,说,好好体会一下,再好好地修改……我也扬扬手,脆声回答,哎!吴先生放心,我好好改!回身再看看,吴师还在那,点点头。于是我又扬扬手。脚底好轻啊,新村每家都有的四周绿篱一道一道闪过,温暖的春风拂过我的脸庞。

我一直记得,这个春风沉醉的晚上。

1985年底,我毕业留校在出版社工作不久,由英光师带领,与攻读博士学位的晓路师兄等去西安参加唐史年会,同会的还有日本代表团、澳大利亚和香港、台湾等地区的学者,论文按规矩是早就交上去了的,我写的就是论刘晏盐法。到会却得到通知,我的论文要做大会主题报告发言,但不准念稿子。大会报告者多为资深学者,本人的嗓音一直很小女孩子气,常被人笑谈,自觉上不了台面,更何况第一次佩了代表证正式参加国际会议呢。我临阵怯场。英光师和师兄们都鼓励我,自己的研究,放开胆子讲。我写了几段提纲,先要上得台去坐好。下面黑压压一片,我拿定主意,心无旁骛,除了看提纲,只看定自己的老师和师兄们。轮到我,居然就开讲了。我清楚看见坐在前排的几位白发老学者很面善地在问,这是谁的学生啊?我也清楚地看见英光师在对着我微笑。很开心,真的放下心来讲了。讲好下来,一身轻松。

会议散后,大家闲谈,就有当时的唐史学会副秘书长胡戟先生等来说,你的题目、研究很不错,能否把论文写成一本15万字以上的专著,交三秦出版社出版,胡先生本人正在三秦出版社兼编唐史研究丛书职事。我马上去找英光师,怎么办?英光师说:什么怎么办,这样好的事情,你愁什么?三年用功,研究刚刚开始,论文就应该把它结成一个大果子出来!

我愁什么呢?本人一直喜欢社会文化史,其他不论,仅仅是观察图片就可以让我所思所得,高兴半天;而对经济、政治史很不敏感,看到数字遇到计算就头疼,在家里连工资也不爱打理。要不是吴师"要经济,要制度,要通贯",我不会想到去写财政盐法的论文。但论文写了出来,确如吴师所言所教,由对中国古代制度文明角度通贯思考,对我的视野格局立点,都拓宽和提高一大步,并深深影响了我,养成在工作乃至生活中拉长距离思考问题的思维方式。我知道这完全是拜历史学学术素养所赐、是导师们苦心栽培的结果。但当时听到要一头再栽回经济史制度史用功,不免叫我面带愁色起来。磨磨蹭蹭了半年多,忽然发现怀孕了,又呕又吐,于是名正言顺地,就停下了手中的笔。这一停,论文专题的研究,就此打住了。

曾记得那次隋唐史年会闭幕式上,姜伯勤先生做了总结发言。那时77、78级研究生已经毕业上岗,会议开得比较热闹,前景似乎一片光明。姜先生语重心长,反复强调:做学问是一件非常非常艰苦的事情,学术的薪火相传,得人最难。我们都是过来人,其中的苦楚难以言说。现在你们成长得很好,关键是要坚持,要甘于寂寞,甘于贫寒,甘于清冷,要有这样的准备,要准备一辈子做学问,要有勇气,做这样一小撮的人。他讲到激动处,直视我们,脸色发红,双目圆睁,且眼中泪光闪闪,绝对是这位大学者的亲身体验,赠给后辈的肺腑之言,有一种郑重相托的意味。当时很受震动,留下极为深刻的印象。对照姜先生的话,在唐宋盐政的研究上,我是一个很不肯用功的懒人,真的没有坚持下去。每念及此事,我都心中有愧,愧对导师们的栽培教导和期望。

吴先生修改我硕士论文时用的是铅笔。笔迹很粗,笔迹尾时有变细,有点像毛笔字;笔画很规整,一点也不潦草,很好认。好多页上都有,长长短短,不一而足。我长时期保存着老师批改过的论文草稿,从研究生宿舍到现在的清水居,搬家6次,次次小心相待。2014年纪念吴先生百年诞辰前,我还翻出来看过。每每看了又看,总觉得老师元气充沛四溢,品性刚毅热诚,仅仅是这些遒劲的笔迹,就能给我以无限的遐思和力量。要写这篇纪念文章了,我又去找,积年的资料累至屋顶,从三层阁楼到底楼、十来个书架、不知多少个纸板箱,再也没力气翻到了。但是,我心里明白,不管看得到还是看不到,老师精心披阅过的论文,就像含着宝光的珍珠,它闪闪发亮,就在那里。永远在那里。

三、师恩永怀

有几个场景,像相片一样,镌刻在我的心底。

1. 一张便笺

我念念不忘自己喜欢的社会文化史,工作多年后,于1992年,自费申请到日本一桥大学的社会学部读研修生。一桥大学社会学部的学部长三谷孝教授是当时联合国科教文组织中国农村问题联合调查项目小组的组长,身份挺高的。他答应做我的导师并兼身元保证人,但要求出具本校校长的推荐信。政惠师兄对我说,吴先生与袁运开校长关系很好,只要吴先生说,就保准行。我去老先生家之前,心下非常忐忑,请业师帮忙专业转向,是否合适?没想到,吴先生听我说明情况后,一口答应,说历史学本来就包罗万象,不要自我设限,到国外走走开阔眼界,"号瓦,号瓦!"马上手书一张给袁校长的便笺交给我,然后很郑重地对我说:你拿着,到办公楼校长室去见袁校长。不要今天就去找袁校长,明天再去。记住,明天再去。不要忘了。

当时我不理解这是为什么,老师要这样再三嘱咐,叫我等一天再去。年事渐长后,有一天在相似的场景中忽然明白,一定是老先生要先为我打个电话或者做个什么铺垫,给校长说明情况,这样能保证我第二天去了一切顺利。

这张介绍便笺,仿佛带着先生的手温与声影,至今触手若新。现在就在我手边。

2. 望九之年未成的报告书

20世纪90年代中期,我开始协助智良,进行侵华日军二战时期的军事性奴隶制度调查和研究。但到了21世纪初年,国内各方不理解带来的阻碍仍然很多,起初一直将历史真相的还原工作与中日友好问题严重对立起来,将学术与政治搅和在一起,有些人常常把学人的研究成果作为工具看待,极大地剥夺了学术研究的独立性;同时对战争遗留问题视而不见,对一大批战争受害幸存者完全缺乏人道主义关怀,在国际上完全无视国家的道义立场与形象。当时,吴先生已经年近九十,经常住院,我就在师大校园上班,得空就去看看,有时还陪着高师母去,自然就叽叽呱呱,什么都说。一般老师只是听着。应该是2001年,有次我遇到事了,心里有气,到了医院,讲到这个问题,老师脸色不对了。等我注意到时,他侧着头挨着我仔细听,非常严肃地把嘴巴抿起来,下嘴唇努得高高的,眉头皱得紧紧的,眼睛直望着前面,不断地问:后来呢?为什么?等我下一次去的时候,老师自己主动问我,"慰安妇"的问题到底处理得怎么样了?你把详细的情况写一下,我来写报告,我来帮你们想办法。这样不行,这是个大问题,日后要处理的关系会很长。国家应该要管起来,要花大力气调查和研究。可当时我看着老师的手是抖的,都不太下床了。我意识到自己太孟浪,让老师操心了。回去之后智良也说,这个问题太复杂,非一日之功。有些话让老先生听了,非气着他不可。不能让老人家来扛这个梁,不能再和老人家说这个事了。可是吴先生却记着。第二次、第三次,还在问。我只好对他说,暂时平息了。我们好着呢,做我们自己想做的研究,没人能拦得住,没事的,放心。

我觉得老先生完全明白了。我第一次看见他低下头来,叹了一口气,看看自己的手,双手还握了一下。眼前就闪现出仅仅在六七年前一个夏天的场景,吴先生还红光满面,说,"我和家莺(高师母)现在各占一个台面做研究",为了告诉我他身体好得很,特地将猫儿放下,手使劲儿弯起来,果然,手臂上凸出一块肌肉来,顽皮的神色简直就像一个小男孩。在我的眼里,吴先生一直是兴致勃勃的,一派热诚,也一派严肃。约2000至2002年间,我在华师大出版社有幸担任《吴泽文集》的责任编辑工作,仔细阅读过老师20世纪30年代、40年代慷慨激昂抛头颅洒热血的文字,懂他战争年代风雨如晦环境中的奋斗精神、勇敢担当与坚忍不拔。如今快90岁了,老师还要为着他心目中的国家,试图努力做最后的狮子吼。这无奈的一低头,让我深深自责,转而又自励,以及心头涌起我们社会上的各种恨铁不成钢……百味杂陈,热泪夺眶而出。

3."成家立业"

2003年下半年,我从华东师大调出,到上海师大人文学院,任文化典籍系副主任兼编辑出版学专业负责人,着手本科编辑出版专业的创建工作。我从小的理想就是做老师,现在终于如愿到了大学,喜不自胜,自然就想着要告诉自己的老师(此时廷福师和英光师均已先后谢世)。

等调入、排课等一切料理停当,已到深秋季节。此时老师已然基本躺在床上,不太坐得起来了。等我把话讲完,老先生将手从被窝里伸出,紧紧地把我握住,那双手,非常非常的暖和,非常非常有力量,不断摇着,双眼发出亮光,说:"号瓦,号瓦,成家立业,成家立业,成家立业!"我心头一热,忽然就想起我的父亲。这是父亲在我结婚的时候也曾经讲过的话:成家立业,好好生活。老师抖抖索索,又在枕头底下摸索,要找纸和笔,我赶快把纸和笔从自己包里都拿出来给他,原来,老师要我把工作的地址和单位等通信方式写下来。"你写下来,我保存好,不要忘记。"我再一次热泪盈眶。噙住了眼泪,笑着对老人家说:"吴先生,我也做了老师,您就是太先生了!"

我做了15年最喜欢的工作——在大学里当老师。15年间,每当困顿,或遇欣喜,就常常想起父亲和吴先生同样都讲过的这句话。

吴先生、袁先生、杨先生,你们好吗?在天上都能看得到吗?

2014年,母校华东师大历史系为首任历史系老主任吴泽先生编的《吴泽先生百年诞辰纪念》,收入了大部分老先生手泽。其中,我最喜欢欣赏先生作于1984年《祝母校五十一周年纪念》手书的七言条幅,书法极好,用隶书而作自己的变体,有飞檐翘壁之秀姿,含舒展壮阔之力量,诗句更是情感澎湃,感人至深。本文现将此诗敬录于此,表达我对恩师龙城钟声启蒙于我的感念,并借先生"愿乡梓英才辈出"之古言,衷心祝愿由吴泽教授等一大批老一辈史学家开创的华东师大历史系,老树新枝,百鸟鸣凤,欣欣向荣,蒸蒸日上。

祝母校五十一周年纪念

怎忘得龙城钟声,难书尽阳湖风物。

怀师教学海迴澜,愿乡梓英才辈出。

一九八四年六月十一日　吴泽

忆恩师吴泽先生二三事

李晓路

初识吴先生是在1978年考入大学不久,记得在迎新会上吴先生身为历史系主任与我们78级新生见面时,精神振奋地讲了话,当时先生说的具体话语已经记不太清了,但令我记忆犹新的是吴先生一口常州土音的普通话对大学恢复招考的热情赞颂以及对我们这批学生的殷切期望。

我在大学毕业前报考了吴先生的中国古代史硕士研究生,研究方向主要为隋唐五代史,学校为此还借调了当时工作关系在上海教育学院的著名唐律研究专家杨廷福教授以及本系的袁英光教授协助吴先生指导我们,当时连我一共有三位隋唐史研究生,其他两位是魏承思及陈丽菲。有意思的是,吴先生与杨先生的治学风格完全不一样,吴先生是老一代的马克思主义史学家,也被称为红色史学家,以发现历史规律、探索史学与现实的关系为治学目的,治学上以宏观为主;杨先生则得乾嘉学派真传,以考证、思辨为长,治学上偏重微观;而袁英光先生则介乎两者之间。我们在读研期间,得到风格不同的名师指导,终身有幸。可惜中途杨先生不幸去世,对我们的学业来说损失巨大。

1985年硕士研究生毕业后,决定继续攻读吴先生的博士研究生,当时吴先生一人兼任两个博士点的导师,除了中国古代史以外,还有史学史。那一年吴先生一共招收了6名博士生,3名攻读古代史,3名攻读史学史。古代史专业的除我以外,还有张鸿雁、郝铁川;史学史的是邬国义、朱政惠以及赵俊。吴先生不顾年高事繁,广招研究生的目的,是为了为国家多培养人才,将"文革"10年损失的时间补回来,这是老一辈知识分子共同的心愿。

　　硕士、博士6年学业期间一直得到先生教诲,吴先生讲课时谈笑风生的笑貌也历历在目。吴先生讲课的最大特点是精力充沛、天马行空、谈古论今,气场很足。记得我们每次上课都是去他住宅,他的住宅是师大二村的独栋小楼,有自己的院落,用现在的话说就是一个小别墅。我们多半是下午3、4点钟去,课一上就是两、三个小时,往往下课后回到食堂,菜早就卖得差不多了,所以大家知道,只要去吴先生家,就要准备听他的长篇大论。

　　吴先生是"文革"前的二级教授,我们历史系的吕思勉先生是一级教授,当时华师大一级教授只有两位,还有一位是专研教育的校长孟宪承先生。吕先生是旧式学者,"文革"前就去世了,台湾学者严耕望将他与钱穆、陈垣、陈寅恪并称为"现代四大史学家"。吕思勉先生与吴先生在治学方法、史学思想方面大不同,令我印象较深的是吴先生提到吕先生时总很尊敬。与此相对照的是他对钱穆先生就十分不客气,常常在我们面前批判钱穆的《国史大纲》,称钱穆是国民党御用文人,常提及早年在学术上与钱穆等人对着干的往事,讲到兴奋时常开怀大笑。从治学角度说,吴先生与钱穆先生虽然史学观点不同,但"史为今用"的路数却有异曲同工之处,1949年后马克思主义史学在中国独尊,最近20年新儒学大兴,作为新儒学一派宗师的钱穆先生受到学界的追捧,被称为国学大师,而马克思主义史学反一度被某些人视为昨日黄花。

　　吴先生代表了一个时代的学术流派,他的学术观点在现代学术史上占有一席之地。吴先生是史学大家,记得刚入吴门时,一位前辈就对我们说:"你们很幸运,许多人要想见吴先生一面都很难,而你们却可以直接跟着吴先生学,应该好好珍惜。"回想起来,自己跟着吴先生6年,但却没有学到吴先生的真传,实在惭愧。

　　1988年我博士毕业后去上海交通大学工作,一年后经历风波,对大环境十分失望,于是萌生去国外"镀金"的打算,于是回到华师大请吴先生写推荐信,当时心里有点忐忑,不知吴先生会如何看。想不到吴先生十分开放,他不但一口答应,还鼓励说到外面去交流很好,可以知道外国人对我们中国史的研究现状。不久吴先生就将他写在华东师范大学信笺上的推荐信交给了我,老先生的推荐信一字一笔工整严谨,写了满满一页,令人十分感动。后来我就用吴先生的推荐信联系了日本、美国的学校,先后到摄南大学、明治大学、哈佛大学以及位于西雅图的华盛顿大学做访问学人,其后因缘际会地去了香港工作,再回到美国,先后在新闻、大学及政府机构谋事,逐渐与学界脱离。这次母校母系征集吴先生纪念文稿,触动自己久藏的心情,遂信马由缰地写下一些回忆恩师的文字作为纪念。

倾心教书　悉心育人
——忆恩师吴泽教授

王立民

今年是恩师吴泽教授诞辰100周年。恩师离开我们已有8年，可仍然难忘，特别是那些倾心教书、悉心育人之事，至今还历历在目。

一、因人制宜的施教

恩师在长期的教学过程中，不断总结和积累经验，逐渐形成了自己的施教风格，不仅诲人不倦，还因人制宜。即通过对学生的不同情况，进行有针对性的教学，以达到共同提高和保证教学质量的目的。这成为恩师倾心教书的一个重要方面。关于这一点，我有切身体会。记得1990年那年，恩师共招收了三位博士研究生，分属两个学科，即中国古代史与中国史学史。其中，两位攻学中国古代史，一位攻读中国史学史。我是两位攻学中国古代史中的一位。我们三人的情况大相径庭。一位攻学中国古代史的博士生是日本留学生，名为井上聪。他从日本东京来，在复旦大学攻读中国古代史并取得硕士学位以后，投身到恩师门下，继续攻学中国古代史博士学位。开始时，他的中文不是很好，日常会话不成问题，可碰到专业词汇，就有一些听不懂，写作也有些困难。在学习过程中，他特别关注中国古代的阴阳五行说，博士学位论文也以此为主题，毕业后出版的《中国古代阴阳五行的研究》和《先秦阴阳五行思想研究》都是他学习、研究的成果。① 一位攻读中国史学史的博士生名为臧世俊,在进入博士阶段学习前就在原校取得中国史的硕士学位。毕业后,经过入学考试,在恩师门下攻读中国史学史。他的史学基础较好。我的情况与他们两位都不同,先于1977年至1979年,在华东师范大学政教系学了两年的马克思主义哲学,算是工农兵研究生。毕业后,被分配到华东师范大学分校任哲学课教师。经过自学,转向法学,于1982年考取华东政法学院(2007年改名为华东政法大学)中国法制史硕士研究生,1985年毕业留校任教。1990年投到恩师麾下,攻读中国古代史。我的中国史学根基不是很深。入学以后,想在古代东方法方面作些研究,以弥补当时中国在这一领域研究的不足。可见,我们这一届三位博士研究生情况各异,差别不小。

恩师在教学中,因人制宜,收到良好的效果。我们每周至少上一次课,每次授课的时间均有整整半天。上课地点在恩师家的客厅,每人坐一只沙发。师母高家莺教授毫无架子,热情好客,负责后勤事务,沏茶倒水,次次如此。我们都很感动。每次上课,恩师都会滔滔不绝,一气呵成。上课的内容大致由三部分内容组成。第一部分是史学理论研究,包括历史唯物主义、社会发展形态的研究等等。第二部分是中国史的重大问题的研究,包括土地制度、农民起义、专制制度等等的研究,第三部分是恩师自己的学术观点,包括东方社会的各种形态、西周封建说等等。我们通过第一部分学习,提高了自己的史学理论修养,防止迷失史学研究的方向,实现史论结合;通过第二部分的学习,深刻理解并掌握了中国史中的一些重大问题,为今后的深入研究和撰写博士学位论文打下了基础;通过第三部分的学习,更清晰了恩师在学术上的贡献和中国史研究领域各种学派的基本情况。这三个方面我们都存在不足,通过恩师的授课,得到了有效弥补。

在授课时,恩师还会顾及我们三人不同的学术需求。在讲授到具体内容时,还特别作些点拨和发挥。比如,在讲到先秦时期诸子百家时,会多讲阴阳五行的源流,以增强井上聪对中国古代阴阳五行说的认

---

① 井上聪:《中国古代阴阳五行的研究》,日本翰林书院出版社,1996年版。《先秦阴阳五行思想研究》,湖北教育出版社,1997年版。

识。在讲到各种史学流派时,会突出各种源流的代表人物及其基本观点,以帮助臧世俊进行中国史学史的研究。在讲到东方社会各种形态时,他会在政治形态方面多花笔墨,以帮助我对古代东方法的认识。我们都从中受益。

在课外,我们在与恩师的交谈中,他都会有针对性地进行学习指导。我深有体会。恩师对于法学并不陌生,曾在中国著名的法学院执教过。"(吴泽先生)1937年毕业于北京中国大学。先后执教于重庆朝阳法学院、重庆复旦大学、上海大夏大学"。① 新中国成立以前,中国的法学院有"北朝阳、南东吴"之说。朝阳法学院是中国当时最著名的法学院之一。恩师能在朝阳法学院任教,不会没有法学素质。这样,我们就有了法学的共同语言。交谈中,他就对我进行中国法制史、古代东方法的指导。记得在谈到古代中国、东方社会的土地状况、专制统治与法制的关系时,恩师就讲得十分深刻,我深受启发。

恩师因人制宜的施教,使我受益匪浅。三年以后,我不仅得到了史学博士学位,还增长了史学知识,这些都使我受用一辈子。

二、高要求的治学

博士研究生攻读的是高学位,应向较高的学术水平努力。就读期间十分重要,需要着力加以训练与培养。恩师不仅自己严谨治学,还高要求自己的博士研究生,使我们养成良好的治学习惯。这种要求从入学就开始了。我清楚记得,第一次到恩师家里上课,他就专门提出在校学习期间的治学要求,其中有两个重要方面。一个方面是保质保量完成博士学位论文。除了在质量上要达到博士学位论文的水平以外,他还特别强调论文的字数应在20万字以上。这高于国家要求。在提出这一要求时,还专门解释了其中的理由。恩师认为,一本博士学位论文实际上就是一本学术专著,一本低于20万字的学术专著往往容量太小,不够厚重;如果毕业后,在工作期间再扩充其容量,使其厚重一些,困难就会较大,因为有工作任务缠身,会挤走继续扩充的时间;因此,最

---

① 吴泽:《吴泽文集》第四卷,"后记"。上海:华东师范大学出版社,2002年版,第615页。

好的办法是在全脱产学校期间,抓紧时间,就是辛苦一些,也要克服困难,完成20万字以上的学位论文,为以后正式出版打下基础。我毕业以后的实践证明,恩师的要求十分正确。1993年毕业时,我的毕业学位论文《古代东方法研究》是24万字,尽管以后我没有放弃对古代东方法的研究,但到了2006年才完成出版了此书的第二版,[①]前后隔了10余年,其中的重要原因是工作太忙,挤去了许多研究古代东方法的时间。尽管恩师的这一要求非常合理,但是当我听到以后,还是感到压力很大。在此以前,我的基础是完成3万字的硕士学位论文,现在一下子要达到20万字以上,心里无把握。此后,我把恩师的要求变成了自己的努力方向,压力转化为动力,到毕业时我已形成构思、写作20万字以上专著的能力。我的学术水平由此而得到大幅度提升。

另一要求是保质保量公开发表两篇以上学术论文。恩师对这两篇学术论文的一个基本要求是在1万字以上并公开发表。这个要求在当时,对我来说,也是一个挑战,因为在此前虽然完成过3万字的硕士学位论文,但还从未在学术期刊上公开发表过1万字以上的学术论文。我非常理解恩师的良苦用心,也把其作为自己的努力目标。我的方法是认真撰写学位课程的作业,使其一稿两用。既当作作业,又用作公开发表的论文。这一方法取得成功。毕业前夕,我实现了恩师的这一要求,而且发表的学术期刊都是今天被认为的CSSCI期刊。从中,我的学术水平也得到了提高。

在平时的教诲中,恩师同样坚持高要求。他经常说,史论要结合,不能偏颇;运用史料要恰当,要重视使用最新发现的资料;文章的逻辑性要强,等等。他多次提到有人因为运用史料错误,以导致论文的观点不堪一击的教训。他还特别告诫我,一定要避免用以后的资料来证明以前史实的情况,以致自己的观点无法自圆其说。他还认为,做学问就应有科学、严肃的态度,不能马马虎虎、草草了事;论证一个事实,一定要充分把握信史,仔细求证;不成熟的论文宁可不要发表等等。[②] 这些教导至今还铭刻在心。从今天的视角去回顾恩师的这些教诲,十分有

[①] 王立民:《古代东方法研究》,上海:学林出版社,1996年版。《古代东方法研究》(第2版),北京大学出版社,2006年版。

[②] 王立民:《吴泽先生的教诲》,《新民晚报》2005年12月14日。

利于防止学术腐败,促进学术研究的健康开展。

对于我所研究的古代东方法,恩师十分重视,还专门提出要求,其中包括要把俄罗斯法也列入研究范围。这与马克思主义东方学相关。在马克思主义东方学的理论中,把俄罗斯也作为东方社会的一个组成部分,因为它具有东方社会的一般特征。然而,从法学角度去研究古代东方法,一般包括了楔形文字法、希伯来法、印度法、伊斯兰法和中国法等,没有俄罗斯法。恩师的这一要求对我启发很大,帮助我拓宽了研究视野。为了使自己的研究更为全面,我根据他的要求,把俄罗斯法也归入自己的研究范围。这样,古代东方法的研究体系也较为完整了。事实证明,这一要求非常正确,得到了论文评阅专家的首肯。总之,恩师的高要求治学,切实提高了我的学术水准。

三、重视能力的培养

在跟随恩师 3 年的博士研究生学习中,不仅聆听了大量关于做好学问的教诲,还收获了许多关于能力培育的指教。恩师常常教导我们三人,要重视理论联系实际,不能脱离中国、世界的实际,千万不要做"书呆子"。他认为,光会读书、研究史学问题还不够,还要会运用书本知识、学术成果,去分析、解决问题,指导自己的实践。还常用"通古今指点江山,说未来经纬天地"来勉励我们。[1] 恩师非常强调,史学不仅应研究历史上的史实,更重要的是寻求历史发展的路径,掌握社会历史发展的规律;运用这一规律,就可预测社会历史发展的大方向,研究中国的对策;这就需要能力的培养,而不只是光会读书就行了。在恩师的这一教诲中,我体会到他所讲的能力培养,还包括从事学术研究以外的工作,比如党务、行政管理工作等等。这些工作同样可以锻炼、培养人的实践能力。

恩师知道我在入学前是个"双肩挑"人员。一方面,我是个教师,要从事中国法制史的教学与研究工作。另一方面,我还有管理职能,任校法律系的副主任,分管系的教学管理工作。他也知晓我在毕业后,仍会回到原单位工作。因此,平时的教诲很具个性。现在回忆起来,主要涉

---

[1] 王立民:《恩师吴泽:通古晓今的史学大家》,《档案春秋》2012 年第 4 期。

及三个方面。第一,希望我把学术研究与中国的法制建设结合起来,为这一建设建言献策。那时,中国刚走上法制道路不久,法制的历程才10年多一点,还处在很粗浅的阶段。许多法律有待制订,行政执法、司法还都很不成熟。恩师也体会到这一点,但他对中国的法制发展充满信心,希望我在进行法制史研究的同时,结合中国的国情,以史为鉴,为中国的法制建设建言献策,不要脱离中国法制建设的实践,不能就学术而学术。第二,希望我把法学教育与中国的法制结合起来,为这一建设培养人才。那时,华东政法学院是一所以法学学科见长的大学,培养的学生绝大多数进入公、检、法、司单位,直接从事法制工作。恩师就希望我把好教学关,保证教学质量,培养合格的法律人才,为中国的法制建设增添新鲜血液。第三,希望我培养、提高自己的管理能力,做好管理工作。一个人的管理能力需要在管理过程中不断锤炼,逐渐培养和提高。恩师预计我毕业后返校,仍有可能继续从事管理工作,所以多次教导我,如有这样的机会,不要轻易放弃,因为这是能力培养的平台;一旦走上管理岗位,就需努力工作,不断实践,做出成绩。恩师的这些教诲语重心长,我念念不忘。

恩师在教育我们重视能力的培养时,还常以自己的经历为例,言传身教。从他的谈吐和相关资料可以显示,恩师在上大学以后,就更以国家兴旺为己任,积极参加革命活动,为中国革命事业作贡献。他的能力也从中得到培养和提升。恩师于1933年到北京,就读于中国大学。1935年国民政府与日本签订了丧权辱国的《何梅协定》《秦土协定》,华北、察哈尔沦入敌手。出于义愤,北京的学生掀起了著名的"一二·九"运动,恩师积极参与了这一运动。1936年他加入了中国共产党的外围组织——民族解放先锋队,积极投身于民族救亡斗争。抗日战争爆发后,与几位旧时的同学发起创办了《抗敌导报》,积极宣传全民抗日。因为在此报的创刊号上发表了《从淞沪抗战看中日战争的前途》一文,恩师一度被捕入狱。由于亲友的多方营救,才得以释放。回家后的当日晚上,便写就了《庭讯》一文,揭露了当局的卑劣行径。[①] 抗日战争结束

---

① 吴泽:《吴泽文集》第一卷,"我的治学历程——代序",上海:华东师范大学出版社,2002年版,第4、5页。

以后,恩师回到上海,继续在大夏大学任教。由于以唯物史观研治中国史而著名,故屡遭特务盯梢、抄家,乃至通缉和列入黑名单。但是,他毫无惧色,毅然于1946年10月加入中国共产党。以后,便以一个地下党员的身份,坚守理论阵地,在思想文化战线上为迎接上海的解放和新中国的诞生而紧张地工作。① 恩师的革命实践为我们树立了学习的榜样。

四、病房里的指点

我博士研究生毕业那年,恩师已是八十岁高龄。进入21世纪以后,他的健康状况越加不如以往,许多时间都在华东医院的干部病房里度过。从恩师自撰的《我的治学历程——代序》可以发现,在"文革"期间,他就曾得病而在医院里住了不短的时间。"1966年,史无前例的'文革'浩劫铺天盖地而来。'文革'一开始,我便失去自由,无法从事正常的学术研究工作。不久,又因染疾,在医院里住了一年有余。""文革"结束以后,恩师的健康情况仍不尽如人意,但是他仍坚持学术研究。"从1978年至今,我虽然几度因病住院,心力不济,但还是坚守在史学阵地,尽心尽力地做些研究工作。"之后,随着年龄的增长和病情的加重,住院时间更长,几乎无法再出院正常工作了。

得知恩师住院后,每过一段时间,我总会抽空去探望一下。他总在病房里,有时在走路,有时在晒太阳,有时睡在床上,最心酸的一次是病危抢救,幸好抢救成功,暂时脱离了危险。我记得,只要能讲话,恩师见到我,就会马上提起精神,开始问长问短,了解我的最近情况,关心我的成长。接着,就会讲一些其他问题,包括讲学术、议国事、评时事等等。只要体力能够支撑,讲起来还是那样的津津乐道,有声有色。其中,不乏许多指点。恩师虽然高龄,但还能接受新事物,关注新情况,指点内容很切时势。如今,我印象比较深刻的内容有:从史学的角度去考察、分析、论述了中国改革开放的正确性;社会主义市场经济的优越性;抓精神文明的必要性;中国社会主义事业的大趋势等等。另外,还有东方

---

① 吴泽教授治丧办公室:《吴泽先生生平简介》,2005年8月13日。

学的研究,他还是十分关心。对此,恩师给了我一些指点。首先,他认为,东方社会的意识形态还值得深入研究。东方学中主要有三大部分构成,即经济、政治与意识形态。每一形态之间既独立,又互相联系的。对于东方社会经济形态的研究,恩师自己已有了较为成熟的成果。1993年恩师独著的《东方社会经济形态史论》由上海人民出版社公开出版、发行。对于东方社会政治形态的研究,我的师兄刘学灵作了大量探索,他的博士学位论文也以此为主题。他的这一论文于1995年由上海远东出版社公开出版、发行,取名《东方社会政治形态史论》。我的博士学位论文算是东方政治形态中法制部分的放大和拓展。然而,东方社会意识形态的研究则相对落后,没有系统的研究成果,是个值得研究的领域。其次,研究东方社会形态要与研究西方社会形态结合起来。只有这种结合,才能充分体现出东方社会形态的特点,包括在发展的起点、途径、方向等一些方面的特点。东方学的主体是东方社会形态学。只有把东方社会形态真正把握了,才能真正理解东方学的精髓。最后,研究东方学是为今天的国家建设服务。进行东方学研究的目的,不仅是为了促进学术的发展,更重要的是探索、揭示当前的中国国情,为建设具有中国特色的社会主义事业服务。国际环境复杂多变,中国又没有可以直接照搬的发展模式,只有靠自己独辟蹊径,才能迈步向前。东方学在其中可以提供一个方面的依据。

恩师在病房里还念念不忘指点自己的学生,其精神极其可贵。这也是他悉心育人的又一种突出体现。

回顾恩师的一生,不愧是一位著名的史学大师、史学教育大师和马克思主义史学理论大师。我所取得的成绩与恩师的教诲直接有关,也是他倾心教书、悉心育人的一个成果。我能拜在恩师门下,得到恩师的教诲是一生中之大幸。以后,我仍会牢记恩师的教诲,继续向恩师学习,并努力做到倾心教书、悉心育人。

通古今经天纬地
——吴泽先生的学思历程

王 东

【小传】 吴泽(1913—2005),笔名哲夫、胡哲夫、宋渔和宋衍。江苏武进(今常州武进区)人。著名历史学家。中国共产党党员。1933年9月考入北平中国大学经济学系,师事著名的马克思主义理论家李达和吕振羽等人。在他们的影响和指导下,参加中国社会史大论战。大学毕业后,先后执教于大夏大学、朝阳法学院和复旦大学等校。上海解放后,担任大夏大学校务委员会委员、教务长和文学院院长。华东师范大学建立后,长期担任历史学系主任、中国史学研究所所长。先后担任中国史学会理事和常务理事、上海历史学会党组书记和副会长、上海市华侨历史学会首任会长等职。

1978年起,先后担任第一、二届国务院学位委员会历史学学科评议组成员,历史学科招集人。

吴泽勇于探索,成就卓著。先后出版《中国历史简编》《中国原始社会史》《中国历史大系·古代史》《中国通史基本理论问题论文集》和《东方社会经济形态史论》等重要著作,并发表学术论文百余万字。晚年将其重要著述结集为《吴泽文集》四卷。

【名言】 每个时代总有每个时代的主题,每个时代对历史的认识,总是以这个时代所能提供的一切知识资源与理论深度为前提的。因此,研究历史的人,应该具有"由今知古"的能力。要做到这一点,就必须关注现实生活,从当下的生活实践中,提高自己的识见,选择自己的研究课题。古往今来,一切伟大的历史学家,都是在现实的感召之下而从事历史研究的。

从爱国少年到坚定的马克思主义者

1930年吴泽先生考入上海大夏大学附中，面对光怪陆离的"远东第一大都市"，种种关于中国现实问题的疑问，在他心中生成。他开始走上了把人生理想与国家命运前途结合在一起的学思之路。

九一八事变爆发后，民族危机迫在眉睫。在强烈的爱国主义思想驱动下，先生开始广泛阅读进步读物，尤其是李达的《中国产业革命概观》一书，给他留下了深刻的印象。1933年夏，先生高中毕业，出于对李达的仰慕，报考了中国大学经济学系，并被顺利录取。在李达、黄松龄、吕振羽、张友渔、杜叔林等教授的教诲与影响下，他开始系统地研读马克思主义的经典著作，逐步走上学术研究之路。

先生的大学时代，正值中国社会史大论战方兴未艾之时。在李达和吕振羽的影响下，先生将研究重点放在了中国社会经济史领域，并先后发表了《殷代经济研究》《传说中夏代之家族奴隶经济》和《"奴隶所有者社会"问题论战总批判》等论文，这是社会史论战期间马克思主义史学界在古史研究领域的早期成果之一。

大学期间，先生还比较系统地研究了中国原始社会史。1935年起，他陆续发表了《传统中尧舜禹时代的劳动生产》《传说中之"尧舜禹禅让"说释疑》《史前期中国社会的亲族制》和《史前期中国社会之意识诸形态》等系列论文。毕业前夕，他正式完成了《中国先阶级社会史》一书。李达还为该书写序，郑重推荐。遗憾的是，该书稿在抗战期间遗失了。

挥斥方遒的十二年

1937年7月，在抗日战争即将全面爆发时，先生毕业于中国大学。回到常州老家后，他与几位同学联合创办《抗敌导报》宣传抗战，因对当局有所指责而被捕入狱。出狱后，又撰文揭露当局监狱的黑暗内幕，随后于 1938 年 10 月携家到达重庆。

在重庆,先生一边积极开展抗日爱国宣传工作,一边任教于大夏大学、朝阳法学院和复旦大学等校。这时期,其代表著作有《中国原始社会史》《中国历史大系·古代史》和《中国历史简编》等。《中国原始社会史》是继吕振羽《史前期中国社会研究》之后马克思主义史学界在原始社会史研究领域的又一重要创获。《中国历史大系·古代史》是一部关于殷商史的研究专著。该书是我国马克思主义史学从草创阶段迈向发展阶段的一份具有重要意义的学术成果,在当时产生了很大的影响。《中国历史简编》是先生对其初版的《中国社会简史》一书的修订本,代表着先生自成一家的中国通史体系的初步形成,是我国马克思主义中国通史体系形成阶段中重要的代表性著作之一。

抗战胜利后,有感于当时知识界和思想界的种种现状,先生先后出版了《儒教叛徒李卓吾》《论自由主义》和《康有为和梁启超》三书。这些论著既是先生研究中国学术思想史的重要获创,又是他针砭时弊、启导方来的有感而发之作。

致力于马克思主义东方学的研究

新中国成立后,先生的研究重点集中在马克思主义的东方学理论和中国古代史领域。1955—1960 年间,他几乎把所有的时间和精力都用在学习马克思的东方学理论以及运用这一理论来从事中国古代社会的研究之上,先后发表了《亚细亚生产方式问题研究》《古代东方社会的基本特点问题》和《关于奴隶制的下限和封建制形成的标志问题》等一系列论文,后又将其集结成《中国通史基本理论问题论文集》一书。这是当代中国马克思主义东方学理论研究中的一项重要学术成果。

从 1959 年起,先生还接连发表了《关于曹操在历史中的作用问题》等论文,对中国历史上的一些重要人物进行了全新的评价。

这一时期,先生还对中国学术思想史进行了系统的梳理工作,先后发表了《杨朱的唯物主义思想》《王充的唯物主义哲学思想》《王船山历史观略论》等一系列论文。先生也开始对中国史学史领域产生了浓厚的研究兴趣。先生为中国近代史学史学科的建立,做出了重要的贡献。1961年,先生受中宣部和教育部高等学校文科教材编审办公室专门委托主编《中国近代史学史》教材。

就在先生正值人生盛年、学术上不断取得崭新成就之际,"文化大革命"降临,先生被诬为华东师大第一号"反动学术权威"和"三反分子",横遭批斗,受尽凌辱。尽管其日常生活也受到限制,依然没有动摇对学术的热爱。1971年,先生将病中阅读《新唐书》中《藩镇列传》和《藩镇表》的部分笔记加以整理,写成两篇《考校记》,于"文革"后发表在《史学史研究》上。

高龄犹是笔生花

"文革"结束后,先生先后担任华东师范大学历史学系主任、中国史学研究所所长、客家学研究中心主任、国务院学位委员会第一、二届学科评议组成员、上海市华侨历史学会会长等职。20世纪80年代初,先生被国务院学位委员会授权为中国古代史和中国史学史双学科博士生导师。近20年间,他指导了来自全国(包括台湾地区)及日本和韩国的数十名博士研究生,大多数都已成为学科带头人。

先生的研究还涉及多个方面:

在马克思主义东方学研究方面,面对西方学术思潮的涌入,我国的学术界对于马克思主义社会形态学说的理解出现了越来越多的分歧。有感于这种情况,先生重读马克思主义经典文本,结合近半个世纪的研究成果,撰成《东方社会经济形态史论》一书,由上海人民出版社出版。

先生从20世纪80年代起就积极推动对华侨史的研究,开设华侨史讲座,专门设置华侨史研究室。先生提出创建"客家学"的一系列构想,并撰写了《群策群力,开展客家学研究》和《建立客家学刍议》等论文。在先生的推动下,华东师范大学中国史学研究所率先设立了客家学研究室,后又成立客家学研究中心,先生亲自任中心主任,为新时期客家学的发展与繁荣,做了大量拓荒性工作。

先生在"文革"结束后继续从事教材的编写工作。1989年,他主编的《中国近代史学史》上、下两册正式出版,这是迄今为止第一部系统研究中国近代史学发展史的专著。此外,先生还积极组织和倡导对王国维学术成果的系统整理和研究工作,正式启动了《王国维全集》的重新编撰工作,并被国务院古籍整理出版规划小组列入《古籍整理出版九年规划(1982—1990)》。并在先生的推动下,举办了国际性的王国维学术研讨会,出版了三辑《王国维学术研究论集》。华东师范大学中国史学研究所被学界认为是中国近代史学史研究的重镇、王国维学术研究的中心,先生功不可没。

原载吴铎主编:《师魂:华东师范大学老一辈名师》,华东师范大学出版社,2012年

漫忆吴泽先生

陈鹏鸣

吴泽先生是中国当代马克思主义史学大师,华东师大历史学科的奠基人。我有幸于1993—1996年跟随先生攻读史学史博士学位,正是先生的谆谆教诲,使我得窥历史学的神秘堂奥。近二十年来,耳畔依然时常萦绕着先生的话语。在校期间及毕业之后,我曾撰写过两篇文章,记述先生的思想。为撰此文,我再次翻阅了当年的日记,先生的音容笑貌顿时浮现在眼前,谨以此文纪念先生百年华诞。

一、看尔曹正登时分

那是在1992年的金秋,我拿着硕士导师仓修良教授的介绍信,第一次敲开吴泽先生华东师范大学寓所的大门,开门的是师母高家莺教授,问明情况后很热情地请我进客厅就座,并端上茶水后去请先生。趁此工夫,我打量了一下书房。书房不大,但里面挂了几幅字画,至今我还记忆深刻的是著名书法家苏局仙先生在109岁高龄时书赠吴先生的一幅中堂:"胸罗万古兴亡史,言论纵横一作家。班马文章原不老,高龄犹是笔生花。"中堂的两边是先生戊辰年(1988年)冬手书的对联一副:"通古今指点江山,说未来经纬天地。"这时,吴先生从书房走进客厅,先生此时已经80高龄,虽满头白发,但红光满面,鹤发童颜,精神矍铄。先生平易近人,没有一点大家的架子,仔细了解我硕士论文研究的方向,并问起我的家庭和读书情况。我则表达出想跟随吴先生进一步读博士、做研究的强烈愿望。半个多小时后,我怕耽误先生太多的时间,忙起身告辞。先生和师母一起送我到门前,先生笑着对师母说:"你看他虽出身农家,浑身却透露出书生气质。"先生的这句话,我至今记忆深刻。

通过博士学位入学考试之后,我顺利进入吴先生门下,研究中国近代史学史。入学不到一个月的一天下午,吴先生在回家探亲儿子的陪同下,亲临五号研究生公寓来看我。在我陪先生散步回家的路上,先生就治学方法等问题和我谈了很长时间,这让我感动不已。他说:"博士论文打天下,要站得高,看得远,气势磅礴。博士论文不要赶时髦,要经得起时间的考验,至少能站50年。选题不要太大,也不要太小。选题太大,不易把握;选题太小,不利于今后的发展。应该从大处着眼,不要去搞一个人的研究,那样太微观。应该从宏观上去把握。将研究对象放在宏观上去看,一看就清楚。要选择大鱼,不要去抓小鱼小虾。"他还说,研究历史不要太专,太专则易偏;研究历史要有据点,但又要有发展,前后搭,就能看出所研究问题的重要性。关于史学史研究,他说,没有空头的史学史家,自己最好有两部通史性的专著才能搞史学史研究。不能孤立地去研究史学史,应该找到规律。研究史学史的重点是史学思想、史学家的政治思想及其产生的原因。其实,评价史家的过程也就是表明自己的历史观。

先生特别重视论文中所引资料的权威性,他要求我们在写论文时,尽量不要引用二手资料,对于马恩经典著作,不能全集、选集混用。他说,选集是普通干部学习使用的,引用了全集,为什么又引用选集呢?全集里面有为什么又引用选集呢?乱七八糟,明显是抄来的,很不严肃。

先生学而不厌,诲人不倦,讲课从不照本宣科,而是根据学生的特点,因材施教,"以大海潮音,作师子吼",有时讲得兴起,欲罢不能,我们因此多次误过食堂就餐时间,但听课回去之后,又觉得余音绕梁,欣欣然,收获颇丰。

先生不知老之将至,将书斋命名为"怡然斋",取怡然自得、超然物外之意。他常说:"人老不经风雨,看尔曹正登时分。"鼓励学生们努力学习,攀登学术高峰。但岁月无情,在我毕业前夕,吴先生就因病住进医院,从此不能再招收博士研究生。

作为先生的关门弟子,博士毕业后,我来到北京工作,聆听先生教诲的机会少了,但每到重要节日,我都会打电话或写信向先生和师母请安。1998年秋,我与新婚妻子一道前去上海看望先生,先生与师母都很高兴地与我们合影留念。在给我的信中,先生一直鼓励我努力工作。2004年冬,我带着年仅5岁的儿子到上海华东医院看望住院的先生,可是此时先生已经不认识我了!任凭我和师母在先生耳边喊话,先生却无一言赐教,我心中一酸,眼泪不禁流了出来……

2005年8月6日,吴先生走完他92年人生,永远离开了我们。

二、述往思来著华章

1993年10月,有家刊物约请吴先生撰写《我的历史观》一文,先生遂口述其生平经历,叫我整理成文,因为这个原因,我得以较全面地了解了先生的生平经历和治学旨趣。

吴泽先生生于1913年,江苏武进人。在中国大学读书时,受李达、吕振羽的影响,走上学术研究和革命道路的。读大学期间,吴先生即发表《殷代经济研究》《奴隶制社会论战总批判》等论文,并撰写出《中国先阶级社会史》书稿,吕振羽特地为此书作序,写下《〈中国先阶级社会史〉序》(《世界文化》1937年第1卷第9期),向学术界大力推荐。

1937年7月卢沟桥事变前后,吴先生从中国大学毕业。10月,辗转到达重庆,在吕振羽、翦伯赞、华岗等人的领导下,一边在高校从事教学和学术研究工作,一边在青年学生和朋友们中间开展抗日爱国宣传,取得了丰硕的成果。《中国原始社会史》《中国历史大系·古代史》和《中国历史简编》便是先生这个时期的代表性著作。

《中国原始社会史》是在《中国先阶级社会史》的基础上重新改写而成,1943年由桂林文化供应社出版。书中根据恩格斯《家庭、私有制和国家起源》的论述,系统地研究了中国的原始社会史,确认殷代以前为中国的原始社会。

《中国历史大系·古代史》主要研究殷商社会的性质问题,故此书的副标题是《殷代奴隶制社会史》,成稿于 1944 年,1949 年由上海棠棣出版社出版。书中根据丰富的考古资料,对殷代奴隶制社会的发生、发展、社会经济、政治诸形态,乃至阶级、家族制度、宗教文化等各层面都作了详尽考察,进一步阐明了吕振羽创立的殷代社会为奴隶制社会的论断。书中还较为全面地回顾了中国社会史论战的历程,总结了马克思主义史学家在论战中的积极成果,解决了许多悬而未决的问题,是第一部系统研究殷商史的专著,填补了古史研究上的空白,在当时和此后都产生了很大影响。

《中国历史简编》是吴先生对出版于 1942 年的《中国社会简史》的修订本,原书仅写到春秋战国时代,为了揭示社会发展规律,在新著中他补写了春秋战国到抗日战争时期的内容,1945 年,由峨嵋出版社出版。书中以马克思主义社会形态学说为指导,明确指出殷代以前为原始公社制社会,殷代为奴隶制社会,西周到春秋战国为领主制封建社会,秦汉到鸦片战争前为地主制封建社会,鸦片战争到抗日战争时期为半殖民地半封建社会。本书标志着吴先生自成一家的中国通史体系的初步形成,是马克思主义中国通史体系形成阶段中重要的代表性著作。

抗日战争时期,东西方的殖民主义者胡说中国人种西来说、南来说、东来说等,污辱中华民族人种文化。为了反击这些谬论,吴先生相继发表《中国历史是停滞倒退的吗?》《中国人种起源论》《地理环境在社会历史中的作用》等文,指出中国历史并非停滞倒退,中国人种起源于中国的本土,地理环境对社会历史的发展有一定的影响,但并非决定性,有力地反击了侵略者的奇谈怪论。

1946 年 10 月 24 日,经翦伯赞与华岗介绍,吴先生在上海加入中国共产党。从此,作为地下党员的吴先生在党的领导下,坚守教育、理论阵地。当时,国民党反动派为阻止解放战争的前进车轮,一面施展"和谈"等缓兵阴谋,一面乞灵于"维新变法",宣布竞选总统。"新维新运动"暗流滚滚。一些所谓"中间路线者""自由主义者"们也幻想在不推翻现存政权的基础上,建立资产阶级民主共和国。为此,先生先后发表《保皇党的反动路线和理论》《保皇思想的坠落再坠落》《梁启超的拥袁运动》等文,指出:在近代半殖民地半封建社会的中国,任何自上而下的"维新"、改良运动,都是注定要失败的,只有通过社会大变革,才能彻底完成反帝反封建的历史任务。文章号召人们读史鉴今,"将革命进行到底"。

新中国成立后,吴先生担任新成立的华东师范大学历史学系主任,受教育部委托,先生招收了新中国第一批中国史专业的研究生,前后三届,共30多名。吴先生的治学重点也逐渐转移到社会主义文化建设上来,曾就中国古史分期问题、亚细亚生产方式问题、历史人物的评价问题等发表一系列论文,初步建立起马克思主义东方学理论体系。

吴先生认为,亚细亚生产方式学说是马克思主义社会经济形态理论的重要组成部分,马克思对古埃及、古巴比伦、古印度等古代东方社会和古希腊、罗马等古代西方社会都作过详实的比较研究,他将二者同视为"古代"奴隶制社会,并就各自在公社土地所有制和农村公社制的存废等方面所具有的不同特点,分为东西方两大不同类型,即"亚细亚的古代"和"古典的古代"。这些论文后于1960年结集,书名为《中国通史基本理论问题》。

吴先生运用历史唯物主义的观点,以阶级分析和历史主义相结合的方法,重新评价历史人物的功过是非,先后发表了《评价历史人物的理论问题》《论武则天在历史上的地位和作用》等论文,并对杨朱、老子、孔子、吴起、王充、王夫之、顾炎武、魏源、王国维等人的学术思想进行过专门论述。

正当吴泽先生在学术上成就累累之时,1966年爆发了"文化大革命",先生被诬为华东师范大学的第一号"反动学术权威""三反分子",横遭批斗,受尽凌辱,但是在"造反派"拳打脚踢的淫威面前,先生毫不畏惧,依然豁达乐观,一有机会就继续读书思考。此时,他一定想到司马迁忍辱苟生"述往事,思来者"的往事,像范文澜先生那样,写出一部多卷本中国通史,一直写到当前,为此,他将自己的书斋取名为"迁澜斋"。冷眼笑看窗外风云,静心翻阅古今文献。正是在这种情形下,他写下了不少考据性的读书笔记。1971年,他将阅读《新唐书》中《藩镇列传》和《藩镇表》的部分笔记略加整理,写成两篇《考校记》,后发表在《史学史研究》上。

粉碎"四人帮"后，不白之冤得到彻底洗刷，年近古稀的吴先生重新焕发学术青春，先后担任华东师范大学历史系主任、中国史学研究所所长、客家学研究中心主任、国务院学位委员会第一、二届学科评议组成员、上海市华侨历史学会会长等职。20世纪80年代初，吴先生被国务院学位委员会授为中国古代史和中国史学史双学科博士生导师。十几年里，他培养指导了来自全国（包括台湾地区）及日本、韩国的29名博士研究生，其中绝大多数早已被评为教授，并成为各自所学专业的学科带头人。

在繁重的教学工作之余，吴先生不顾年事已高，依然笔耕不辍，发表和出版了一大批有分量的论著，从内容上看，主要集中在以下几个方面：

其一，关于马克思主义东方学研究。代表性的著作是上海人民出版社1993年出版的《东方社会经济形态史论》，本书既是为了弄清真正的马克思主义，也是为了深入研究、正确揭示中国的国情，为建设具有中国特色的社会主义社会服务，书中还回顾了近代中国社会形态的性质与中国社会史大论战的历史，通过总结其中的经验教训来促进社会主义革命和建设的顺利发展。

其二，关于华侨史和客家学研究。改革开放以来，吴先生较早从事华侨史、客家史的研究，著有《华侨史研究的对象、课题和任务》《马克思恩格斯论华侨》《建立客家学刍议》等论文和讲义，将华侨史、客家学的研究推向深入。

其三，关于中国史学史、史学概论的研究。代表性著作是《中国代史学史》（1989年）和《史学概论》（1990年）等著作。吴先生主编的《中国近代史学史》（上、下册），是迄今为止第一部系统研究中国近代史学发展史的专著，经桂遵义教授修订，于2010年由人民出版社再版。

其四，吴文化和常州学派的研究。20世纪90年代以后，吴先生又将精力投入到吴文化及常州学派的研究上，先后撰写了《新石器时代先吴原始文化探源》《常州学派史学思想研究》等论文，并多次呼吁加强常州学派的研究。正是在先生的直接指导下，我选择了常州学派作为研究方向。

吴先生的时代波澜壮阔，他的学术无疑是时代与政治的产物，他说："我生活的时代就是这样，如果我早生或晚生二三十年，所写文章就不会是现在这样。"

三、鉴古通今为致用

吴先生治学强调"通"，只有通古今中外，才能经纬天地。"通"要求有大器之才。研究对象是广阔的人，研究者也应有大气势。专家只钻一点死胡同，博乃能通，聪明人一旦"专"进很小的一点之中去就出不来了。

吴先生认为必须改变中国通史的编写体系。他常说，他有两个梦想，即重新编辑一套多卷本《中国通史》和一套《中国通史演义》。前者是写给专家学者看的，而后者是给普通读者看的，要用马克思主义理论指导，走向民间，使用民间语言、演义体，将历史知识普及，给读者以科学道理，化成电视连续剧一样，使人人感动，语言明洁，像生活一样，合情合理，历史价值、文学价值并重，尤重历史价值。这两种书里都应将客家史和华侨史包括进去。"但开风气不为师"，希望后来的人能将此两项内容写进通史里去。研究中国史必须放在世界史范围里去，立足中国看世界。所以，每天的《人民日报》《文汇报》一到，吴先生首先翻看第四版的国际要闻。

吴先生治学强调"用"，没有用的东西没有灵魂。什么用呢？用于人类公理、正义、总解放上。他将马克思主义史学研究与现实结合起来，认为研究历史不能离开现实，历史与现实默默相通。历史越看越重，史学家应钻进去看清历史事实，又能钻出来，解决现实问题。研究历史不能书呆子气，要有历史感情，要尊重历史，既不能为历史而历史，也不能历史实用主义。不要用今天的概念去套过去的东西，不要陷进历史的污泥坑中，不要逃避现实，在故纸堆里讨生活；也别陷进现实中去，从历史看现实。搞学问的人不问政治是错误的，不问政治学问是搞不好的，将国家民族利益都忘记了的人，能是一个真正的学者吗？吃的穿的都是老百姓生产出来，你不报答吗？历史是无情的，不适应历史是要被冲进十八层地狱的。

考据之于史学家,不过是一项基本功,基本功不能算学问。哪个史家不考据? 只会考据的人不能称为史学家。考据只是建筑材料,有待我们总工程师去安排处理。调查研究不是考据吗? 马克思不考据吗?《资本论》里有多少数据,不都是考据出来的吗? 马克思考据考的是大问题,是国家民族的根本问题。你辨两个字,我辨大是大非。

吴先生说:"我不忧患个人得失,而是国家民族。我想把马列理论和中国实际结合起来,和人类社会实际结合起来。我是什么学派? 我是马克思主义经世学派。不关心现实的学者不配称历史学家。"先生书桌玻璃下,压放着他手书的明代抗倭英雄戚继光著名诗篇《马上作》:"南北驱驰报主恩,江花边草笑平生。一年三百六十日,都是横戈马上行。"想来先生特别向往戚诗的意境吧。

遥想获中国大陆博士学位的台湾第一人郑梅淑

徐建平

当秋风又一次吹皱了宁静的丽娃河时,从海峡对岸传来了喜讯——台湾立法机构于公元2010年8月19日三读通过三部相关法律修正案,有限制地开放大陆学生赴台湾大专院校就读及正式承认大陆学历。欣喜之余,我不由地想起1995年荣获大陆博士学位的台湾第一人郑梅淑。

一

1990年的秋天,一位已在中国台湾地区和大陆留学了8年之久的日本青年井上聪,考取了著名历史学家、华东师范大学教授吴泽的博士研究生。其时,我在校刊室工作,闻讯后便去采访了攻读中国大陆历史学博士学位的日本第一人井上聪。他个子不高,肤色白皙,戴着一副金丝架眼镜,留着仁丹胡子,笑容可掬。井上聪受其大学教授父亲井上谦尊崇中国的影响,对中国历史文化情有独钟。井上聪赠送给我他父亲所著的中文版《中国大河之旅》,他是主要的译者之一。他说,因为自己发现了在日本社会中无处不在的中国古老传统文化的痕迹和影响,由此激发了学习中国传统历史文化的兴趣。在日本大学水产学系毕业后,井上聪受他父亲指导的台湾留学生鼓励,于1982年赴台湾大学进修汉语。随后,一举考取了该校历史学系,努力地学习和研究中国历史。获得学士学位后,井上聪欣然地来到了上海,考取了著名学府复旦大学历史学系,攻读硕士学位。他郑重其事地对我说:"中国历史的源头在大陆。"

后来井上聪考取华东师范大学历史学博士生,住在靠近校园后门的绿荫环抱的留学生楼,独自住一间。米黄色砖木结构的留学生楼在60年代是给越南留学生居住的,三层楼高,冬暖夏凉。我住在与留学生楼相隔一条林荫道的教工宿舍楼,那是在"文革"中建造的,有4层楼高,比较简陋。我和井上聪相识后,有时会和他在路上相遇打招呼问候,有时也去串门聊天,他还来过我住的寝室。我邀请他给校刊写文章,他欣然答应。他给校刊写的文章一丝不苟,常常是修改数次后才交给我。文稿上留有涂改液的痕迹。井上聪待人接物彬彬有礼,说话富有幽默感。会说一些上海话。房间里堆了不少购买的图书资料。还有随身带来的日本家用电器。他曾笑着告诉我,吴先生快80岁了,精力充沛,每次给他独自上课要上到中午12点钟。自己的肚子饿得咕咕叫了,又不便说,只得振作精神,坚持到底。

冬去春来,校园里姹紫嫣红,百花争艳。我听说吴泽先生招收了一位来自台湾的博士生。我询问井上聪,不料他说和那位台湾博士生郑梅淑熟悉。郑梅淑是井上聪在台湾求学时认识的,好学上进,曾在一起听课学习讨论。郑梅淑获得硕士学位后,在逢甲大学和东海大学任中国历史专业的讲师。她知道井上聪在上海攻读博士学位后,特意要求井上聪给她介绍上海史学界的情况,并推荐专业导师。井上聪热情地为她推荐了自己的导师吴泽先生。为郑梅淑报考博士研究生写推荐信的两位台湾大学教授,在推荐信上称赞郑梅淑品学兼优,其硕士论文《日据时期台湾公学校之研究》极具参考价值,研究潜力很大。

二

1991年的金秋,来自台湾的郑梅淑怀着喜悦的心情,绕道香港,来到了曾是远东第一大城市的上海。在此之前,她曾随哥哥,参加团体组织,以投资考察和旅游的名义,两度到过祖国大陆改革开放前沿的广东省。郑梅淑是在香港参加祖国大陆统一招生的博士生考试,在《中国通史》和《先秦史》的专业学科考试中获得优秀的成绩。这对从小在台湾学习长大的郑梅淑来说实属不易。初试通过后,她获准进入由吴泽先生和数位教授组成的专家组的复试,最终被华东师范大学录取。

初来乍到,秀丽端庄的郑梅淑似乎对一切都充满了好奇。我第一次采访她时是在留学生楼。当时全校仅她一位来自台湾的学生,不大好安排。她一人住一间。大箱子还没有摆放好。自己买了餐具和生活用品,还有电饭煲、微波炉等家用电器。她落落大方地接待我。她说,在台湾的大学教授中国历史课,却没有来过大陆进行学习考察,这一直困扰着她。最终,她放弃了大学讲师的教职,自费来上海读书学习,以弥补自己的专业知识缺憾。她的举动得到了父母家人的支持。郑梅淑的父亲后来还特意托运了一辆轻便摩托车给她。如同许多台湾人祖籍在大陆一样,郑梅淑的祖籍是在毗邻福建厦门的漳州。我告诉她,我的母亲是厦门人。我用闽南话说"喝茶"时,她感到意外。毕竟,两岸阻隔不相往来的时间很长了。

走进郁郁葱葱、繁花似锦的华东师范大学校园,郑梅淑欣喜地看到了大道两旁粗壮高大的梧桐树,宽大的树叶慢慢地由绿变黄。凉爽的秋风渐渐转成了寒冷的西北风。学习生活在春夏秋冬四季分明的上海,她感到新鲜。郑梅淑求学期间,得到了吴泽先生夫妇、同学和校方的关怀。她认真努力地学习专业知识,积极地进行学位论文课题的研究。参加学术会议,实地考察,奔波两岸,收集第一手研究材料。

郑梅淑目睹了上海的巨大变化。她曾在一篇随笔中写道:"上海,这个以人口数量傲视国际的大都市,目前正以迅雷不及掩耳的速度在朝经济起飞的目标迈进中。两年来,变化之大很难用简单几个字来描述。""能看到波蜜这个由果菜汁起家而稳占台湾市场的食品公司在上海露脸,心中又是多么地高兴,就如看到统一、味全、龙凤、新东阳、上品、旺旺、元祖、华元等食品在沪盛行时,一样地难以抑制心中兴奋之情。这不禁使我想起两年前刚到上海学习,却因无法适应此地饮食备受其苦的情景。而今各式台湾食品在沪正逐渐上市,这对我来说是一大福音,也给我在生活中提供了最大的帮助。"我没想到有这么多的时尚食品来自台湾地区。记得她给校刊写的文章中,有些语词用法与我们不同,如多次用了"亮丽"这个词汇,而我们则习惯于写成"美丽"。

当初,郑梅淑最不习惯的是"在生活中不管任何场合,举凡需要付费时均被要求支付外汇券(一百美元等于五百六十外汇券,也等于八百四十人民币),买卖车票、机票、住房等均然,且价钱高出许多。"我告诉她,大陆的经济发展会愈来愈好的。目前,有些地方还是比较落后的。她说,台湾经济发展也不过是从60年代后才发展起来的。蒋经国执政时,经济发展才比较快。

三

三年充实的博士生学习生活很快地过去了。1994年,当收获的季节来临时,郑梅淑以《明清时期海峡两岸的经贸发展关系——以闽台为例》的博士学位论文,通过了由资深教授组成的博士学位论文答辩委员会的答辩,被评价为"这是一篇较高水平的博士学位论文,对500年来两岸经贸发展关系,以宏观与微观相结合的方法,作了细致和合乎实际的论析,填补了区域经济史和经贸史的一个空白点,具有较高的学术价值。"当时,学校没有对外发布新闻。我也没有告诉新闻媒体的记者朋友。因为学位论文答辩通过后,还得上报校学位委员会的审批认可,等到颁发博士学位证书则需要数月的时间。

1995年春节过后,郑梅淑高高兴兴地带了两个10岁左右的侄子,来大陆观光旅游,同时拜访师长和同学朋友。开始,我并不知道郑梅淑来到了上海。但是,我此前多次问过史学所领导有关颁发郑梅淑学位证书的事,希望颁发学位证书的事能让我早一点知道,可以进行新闻宣传。那时,学校里的博士生并不多。有一天,史学所领导告诉我说,郑梅淑的博士学位证书已下发了。过几天,吴泽先生将在他的师大一村寓所里,亲自将学位证书颁发给郑梅淑,届时会有几位教授参加仪式。他要求我也参加。我高兴地将这一消息告诉了校宣传部部长,得到了大力支持。他赶紧作了安排和布置。我急忙去史学所和研究生院查阅和收集相关材料,撰写了新闻统发稿,并联系了新闻媒体记者朋友。校领导对此事极为重视,讨论决定为郑梅淑举行隆重的颁发博士学位证书的仪式,将仪式安排在绛红色办公楼的贵宾室。研究生院和相关职能部门分头筹备仪式工作,备好了博士学位的服装,还有导师、校长穿的颁发学位的服装。

然而,郑梅淑并不知道颁发学位证书仪式的重大改变,包括时间和地点。她住在离虹桥机场更近些的一所大学宾馆里。幸亏她给吴泽先生留下了她住的房间电话。仪式举行前的一天,人文学院的老师白天打了好些电话给郑梅淑,始终没人接听。而郑梅淑飞往香港的机票据说已买好了。一时间大家急得团团转。人文学院的领导冒着寒冷,晚上专程去她住的宾馆房间外等候。直到深更半夜,她才带着两位侄子结束游览回到宾馆。

2月22日的一早,郑梅淑带着两位小侄子,来到了求学三年的华东师范大学。她先去师大一村拜访了吴泽先生。我赶去把新闻统发稿给吴泽先生和郑梅淑过目。我担心地问郑梅淑,新闻宣传会不会对她返回台湾后造成不利影响?她说,没有问题的,台湾还是比较开放的。她反问我,如果记者问她一些敏感的问题怎么办?我想了想说,不能回答就不回答。

博士学位证书颁发仪式是下午1点正式举行。校长和有关部门领导都已等候在办公楼了。穿上博士服的郑梅淑满面春风,神采奕奕。她的小侄子拿着家用摄像机,跟随一旁,不停地拍摄。新华社上海分社的记者率先赶来了。他郑重地要我询问国家教育部,"中国大陆博士学位台湾第一人"的说法是否正确?我说在此之前我没有听说过,也没有看到过相关书刊的材料。尽管如此,我还是赶紧去校长办公室打长途电话证实,化了我不少时间。其他新闻媒体的记者也纷纷赶来了。文字记者和摄影记者一齐出动了。那几天,新闻媒体主要采访报道的是上海市的"两会"(人大和政协的代表大会)。上海两家电视台的采访车也开来了。后来,我才知道《解放日报》的记者收到传真的新闻统发稿后,当天晚上就抢先赶到吴泽先生的家里进行了采访。那是一个较冷的阴天。贵宾室里灯火通明,济济一堂。郑梅淑和导师吴泽先生被记者们团团围住采访。博士学位证书颁发仪式隆重而简短。中央和地方新闻媒体纷纷报道了"台湾青年获祖国大陆博士学位"的消息,不少新闻媒体还跟进进行了深度报道。海外的新闻媒体也纷纷进行了转载报道。吴泽先生的家里那两天是人来人往,高朋满座。郑梅淑不得已再次穿起博士服,让记者们拍照。她发自内心地笑了,笑得是那么地自信和灿烂。

四

郑梅淑怀揣博士学位证书,喜气洋洋地带着两位侄子飞往香港,然后转道回到了台湾家中,和家人分享她的喜悦之情。不久,我收到她寄来的明信片。上面写道:"此番利用寒假旅游大陆,顺便访师友之际,没想到您为我的学位授予典礼花了那么大的心思,安排得那么盛大的场面。除了能在我自己的学习过程中,留下一页辉煌的历史之外,也让我在台湾的父母、亲友们感染了我的荣耀和欣悦。"其实,我一个人是没有如此的力量。这是海峡两岸开放交往和学校、社会各界努力的结果。

《大陆博士台湾第一人郑梅淑》,这是台湾一家报纸的新闻标题。当我见到这则新闻时,已是几个月后的事了。此事惊动了台湾当局,台湾"教育部"出面声明,不予承认大陆学历。吴泽先生的夫人高老师不满地对我说:"井上聪获得博士学位回国后,日本政府承认了。他做了日本大学的老师。郑梅淑拿了祖国大陆的博士学位后,台湾却不承认。这不是怪事吗?"郑梅淑回台湾后,一时找不到可以接受任教的大学,不由得感到困惑。她在1995年5月写了一篇随笔,名为《蛤蜊的联想——政治与学位的反思》,并把它寄给我看。我将此文编发在校刊上,其中写道:"在一连串谋教职失利之后,不禁让我反思:对于学习中国历史的人,难道在大陆学习不同观点、不同角度的历史解释,以及亲身所见所闻的现代历史,不是最真实、最佳的历史见证,以及最佳的教学材料吗?究竟是什么原因,让我无法在社会上贡献一点力量呢?是因为政治立场的对立?抑或只是碍于教育部的'规定'呢?如果是后者,那么这和政府鼓励人民寻求更高深学问的立意不是冲突的吗?又如果是前者,那么在处处显耀民主成就,尊重民意的台湾,又怎么不愿给予'知识'更大的自由,给予'学位'更大的民主空间呢?"郑梅淑学成返回台湾后，与吴泽先生保持着联系。吴先生生病住院，她会挂念在心，不时打电话询问情况，还专程来上海探望。1996年10月的一天，我收到了郑梅淑托高老师转来的一封信。她在信中说："来信中提及此篇短文是否刊登在校外刊物？我认为极好，如果可行，那我会相当高兴的。至于吴先生所担心之事——怕影响我的工作——这点其实无所谓的。因为台湾的言论已经可以公然地批评谩骂李登辉，所以像我这种抒发心情之作，是无妨的。"我从高老师那儿了解了一些郑梅淑的情况。她的博士学位不被台湾"教育部"承认，教师的编制名额已满，她只好在自己的大学母校任兼课教师。

十多年过去了。海峡两岸发生了深刻的变化，尤其是祖国大陆坚定不移地实行改革开放，发生了翻天覆地的变化，欣欣向荣，综合国力跃进世界前列。台湾立法机构于8月19日三读通过三部相关法律修正案，有限制地开放大陆学生赴台湾大专院校就读及正式承认大陆学历。这距离郑梅淑获得大陆博士学位已有15年了。人生有几个15年呢？吴泽先生已于2005年仙逝。两岸艰难的破冰之旅，终于迎来了美好的今天。但愿海峡两岸同胞们的未来会更加和谐美好。

原载《历史教学问题》2011年第4期

辛勤耕耘　桃李芬芳
——记吴泽教授对博士生的培养

华东师范大学中国史学研究所

华东师范大学中国史学所名誉所长、博士生导师吴泽教授,是著名的马克思主义史学家。他培养中国古代史和中国史学史两个专业方向的博士生。从1981年至今,已招收培养博士生20人,其中13人已获得了博士学位。吴泽教授荷笔学林,躬耕教学,积累了丰富的教学科研经验,尤其在培养博士研究生方面。

一、创学派,培养一流的高级科研人才

吴泽教授是我国老一辈的马克思主义史学家,中国东方学的开创者之一。他在马克思主义五种社会形态发展学说、中国古史分期问题、亚细亚生产方式问题、东方社会形态学研究方面,有很多的成果,自成一家。如在古史分期问题研究方面,他是西周封建说的最早主张者之一。他认为历史研究的目的,在于立足于现实社会主义事业,探源索流,究明历史发展规律,解决社会现实问题和指示未来发展方向。他还主张中国历史研究要置于世界史整体中,特别置于东方社会形态史的体系中,进行比较、分析、研究。他并认为,在历史研究方法上,要贯彻古为今用、洋为中用原则,微观研究应与宏观研究相结合,理论必须与实践相结合;要注重中外历史的综合分析,面向世界,走向世界;要追求历史和逻辑的统一。他的宽广视野和学术理论,在海内外颇具影响,也深深影响了他所培养的博士生。几年来的情况表明,他所培养的博士

生基本具备这种素质,体现了研究成果新、理论层次高的特点。如已毕业的盛邦和博士的黄遵宪研究、钱杭博士的中国宗法制研究、张鸿雁博士的古代城市史研究、邬国义博士的司马光《资治通鉴》研究、朱政惠博士的现代史学史和马克思主义史学史研究、赵俊博士的刘知幾《史通》和中国史学批评史研究、郝铁川博士的中国政权史研究、李晓路博士的唐史和唐代经济问题研究、李向平博士的先秦史研究,都发扬了他的学术思想和学术风格,于各自研究的领域里作出了创造性成果。

吴泽教授培养博士生声誉海内外。报考他的博士生的人数也逐年增多,而且影响到海外和台湾。去年,他已收了一名日本弟子,今年又有一名台湾同胞报了名。

二、身教重于言教,培养又红又专的合格人才

吴泽教授是史学家,更是一位投身革命的社会活动家。他经常对学生讲,历史学从来都是讲现实的,尤其是马克思主义史学,研究史学者要着眼于现实问题,以今探古,寻找规律,指导实践;而要做到这一点,首先要关心现实,参加变革现实的实践。也就是说,马克思主义史学工作者,首先应是革命者和社会主义建设者,然后才是史学家,投身革命是第一位的。他还经常给他的学生讲自己的革命经历。他说,中国走上社会主义道路不易,大家都应珍惜今天。西欧封建制社会的建立和完善过程,经历了很长的时期;欧洲近代民主主义革命和建设过程中,也经历了多次复辟与反复辟的激烈斗争;社会主义建设更是艰巨,需要不断实践,不断总结经验,探索前进,规律才能达到完善境界。这就需要一定的时间,要扎扎实实地做好我们的本位工作。

吴泽教授的身教言教,对博士生的影响是深刻的。一位博士生在给他的信中写道:"作为您的博士研究生,不仅能向您学到历史学方面的知识,更能从您那里学会做人的道理,像您那样精读马克思主义著作,钻研东方社会经济形态学说,阐发科学社会主义理论,做一位名副其实的马克思主义史学工作者"。在吴泽教授的指导下,他带的博士生

大都能坚持四项基本原则,毕业后成了所在单位的骨干。

三、培养方法系统有序,标准高,要求严

一是明确科研目标与阶段性培养相结合。新进校的博士生学习一开始,吴泽教授便给学生确定了一个科研目标,即每一个博士生三年毕业时,完成并出版一部 25 万字左右的学术专著(博士论文),一部相应的资料集,发表三至五篇质量较高的学术论文。这一目标的提出,对每个博士生都是一种压力。第一批博士生毕业时便达到了这一要求。也有的博士生在毕业论文答辩时,便呈上公开出版的博士论文,受到有关专家好评。吴泽教授还注重对博士生学习的阶段性的指导,不仅要求博士生每半年交一篇专业论文,而且对读哪些文献也都作了比较具体的规定,使学生能按照导师的意向和要求成长。由于目标明确,学习过程要求具体,他的博士研究生经三年学习,大都能在本学科内开辟新领域,研究新问题。

二是大课教学与个别辅导相结合。博士生的状况比较复杂:年龄差别大,知识领域不一,研究方向各异,学术研究起点、程度不同。为了让每一位博士研究生能得到好的理论水平的指导和扎实的业务基础的训练,吴泽教授坚持给大家上大课,统一大家对马克思主义史学理论和方法的认识。由于博士生的研究方向各有差异,上大课不足以达到因材施教的目的,为解决具体专业和具体的博士论文的辅导问题,他又花费大量心血于个别上课和个别辅导,有时对一个学生的课就要讲到深夜。为了带好日本博士生,他还单独为他做了一些精心的备课工作。吴泽教授为了给学生讲课,常把进餐的事搁之一边,午饭冷了再热,热了又冷,即使卧病在房,也不忘教学,学生来探望他,便坐在病床上认真地辅导起来。博士生对此都深为感慨。

三是提高业务水平和培养社会工作能力相结合。吴泽教授经常强调:研究历史是在总结社会发展规律。书生气太足了是很难认识和解决复杂多变的现实的社会问题的。因此,他对博士生的要求是:理论水平要高,专业基础知识要扎实,社会工作能力也要强。在这一标准

下,他首先强调要真正、系统地懂得马克思主义,让学生读马恩经典作家的原著,读《马克思恩格斯全集》。他还要求研究生把通读和重点读结合起来。如《马恩全集》第46卷中的《资本主义生产以前诸形态》,吴泽教授规定学生至少读10遍。他说,这部书较集中地反映了马克思对东方社会经济形态理论的认识,不下功夫是读不懂的。他认为,利用马克思主义理论优势研究历史,还必须建立在扎实、宽广的专业基础之上。搞中国史的,不懂世界史不行;搞近代史的,不深入了解中国古代史不行;同样,搞中国现代史不通中国古代史,根基是不牢靠的。史学工作者必须首先是通才,之后才能成为专才。所以,吴泽教授对博士研究生的教学要求很具体,也很严格,并且很注意方法的传授,如怎样运用史料,如何分析评价历史人物和事件,如何查找资料,如何注释引文等等。与此同时,他还注意培养博士研究生的社会工作能力,鼓励他们在实践中增长才干,让他们参加学校工作,参加校研究生会的工作,在工作中认识和了解社会,施展才华,贡献能力。

四、十年树人,桃李芬芳

吴泽教授积几十年教学、科研经验,培养的博士生质量较高,已见硕果。

表现之一是培养人数多,毕业研究生获得学位后大都成为所在单位业务骨干。十年来,吴泽教授培养博士研究生20人,在国内文科博士生导师中,是名列前茅的。现已获得博士学位的13人,都成为业务骨干。盛邦和毕业后留校,被破格提拔为副教授,后又担任副所长,现作为访问学者到日本东京帝大作博士后研究工作;朱政惠博士生毕业后,担任研究生院培养处副处长;赵俊在中国社会科学院研究院、郝铁川在华东政法学院均已晋升为副教授;钱杭也在上海社科院做了副研究员;李向平担任了上海大学东方文化研究所的所长助理;最近,在上海交大工作的李晓路也应邀赴日讲学,担任了客座研究员。

表现之二是博士研究生学术成果多。目前吴泽教授培养的博士生中,正式出版博士论文(专著)的有5人,即将出版和待出版的博士论文

(专著)有 6 部。至于博士论文外的学术专著也已有若干部。有的还在海外出版了专著。这些博士研究生发表论文有数百篇,其中多者达 40 余篇。有的论文发表在国内最有权威的《历史研究》上。许多文章还相继被《新华文摘》《中国史研究动态》《史学情报》等刊物转载,有较大反响。有的个人发表文字量就达近百万字。在教学领域方面,吴泽教授的博士生毕业后,还开设了许多新课,如日本文化研究、史学理论讲座、马克思主义东方学研究、中外史学比较研究、中国政权史研究等。有的是国内首次开设的课程。他们还被邀请参加了各种重要的学术会议。

原载《学位与研究生教育》1991 年第 5 期

记者采访

新的生命　新的起点
——访上海师范大学历史系教授吴泽

《文汇报》记者

"这一年来,中国发生了翻天覆地的大变化,我也好像获得了新的生命,工作有了新的起点。"上海师范大学历史系教授吴泽,在接待记者时,激奋地这样说。

在"四害"横行时期,吴泽同志被"四人帮"扣上了"走资派""资产阶级反动学术权威""黑帮分子"等等帽子,遭受种种诬陷和打击。吴泽说:那几年的生活,真沉闷,真难过。但是,我坚信,长夜终究要被黎明冲破,乌云遮不住太阳的光辉,我一定能够得到第二次解放。那时,有的亲戚朋友怕我"再遭风险",劝我不要再搞历史了。但是,我心里清清楚楚,亮亮堂堂。我想,我是一个共产党员,受党教育多年,我要对党负责,我活着就要为革命工作。无产阶级"文化大革命"给了我深刻的教育,使我懂得了一个史学工作者,必须高举毛主席的伟大旗帜,坚持无产阶级专政下继续革命,彻底冲破以往帝王将相旧史学传统思想的束缚,才能搞好史学革命。我决心编写一部以马列主义、毛泽东思想为指导的,真正体现人民群众是创造历史的主人,阶级斗争是推动历史发展真正动力的新的《中国通史》。近几年来,我根据毛主席在《中国社会各阶级的分析》《湖南农民运动考察报告》等光辉著作中关于中国封建社会中存在政权、族权、神权、夫权四条极大的绳索的论述,具体研究这"四权"对人民、特别是对农民压榨的情况,并着重对奴隶奴婢史、佃农佃租史、自耕农民史、城乡雇佣劳动史、士兵生活史等,作了资料长编和专题研究工作,为今后《中国通史》研究和编写作了一定的准备工作。

前几年,吴泽教授因患有肺结核、支气管扩张等病,曾多次吐血,但他住在医院的一年多时间里还是每天坚持工作三小时。出院后,回到家里,他学习范文澜同志忠于党,忠于毛主席,献身历史科学的革命精神,从早到晚每天至少工作八小时,摘录了近一百万字的资料。

吴泽在"四害"横行时期,研究中国通史,虽然有自己的观点,但不想把观点写成文章。粉碎"四人帮"一年来,他的精神枷锁砸掉了,精力越来越充沛,身体一天天好起来。几个月来,他已经按照关于中国通史的学术观点,写了《中国古代神权史》《中国古代阶级斗争形式史》《中国古代政权史》《中国古代族权史》等专论。其中《中国古代神权史》,就是针对"四人帮"诬蔑中国古代农民没有自己的独立思想这一谬论写的。

学习大庆人,吴泽感到自己应该为党做更多的工作。他想起以前曾搞过两年多《中国近代史学史》编写工作,因为被刘少奇、林彪、"四人帮"破坏,人员散了,只搞出一部半成品。但这是历史科学研究一个空白,决心集中兵力打歼灭战,把它先编写出来。他提出建议后,立即得到校党委和历史系党总支的热情关怀和鼓励。编写组成立后,他们针对"四人帮""影射史学"的谬论进行深入批判,进行实事求是的研究,争取在二年内完成《中国近代史学史》《中国近代史学史资料选辑》。

吴泽说,这一年来我的心情舒畅,工作愉快。现在,有华主席为首的党中央高举毛主席的伟大旗帜,我劲头更足了。今后,我只有一个心愿:跟着华主席为首的党中央,干一辈子革命!

原载《文汇报》1977 年 10 月 6 日第 3 版

探索历史领域的工具书

——《中国历史大辞典·史学史卷》评介

胡安权

《中国历史大辞典》(谭其骧教授为编委会主任)第一个分卷《史学史卷》(吴泽、杨翼骧主编)已由上海辞书出版社出版,它是我国史学界集体编写大型历史辞书的又一个丰硕成果。翻开《史学史卷》,使人觉得它具有不少突出的优点。

首先,内容丰赡,体类完备。《史学史卷》共收词目三千六百三十条,包括史学一般、史官、史家、史籍等方面内容。有关史学理论、史学史方面的名词术语,书中都有较为完整和系统的介绍。其次,脉络贯通,条列明赡。在处理词目内容时又做到线条粗细交织,选材详略适度。凡古代史籍的条目释文,除重要者,一般均力求简明,而近代部分则稍详;凡重要史家的生平事迹、师友学生、学术成就以及重要史著的主题思想、史料价值、版本缘由,都予以较详的阐述。对史家各个学派的特点、源流及产生的社会背景,也在相关的条目里作了比较和总结。对多义项的条目,则力图网罗无遗。再次,有叙有论,言简意赅。《史学史卷》注意到各门类释文的规范化,全书五十余万字,力求在体例上达到前后一致,文风上臻于浑然一体。

《史学史卷》最突出的特点还在于收词广博,考证精确。中国是世界上古典文献最为浩繁的国家,人们常常用"浩如烟海""汗牛充栋"这八个字来形容中国史籍的繁富。如何使读者从茫无津涯的书林里钩沉探赜、甄采所需之书呢?《史学史卷》为我们展示了壮观的史书之林,它采录史籍凡二千四百多种,包括史论、史著、典制、表谱、辑佚、史评、注补等,并酌收了部分文集、日记、笔记、游记、诏谕、实录、奏议、专志、谱牒、年谱、书札和历史教科书等。作为工具书,无非是为读者解惑释疑,指点读书的门径。但《史学史卷》对重要史籍则随源甄委,缀补靡遗,对不同版本的史籍,则审勘异同,品藻得失。至于史籍的卷数、篇目和成书时间,也尽可能地一一予以标置和辨析。对某些罕见刊本或汇入丛书、专辑的史籍亦究其指归,明以出处。像《宋略》一书虽已久佚,但该条指出《资治通鉴》《通鉴考异》《文苑英华》皆引有该书之文,以供读者寻绎循览。《史学史卷》还匡正了一些辞书和有关史籍中的阙误,如南宋王梣,各类丛书对其仕履均语不详,条目作者广稽方志,才查明他曾在嘉定三年出知安徽泾县。

综观《史学史卷》,体现了"给读者以寻检之便,予读者以明了之方"这一编纂宗旨,不仅是大学文科学生和自学青年跨入历史研究领域的向导,也是中小学历史教师和文史工作者必备的工具书。

原载《文汇报》1984 年 7 月 9 日第 3 版"书评"栏目

吴泽与王国维研究

贺惜晴

六月上旬,应邀出席"国际王国维学术研讨会",有幸与研讨会主持者——华东师大中国史学研究所所长吴泽教授,作了一夕谈。这位年逾古稀的老学者近几年来对王国维研究作出的贡献,给我留下了难忘的印象。

吴泽教授是我国史学界善于从宏观角度探讨古代史重大课题的著名学者。刚届而立之年,就以《中国古代史大系》一书崭露头角。数十年来,他在中国古史分期问题上,在中国土地制度的研究上,在对古代东方社会形态的探索上,都洒下了辛勤耕耘的汗水。近几年来,他为何对冷漠多年的王国维研究产生了浓厚的兴趣呢?

我带着这个问号,向吴泽教授作了请教。他以颇有点内疚的口吻回忆说,王国维先生对中国近代学术,尤其是中国古史的研究,确实是作出过开拓性的贡献的。我们这代学人,年轻时都受到过王先生学术成果的很大启迪。可是,在"左"的错误的干扰下,王国维及其研究成果也遭到了不应有的漠视。当时,我们在讲授古史时,口头上要"批"几句王国维,可回到家里备课,又总要打开王先生遗书,从中寻求一些教益。这种心情,真不是个滋味。实际上,经过长期的实践检验,证明王先生的许多学术论断,都是符合历史实际的"不易之论",理应肯定他的学术地位;更为重要的是,如今时代不同了,三中全会以来党中央的路线方针的贯彻,为学术研究提供了新的条件和依据,我们理应对王国维及其留下的珍贵学术遗产及时作出全面深入而又实事求是的研究和总结。这项工作,不但对繁荣学术,而且对于探讨我国近代文化的发展、丰富我们社会主义祖国的文化宝库,都是具有重大意义的。

正确的目的,是产生力量的源泉。近几年来,吴泽教授以惊人的毅力,连续写出了《王国维周史研究综论》《论王国维的唐尺研究》《王国维与〈水经注〉校勘》《两周时代的社神崇拜和社祀制度研究》《〈周礼〉司命、灶神与近世东厨司命新论》等等多篇言之有据的论文,在海内外产生了积极的影响。与此同时,吴泽教授还主编了《王国维学术研究论集》,第一、二辑已先后出版展示了我国对王国维研究的新的水平;他所主编的《王国维全集》,分为十五卷,共五百多万字,近年也由中华书局陆续出版,为深入开展王国维研究提供了一套翔实的资料。

问起对王国维研究今后有何新的设想和打算,吴泽教授的回答也是意味深长的。他说,最近召开的"国际王国维学术研讨会",收到的论文近八十篇,内容涉及史学、文学、考古学、金石、哲学、文字学、美学诸方面,这些学术成果,更加开阔了我们的视野。其一,王国维的学术贡献是多侧面的,比如有些学者论证他是"红学家""教育家",对我很有启发,看来,我们的研究计划还应放得再宽些,视线放得更远些,注意对王国维的学术贡献作整体性的全面研究,不能仅仅侧重于古史领域。其二,王国维是深受国内外学术界敬仰的大学者,国外学者对他的研究都产生了浓厚的兴趣。据悉台湾学术界最近也专门召开了王国维学术讨论会。这些学术动态使我认识到:王国维研究是具有国际影响的研究课题,也是海峡两岸中国学者共同的研究任务。因此,我们要深刻认识到责任的重大,努力促进国内外、海内外王国维研究的信息传递和学术交流,为振兴中华的学术研究、促进祖国统一作出应有贡献。

形势喜人且逼人。我们祝愿吴泽教授对王国维继续研究的宏图能够如愿实现,期待着他不断有新的研究成果奉献于学术界。

1987年7月28日

原载施宣圆主编:《中华学林名家访谈》,文汇出版社,2003

东方社会形态学说与中国特色社会主义
——访著名史学家吴泽教授

秦维宪

鸡年岁末,华东师大小礼堂内一片喜庆气氛,这儿正在庆贺我国著名的马克思主义史学家吴泽教授治学、从教60周年暨80华诞。会后,记者轻轻地叩开了吴先生在丽娃河畔的怡然斋,寒暄过后,记者就吴先生毕生研究的东方学,以及中国的改革和未来诸问题作了采访。

建设有中国特色的社会主义
理论正确把握了中国社会形态

"吴老,您花费50多年心血完成的《东方社会经济形态史论》于最近出版,它对我国的改革大业有什么理论指导意义吗?"记者开门见山,请吴先生畅谈东方学。

"这本书算是抛砖引玉吧,"吴先生顺手拿起案上的著作,答道,"史学工作者的任务是总结历史经验,为改革提供理论依据,我近年抓紧研究东方学的目的,是想说明我们的改革必须尊重东方的社会形态。社会形态学说是马克思主义的基本理论,它包括社会经济形态、社会政治形态和社会意识形态三个组成部分,其中社会经济形态是社会形态学说理论的基础。社会形态与我国的历史、现实和未来是密切相关的,我把它当作一项神圣的事业来对待,的确倾注了一生的心血啊!"吴先生略作停顿,神情肃穆,仿佛在记忆的长河中遨游。

"请问吴老,"记者打断吴先生的遐想,"我们现在进行的建设有中国特色的社会主义宏伟事业,是否与社会形态有内在的必然联系?"

"你这个问题提得好,"吴先生容光焕发,声调昂扬起来,"建设有中国特色的社会主义理论,正是坚持了马克思主义社会形态学说,揭示了社会主义发展阶段的规律和特点。小平同志是在总结我国社会主义革命和建设的经验教训的基础上,提出社会主义初级阶段这个科学论断的。从我国近百年历史看,毛泽东领导中国革命成功了,他走的是农村包围城市的道路,反动派的中心在城市,因而这个探索是符合特定历史条件下的社会形态的。然而,社会主义建设比革命更难,它没有成功的模式可供借鉴,在艰辛的探索中必然会遇到曲折。毛泽东在领导社会主义建设中,就没有尊重社会形态,大搞人民公社,想跑步进入共产主义,结果,好心办错事。当然,他的探索精神永远值得后人学习。"

"吴老,中国革命搞成功,因为有俄国十月革命作楷模;而我们搞建设,不是也学过苏联模式吗。您的著作中专门有5章论述俄国社会形态,同是东方大国,它们的兴衰成败,可以给我们提供什么借鉴呢?"

吴先生沉思片刻,顺着刚才的思路说:"苏联是在一个落后的资本主义国家搞革命和建设,条件比中国强得多,但它们辉煌了70年却失败了,追根索源,也是因为违背社会发展规律,不尊重社会形态造成的。俄国的民粹派,也即空想社会主义者对俄国农村具有天真的想法,他们认为俄国的农村公社是祖宗传下来的,可以跳过资本主义阶段,自然进入共产主义。列宁狠批了民粹主义,认为只有消灭小农经济,发展工商业,实行土地国有制,才能完成民主主义革命。因此,列宁强调要补资本主义生产力的课,并且在引进外资,实施新经济政策方面迈开了步子。遗憾的是他英年早逝,没来得及深化。接着,斯大林又搞了30年,他破坏民主与法制已众所周知,他的经济政策也乱糟糟。连发达的资本主义那一套都没学来,连社会主义初级阶段都没经过,就想一步跨到共产主义。理论上的失策,导致了农业发生问题,只抓重工业,一任农业滑坡,搞得历届农业部长一个也没有好下场。苏联的解体,如果查经济原因,我看首先就得去查农业,这个教训是非常深刻的。我们当年学苏联就是犯了教条主义的错误。"

"吴先生讲苏联问题,使我不由得联想到中国的农业问题。有人说,90年代出问题,很可能出在农业上。不知您对此有何看法?"

"民以食为天呵!"吴先生激动地站起,在屋里慢慢踱着,感叹道:"这是一个非常严重的问题,如任其泛滥,会发展成世界性的灾难,因为没有一个国家能够救我们这样的大国。古代有句俚语:'湖广熟,天下足',我们不仅要注意沿海地区的农业,而且要关心内陆边远地区的农业。现在,我们统筹方面的工作似乎做得不够。江南、上海的农民已将土地转承包给贫困地区来的农民。当然,这个现象既反映了雇佣关系逐步取代自然经济,有点农业资本积累的味道,有利于发展商品经济;又吸取了贫困地区的剩余劳动,甚至是救贫苦农民的命。但是,如今房地产业的发展导致疯狂地炒地皮,引起大量土地抛荒,粮食、蔬菜涨价;为什么农民种田反而贴钱,宁肯出钱缴公粮呢?还不是化肥、农药、工业品价格飞涨。有些地方农民退田,连命根子都不要了,真是谷贱伤农哪!这种现象中国历史上是没有过的。"

吴先生重新落座,呷口茶道:"所幸的是中央已经认识到农业问题的严重性了,并且下决心抓好农业,历史上英明的封建皇帝都知道农业与政权兴衰的关系,何况我们是为人民服务的党呢?"

"吴老刚才谈的问题很深刻,其实已涉及到改革也是一场革命,其间有阵痛,有失误也在所难免,问题是如何从总体上把好舵,尽量少走弯路,不知您有何高见?"

吴先生深思熟虑地指出:"小平同志的理论,把握住了我们处于社会主义初级阶段的社会形态。在这个历史时期,我们要摆正初级阶段与乡村城市化的关系。乡村城市化,就是要使工农业、商业一体化,物质文明建设与精神文明建设一体化。可惜的是,我们一些干具体工作的领导干部,方方面面管得太多,没时间去作理论思考,更不可能从社会形态理论的高度看问题,最终便导致许多农村的农业与工业、商业的分离,物质文明与精神文明的分离。建设有中国特色的社会主义,干部一定要加强理论学习。这可以解决两个问题:一是'补课',补学习发达资本主义国家的先进科技和生产力之课;补学习它们先进的管理、金融、交通、文教卫生、社会公益事业之课;二是具备广阔的视野,即世界各国家应该互补,须知没有中国的东方,就没有西方的希腊和罗马,科学技术和管理是全人类共有的,都是互相融合的。因此,我们完全有理由大胆地去学习资本主义先进的东西,而不该固步自封。"

向农村城市化进军

记者听了吴先生一番宏论,有耳目一新之感,便说:"您在宏观上提出了这些有价值的理论,能否在具体的步骤上谈些看法?"

"我以为,有中国特色的社会主义,也就是实现中国现代化的问题,而现代化的历史是乡村城市化的历史,就中国而言,便是如何缩小三大差别的问题。我国面临一个严峻的事实:农业人口占80%,发达国家的比例为3%,差距太大。预测中国的未来,不想到这一点,显然是缺乏战略眼光的,历史科学研究表明:生产力的发展,社会分工的扩大,出现了城市,从而引起了城乡对立。社会发展的历史,可以概括为城乡对立运动的历史。这种对立形式使人类社会的绝大部分人居住在乡村,并承受城市的剥削。虽然社会主义的城乡之间,已没有根本的利害冲突,但城乡差别依然存在,弄得不好这种差别会扩大。我国更特殊,现有城市大多是从封建社会过来的,消灭城乡差别就显得格外艰巨。我想,我们在深化改革的今天,不能对此视而不见吧。"

"我国改革好像步履维艰,似乎背着一个沉重的包袱,您能否对此作些分析?"

"可以,我们首先须弄清亚细亚生产方式的特点,马克思在他一生的黄金时代,花了15年的时间,把亚洲和东方社会当作重点来研究,从而提出了亚细亚生产方式的理论。按照马克思的思路,亚细亚生产方式有如下特征:一是专制与村社的对立统一,二是农业与手工业结合的生产形式,三是商品经济不发达,四是传统生产方式的稳固性。通过这些,不仅能分析东方和中国古代社会的特点和历史发展规律,还可以预测东方和中国发展的前景。

我们再看东西方城乡对立的不同点。西欧城市是在奴隶制的废墟上重建的,它的中世纪历史远比东方短,这就为日后的经济繁荣,民主政治打下了基础。最典型的如威尼斯,原是只有几十个渔民的水乡,以后发展为商业发达的城市,英、法资产阶级革命就源于威尼斯商人阶层。总的说,缩小西方城乡对立的催化剂是商品经济,西方城市是由庄园内的逃亡农奴创造的,他们具有反封建的特性。欧洲城市是反封建的桥头堡。而东方不存在重建城市,基础是自然经济、农村公社。东方城市是官僚的安乐窝,不会去反封建,只会镇压农民,剥削农村。城市里也没出一个文艺复兴式的人物。即使在资本主义萌芽中涌现的王夫之、黄宗羲、顾炎武三大思想家,他们也不过受了市民意识的影响,立场依然是封建的。一句话,东方是农村为主体,城市变累赘,城乡对立的死结不易解啊!"

"这些年,我游历各地,发现广大乡村还很贫困,这是否与我国城市发展不充分,长期来偏重城市,轻视乡村有关?"

"不尽然,关键是政策上城乡经济关系没摆正,这样很容易产生城市剥削农村的弊病。"吴先生长叹一声,"现在发展市场经济,只顾城市,大造楼堂馆所,占用大量农田,工业、商业竞相攀比,将负担转嫁给农村,最终又反馈到城市,影响城市居民的生活水平,由此引起恶性循环。尽管这些只是苗子,但政府必须防微杜渐,早下措施。"

记者感到吴先生所指的确不能掉以轻心,旋讨教道:"那么我们应该采取什么措施,来缩小城乡差别呢?"

"向农村城市化进军!"吴先生的语调坚定、深沉。"消灭城乡对立和城乡差别,是无产阶级革命的任务之一。只要一部分人因居住农村而贫穷的现象继续存在,就不能称之为社会的真正解放。由于我国人口众多,大城市的发展是不可避免的,但中小城市要放开发展。由此吸引大批农业人口,进而尽快改变农业人口比例过高的国情。顺便说一句,近年出现的民工潮有其进步的一面。按地理条件,乡村向城市靠拢。如我的故乡江苏武进,以前一条破旧、萧条的小街,如今高楼林立,医疗、文化设施齐全,一片繁荣景象。它是靠乡镇企业起家,向常州靠拢的典型。依此类推,常州等华东地区向上海靠拢、向浦东靠拢,浦东这个龙头则可带动整个经济区向外靠拢。"

"能否请您谈谈乡村城市化过程中的精神文明建设问题?"

"这正是我要强调的,"吴先生伸出双臂,"我们搞建设,两只手臂应该一样长,如果重物质文明而轻精神文明,现代化是实现不了的。我认为,乡村城市化一定要包括将城市的先进文教设施和人才引入乡村。这方面,华夏第一县——无锡县做得不错。他们成立了吴文化研究所,还聘我当了名誉所长。这个农民自己搞的民间学术机构,以研究、弘扬悠久的吴文化与发展现代文化结合起来,方向很对头。但我们也要看到,苏南发达农村的封建文化、赌博风气还较严重,教育发展也滞后于经济,这些都不利于乡村城市化。"

不知不觉间,几个小时过去了,夕阳透过窗棂洒向吴先生的脸膛,泛出阵阵红光。吴先生送别记者时,一再表示要"老骥伏枥,志在千里",将东方社会形态学的研究推向纵深,更好地为中国的改革大潮推波助澜。

原载《探索与争鸣》1994年第2期

吴泽先生访问记

岳　峰

著名历史学家吴泽先生,江苏武进人,出生于1913年。曾任华东师范大学历史系主任、中国史学研究所所长。现为华东师范大学中国史学研究所教授、国务院学位委员会学科评议组成员、博士生导师。吴泽先生在建国以前,即先后撰写有《中国原始社会史》《中国历史简编》《中国历史大系·古代史》《儒教叛徒李卓吾》《康有为与梁启超》《中国历史研究法》等著作。建国后,著有《地理环境与社会发展》《中国通史基本理论问题论文集》。八十年代至今,吴泽先生仍然辛勤著述,笔耕不辍,他所主编的《中国史学史论文集》(三册)、《史学概论》《中国近代史学史》(上、下册)、《华侨史研究论文集》,以及《王国维学术研究论集》(三册)和《当代中国史学家丛书》均已陆续出版。1990年11月23日,我专程到华东师范大学拜访了吴先生,请他就自己的治学经验和当代史学的现状与前景,发表宝贵意见。

青年时代学术方向的确定

吴泽先生在他的书房接待了我。他虽然已是七十七岁的老教授,但精神矍铄,思维敏捷,数小时长谈而毫无倦意。我们的谈话即从他叙述自己的治学道路开始。他说:

我出生在江苏武进的一个乡村,由于所处环境,从小就对农村土地问题和农村经济问题有切身的感受。我看到佃农们终年辛苦劳动,收获的谷子却被地主拿走大部分,每年缺粮,食不果腹。种田人没有自己的土地,这个问题从少年时代就引起我的思考。再一个是农村经济问题,当时,洋货大量内销,洋纱、洋布充斥市场,严重摧残农村副业。我一岁多父亲就去世,家里一向由母亲纺纱织布补贴家用。母亲纺纱织布是从专门收纱的商号拿回来加工的,由于洋货倾销,这个商号也倒闭了。我母亲的织布机也没有用了,只好挂到墙壁上。农村副业受到破坏,家境更加艰难,我上学也交不起学费。

有人曾问我:你家在武进,附近上海、南京有大学,为何不在这里上大学,而跑到北京呢?我在1930年考入上海大夏大学附中念书。此后即爆发了"九·一八"事变,东北沦陷。青年学生激于爱国义愤,组织宣传队,并到南京请愿,要求政府收复失地。我当了宣传队第十二队的队长,当时有地下党员,我不知道。我们的请愿队伍从上海来到南京总统府,蒋介石却不出来接见学生。青年们对此都很反感,为什么不敢出来见学生呢?由此,我明白蒋介石根本不爱国,于是对"中央大学"之类有点讨厌。记得我回家过年时,曾写了一副对联贴在大门上:"头颅铸成平等果,铁血爆发自由花",横披是"还我河山"。这副对联确切地表达了我当时的爱国心情。由于我从小关心农村经济问题,我读附中时,在图书馆里看到李达所著《中国产业革命概观》《农村经济问题》等著作,还读了不少别人写的有关农村经济的论文。李达的书,句句说到我心里,敬慕之至。于是我到处打听有关李达的情况。我想到朱穆之,他是我常州念中学时的同学,毕业后去北京大学求学。我就写信问朱穆之:李达是位什么样的人?他复信说:李达是中国大学的名教授。这样,我就满怀希望,到北京报考中国大学。复试时问我为什么考中国大学,我就说,因为出身于农村,所以特别关心农村的土地问题和经济问题。

我进入中国大学经济系就读是在1933年夏,李达先生是系主任。系里除开设有会计、统计、金融等课程外,记得还有李达先生为我们讲政治经济学,黄松龄先生讲中国农村经济和土地问题,吕振羽先生讲中国经济史,张友渔先生讲国际关系,杜叔林先生讲社会主义思想史等门课程。对这些课程我很感兴趣,上课时,用心听讲,做好笔记,并在北京图书馆参阅有关著作和报刊杂志论文。老师们有关中国农村经济、土地问题的讲话,我不仅能心领神会,而且把我引导到政治经济学理论乃至社会主义思想的境界。启发之大,感受之切,终生难忘。现在回想起来,我深深感到当年我能从常州乡村跑到北京中国大学上学,是我一生最大的幸福。

后来,日本帝国主义者占领东北后,直迫华北;当学生们知道南京政府要和日本签订"何梅协定"、出卖华北,发动"一二·九"学生运动时,我积极参加运动,经受了又一次抗日救亡爱国运动的实践,使我对当时南京政府的对日态度,更加清楚了!激于抗日爱国义愤,我在进步同学和老师的指引下,参加了"民族先锋队"。在"一二·九"以前,我只是一个朴素的农村子弟,由于亲身参加了几次学生运动,和两三年里老师、同学们教育、引导,特别是马克思主义社会经济理论和社会主义思想的启示,向往共产党,走上马克思主义道路。

1937年7月我从中国大学毕业时,"七七"事变发生了。时局动荡,当时传:日军二十八日开进北平。我匆促换装离开北平,先到天津,再由天津乘船开往上海时,上海"八·一三"淞沪战争又爆发了。轮船回到青岛,再由青岛乘火车到济南,再到南京。这时日寇对南京狂轰滥炸,太阳一出,敌机就来空袭。我回到常州老家,当时沪宁一带,形势危急,人心混乱,我和几个中学同学创办了《抗日导报》,我写了《从淞沪战事看中日战争的前景》,登在这份报上。我是以参加"一二·九"运动的爱国青年的感情写的,其中讲到:日寇为何敢打上海?重要原因是日、英、美三国有所默契,还分析南京政府可能要迁都。由于这篇文章,我被抓到常州监狱,苏州、常州沦陷前夕才被释放出来。从这时起,我深感到依靠组织的必要,引起要求参加共产党的愿望。以后我到重庆,又同吕振羽、翦伯赞、侯外庐、张友渔等老师、学者们会合在一起。并于1946年10月参加共产党。自此,我在党的领导下,以马列主义为指导的学术研究的理论和革命实践结合一体,使我的史学研究,开始了又一个新的起点。

阐发吕振羽先生的创说

听了吴泽先生讲他的亲身经历,使我对前辈们在抗日时期的爱国热情和艰苦经历,有了深刻的印象。我向吴先生提出:可以说,是由于对李达先生的仰慕,引导您走上革命的道路。可否请您再具体谈谈您学术思想的形成,尤其是,吕振羽先生也是您在中国大学时的老师,您的治史道路想必与他有相当密切的关系。吴先生听了点点头,略作思索,便又条理清晰地往下谈——

吕振羽先生是我国老一辈的马克思主义史学家,也是我尊敬的老师。当时,中国学术界正围绕着国家向何处去的问题,先后展开关于中国革命性质、社会性质和社会史问题的激烈论战。李达先生和吕振羽先生一起,也是几次论战中马克思主义理论战线的杰出代表。他们当时在中国大学成立"经济研究会",并发表文章,驳斥国民党右派和托派的谬论。李、吕二先生坚持中国是半殖民地半封建社会的观点,这对我这个早就关心农村经济问题的青年来说,很容易心领神会。吕先生又在课堂上和讲义中阐述"殷商奴隶社会说"和"西周封建社会说",后来整理成《史前中国社会研究》和《殷周时代的中国社会》先后出版。我接受他的观点,并立志用自己的研究作进一步的阐发。诸如:中国封建社会为什么没有直接发展到资本主义社会?中国历史走了一条什么样的途径?这些都亟待解决。于是,我从1936年起,先后在《劳动导报》《经济学报》等杂志上发表《殷代社会研究》《传说中夏代经济考》等论文,力求用唯物史观为指导,从社会经济形态上论证夏商社会的特征,确认商代为奴隶社会。"一二·九"前后,学术界论争更为激烈。针对不少人否认中国存在过奴隶社会、否认历史发展的共同规律,也即否定马克思主义的五种社会形态学说的历史唯物主义基本理论,我在《中国经济》杂志上接连发表《奴隶社会论述总批判》等论文,在此基础上,我写成《中国原始社会史》一本书稿,"七七"事变时,我离开北平,无法携带,书稿遗失。抗日战争时,我们在重庆,史学界的战斗任务是配合抗战,批判法西斯主义侵略谬论,宣扬爱国主义精神。为此,我发表有《中国人种起源论》《地理环与社会发展》,驳斥帝国主义法西斯侵略者的中国文化西来说、南来说和地理政治论,还发表了《中国社会发展史论纲》和《中国历史是停滞倒退的吗》等文,驳斥日本法西斯御用文人秋泽修二等所谓的中国社会具有"亚细亚的停滞性"的谬论。

以后，我以在重庆复旦大学教课的讲稿为基础再次撰写成《中国原始社会史》一书，于1943年在桂林出版。此书试图依据恩格斯《家庭、私有制和国家的起源》等经典著作的基本理论，运用文献资料、考古材料以及上古神话、传说，对中国原始社会作一有系统的研究。吕振羽先生曾为此书写了序言，热情地给予好评。翦伯赞先生在他所著《中国史纲》中也肯定了此书的学术价值。

沿着在大论战中形成的基本观点，我于1945年写成《中国历史简编》一书。我在书中提出，撰写此书的目的，是为了解决"中国社会历史发展规律问题和抗战实践过程中，主观努力的方向与任务问题"。论述的内容，从远古一直写到芦沟桥事变，以"原始公社制社会""奴隶制社会""封建制社会"和"半殖民地半封建社会"四种社会形态，划分中国历史发展诸阶段。认为：夏代以前的传说时期和殷代，分别为原始公社制社会和奴隶制社会；西周至鸦片战争为封建社会，其中，秦以前为领主制，秦以后为地主制封建社会；鸦片战争以后为半殖民地半封建社会，关于这一阶段的历史进程，我吸收论战中进步学者的许多积极研究成果，作了具体的划分：甲午战争前是开始进入半殖民地半封建化时期，甲午战争至辛亥革命是半殖民地半封建社会形成时期，从辛亥革命到大革命失败是半殖民地半封建社会结构的深化时期，此后是半殖民地半封建社会的崩溃时期。这是我对中国历史所形成的系统看法。

我在讲授殷商史课程的基础上，对讲稿作了增订，写成《中国历史大系·古代史》一书，于1949年在上海出版。全书分四编，对殷代奴隶制社会的产生和发展、社会经济、政权形式、阶级关系、社会习俗和宗教文化等方面，作具体的研究。我还在书中写有《殷代社会经济的亚细亚的特点》这一专章，论述殷代奴隶制社会的土地"王有"、农村公社、国家直接干预人民生活等的古代东方"亚细亚"特征。

深入研究马克思主义东方学说

访问的话题于是转向吴泽先生目前的著述计划。我问吴先生：此次来贵校，听同行们说，您在今年九、十两个月中，除了吃饭时间外，日夜紧张地从事一部关于马克思主义东方学说的专著的定稿工作。可否请您就这部著作的撰写意图和理论要点谈一谈？吴先生回答说：

这本书叫做《东方社会经济形态史论》，是一部专著，四十万字，不日交上海人民出版社出版。我对马克思主义东方学说经几十年来的探索，进展较大。前面提到，建国以前，我在《中国历史大系·古代史》一书中，辟有专章论述"殷代社会经济的亚细亚特点"，即是我探索马克思主义东方学说的最初意图。至五十年代中后期，我又先后写成《亚细亚生产方式问题研究》《古代公社与公社所有制》《古代东方社会的基本特点问题》《关于古史分期问题中生产力水平与性质》以及《奴隶制社会形成的年代、特点、途径及标志问题》等论文，后来结集成《中国通史基本问题论文集》，1960年由华东师大出版社出版。

几十年来我在从事中国古代史的教学和研究时，一直在考虑着这样的问题：为什么西欧在近代以后都纷纷进入资本主义社会，而亚洲的中国、印度等却一直停留在中世纪时代，以至在近代成为殖民地、半殖民地和封建社会？两者在历史发展的始点和途径上有何异同？出于这种考虑，我在自己的研究中，总是力图从中西比较的角度入手，以期揭示出中国社会历史的具体特点，厘清中国社会的基本国情。因此，五十年代中期以来，我就把科研的重点放到马克思主义东方学的研究上来，冀图作系统的探索，即把中国放在东方社会范围内，重新进行考察研究，从巴比伦、中国、印度、埃及，直到俄国，对整个东方世界找出规律和特点来。由此看中国对世界史的意义，以及现在的中国在全世界人类社会中究竟处于什么地位？有什么优势？又有什么劣势？对未来世界人类社会的历史负有什么责任？

整个世界是一个有机的整体，但由于历史的、地理的诸多差异，世界又可分为东方和西方两个既有共同发展规律又有着各自特点的部分。既把中国放在世界总体来考察，又把它放在东方的框架中作比较，避免孤立的研究，这对推进中国史的探索，具有不可忽视的意义。近年来，我又先后发表了《亚细亚生产方式理论与古代东方社会特点研究》《建立中国式的东方学》以及《论俄国亚洲式村社土地所有制与民粹派空想社会主义》等论文。在这些论文中，我阐述了以下几个问题：第一,自原始社会末期以来,东西方社会就沿着两种不同的途径发展着,西方自原始社会后进入古希腊罗马的古典类型的奴隶制社会,简称之为"古典古代";而东方则发展成具有与古希腊罗马不同特点的"亚细亚"类型的奴隶制社会,简称为"亚细亚古代"。第二,尽管东西方社会历史发展的途径各不相同,但是殊途同归,其基本的运行法则还是一致的,"亚细亚古代"与"古典古代"同是奴隶制社会,它是两种不同类型的奴隶制社会形态。第三,在以希腊、罗马为代表的"古典古代",商品经济和城市经济发达,土地私有制充分发展,农村公社的残余彻底消除,建立在土地私有制基础之上的是奴隶主贵族共和国;而在东方的"亚细亚古代",农村公社长期存在,土地为公社所有,公社内部是自给自足的自然经济,商品经济和城市经济不发达,建立在土地公社所有制基础上的是专制主义的集权国家。第四,中国自夏、商以来至春秋、战国时期,一直具有东方社会的"亚细亚特点",但是自秦代以后,土地的公社所有制和农村公社均已解体,当然也有某些残遗一直保存下来。这些,也是我已经完成的专著的基本论点。

往后的计划,是继续撰成《东方社会政治形态史论》和《东方社会意识形态史论》,这就可以看清马克思主义东方社会形态学说的整体。在这个理论基础上,写出一部新的《中国通史》。我认为,对于马克思主义理论,不要搞教条主义、公式化理解。若能真正具体、深入地研究,人家自然信服。马克思是德国人,不懂方块字,但他论述太平天国、第二次鸦片战争,许多论点却经受了时间的考验,证明是正确的。"过时论"站不住脚。马克思主义的基本立场、观点,都是正确的,当然马克思主义也是发展的。我们历史工作者的责任,是从历史角度,找出社会前进的规律,要把历史——现实,打通研究。

华侨史、客家学和中国通史演义

我见吴泽先生谈兴正浓,于是又提出:1984 年我们在常州开会时,我就听说您重视华侨史的研究,去年,我又在一份材料上看到,由您主持出版了一份《客家史和客家人研究》杂志。您的学术领域实在宽广,接下来可否请您再就近年来这几方面的研究状况谈谈?吴先生随即从书架上找出一本《华侨史研究论集》和一本《客家史和客家人研究》杂志,然后回到座位上继续说:

好的,我再谈谈华侨史、客家学和中国通史演义这些方面的工作。

华侨史可以说是东方学的一个部分。我们的史学研究所中设有一个华侨史研究室,出版了这本《华侨史研究论集》,算是我们开展工作的开头。东方文化向全世界传播,依靠数以千万计的华侨作出贡献。反过来,华侨的资金、人才、科技成果,又回过头来帮助国内建设。在古代,中国对西方作出贡献,到近代,我们又引进西方先进文化。这两者,华侨都是重要的桥梁。研究华侨史,有两层意义:一是,推进中国通史的研究,填补空白;二是,借此引导海外侨胞为建设祖国出力。我认为中华民族是一个多支脉的伟大民族,秦汉以来,尤其是近代以来分布到世界各地的广大海外华侨,也是中华民族的一个重要支脉。他们分布五大洲,足迹遍世界,显示出中华民族支脉纵横、根深叶茂的兴盛气势。他们不仅有着中华民族的血统,而且还带有中国人勤劳勇敢的天性,为当地的社会经济发展,为中华优秀文化的传播,为增进中国和世界各国人民的友好往来,为祖国和家乡的繁荣,作出了积极的贡献。华侨是我们炎黄子孙,我们写中国通史,按理说,应该把华侨在世界各地的丰功伟业,立有一定的篇章,彪炳史册。然而,以往我们中国学者撰写的中国通史和世界通史著作中,都没有华侨历史的专章,这不能不说是一大缺憾。我们应该致力于华侨、华人历史的研究,开设讲座,编辑史料,培养人材,并写出专书来。不仅中国通史应写华侨的活动,我还认为中国人写的外国史,也应分别讲这个国家华侨的状况和贡献,讲华侨开榛辟莽、艰难创业的功绩。如,美国史,应该讲旅美华侨的贡献,日本史,应该讲旅日华侨的贡献,等等。这些方面内容丰富,应深入研究,首先是力争粗线条勾勒出来。

有的问题,必须通过深入的研究,才能恢复其真实面目。近年我抓了胡文虎研究。他是三四十年代东南亚著名的华侨领袖、企业家,福建永定人。建国后,对胡文虎的评价有争议。由于存在争议,引起我研究的兴趣。我到胡文虎的家乡考察过,我了解到,胡文虎在抗日战争时期为国内捐款二千多万。他说过："我的钱来自社会,也应服务于社会"。我在参观胡氏宗祠时,当地同志让我题词留念,我写了："爱国侨领,汉史流芳"。我支持龙岩师专胡文虎研究室的同志们对胡文虎在重庆,胡文虎在香港,胡文虎在日本等事迹,深入作实地调查,审核史料。他们先后编出了三本胡文虎研究专辑,最近并写出了《胡文虎评传》。对一个胡文虎如何评价,牵动着东南亚千千万万华侨的心。我曾问过陈丕显同志：胡文虎究竟该如何评价？他对我说："我青年时期穿的胶鞋,用的万金油,都是胡文虎企业单位造的。"还说："胡文虎起码是个爱国者吧!""起码是个资产阶级民主主义者吧!"这项研究工作所取得的结果,已从电视这一最广泛的大众传播媒介中反映出来。电视片《抗日烽火》中,出现有东南亚华侨捐款的镜头,第一个就是胡文虎,第二个是陈嘉庚。对胡文虎作了公允的评价,胡氏宗亲也为之感动。像这样的研究工作,对于恢复一些历史问题的真实面貌,和吸引海外华侨回国支援国内建设,作用是很显著的。此项工作已告一段落。《评传》一书即将出版。

  客家学的研究,也与华侨史有关联。在国内,客家散布在闽、粤、赣、湘、川、台等广大山区。客家同胞移居海外也为数以千万计,他们拥有巨大的经济实力和智力资源。世界客属有联谊会的组织。去年在广东梅州召开了世界客属恳亲会,开得热烈隆重。我作为客家研究工作者参加了这次会。为推动客家学的研究,我同与会的各方面人士互相勉励。关于客家史,建国以前有罗香林先生等写有专书。日本学者也有研究著作。日本学者认为：客家在中华民族中是最具有开拓精神、吃苦精神的一部分,客家是中华民族优秀的一支。去年,我们出了《客家史与客家人研究》杂志(不定期),其中有几篇是论证孙中山是客家人和李登辉是客家人等专题论文,举出有明确的论据。现在这个刊物已改由上海人民出版社出版,易名为《客家学研究》,第二期即出。华东师大中国史学研究所原来有个客家学研究室,现已扩大为客家学研究中心。今后我们的任务是加强与海内外客家研究者的联系和合作,把刊物办好,要创立基金会,出版一批有关客家学的学术著作。在此也希望海内外热心此项工作的朋友多多支持!

我还计划搞一套《新编中国通史演义》。我对以冯梦龙、蔡东藩为代表的"演义体"通俗史学进行过研究,认为:以他们为代表的历史演义作家,也是史家之一派,他们强调的"以正史为经,务求确凿"的原则,与《三国演义》的"三分真实,七分虚构"实有天壤之别。蔡氏之书,是"故说部体裁,演历史故事"。所以,演义体可视为一种特别的、广大群众所喜闻乐道、容易接受的史学体裁。几年前,我曾在《文汇报》《蔡东藩学术纪念文集》等书报中,发表《蔡东藩与〈历代通俗演义〉》,《蔡东藩〈元史演义〉的史料和史料学》等文章,肯定历史演义体裁的作用。二十四史是用文言文写成的,一般群众难看得懂,也不可能有这个时间和精力。我的想法是用新的马克思主义历史唯物主义的观点、方法,写新的中国通史演义,把科学的历史知识传播到群众之中。我认为,兹事体大,必须认真慎重从事。《三国演义》文学价值较高,至今仍有生命力,但书中的写作观点、对人物的评价多封建主义观点。我们与之不同,我们认为凡是能代表历史前进,谁就应受到肯定,反之,则否。再者,《三国演义》中有大量虚构的东西,我们则不允许捏造、虚构,内容要符合历史真实。又再者,也要有文学笔法。《三国演义》文学价值较高,属于说部;蔡东藩的书则历史价值较高,属于史部,各有所长。我们要二者结合起来,既有历史价值,又有文学价值。历史价值为主,在文学价值上各显神通。过去我们写史学论著摆脱不了考据式或八股式的写法,似高文典册,现在我们要学习新的表达方法和技巧。写得通俗易懂,又有文学艺术价值的这套《中国通史演义》,计划从古到今共有四十本,可分可合,合起来是一个整体,分为开又可各自独立。要体现社会分期学说的指导,划分为几个大段:夏代以前为一段,为原始社会,一卷;夏商为一段,为奴隶社会,一卷二册;西周春秋战国为一段,为领主制封建社会,一卷三册;秦汉三国为一段,是地主制封建社会确立时期,一卷三册;……一直写到辛亥革命后的五四运动爆发。

访问已连续进行了三个多小时,窗外的光线已经暗下来,这时吴泽先生站起身来,带着总结的口气说:

时代在前进,在召唤,我对上述这些问题,怎能无动于衷?史学界目前还有一项紧迫的任务,是培养一批人才。如果培养的新人,脱离实际,脱离社会实践,书生气太足,走不出新路子,就与形势的要求难以适应。最根本的,理论与实践要紧密结合,必须把宏观研究与微观研究统一。上面讲的都属于宏观方面的问题,可是,如果基本功打得不扎实,理论学得不够,分析研究时就不能概括、评论得好。论与史是不能割裂的。要以马列主义作为指导思想,把微观——宏观、提高——普及,辩证统一起来。我们反对把有才华的青年局限在考证之中,既要坐得下来,又不能一辈子都只搞细小问题。只讲空论,不能用理论来指导具体工作,不是宏观研究。史学史的研究,也要独辟门径,扩大范围,今天因时间关系,就不细说了。

原载《史学史研究》1999年第1期

吴泽:"红色教授"之路

胡勤编写

参加大夏"学运" 追求革命思想

1913年农历腊月初八,吴泽出生于江苏武进县西郊的一个农村家庭。他在《吴泽自述》中说道:"我的父亲是祖母的领养子,因为庶出,备受封建大家庭的宗法歧视。到大家庭分家时,父亲只分得十亩多的土地和几间破旧的房子。由于长期受到封建宗法制度的压迫,父亲抑郁成疾,二十三岁便抱恨而逝。当时,我两岁不到,一个哥哥也只有五岁。从此祖母和母亲两代寡妇,携带、扶养着我们两个孤儿,饱尝着生活的艰辛和人生的苦楚。"七岁那年,吴泽由母亲送到村里的私塾读书,当时在私塾读书的,大多是附近的富家子弟,由于年幼丧父,家庭贫寒,屡受他们的欺压。于是,在他那幼小的心灵中已深深地埋下了求上进,求平等的思想种子。

1930年,他考取了上海大夏大学的附属中学。不久,发生"九·一八"事变,民族危机迫在眉睫,基于爱国义愤,上海大中学校的学生纷纷去南京请愿,要求国民党政府抗敌御侮,吴泽也积极地参与了这次去南京请愿的活动。这次活动也促使他开始接触有关中国马克思主义著作。他特别对李达撰写的《中国产业革命概论》一书深有感触。他曾在自述中说道:"书中对中国近代经济发展趋势的分析,对江浙一带农业和手工业纷纷破产或衰落原因的解说,对中国未来前途的探索,都深深地打动了我当时那颗急于追求真理和出路的年轻人的心。联想到家乡贫苦农民的生活,再回想纺车前母亲劳碌的身影以及夜深人静时母亲和我共用一盏油灯的母织子读情景,我不能不折服于李达先生的深邃和精辟。"于是在

1933年夏天,他毅然前往北京,投考中国大学,师从李达,在经济系就读。

走上学术道路　经受新的考验

　　20世纪30年代的中国大学,尽管笼罩在白色恐怖之中,却是中国共产党地下组织活动的重要基地之一。除李达之外,吕振羽、黄松龄、张友渔等都是以马克思主义理论为指导而从事学术研究的进步学者。据吴教授在自述中说:"记得一二年级时,我听了李达师的《政治经济学》,吕振羽师的《中国经济史》,黄松龄先生和张友渔先生开设的《中国土地问题与农村经济》《国际问题》等课程。正是在老师们的教育和指导下,我埋头北京图书馆,较有系统地学习了马克思主义理论,开始向学术研究的道路迈出了第一步。"

　　从1934年起,吴泽受吕振羽的影响,专注于中国社会经济史的学习和研究,并先后在《劳动季报》《经济周报》《中国大学经济学报》和《文化批判》等报刊上,发表了《殷代经济研究》《传说中夏代之经济考》和《史前期中国社会的亲族制》等文章,论证夏代以前的传说时期是中国的原始社会,商代是奴隶制社会。

　　1935年底,中国爆发了震惊中外的"一二·九"爱国学生运动,吴泽参加了这场运动,"再一次经受了革命风雨的考验锻炼"。1936年,吴泽又参加了中国大学共产党地下外围组织——"民族先锋队",开始投入到革命活动中。期间,他又撰写了《中国先阶级社会的崩溃》《奴隶社会论战总批判》(上、下篇)等论文,阐述并论证了马克思主义的五种社会经济形态理论。

　　1936—1937年间,在吕振羽创说的"殷商奴隶社会"论的基础上,吴泽还写成《中国原始社会史》一书。吕振羽在为该书写的序言中对吴泽给了予高度赞扬和极大鼓励,只可惜书稿还未来得及问世,便在"七七事变"的烽火中散佚了。

"红色教授"无所惧　"学术权威"志弥坚

　　毕业后,1937年7月,吴泽在家乡和几位中小学时代同学一起,组织抗日力量,并创办《抗敌导报》。因为其中有一篇题为《从淞沪抗战看中日战争的前途》的文章,揭露英、美在亚洲纵容日寇的阴谋,抨击国民党政府的消极抗战政策,吴泽遭到国民党宪兵司令部的逮捕,后经亲友的多方营救,才得以出狱。他一出狱,便马上把他在狱中对他的审讯即《庭讯》原原本本地写了出来,文辞犀利,直戳国民党反动政府。

不久,苏州沦陷,常州、南京危急,吴泽携家避难武汉,后又辗转来到重庆,先后在复旦大学、朝阳学院和大夏大学任教,过了整整八年的离乱生活。期间,他在《中华论坛》《文化杂志》等刊物上先后发表了《中国社会发展史论纲》和《中国历史是停滞倒退的吗》等论文,批判了法西斯主义的侵略史观,高扬了中华民族优秀的历史文化遗产和光荣的革命传统,激发了全民族抗敌御侮的爱国主义精神。

在颠沛流离的生活条件下,史料严重不足,吴泽"勉力执笔,上下求索,'尽心力而为之'",撰写了许多在中国史学领域有重要影响的力作,如《中国历史大系·古代史》《中国历史简编》等,特别是《中国历史简编》,是他多年来探索科学的中国通史体系的一个总结,"它不仅代表了我在抗日战争时期的主要研究成果,而且还是我自成一家的中国通史体系初步建立的标志"。(《吴泽自述》)

抗日胜利之后,吴教授在大夏大学任教,于1946年10月正式加入了中国共产党。他继续严正抨击法西斯的"独断主义",激扬民族民主革命的思想,成为我国当时进步文化战线上一名勇敢的战士。他29岁就被大家称做"红色教授"。他的许多学生都回忆到,吴老师的课上得很生动,每次只要是他上课,教室里都被挤得水泄不通。他总是冒着时刻会被国民党反动政府通缉、暗杀的危险,抨击当权统治,把自身学问与当时的时代背景紧密地联系在一起,相当有战斗精神。比如这时期写的《刘伯温论元末》《论自由主义》等,都很能反映他的性格。

全国解放后,吴泽担任大夏大学文学院院长。1952年,院系调整,吴教授调入华东师范大学,并担任历史系主任。从1954年起,他陆续为国家培养了三十多名中国通史专业的研究生,壮大了中国的史学队伍,他本人在史学研究上也是硕果累累。但从1966年起,"文化大革命"这场空前的浩劫开始了,吴泽被诬为华东师大头号"反动学术权威"

"三反分子",遭到非人的迫害。"文革"结束后,吴泽恢复了华东师大历史学系主任等行政职务。他没有被挫折吓倒,毅然站出来揭露"四人帮"歪曲历史、篡改历史的反动实质,为史学战线上的拨乱反正做了很多工作。

80年代初,吴泽被评为中国古代史和中国史学史两个专业的博士导师,虽然教学任务繁重,但他仍然致力于马克思主义东方学的研究,写出了一系列有独特见解的专题论文,推动中国史学的发展。在华侨史和客家学说理论方面的研究上,首创客家学说,倡导吴文化研究。这引起了国内外学术界的关注,吸引了很多华侨来华投资。主编《华侨史研究》《客家学研究》等集刊。另外,他还注意到把自己的研究成果变成广大人民群众的精神食粮,大力开展通俗史学研究,重新整理出版《中国历代通俗演义》,为中国通史知识的传播起到了很好的推动作用。

如今,虽然吴泽已进入耄耋之年,但他始终不忘自己是史学战线上的一名坚强战士,主编了《中国历史大辞典》《中国史学史论集》和《中国近代史学史》等著作。他曾在为友人写的对联中写道"通古今指点江山,说未来经纬天地",这似乎可以概括和总结他五十余年的学术生涯。

原载杜公卓主编:《丽娃河畔逸事》,华东师范大学出版社2001年版

下编 岁月留痕

吴泽先生早年诗歌、小说及木刻画

邬国义搜辑整理

一、诗　　歌

原始人与火

吴　泽

原始的地球，
原始的野人，
原始的燎野火，
苦闷的季候，

古林里冒着烟河，
荒原里飞起天火，
（听说是从地心里起来的）
这个太眩耀了的东西，
生食的原始人害怕了，
一手摸着脑一手捧肚皮。

怒腾的火焰古怪的，
大树在霎那间变了灰。
巨兽睡的变了样式，
不咆吼，是永不再醒来。
这苦闷的季候啊！

苦闷的他们忧郁出涕泪!

石块木棍打野食太笨了,
灵魂并没有赐过法术。
袋鼠灰鹿不够肚饱,
终天都紧琐着眉梢。

粗鲁的头盖聪敏的:
用皮条勒死老人和小孩,
再用骨尖木梢去触死
女人肚皮里的胞胎!

不吧,有些不妥然!
似乎?可是饿是饿了!
(继续活下去该要吃物呢)
没有再可减食的数量,
"饥饿带"捆不住肠叫!

火,原始的燎野的火,
烧着,蔓延到荒野。
他们的悟性第一次作用,
对于火有了新的体念:
在香味的兽尸上?
在焦黄的果实上?
熟食的味觉的尝试,
又惊喜的他们
笑出一付付的金黄牙床。
群众围着一大团火种,
取火烧红了石头,
在石头上搁着野兽,

肉香浮进每人的鼻孔。
火光中喋咄着白条红舌头。

土人睡在地上呓语，
口都咀嚼着熟肉味，
闭了眼，肚皮像小山，
妻子喂着食物
看男子满口白花似垂涎。

熟食中瞭解火的体质，
牠变革了他们的生活，
那个用皮条捆肚皮，
强迫着减食或用
木梢骨尖杀人的生活。

于是他们
被引进了一个新的梦中，
那个原始的野人的深梦：
（怀念火的病，原始人
确是一个最相思者。）
狂飙霾雨，霜和雪，
从黑雾浮腾的地方，
将野火吹熄了，
又将自己围着的也没有了。
悄悄地对望着唏嘘……
失了他们重重的祈祷。

怀念火的病，原始人
确是一个最相思者。
粗鲁的头盖聪敏的：

逼寻着了原野的火焰,
于是永不放松半点。
把芦苇编成了篱笆,
把火种保护在篱巴下,
自己却住着润温的石窟下。
伤亡在染疫的疾病里!
他们应该那么爱护和保卫,
欢乐的是苦死在猎场,
一颗热烈的新的祈望,
共同劳动痛快的熟食的滋尝。

原始人与火
是最熟稔的难友了。
他才能体验牠的琐碎,
而牠却熏陶着他,
熏陶着全原始的他,
有了牠最恋爱的性情,
牠就是一切同一个母亲!

一九三五于北返后二日

(原载天津《诗歌月报》第 1 卷第 1 期(创刊号,五月号),草原诗歌会编,1935 年 5 月)

塞 外

吴 泽

(一)

黄河的流沙向东走的时候,
家乡的五月遍发着沉青的花朵,
竹篱笆围着的菜园里,

细杨柳绕着的护村河畔，
浣洗的村姑们，在树枝头
晒着青蓝色的短裤衫。

这里抬头见到的是丛山，
一遍死黄色的土屋和树枝，
一间土窟是人的家猪的家？
在曲幽幽的路径上；
迂围的峰峦间野人在踯躅着。

流浪者是最不捉摸脚印了；
几曾厌过北风的衰颓古老？
一手提起撩乱的衣角，
戴上一对褐色的绒风镜；
迈着骆驼样缅静的步子？
像只天狗在暗吼着晨星！

流浪流浪着，发现了什么呢？
自己的泥靴惊散了，
寄迹在落叶缘上的灰土，
看，前后脚印都变了样呢！
自然界永久也是一幅历史画吗？

(二)

晨曦中山峰抬头的时候，
曾下过一阵濛濛的小雨，
我伫立在陡壁的涧沿，
时常担愁我会被山风带走；
我只懦弱地偷眼看看，
那深开涧是如何的形势！

我疲怠得不愿再登峰去,
但是我又不愿顾虑这些,
五桂洞上杨五郎杨六郎的石像,
长城的古风叫我钦仰了,
我是想像那有些奇异的古溪。

再无力挨步迈进了,
疲乏地向土人买着五碗水,
同伙们团团的席地坐着,
白露已渗入了旅人的心扉,
青苔是我们暂时的被垫。

引起落寞凄咽的旅愁的,
是那坡上一株萧条而含萌的腊梅。
我仰卧着感伤自身的渺小,
情绪在雾的弥漫里,
又随雾而变幻着。

浓雾里隐没了长城的脚,
看不见左右的台城和山峰;
于是身子开始向天空里浮,
长城向青天里奔走,
我像骑着了一条古老的活龙;
呵,惭愧的我不敢鸟瞰四空,
(什么我能向人类夸耀的,现在。)
牠,前脑已高高的翘在天风里,
尾巴不知还连锁在那个山涧里!

雪花儿在龙身上飞舞,
我的心弦开始向自然界哭诉,

双手裹住一衣屉洁白的雪花,
又悄悄地把帽子压紧了头发,
一群小白兔在蹼缩着。

这里是长城的顶巅了;
一个二丈开方的颓墙败墟,
墟边挂一幅雾的帘子,
我默默的被囚在天牢里,
狂风中我只无语地唏嘘!

墙齿上那多嘴的方方窟洞,
嫠妇般的喧叫着她的寂寞,
我无心去听这些闲话,唉!
饶舌的尽徘徊在台城的周绕!
徒然我也闲着!你诉说吧!
我默坐在墙角下闭着眼嗷着牙!

"……………………
"……………………
"那么,这些灵魂还在家吗?"
"唔!她们哟,恐怕都失散了!"

(三)

山巅老树林里的风,
饶舌地诉说古旧的风光;
古柏也不耐烦的缄默不住了,
噜苏地呢喃那主人的坏话。

"我看惯这些破落户了,
你们的主人都是帝皇子孙,

比平民家里司阍,
更光荣的多吧!"
风嘲笑我无见识,
古柏也就不满意,
一个绕着楼阁走了,
一个盘坐着念佛度去了。

大殿里是冰冷而凄凉,
心似黑夜里怒奔的海浪,
橡株间发出低微的鹰啼;
我的头斜依那裸着的柱子上,
脑似乎要破裂但我不敢哭泣。

狂步上险绝的阁楼顶头,
我对成祖的石碑发着交响:
"仰慕你,古今的英豪?
从你亡魂的祭日到现在,
那人生的真谛找寻到甚么了?"
云雾冥冥的深山里,
暮色沉沉的浓林边,
风和古柏再不睬我一眼!

被(拼)[摒]弃的旧式的头盖呵!
满脑点滴黄褐色的劫灰。
思想在故事里奔腾了,
哦!伟大渗积的时间哟!
生着只该自己去践实吗?
(二十年来还是在摸索着。)

流浪流浪着,发现了什么呢?

自己的泥靴惊散了,
寄迹在落叶缘上的灰土。
看,前后脚印都变了样呢,
自然界永久也是一幅历史画吗!

一九三四,五,七,于北平
当一个新的冀求里

(静宇、宪真、成壁:自从小伴侣们的队伍失散后,那心园里荒芜到怎样了?)

原载北京《黄沙诗刊》第1号(创刊号),北平黄沙诗社编,1935年6月

疯　狗

瑶　青

残冬的夜的狂飙,
在黄昏的树头上,
我见它,
挟着灰土落叶,
怒奔在街头像只疯狗。

眦着眼看透了黑暗?
闷头在枯林里窜!
电线在呜咽高吼了,
但,牠懂些什么?
夜的街头上,
永恒地紧张着憎愤悲壮!

十一,一,黄昏归来后

原载北京《黄沙诗刊》第1号(创刊号),1935年6月

天　狗

吴　泽

褐色的少年袖襟上,
乡思在冬天更湿润了。
午夜里的心壁浸沐着思量,
一串太息在生的雾围里埋葬。

少年在轻绡的梦筵下,
眼上飞着沉色的金星,
希望星满袖屉灰白的落叶,
像只天狗狂吼着满天残星。

原载《诗歌月报》1935年第1卷第4期(八月号),1935年8月

荷花庄的一晚

吴　泽

为母亲四十五周岁纪念作,并呈守乐姨丈、益之表叔,志念。泽

(一)

窗外愁雨点滴,
夜深了,
风在怒吼!
村角,三两只狗,
咬夜行人? 小偷?
还是见了鬼!
一声声,
拉长了尾音。

墙外是竹林,
林外有桑园,荒坟。
阵阵暴风霾雨,
簷水打上纸窗,
竹筲,爬倒地上,
疯狂地怒叫。

悲愤装满着脑腔,
泪眼里,
哟! 荒坟上
又浮起零落的鬼火,
红的,绿的,
三两,明灭:
(从竹林隙里射进纸窗,
又从纸窗洞里刺上了
怆腐的心房……)

凄凉的农村,
一颗征夫的怆心!
在此被魔鬼蹦蔑的
第一故乡,
怎奈得?
今宵:
重宿旧时的家?

(二)
右房的油灯灰黄,
墙外的风雨如晦,
"呼—拉—拉"
又起了纺纱声!

"耀青,年年的冀待你,
现在也这么大啦,
你曾给你的家……?"
(妈!这能完全责备我吗?
现社会中卑污的一切,
你愿你的儿子去乞求吗?
要找回我们母子间的爱,
创造我们的家?
是在这现实的社会中,
讨乞得到的吗?
妈,能明白儿子的苦衷?)

"你的祖父,父亲,
为什么都早夭亡啊?
(是,都只有二十多岁,
被魔鬼迫(?)死的!)
寡妇孤儿谁来负责?
耕地的,是永被人摒弃的了!
惟恐你再重陷虎穴,
像祖父,父亲,三代一样。
我如何的欣喜你,
十二岁逃出本村去!
但,怎么越长大……
……确越……?……
今晚归来!!"
"妈,我不骗你,
爱我自己也爱别人,
我爱母亲更爱别人的母亲!
我要拯救母亲,
妈,我们得毁灭

这块大屠场！
荷花庄，是屠场之所有者，
魔鬼的一方啊！
妈！现在！你需要什么呢？
可是，今晚归来？……"

"呜—拉—"，
纺织声迟着发抖，
"天啊！冀待吧！
尽这付衰弱的肋骨……
耀青！我生着，
我永久同情你，爱护你，
但愿…………"
"咳…咳…咳咳…"
夜深，风雨一阵紧一阵，
右房的妈，
悲痛地啼泣呻吟！
突然，这急促的咳嗽声，
惊落了游子的灵魂。
("天！保佑妈，永久康健下去，
妈！我想继续忤逆你十年哟！")

"世界哟！光明何时交替过来？
这塔样高岸的
人间社会层呀！
坍塌吧！爆发吧！"

(三)
荷花庄上归来了
一位郁结的战士，
凶恶的气氛，团住了，

一簇破落的农村。

……………………

冀望!
使囚卒越狱重挥法网!

一九三三年,作于常州荷花庄
一九三五年,八月录于北平北大

原载天津《诗歌月报》第 1 卷第 6 期(十月号),1935 年 10 月

故都乡思——给故友蓉如

吴 泽

篱笆里的菊花
开了将要谢了!
徒然负着冷艳的性情,
主人早已远泊天涯。

深秋摧残了痴梦,
你何必低首苦思已往?
唉! 园门久已塌废了,
主人旅途无(恙)[恙]?

游人站在竹棚下,
探望那三两的盆架,
无心欣赏着秋意吧:
那个像家园的篱笆!

原载上海《中国学生》周刊,1935 年第 1 卷第 12 期

未完的斗争——土地在咆哮了

吴 泽

六月的瓜棚边，
碧青的瓜田里，
中间糟蹋了半亩荒地；
成千成万的小伙子，
握着锄头，铁铲，镰刀；
赤着黑背脊，
挺起了铜炼的红臂骨，
每个人的血在奔流了，
有的一(围)[团]心火郁结在脑海。
许多人踏坏了瓜藤，
把瓜棚围成一个半弧形。
弧形的中间有两个
不同样相的"人"！
一个是本村的三少爷；
一个是三少爷家里的
年长的雇工——阿毛儿。
三少爷半个头颅连着半个脖子，
半个脸部像泥抖的西瓜。
雪白粉嫩胸部腰部，
淌出血红的段段肚肠，
三少爷上月才从天堂回家，
今天确给阿毛逮进了地狱。
三少爷旁边卧着的就是阿毛
两只脚两只手反背的捆成两个结，
黑黑的膊胸口闪动着，
和尚头，圆滑滑的，
两只放着火光的眼，

放气吸气的"虎拉"的鼻,
一口火门似的嘴,
一颗头颅凸起千条青筋,
像火车头的煤锅炉
不知道要把手脚
推动到什么地方;
一把染着血和泥的切菜刀
在阿毛眼泪里发着
胜利的微笑。
大老爷竖起胡须,
二少爷,老太太们
拿着棍子扁担向
阿毛身上乱抽
阿毛娘叫天叫地地求泣!
周身凸起了条条血筋,
像发动机的节气管,
火门里燃烧的
那条红舌头在暴叫了,
"老爷紧着你的老骨头打呀!
俺!死了做鬼也不放活你们一个
我的妈,父亲,小细狗
活活的给你们迫着挨饿,
什么'地租''帮工'?
穷人的活该'贱骨头'
幸得我俩还有气力
来换你们的饭吃。
老爷!不知天大!
三少爷!狗×的。
还说是什么'洋学生',
昨晚又迫着我娘儿要强奸!

……………………"
一只眼珠直射在三少爷尸体上,
一溜烟又是慈悲的光芒,
扫射成群的围着看"戏"的
阿张,二大,雄郎……一颗子,
棍棒剌样的落在身上;
锅炉里的血液沸腾了:
"阿张,二大,发现你们的天良!
我阿毛杀人阿毛担当!
可是你们的妈、爸、妻、女
在这世界里谁来保障?
"娘儿,我死了,你还想做人的'活'?
等待什么呀! 傻女人!
绵羊在虎狼前摇尾乞怜吗?
去! 干! ………………"
火门,眼珠一道道铁线,
牵着阿毛娘做女英雄去。
瓜棚上那柄杀人的菜刀,
给阿毛娘一手夺了过来,
"狗老爷,你也有今天的末日哟!"
菜刀在瓜棚内起了血和泥的光,
小伙子群里的锄头,铁铲
一柄柄的向人头里飞扬!

一九三三年六月脱稿于故乡农庄,在一个雷雨急下的午夜

原载北京《黄沙诗刊》第 2 号,1936 年 1 月;又载《文艺月报》1937 年第 1 期(创刊号),1937 年 1 月

二、小　说

思　囚

吴瑶青

一

寂寞，死亡，沉静的空气，满塞住了囚狱般的旅寓。

闷在被窝里，听外面的声声爆竹，老丁卷着被儿向床里乱缩。

这样的一个除夕，为什么干自挖苦呢？我便决意跳出床来了。

我想今天不用脑了，想，一切也是徒然。还是把身心修养得无思无虑；不追忆，追忆是会伤感的；更不推理未来，前途的憧憬，又会添加烦恼的。今天，除夕了，我想决定不再多顾虑吧。

对面的墙壁上一位裸体的女像，坐在石块上，看海边的白鸥。我似乎发现了人类的神秘，聆会到自然的妙音。

我的忧究竟被什么消蚀了呢？女神呵！我现在不能礼赞你！

伟大的白鸥呵！我想和你同飞到海那边去……

我流泪暗泣了，我只徘徊在屋子里，为什么我不能把握我的脑袋？思想是长长不断的，我怎样过以后的日子？

二

钟表指着九点了。

老丁也怪会玩的：拿张白纸，上面写了"丁氏祖宗之神位"供在靠壁的桌子上。燃着一枝"芭兰香"插在桌缝里，一壶白干酒，三个隔着几星期的僵馒头，一枝一寸多长的残余下来的白洋烛，陈列着。他头发蓬蓬的一眼苦望着我，满脸惨笑的。

——小吴！他叫着我，我一壁看，一壁笑！微微地给他暗示。两个人目光交射着。钟在的塔的塔的走着。

——小吴，我们也来拜祖宗……

一缕缕的香烟，在房中飘渺。我再也不食不流泪，我再也不能不回忆，回忆到南国，家乡，忧！……

烛光在日里更是暗淡无光。游子的心呵！怎堪境遇的潦倒。

烛哟！

你的火焰莫苦鬫客魂吧！

沦落人，

那堪你，这油泪数行！

心底里发出飘渺的低吟，周身痉挛着，打了一个寒噤。

三

盛宴散后，酒，泛起了我可怖的思潮。老丁和我一样的，一晚上，不知如何诉说了他多少旅雁的悲怆。

我走到院子里。

我喜欢迷濛的夜里。为着希望创造我新的生命，我忧这无轮廓的黑影。

我的天真究竟消散在那里去呢？我究竟是怎样的找回我现时应有的快乐呢？

年轻轻的倒像老人般怪憧憬着世事，明了人生是怎样没生趣的玩意——于人于事使我抱着沉默，胆栗。生活像判了无期徒刑的囚犯，死神底狰狞的脸具会到面前出现似的。

——这真是除夕！末日？为什么尽是黑暗？我向眼角里反映着的一个黑影追问。但是，没有声音来回答我。

——瑶青！你忧着黑暗吧！我总是这样向自己叫着。虚幻的心灵无形中会低微了恐怖的战栗和振荡。我似乎也留恋着黑暗。

我为什么要有脑袋？思想残破了我的青春！使我闯上一条萎靡的路？唉！我的脑袋呀！你太忍了！无谓地把我痛苦，沉沦，灭亡……

我知道思想在脑袋里长成的了。童年时的学安琪儿般的飞，吃甜的葡萄糖……现在，快乐的梦是不会再做到了。

我追求人间的忧；我更搜求人间的憎。忧，我也接受过的，人心的沙漠里已经使我憎……。然而我的美满的憧憬，是会被我的追求和搜求所灭亡的。

我知道我自己，我是应该被幸福摒弃的人了，我不再追求，我不该如此希望了。

我发现这世界的人间是没有纯忧的存在,所有的光被遮蔽了。我的手里捧着我的心瓶,走遍了沙漠的人心的世界。竟掉碎了它呢?唉!

呵!光明在现社会可追求得到的吗?但是,我为什么跟着别人这样做呢?

我只需要创造。因为创造;才是彻底地走向光明的大道。

四

寒风刮着枯枝儿悲鸣;夜已是深沉的,坑一般的闷漆一般的黑。

啊!什么是我眼见到的世界的光辉,人类的生息?寒风挟了尖利沙粒在隔墙的胡同里乱窜,院里的树叶莎莎渐渐的苦啼着。周身寒气侵蚀,心琴不住地战栗。

啊!这古老的死城呵!这是除夕!这是除夕!

风来到院子里,挟着树叶,四壁乱窜。几声"督督"的寒析里,消失了它的生命,灭亡了它的青春,埋葬吧,这深暗的黑坑!埋葬吧,这肮脏一切!

我醉后的心琴,是断弦了。为要把握这残破的生的余味,想唱出我游子残破的音调——

啊!深夜的落英!

啊!断弦的心琴!

啊!残破的青春!

一九三四,八,二九,录早年作

原载北京《进展月刊》,1935 年第 4 卷第 3、4 期合刊,1935 年 5 月 1 日

三、木 刻 画

火酒烧毁了心窝——工人歌

吴泽 刊

原载北京《文艺月报》1937年第1期(创刊号),1937年1月

吴泽先生来往书信选

吴泽致陶行知

1946年7月7日

行知校长先生大鉴：

弟已于六月十四日携全家大小十一口，由川陕公路起程离渝，经十七日夜，已于卅日午安抵武进故里。十年在外，家累重重，今得还家，如囚徒出狱，然情绪轻松，身心安定，堪为告慰也。回来小住数日，即行来沪一行，南归来工作生活拟来沪多有请教，请先为筹谋前途为荷。育才筹备如何矣？甚念。尊躬近来健否？天热，望多珍摄。章先生、蒴先生、邓先生沪上地址如何？来沪时当趋候，请先为代候。离渝时，方、马、孙诸先生均唔[晤]见。拙著《中国古代社会史》即带沪进行出版。余面详，知注奉闻。

  敬请

台绥！

吴泽谨拜上
七·七 于武进故里

原载胡晓风、金成林主编：《陶行知全集》第12卷，四川教育出版社2002年版，第600、601页

吴泽致吕振羽 四通

(一)

1950年4月5日

振羽师：

多年不得亲聆教益，时在念中！解放[上海]初，曾探问翦伯赞先生。来函谓：正在探听中。后来王西彦从长沙来信，谓吾师已在汉口，不日去湘（未写地址）。当即去函追问尊址，久久未见复。后来信谓吾师中止去湘之行，又要北返。自此又失去确息！后来东大智建中来沪，谈及吾师，有一段他知之甚详。当时吾师行址，确又不知其详。近来大夏大学同学应聘来大连者，谈及吾师。最近高羽来沪，晤面知之更多。一直想写信，写五次之多，都开了头，被客人、学生打断。语太多，不知从何说起。

高羽先生说，吾师仍健强。全家闻之，欣喜无已。未知师母时真健否？生自重庆北碚，去复旦为吾师代课后，环境稍好转，但章登（CC头目）接长复旦时，便遭解聘。幸同时在朝阳学院教哲学、伦理学，但环境恶劣，不时有风波。抗日战争胜利，全家复员回上海，任教大夏大学。三年多来，在大夏，在上海参加文化教育的革命运动。为上海电力工人罢工事，遭明令通缉；在交大讲演，抨击蒋贼，气愤过激，吐血病倒，半年未能复原。解放前积极主持大夏"应变"工作，解放时险遭迫害。解放后，即主持大夏文学院，后来主持校务委员会兼教务长。成天忙着行政事务，开会，一个"书生"生活久的，现在一旦担负行政工作，实在不习惯，时刻在斗争中，神经紧张，在情绪上，深感痛苦；在"知识分子"的个性作风……却是一个锻炼的大熔炉！解放来，忙，没有看完一本书，教书也没法预备（教"中国近代革命运动史""辩证唯物论""历史唯物论"),没有写过一篇文章。最近大夏大精简（原来有四千员生的规模，现在缩到一千五百人）被精简者教职员工近百名之多，大的任务是完成了。大家说，大夏是私立大学的"好典型"。可是在我个人，被精简者、失业者，乃至于旧的残余势力看来，痛恨极点，批评得体无完肤。当然，为完成使命，要如此做，但技术上、作风上，我深知有所疏忽和错误。待把大夏整顿一个段落，就想还原到写著学术工作。

近几年来，写作方面，可以报告吾师者：1.《中国历史大系》；2.《中国历史简编》；3.《康有为与梁启超》；4.《儒教叛徒李卓吾》；5.《地理环境与社会发展》；6.《论自由主义》；7.《中国原始社会史》；8.《中国历史研究法》等。这些书稿，回想起来都是吾师当年鼓励教导而来者！未知吾师处均有否？如没有，当检奉一份前来。

我的政治关系，是翦伯赞、华岗方面的。翦先生是继吾师后的一位热诚的导师！可惜，现在不在一起。我在此期间，尚少先辈照顾之人，埋头苦干，为人民服务。但是，了解我者太少。解放后，曾任第一、二届〔上海〕人民代表大会代表、高教联干事、中苏友好协会理事等等。还有新史学会、新哲学会发起人等。

我想回来，追随吾师，作学术工作。北京有无适当教书机会？我想摆脱行政，换个环境，稍事休息。很想抽暇来拜候请安，恐无机会。吾师处，如需我来，亦佳。

吾师近情，知焉不详。公暇，希指示，免远念！附上小照一张，请查收。我师有近照否，近在念中。赐示请寄上海中山北路大夏大学。夜深，下次再详禀。敬请钧安！

生吴泽谨上
4月5日

（二）
1950 年 5 月 15 日

振羽吾师大鉴：

赐示敬悉，大连周年刊亦收到。读到大著，看到尊照，欣慰无已！

兹附拙著数种,请查收,并请指正。年来忙于行政,不能继续写作(连写信休息时间都没有)。上海解放未满一年,华东还在军事状态中,大夏在新旧斗争中,和反动斗争,和这落后乃至过左斗争,心神劳瘁!生在前年因蒋匪帮的威迫统治,心绪恶劣,身心两疲。有一次在交大讲演回来,就大吐血,一病半年,至今身弱,神经痛,难治。所以精力难持时,不免痛苦,不愿再搞行政,回头来恢复写著工作。但是,大夏规模大,历史久,学生进步,为蒋匪统治时革命斗争的一个堡垒,有红色的荣誉,解放以来,获得赞誉。最近,第三届人民代表会议会中,华东高等教育会议中,大夏成为克服困难、精简改造的一个典型,誉满全市。这项工作,由弟所负责,现在欲罢不能,骑虎难下。再者,现在可以报告吾师了,生之组织关系即将公开,去、留岂能随便!许得命令准许或同意。——最近神经痛病常发,行政工作这样搞下去,恐与〔于〕康健影响太大,到暑假再行计划吧!大夏工作上需要我,学术写著想来尚有所长,加以身体欠健,难三顾。

杜若君来快函,东北行政学院决改为东北人民大学,约我去担任研究所的历史部门。本来也可考虑,只是大夏方面还走不开,左右为难!吾师有何指示?生在上海情况,师知之大概,如来东北,与生工作前途上有无益处,因生东北之关系,各方不多,此间又不宜轻易离开(虽然名为教务长,实则□□□□□□□均由生领导也),请吾师详为策划,赐示。

家母尚健,嘱慎侍候,自当遵命。嘱笔问候,并侯时真师母安好。家姑母亦嘱为侯安,照片附上一张,纪念纪念吧。以前是个小孩子,现在长大了!而且是一个中年人了,还记得吧。

回忆起来,过去蒙吾师久年教诲提携,至于今日,感荷无已!来日尚长,还望不弃,继续教示,为新社会为人民多服务多贡献一些。

陈望道、张定夫、潘白山均在复旦很好。陈望道是华东文化部部长,张定夫是华东司法部副部长,潘震亚亦在复旦,他们见到我,常问起你。

最近关于中国社会发展阶段问题有些乱了,苏联吉谢列夫来沪,发表其殷周秦汉的"长期"奴隶社会论后,更乱了。我至今还是坚持吾师殷代奴隶社会论的主张,近一月中,曾在几处公开讲演了七次,只是无暇写著。《大公报》王芸生要我为《大公报》连载写"中国社会发展史"问题,没有空!该写,写不成。吾师近来对此有何新见解否？北京出的《新建设》杂志上有一篇论文,一贯过去"捧郭迷"!言辞欠谨也……须后详禀。肃请

大安!

生 吴泽 敬上
一九五○、五、十五 大夏

(录自原函)

(三)

1962 年 4 月 25 日

振羽师:

久未函候,尊躬健康如何？殊念。脑病近来更为好转些否？望严遵医生的嘱咐,定期检查。平日工作,劳逸控制得宜,为了党的史学建设事业,为了教育后一代史学工作者,培养好自己的继承人,多为珍摄。

去年,我在京时,最后一、二天,已感身体失健,回来后,病了近一个月,好在医生检查结果,肺结核尚未到活动时期,因此恢复较快。9 月开始,着手组成史学史编写组,进行编写工作。编写组老少若干人,预定 1963 年 2 月写出初稿,6、7 月间能分卷。上次外国史学史在上海召开编写会时,决定写到十月革命,中国史学史写到"五四",现代部分暂不列教科书内,可以稍缓,下功夫踏踏实实去搞,时间较长,不赶时间,各学校开课时,讲到"五四",不讲现代,并且开会规定,如能讲现代更好。因此,现在我们集中力量,攻下近代后,再搞现代。翦伯赞同志现在苏州修改中国通史教材,上星期来上海,住了六天,昨天回苏州。在上海时,曾在史学会和师大历史系作关于历史上民族关系和阶级关系问题的报告。关于现代史学史部分的问题,我在上月底、本月初去苏州看他,谈了几天,对分期问题、结构问题等,也作了商讨。近代史学史大纲

(草稿),多次修改,在上海史学会也作过几次讨论。初步定了下来,以后随写随改,大体定局。现在油印中,数日内即可印好,当即寄上,请指正。

编写组做法:① 按学派、问题做出著述年表(包括版本、考异等);② 做出传记;③ 做出资料长编;④ 写出专论;⑤ 然后按教科书的规格,在专论的基础上,概括出简明的一章一节教材内容。现在还止于①②③④步工作上,第⑤步工作尚未下手。专论已写成魏源、康有为、王国维、古史辨、严复、黄遵宪、梁启超等,每一专论均在五、六到十万字左右。附上几篇油印"专题讲座"讲稿,请指正。专论基础上写教材较快较好些,踏实些。但前四步工作确是很费力,一个专论十万字,概括成教材时,只取一万字乃至七、八千字。附上《文汇报》上刊载的关于魏源的史学思想,这是一个试验,是教材中的一节。请指正。最近我在着手搞章太炎,困难很大,后期十四年年谱没有,文章□在老太太手中,不肯拿出来,不易写全。我们去苏州几次,看到一些原稿,但无法抄录运用。魏源的孙女儿在上海,屠敬山的儿子也在上海……调查研究工作,是写好这本书的重要关键。去年秋季,曾和束老去杭州调查研究东南派柳诒徵、缪凤林、张其昀的情况,摸出了一大系统,特别是"时空派"张其昀的一套,兴趣很大。

大纲,近代史学史分二期,以戊戌划线。对象分两大类即史学思想部分和史料目录部分。前者分史观、史论、史评三项,以史观为中心;后者分为史纂、史料、史目三项,以史著(史目)为中心(史料、史目……等史学辅助课目,兼及历史地理、考古等,而以史料为主要辅助课目),注意历史地理和元史、明史、南明史的爱国主义和反满斗争的特点和史学传统;注意资产阶级改良派对日本政变、彼得政变和法国革命等近代革命史的研究,害怕法国革命路线,走日本、彼得变法维新路线;注意资产阶级革命宣传法国革命,反对维新政变的革命史的研究;注意革命派和改良派研究世界史,如黄遵宪搞《日本国志》,向西方学习,走资本主义道路;清末立宪运动开展,历史教科的编译掀起,同盟会编的和江楚官书局编的两大片,夏曾佑的《中国古代史》便是其中之首创者,史纂史上起了一大变革。史观,着重阐解魏、康辈"《春秋》公羊三世说"历史进化论——反正统学术思想文化的武器,注意魏到黄遵宪,到康有为,到崔适,到古史辨派的演变;注意中国传统的历史进化观点和严复译《天演论》的外国资产阶级的社会进化论或历史进化论在中国的传播,及其和中国传统历史进化观点的关系的演变;注意前者的形而上学玄学的特质和后者的生物学科学的特质及其移用到社会历史领域中的庸俗化和反动性;注意前者反正统的进步性及其局限,以及后者在中国所起的作用。以严复、梁启超为重点,注意资产阶级历史进化论从严复、夏曾佑、梁启超及至胡适派的分化演变轨迹……等等。附上大纲草稿(新的印好,兹寄上),请抽暇指示一、二。特别是总的原则精神等,希能得到您的指示。

大著《史前期中国社会研究》,读后无限感慨。这本书的第一版——北平人文书店版,是我在中国大学学生时代您的一本教课用书。很快,到现在已近三十年,又看到它再版!这本书对我决意从事历史研究的影响很大。我记得黄松龄先生主编的《经济学报》,黄先生把我最早写的——考试卷子修改出来的一篇《夏代经济研究》,在学报上发表出来,是在这本书的指引下所做的一次写作尝试。其后便是您指导下,并经您亲笔修改并介绍给《劳动季报》发表的那篇《殷代奴隶制经济研究》……这些可能您是不会记得了!我自己,印象很深,铭感于心,是不会忘记的。只是,这几年来,自己进步慢,无所成就,愧见老师们!"来者可追",我近一年来,身体已见好转,已能正常工作,一定不负厚望。但还请多多指教,步子可能跨大一些。

读了《史前期中国社会研究》,我很兴奋,把和研究生做的报告讲稿,花一星期左右时间,整理成一篇《女娲传说史实探源》一文,已在《学术月刊》发表。附上,请查收,以为纪念。还有关于神农、黄帝、共工、宿沙、蚩尤、尧、舜、禹等……类此《女娲传说史实探源》的稿,有空想一一整理起来……这样做,未知在方向上、方法上有无错误(我对此已酝酿了一个体系的东西),如无大错误,有空就整理一些,一一发表……倘有空,再整理起来……写长了,怕您看得累!下次再告。江明同志好否?殊念。请代候安好!若玫附笔代候。不另。

生吴泽

4月25日

（四）

1980年5月10日

振羽师：

久未函候，殊念。近来全部时间用在《历史辞典》和《中国农民战争史》审阅工作中，身体也不大好。三联书店应约写的"史学史"尚未能动笔，殊感不安。"辞典"约六月底审查完毕，预计七月初当可开始，近来在搜集资料中，兴趣很大，想在明年元旦能定稿献礼。知注奉告（如遇困难，还请多予指示）。

上海社联主编的《学术月刊》是一个综合性的学术刊物，每月一刊。编委同志一再提议，要我向您约稿，加强阵容和号召，提高质量。特函前来，希望能否在不影响康健情况下，为《学术月刊》撰写一些史学论著（并望能在最近期间能接到您的文章），兹附上"选题"目录一份，提供参考。谨致

敬礼（并问江明同志好）！

吴泽

5.10

（录自原函）

吕振羽致吴泽 三通

（一）致吴泽束世澂

1961年2月24日

哲夫（即吴泽）弟并世澂先生：

拙稿《地下出土远古遗存和我国原始公社制时代的历史过程》，愧承奖饰；承两位及华师历史系同志们细加查阅，对我帮助很大。所开示之意见，除有关仰韶文化的社会性和"夏王朝"问题数点，尚待商酌和细加思考外，均已吸收到拙稿里面。

世澂先生大文，已于《光明[日报]》上读过一篇；我觉得可以而且应该写下去，并可以将发表之文逐篇寄李鹤鸣先生，提出一些问题彼此商酌。李老，如所周知，是我国马克思主义运动的启蒙大师之一，家法谨严，立论不苟，这在数十年来对我影响至大，印象至深。国内目前对两周以至秦汉社会的看法，分歧仍是很大，在苏联同志中也是如此。因此，任一种意见提出，我想不可能是没有异议的。但这类关于学术问题上的不同见解的不同学派的争论，正是发展科学所必需，愚以为这到将来共产主义社会，也将是要存在下去的。也正以此，而见出二百方针的伟大、正确。大作各篇完成后，愚意可以汇成一册作为一家之言，与国内史学界商讨。李老对此亦极为重视，闻过沪时，渠曾与沪上史学界诸友谈及。

哲夫弟主张将这篇拙文先交杂志发表，因文太长，亦未最后定稿，尚未考虑及此。弟与诸友如认为有此必要和价值，则可以之对《学术月刊》还文债。总之，文太长，于杂志发表似不甚相宜。请熟虑。

匆匆

敬礼！

振羽
1961年2月24日

（二）
1961年4月1日

泽弟：

3月22日信悉。

（一）关于拙作《地下出土的远古遗存和我国原始社会时代的历史过程》一稿，因上次去信后久未得《学术月刊》对此稿意见，加之文太长不适宜于报刊登载，以故三月半间《人民日报》同志提议缩写为一万字左右，我当时即表示同意，现他们已在动手，而缩写后能否用，我尚无把握。待来信后，即与《人民日报》商量，仍坚欲缩写发表。因之只得请弟为我向《学术月刊》恳致歉意。近在高级党校为新疆班所作报告提纲，《学术月刊》如认为合用，则拟以之抵偿；如不合用，拟于5月寄去《新疆与祖国的历史关系》报告提纲稿。总之，请千万致歉。

（二）我弟病尚未愈，希望紧紧按党委安排，在痊愈和巩固前，工作不要作得太多。要掌握鲁迅的韧性战斗的精神。

（三）对黄巢、王仙芝等历史上农军领袖人物，曾向当时统治者请降问题，很该作点功夫加以考辩，实事求是作出正确结论，既不使古人蒙冤，也借以教育后人，乃大好事。

（四）若玫①妹病，甚念甚念。就来信所述，□制补脑液于她无益；此药目前且不可买得。询之名医，均云以乌鸡白凤丸之类为宜；请嘱若玫妹就上海一著名妇科中医诊断后，如上海不能买得药物，请来信，当在北京极力设法。

匆匆，祝

你们均加快健复。

振羽
4月1日

---

① 编者注：若玫即张若玫，系吴泽夫人。

（三）致吴泽张若玫

1961 年 7 月 4 日

哲夫弟

若玫妹：

　　来信及文稿清样均早已收到。去冬从南方回京后，住了两个月医院，又接连开了七十天的大会和工作会议。会后又为与各校院哲学系、历史系毕业班研究生、卒业班及青年教师讲话，至今未完，故现在才给你们去信。哲夫文章，只粗阅一遍，觉得不错，史学史暂不写五四后部分，是安排得对的，目前至多也是可能作的，可以把这部分的史料，全面搜集、编辑起来。这就能帮青年和后来的研究者从中看出规律和面目来，你们以为如何？

　　祝贤夫妇及孩子们好！

　　寄去《殷周时代中国社会》一册请收。

振羽
7 月 4 日

以上皆录自《吕振羽全集》第 10 卷，人民出版社，2014 年

吴泽致柴德赓等 二通

（一）致柴德赓、荣孟源
1952年9月9日

德赓

孟源先生：

日来深感不安，我来京工作事，最后决定暂时留华东，原因有二：

一、华东师大初创（由大夏、光华合并而成），我在人事上比较熟悉，特别是历史系，需人筹备，因此华东教部要我担负这个筹备名义的责任（我仍养病，工作由人代理）；

二、近去医院检查身体，病灶尚未完全痊好，要我继续休养，"三月后复查"，这是我最大困难，无力解决。如来京工作，病再发，就难处理，顾虑太多。现华东给我再休养条件（仍住校外休养，不到校，不上课，负设计推动工作而已），对康健上作一劳永逸之计，这样决定，是比较稳当的办法。

所以，暂时不能来京了！我也想到，这样决定，对柴主任和辅大同学是很不礼貌的，衷心抱愧，无以言容。开初，我把事情的发展估计错了，徒劳你们一番照顾和希望；但我因身体失健，不宜再搞行政工作。回复史学研究工作，较为适当。北京史料集中，气候干燥，来京比留上海适宜些，把师大筹备工作完成，身体再有半年养息，当可正常工作，再来京应命，追随左右，学步前进，为人民历史的研究尽半分心力，愿矣。区区心意，伏祈见宥为荷！陈校长、历史系同学先生前，请柴主任婉辞致意说明，并表示万分歉意。来日方长，报命有期，诸请谅詧，匆此谨致最敬之礼！

吴泽谨启　九、九

一、荣源兄嘱购中国革命秘史,新旧中西书店,遍觅不着,可否将该书出版年月、书店见示,当再托书店尽最后一次之努力。

二、聘书附上,请柴主任查收。转致陈校长,下学期可能来京(师大筹备任务完成)。聘书暂退还,似较妥? 请柴主任作主。

(二) 致 柴 德 赓

1964 年 5 月 30 日

德赓同志:

上月初接读手书,知即去年工作。本拟于月中来苏州一行,因反修文章较急,未能如愿,殊为歉仄。今日晤李季谷先生,知您在京整理陈老著作甚忙,并谓已第二次来信(尚未收到,不知何故),多承关注,感荷无已。翦、范二老,近来身体如何? 京中史学界情况如何? 便中望告知一二。孟源见到否,并请代候。弟近来赶写反修文章,身体情况欠佳,进度慢,效果差,预计六月底恐难完成。题目是《驳苏联世界通史对中国西藏历史的严重歪曲》(古代部分)。中心论旨在于驳斥:唐宋时代吐蕃为中国邻国和独立国、元代吐蕃为征服国、明清时代西藏为中国藩属国等等。目的在揭露修正主义的西藏为独立国、藩属国、分裂中国多民族国家的谬论。文中涉及成吉思汗、忽必烈、元代历史和民族政策,乃至涉外问题,恐不能成文,以后请您指正。反修结束,立即转入史学史编写工作,预计下学期完成初稿,明年开始搞史学流派(现代)。为了保证时间,我已完全脱产。祇是身体情况太差,只能半日工作半日休息。陈老五代史稿定多新见,可否先告知一二。近来搞了一下西夏史,深感正史中有金史、辽史而无西夏史之缺陷,未知谁何氏有志补之否。袁英光同志的《徐鼒的史学研究》已成稿,即将于《师大学报》刊出。《夏燮史学》的长编和专长[论?]亦快成稿。我每日下午搞些太炎的史学资料,摸清体系,还要费大力。请转告伯赞同志,史学史编写工作很得手,只是时间进度,前为《辞海》拖了一年多,近半年又为反修文章所累,六月以后当可全力以赴,勿念。有空望即来信。翦师母好否? 此请

撰祺

　　　　　　　　　　　　　　　　　　　　　　　弟　吴泽
　　　　　　　　　　　　　　　　　　　　　　五月卅日晚

（以上皆录自原函）

吴泽与中华书局编辑部来往函　三通

（一）致中华书局编辑部（《武则天讨论集》编辑）
1960年代

编辑同志：

　　关于《武则天讨论集》目录及说明书，均收到。因事冗迟复，殊歉。

　　武则天的讨论，目前似难再进一步开展。诸如武则天与均田制的关系问题等，本来尚可深入探索下去，但，此类问题较为专门，须较长时期和较大功力，我看，一时还难出现这类论文。目前，先出一集讨论集，是必要的，有益的。

　　武则天的讨论，是在曹操讨论后，由于越剧《则天皇帝》的演出和史学界评论《则天皇帝》开展起来的。不始于罗元贞、陈寅恪等的《武则天批判》《记唐代之李武杨韦婚姻集团》。《讨论集》目录以罗、陈等论文开头，一面混淆了这次讨论的时代形势和现实意义；一面陈寅恪等是资产阶级学者，把他们编在前面，涉及有关事实本身和学术路线问题，是否适当？请斟酌。中华书局的那篇报道文章，把陈寅恪、吕思勉等同样处理，以及参予讨论的几派论点和作者的处理上，不够全面。如作修改，可适当增删一些。我想，不妨把罗、陈、胡、李等《则天皇帝》（越剧）评论前的几篇，另作一类，放在前或放在后，均可。如放在前，必须在卷首序文中作一说明。是否适当，供参考。

　　大约是1959年10月左右，上海越剧《则天皇帝》演出后，上海戏剧家召开过一次讨论会，我的发言内容曾在《上海戏剧》刊出，题目似乎是《从越剧〈则天皇帝〉论武则天的评价问题》（手头没有这份刊物，回忆不清楚了），可去信上海永嘉路中国戏剧家协会《上海戏剧》编辑部要一份,参考一下,是否适用?你们统筹一下,再说。我的几篇有关武则天的文章,如决定要收编进去,请先通知一下,要做些修改。

此致

敬礼!

吴泽 3.30

(此件录自原函)

(二)

1962 年 4 月 16 日

中华书局编辑部:

来函收悉,迟复为歉。关于施畸先生《庄子音训考辨》出版事,因近来忙于史学史编写工作,无暇阅读此类近三百万字的长著原稿,很难提出具体意见。殊歉。

施先生此稿是其毕生(已七十多岁)的悉心之作。据有关同志称,该书内容较为充实,在资料钩沉、问题探讨方面,下了功夫,有一定学术价值,可考虑其出版问题,以上意见仅供参考。可否,请贵局酌处。此复,并致

敬礼!

吴泽
一九六二年四月十六日

(此件录自原函)

(三)

1979 年 1 月 18 日

吴泽同志:

一月十日给陈铮同志的来信已经收阅。

您计划编辑《王国维书信集》一书,并允交我局出版。我们表示欢迎和感谢。我们拟将此书列入近二、三年内出版计划。估计王国维书

信中有关学术研究内容的要居大多数,但编选时可否不要限于学术部分,其他方面内容的书信也一并收录,使该书成为一部比较完备的王国维书信汇辑。关于北京图书馆藏王国维书信资料,我们可先行联系,但究竟需要复制或抄录哪些材料,还是请你们在适当的时候派人来京选定。为了不影响工作进行,请你们就近先收集上海图书馆的有关材料而后来京。这些初步想法提供研究参考,不知若意如何。特此奉复,并致
敬礼

中华书局　编辑部(公章)
1979.1.18

(此件录自原函)

吴泽致谢天佑

约 1977—1978 年①

天佑同志：

送上草稿五本，请你有空时给我提些修改意见。《王国维史学研究的总结》可以后空些时候看。

关于《汉末玉皇上帝——刘天翁……》一篇，你看是否可改写一篇，重点写农民阶级有自己的思想——革命思想。原稿中，小结末加一段评"四人帮"御用文人的谬论——重点批驳。（可压缩成一万字左右，原文资料太重）。你改写，如可用，我们二人联名发表，如何？

《明初政权》一稿，是长编性质，将来可压缩成论文，二万字左右即可。这些稿子，主要是我自己把问题彻底弄清楚。同时，文风上，力求深入浅出……所以，写得较通俗。试图把官制、政治制度用在政权史上，死材料，活用活写。试试而已。接着整理《唐代前期阶级斗争形式、特点和规律》，半月内可完成。《隋唐政权》化一个月可整理完。

前天开会时，朱爱慈提起给学生讲"史学史"事。我已作了些准备，初步考虑讲两次：第一次讲"近代史学史"上（鸦片战争到"五四"前夕），第二次讲"近代史学史"下（"五四"到人民共和国成立），系统、重点地作一概括讲解。如何准备？结合同学实际要求、目的如何？心中数不大。请费神代为筹措计划一下。

近来身体较差。过几天再来看你。

---

① 此函原未署时间。惟据其中提到的朱爱慈老师，曾任上海师范大学（"文革"中合多所大专院校为一）历史系总支副书记，1978 年 5 月上海师范大学与华东师范大学重新分校后回原上师大，故其写作时间必在"四人帮"粉碎之后的 1977 年至 1978 年 5 月之前。

《隋唐五代史》编写计划,如果系教研组可考虑干,我即拟一计划书。前天开会时,我也提了一、两句。请你统筹,挂帅。如何。

泽留

(录自原函)

李希泌致吴泽

1978年10月27日

吴泽先生史席：

久疏笺候，敬维兴居清胜为颂无量。

尊辑王静安先生遗著想已发稿，前在北图复摄书影，不知适用否？北图近忙于编纂善本书联合目录，摄制王静安诸先生手稿胶卷工作，尚未遑进行，俟摄制时，当为您校多摄制一份。

一九三三年余杭章先生在苏州讲学，泌曾记录《民国光复》与《儒家之利病》两次讲演，今春物色得当年记录印本，现打印若干份，寄呈一份，祈赐誉阅。日前曾寄扬州卞孝萱兄一份，卞兄已来函称很有学术价值，拟为介绍上海《中华文史论丛》或吉林《社会科学战线》或北京《文史》发表，征询鄙意。我函复请其转寄上海《中华文史论丛》。此稿寄到该刊时，祈鼎言介绍为感。

顷阅《光明日报》所载上海《中华文史论丛》第八期目录，见有尊著《秦汉时期的历史真相》与陈寅恪师遗著《论再生缘》，渴思一读，此间买不到，邺架如有复本，可否寄一册拜读，第七期如有复本，请一并惠寄一册，则受惠多多矣。其后渐寒，诸祈珍卫。顺请

撰安

李希泌　敬上
十月廿七日

（此件录自原函）

罗继祖致吴泽

1979年10月3日

吴泽先生著席：

前在连（大连）晤袁、刘两君，谈洽一切，曾奉一函，想久蒙亮詧，此时两君想久从沈（阳）、哈（尔滨）过京返沪，惟久不得消息，甚念。观堂遗文前函告两君，日本那珂通世《支那通史序》虽先人署名，实观堂代作，可补入集。此外又据敝藏手迹抄得两篇，其一已见《庚辛之间读书记》，惟因有年月，可据以补入年表，故随函附上。

顷与武大历史系同志通函，他们说湖南人民出版社主管人柳思同志工作积极，且具识力，闻尊处有《观堂书信集》之辑，恐中华出版稽迟，嘱代函达，他们愿担任出版。不过尊处既与中华已订有成约，恐未便改变。然柳君任事之勇殊可佩，特为代达。

又旧藏日本森主之影写《新修本草》残本，经吴德铎先生于《中华文史论丛》（1979年）第二辑上著文提及。此本当存敝筐，在连时曾与袁、刘两君谈及，两君促函告李俊民社长。顷得李社长复函，大力赞助，并拟先在国内出版，现书已托人携京，兼告李社长，事关中日文化交流，想执事亦必乐观厥成也。敬叩

撰安！

前嘱用墨笔书拙跋，迟日奉上。又及。

继祖 上
10月3日

（录自原函）

江明致吴泽　三通

（一）
1980年6月2日

吴泽同志：

别来又经历了一场紧张的战斗。振羽同志患肺炎甚重，剧喘，又引发心房纤颤诸病，险象横生，住院治疗月余，日渐好转。但身体很弱，饮食尚差，恢复较慢。

遵义同志临行前嘱拍照诸件，应拍照的同志说旧报纸拍照太黑，效果不好，改变计划。兹将已拍诸件并底片附上（用后退还）。

最近，我从振羽"文化大革命"前夕所著两部文稿之一《史学评论》（即《读报随笔》）中选出复印了十七篇论文。当时，他手边只有《人民日报》和《光明日报》，就这两报中所发表的史学论文，他感到他们所争论的问题，大都涉及到马克思主义史学的根本原则问题，又感到作者大都是新人，这又涉及到史学接班人的培养问题，随笔包括不同意见方面的基本观点，并参以自己的看法和议论。那些问题也可说是解放以后在历史科学战线上不断提出的问题，还是有一定时期史学史的价值，同时也还表现他尽管在天外横祸飞来的逆境，也还不停止倔强地战斗（倘《学术月刊》需要发表也可）。以上诸件均托李家骥同志带上。

此次编集，工作量很大，振羽在病中不能费力，我因需照顾他，很难协助，偏劳你和遵义同志，我很不安。所收论文，都非近作，难免欠当，请费神审核修改，遴选从严，倘不合适，请抽去。拉杂写来，不觉过多。

祝康乐！衷心希望你和张禾同志和好如初！

江明

八〇、六、二

附件：

一、照片七张

　　1.《现代出版史料》书影1张

　　2.诗文稿照6张

二、底片5张

三、《史学评论》——《读报随笔》之一、二复印稿17篇，附复印费发票13张(3.6元)

四、《学吟集·诗草》卷二

　　复印稿二页

五、关于中国历史上的"百家争鸣问题"

　　修改本一

（二）

1986年8月25日

吴泽同志：

　　吉大齐、周两同志自沪过京，得知你旧疾复作，医嘱禁止会客，殊深悬念。你力疾两度接谈，对吕传编写，备极关切，谆谆指导，深情忆念往事，闻之感慨不已！

　　遵义同志来，知你疗效很好，病情已趋稳定，衷心喜慰！

　　中国社会科学院与吉大联合召开纪念吕振羽史学研讨会，日昨吉大副校长林沄同志来信，谓已专函敦请你赴会，并希望我再函相邀。他们素稔你与振羽同志相交甚笃，极望你能出席指导，恳切之情，盼允所请！的确，渡尽劫波，老一辈马克思主义史家已零落殆尽，外庐同志对振羽情意笃厚，奈已无法出户，且艰于执笔，但对纪念和出全集等都很关切，并勉力准备书面发言，感人良深！吉大决定在校专辟"吕振羽藏书纪念室"，在京寓建立"吕振羽纪念室"，张爱萍同志已为题室额。全集,吉大几位教授(内有两副校长)分工各包一部书,已着手进行。可否在发言中谈之,以昭重视?

许多事和遵义同志谈过,当已转达。

闻你心脏很好,大可庆幸。但仍宜保持宁静,切忌过劳和激动,为党的史学建设,万希多加珍摄!

敬祝

康乐!

江明

八六、八、二五

(三)

2003 年 11 月 3 日

吴泽同志:

南望云天,时深系念。六十年前,风雨如晦,嘉陵江上惊涛骇浪、漆黑深夜,不顾危难,你护送振羽渡江,师生情深,令我感念难忘。坚儿赴沪开会,特去看望,衷心祝愿你和家莺同志健康长寿!

江明

二〇〇三年十一月三日

(以上皆录自原函)

罗竹风致吴泽等 二通

(一)

1982年2月11日

吴泽同志
遵义、朝民同志：

　　平心同志文集，我没有看完，有负委托，于心未安。从去年以来，身心交瘁，悲感交集，虽思振奋，但力不从心，大有捉襟见肘之势。

　　除心脏病以外，S.G.P.T突然高于200(标准40)，经华东医院两次空腹抽血化验，证明为肝炎无疑，明晨即到医院办理手续，然后去虹桥隔离。一般通例，"关闭"之后，最少需三月时间才能解脱。果尔，对平心文集审稿工作势必中断。

　　原稿分三部分包扎送还：1是我看过的，并顺手做过文字及标符方面的修改或者划过记号。2、3只简略翻阅，潦草而过，需要你们再加审阅。平心同志涉猎极广，学问渊博，对哲学、社会科学以至文艺，几乎无所不包，可谓洋洋大观。这大约也是三十年代文化战士出于战斗的需要，有时使枪，有时弄棍……十八般兵器样样都用，目的是为了唤醒群众，投入斗争，共同对敌。正因如此，多而杂是难免的。

　　既为《文集》(并非《全集》)，就应当有所取舍。我个人初步考虑的意见，取舍标准是否可以这样：

　　一、时限性强的，有如明日黄花，生命力不一定具有持续性，可以割爱。

　　二、在当时颇有价值，而时过境迁，今天看来，已显得空泛者，似可舍弃。

三、有关治学方法的多选。

四、有学术价值或独到见解者多选。

五、是否可划分为四个时期：（1）最早的到"九·一八"事变；（2）"九·一八"到"七·七"抗战；（3）抗战时期到解放前夕；（4）解放以来，平心潜心研究学问并卓著成效时，似在华东师大任教的几年，这一阶段的学术论著似应多选一些。

分几册出书、开本、装帧设计、插图、插页，都应作通盘考虑。前提是何时完稿，何时付印，周期长短等等要有所规划。

书的《前言》是否可由吴泽兄主持，结合平心生平，以主要著作系年并发点议论？我想三、四千字足矣，不必过长。

必要时，可由吴泽兄商同施平、原冰两位召开编委会决定，不必等我。这次"关闭"很可能是"无期徒刑"了，瞻念前途，不寒而栗！

对"社联"工作已作交待，其他兼差亦大部分摆脱，唯《汉语大词典》《大百科·宗教卷》如蛇盘身，难以甩掉。

年逾七十，病来如山倒，病去如抽丝，原来自以为身板硬朗，可以为党多做些工作；不料诸病猬集，竟一蹶不振。廉颇老矣，一日三遗屎，大约也是实在的。匆匆布达，不尽一一。顺致

革命敬礼，并祝

身心两旺！

罗竹风　拜上

1982年2月11日下午

阴霾

（二）

1982年5月28日

吴泽、遵义、周朝（民）三位：

去虹桥医院关了将近三个月，S.G.P.T三次正常后，再住有交叉感染之可能，于是毅然决然出院，回到广阔的天地去生活。临行前，医生虽再三告诫：今后必须注意休息，避免重犯；如麻痹大意，再有反复，则

后患无穷。尽信医不如无医,对这席话,却不能不引起我的警惕。

由于本身工作的复杂性,在上海是无法安静下来的,为避烦嚣,只好远走高飞。经市委批准,决定与秀珩同志相伴去青岛疗养,本月三十日下午成行。

秀珩同志卧病两年余,身心交瘁,亦亟需改变环境,增强体质。这次同行,可以相互照顾。就目前条件而论,大约还得我帮助她。

胡毓秀又有信来,问起平心文集进行情况,无可奉告,只好请您与她联系了。这件事,我没有尽到应有的责任,多承您蒐集资料,系年分类编排,已粗具规模,只要确定编选标准,再加校订加工,即可有成。

本来打算召开一次编委会,就有关问题进行讨论、决定,因我不在,请您偏劳,为感无量。

原冰同志正在病中,不便烦渎,请与施平同志商量解决。

临行匆匆,不尽欲言。顺致敬礼,并祝

健康!

竹风　拜上
1982年5月28日

(录自原函)

杨廷福致吴泽

1982 年 3 月 23 日

吴老尊前：
  别旬日，至念师范。晚在京一切均好，请释锦注。此次会议中央极为关注重视，每日有简报汇报国务院、中宣部、社科院、文化部、教育部、出版局，及陈云、乔木同志。周林、西民、正鹄同志、玉清同志（陈云秘书，副部长）均日在宾馆听取意见。历史组分为二组（三、四两组），三组组长为王仲荦先生，四组组长为白寿彝同志。因白先生太忙另有他事，由组领导决定由晚代理组长，主持小组一切，并作了大会发言，一般反映尚好。大会于明日闭幕，下午赵紫阳同志接见，共同留影。晚尚需留下，至月底返沪，当面禀一切。今日上午周林副部长特邀晚及唐长孺、王仲荦、张政烺、常任侠、夏鼐、冀淑英、周绍良诸同志座（谈）敦煌学与教学改革等问题。大会一氓同志并提到华师大之华侨史，陈翰老于华工史颇致拳拳，京中于我系之华侨史颇重视。一切俟返后面禀。匆匆敬叩
福安！

            晚 廷福 上
            廿三日晚

  晚为一无名小辈，荷领导青睐，党的培养、提拔，感激万分，惟竭尽努力而已。

  （录自原函）

杨宽致吴泽
1982 年 6 月 16 日

吴泽同志：

我于十一日回沪，会上制定三个文件已打印出来，想必已寄给您。

关于《吕思勉先生的史学研究》一稿，吕翼仁曾经誊清并用复写纸复印一份，昨日到吕翼仁家中，找出复印本，有些字迹不清楚，尚须描绘，刻正由她加工描绘中，我将于 22 日前往取来（乘到复旦上课之便），再于 23 日或 24 日寄给您。不知是否来得及付印？如果急于需要，我处有原稿可以寄给您，但原稿不及誊清稿清楚。如急用，请用电话（375677）通知。如不急，则请待 23 或 24 日寄出。

关于《吕思勉史学论著选集》，刻正由吕翼仁准备中，并拟从旧杂志复印，再加挑选，力求能够代表吕老师著作的精华。顺致
敬礼！

杨宽
82.6.16

（录自原函）

程应镠致吴泽

约 1983 年[①]

吴泽同志：

上周得李埏同志信，说"吴泽先生参加之意，已转达(《历史研究》)编辑部，想亦将邀请"。特此奉闻。近日安否？宋史卷已在定稿。还需要一点抄写费，请桂遵义同志寄壹百元(寄历史系虞云国收)来，将来多退少补。专问
清吉！

弟　程应镠
六月五日

（录自原函）

[①] 案《中国历史大辞典·宋史卷》完成于 1983 年，此函当作于是时。

张岂之致吴泽

1984 年 4 月 22 日

吴先生：

　　您好！

　　您很关心侯外庐先生史学论文选的事，现在要向您报告的是：稿已校毕，已交出版社，上下两册。何时出版，很难说，催也没有用处。另，这些年侯先生写了回忆录，全文已在《中国哲学》刊载，现正汇集成册，由有关同志作些修订和补充，夏季可望交三联书店，争取年内出版。

　　《中国历史大辞典·思想史》分卷稿早已交谈宗英同志，他正请谷枫同志审看。稿中问题还不少，我想等谷枫同志将全部稿子审毕，提出了意见，我们再用半年时间仔细修订，以期能达到出版水平。看来，全稿如没有几次修改，反复推敲，改正错误，是很难保证全稿质量的。史学史分卷问世，有了范本，我们现在对思想史分卷进行修订，就比较方便一些了。在这方面，请先生不吝赐教，使我们的修改工作能够顺利地开展。

　　敬祝
健康！

张岂之　敬上
1984.4.22

（录自原函）

马承源致吴泽 二通

约 1984 年[①]

（一）

4月6日

泽师：

　　杂事太多，把主要的东西忘了。惠著后来亦已收到，谢谢！现将张光直地址寄上，请检收。今日我已有一信给他，当然是不能代替你的信件。

　　关于校中做报告事，能否安排得略迟一点，题目是"中国古代青铜文化研究中的若干问题"，未知是否合适。

敬礼！

生　承源　顿首
四、六

（二）

9月20日

泽师：

　　许久未见，未悉玉体安康不，念念。

　　《中国历史大系·古代史》版图部分翻拍效果欠佳，须要修版。生思三十余年来，考古所得商代文物远胜于原图者甚多，若能更新，自然大为增色也。生处且有现成材料，并不费时，未悉以为如何？

[①] 案信中提及张光直在"北大教课"为 1984 年 8—9 月间事，故系马氏两函于此时。

近日张光直托人连来俩信,云迄未接得吾师函件。他正在北大教课,文物出版社已与之联系,李济论文集要求允与在京出版。生以为若上海方面尚需当局批准,则出书事或近渺茫。建议师放弃此案,若何?近有事去京,节后返归。耑此即颂
大安!

　　　　　　　　　　　　　　　　　生　承源　叩
　　　　　　　　　　　　　　　　　九、二十日

(以上皆录自原函)

吴泽致林焕平

1985年9月1日

焕平同志：

又好久不见了，健康如何？近几年来，工作生活确够"忙""乱"的，上次约定和徐、许二位一同来桂林之行，也坐失时机，未能如愿。我想：以后再安排，前来桂林一行，畅叙往事。

我的亲戚陆伟、申晓云前来广西，特请他们前来拜见，请抽暇接谈并多多指点。晓云同志在撰写《李宗仁传》，来广西做些实地调查访问。此事，可否请您就近代为筹措一下，通过些什么渠道、人事？访问那些人较适宜……请您费神具体指点为荷！

那次，您在上海的会议上发言时，满脸红光，说话气势，同在赤水时相仿。很高兴。我就血压较低，老是头眩，一人走路很不方便，近来稍好。勿念。我们毕竟"古稀老人"了，望多保重，有空来信，以免悬念。

谨问

近祺！

吴泽
1985、9、1

原载林焕平编：《作家学者书信集》，广西师范大学出版社1989年版，第160页

苏渊雷致吴泽等

1985 年 10 月 13 日[①]

吴泽、冯契、张璠三位教授：

孔子基金会经中央考虑，改为中国孔子研究会，在曲阜开会五天后，即全班人马赴京开成立大会，以扩大影响。受匡老嘱托，奉邀于 21 日前直接赴京，在政协办公厅报道。估计会期两天。

请互相转告为盼。此请教安。

苏渊雷 顿首
10.13

（录自原函）

[①] 此为苏渊雷先生 1985 年 10 月 11—15 日在山东曲阜参加中国孔子研究会预备会议期间，受匡亚明委托，函邀华东师范大学吴、冯、张三位教授于同月 21 日赴京参加该会成立大会之信件。

林沄致吴泽

1986 年 8 月 11 日

吴泽先生：

　　我是一个学先秦史（主要搞古文字、商周考古）的，在学校时第一本看的先秦史著作就是您的《古代史》。慕名已久，无缘见面。这次我们吉林大学拟于四十周年校庆之际和中国社会科学院联合召开纪念吕振羽史学研讨会。我受学校之命负责组织工作。于本月初去北京拜访过江明同志，我校和社科院以及江明同志都深望您能赴会（会议现定于 10 月 5 日—7 日在长春举行）。但是，这次 7 月 16 日在吉林市召开的教委七五科研规划历史学科项目评审会议，您是评审组成员而未能来吉林。而且，6 月初我校向您发过纪念吕振羽史学研讨会的邀请函，也未见回音。听说您身体欠佳，担心您不能来长，因而写信恳求您三件事：

　　一、我们都真诚期望您能到会，但长春十月初天气已近冬季，不可勉强。您和吕先生关系非同一般，又在史学界有很大影响，如果不能亲自到会，一定应该有一个书面发言，或录音发言（已定在开幕式上做书面发言的还有周谷城、侯外庐、白寿彝三位先生）。这次会议的主旨是尽可能全面评介吕先生的一生学术贡献，并讨论我国史学研究如何继往开来。您是一定要讲一讲您的看法的。

　　二、您的博士生朱政惠同志的《吕振羽史学研究》一文，我尚无机会拜读，想必是一篇全面总结吕振羽先生多方面史学贡献的宏文。我打算将此文作为开幕式的主要报告之一（当然不能全文宣读，可择要报告一小时左右）。另外，我校历史系张博泉教授也准备一个较全面的报告。不过,江明同志认为,在这个讨论会上对吕先生的综合性学术报告,应该由您来做是最合适的。我向您转达江明同志的这一希望。另外,我提出一个办法,不知是否可行?朱政惠同志的文章,是在您的指导下写的,是否可以在这个基础上,由您和朱政惠同志联名在会上作一个小时左右的报告。对吕先生的史学研究成就作一全面的概括和评价。我想,这样做,既可以满足江明同志的希望,也并不会影响朱政惠同志的论文的独立发表。或者您认为由您单独作一个较概略的书面发言,并在发言中推荐朱政惠同志的论文,而仍由朱政惠同志在会上独立作报告,这样做法更合适,我们将尊重您和朱政惠同志的意见,此事希望您及早给我一个答复,以便安排。

三、江明同志希望在会议前后不远的时间内,能在《人民日报》上发一篇综合评述吕先生学术贡献的专文。而且希望是史学界有影响的人主笔。对我说最合适的就是您来写。我个人认为在会议上发言和《人民日报》上发表文章有所不同。像吕先生这样在马列主义史学史上有突出地位的人物,要在《人民日报》上发表纪念性论文,必须有相当地位的学者主笔才好。我校老师无人能当此重任,一定要拜托您办这件事。(如果前面提到您和朱政惠同志在会上作联名发言的办法可行,把发言正式形成论文,联合发表也是可行的办法,不知您以为如何?)

以上所请诸项,有冒昧不当之处,敬祈谅宥。盼拨冗尽早赐复。
敬颂
大安!

后学　林沄
1986.8.11
于长春

附:朱政惠同志《吕振羽史学研究》一文的提要希望能及早寄给我们。

(录自原函)

匡亚明致吴泽　三通

（一）

1986 年 12 月 11 日

吴泽同志：

　　长春一晤，印象甚深。可惜时间匆促，未能详谈，为憾。

　　我因胃痛、腰痛等病，回宁后即住医院。在院中写了一篇《孔子评传》外文版序（初稿），兹将复印稿寄奉一份，暇请审正。我已于前几日出院。

　　我定于本月十三日去沪，住复旦大学。到时当趋访，就有关中国思想家研究中心经教委正式批准建立后若干问题和你商谈请教。

　　匆此，余面叙。顺颂

教祺

匡亚明
1986 年 12 月 11 日晚

（二）

1987 年 1 月 14 日

吴泽同志：

　　来示及所附拙稿《孔子评传》外文版序，均收到。谢谢你在百忙中审阅拙稿，并在稿上批注了修改意见，至为感激。尊见甚当，我很欢迎。该稿即将在《文汇报》发表，今日已收到该报寄来清样，有的已照改。为不使清样改动太大，有的未能照改。同时，今年第一期（三月出版）《孔子研究》亦将发表,冠潢等同志也提了意见,当一并修改后刊出。

上次在府晤谈时,你曾提到拟写一篇文章,不知何时能脱稿?十分希望能交《孔子研究》发表。尊意如何?

春暖花开时,甚盼能来宁一游。来期及车次乞早示知,以便迎接。我十分希望在学术研究上有机会多多交换意见,多多承教。幸甚。不赘。敬祝

健康长寿

匡亚明
1987.1.14 上午

我们现正起草三个基本材料:1.南大中国思想家研究中心的宗旨、任务和简况。2.关于撰著"中国思想家评传丛书"(200卷,200—250人)规划。3.关于中心接收培养研究生规划。草成后当即寄奉审正。匡亚明又及。

(三)

1991年5月7日

吴泽老:

特派"中心"王维中和陈琍君二同志专程前去拜访,汇报"国际会议"筹备情况和听取您对会议的指教。到时望能拨冗接谈,幸甚!

等待着开会时迎接您和夫人。

匆此不赘。敬祝

教祺

尊夫人同此问好。

匡亚明
1991.5.7

(以上均录自原函)

吴泽致段本洛

1989年8月10日

本洛同志：

六十年代初，我受中宣部高等学校文科教材审编办公室周扬、翦伯赞同志的委托，负责主编《中国近现代史学史》教材。中经"四清""文革"等多次中断，未能及时完成。近几年来，由桂遵义、袁英光二位的艰苦努力，终于写成定稿，并由江苏古籍出版社的大力支持，正式出版问世。兹特寄上上、下两册样书，请多指正。

苏大历史系《中国史学史》课程，闻古代部分已开设，近现代部分亦将开讲，深为欣慰。我们这本《中国近现代史学史》，原是部定高等学校教材之一，如尊处需要此书作为学生教材，可直接向江苏古籍出版社购置，或由这里桂遵义同志代为办理，均可。如其他院校历史系有此需要，还请多为费神推荐。劳烦了。

记得是1961年秋，为了听取如何编写《中国近现代史学史》的编写意见，在北京民族饭店召开了一次座谈会。与会者有范文澜、翦伯赞、吕振羽、尹达、侯外庐等老一辈学者专家们。时日如流，三十多年前的事与人，记忆犹新，可是他们先后逝世；周扬同志亦已在最近病故。社会主义革命不易，建设更难。我看到这本《中国近现代史学史》的问世时，怎不连[联]想起三十多年岁月里，多少先贤血和泪，多少坎坷成往事。……写到这里，不禁悲喜交集，不知所云。……拉杂写这几句，聊抒衷曲！暑溽，望多珍摄！祝

健安！

吴泽　1989年8月10日

（此件录自原函）

陈丕显致吴泽

1991年5月29日

吴泽教授：

你好！

从报纸上看到"客家学研讨会"召开的消息，非常高兴。我相信，大会一定开得很成功。因为工作繁忙，我没能赴上海参加你们的盛会，深表歉意，望你们谅解。

今转去我少年时代的一位师兄从台湾寄给我的信和一篇短文。他在信中对你主编的《客家学研究》第二辑评价颇高，并对书中《李世熊传略》一文做了补充，供你们参考。因我手中只有第二辑，故仅寄去了一本。您处若还有第一辑的话，请寄几本给我。以后陆续出版续集时，望能给台湾这位老先生各寄一册去，以作学术交流。祝你
工作顺利

陈丕显
1991.5.29

原载《客家学研究》1993年第3辑《动态·简讯》，上海人民出版社1993年版，第167页

吴泽致范守纲

1993年6月2日

范守纲同志：

《一百名人谈读书》将在台湾出版，现遵嘱寄上本人近照一张，请查收。

《早年读书和治史道路》一文在该书刊出时，将作者名字搞错了（是"吴泽"，不是"吴铎"），请予更正。

顺祝

编安！

华东师大史学所
吴泽
93.6.2

（此件录自原函）

吴泽致第十二届客属恳亲大会贺信

1994年12月6日

女士们、先生们:

金风送爽,丹桂飘香。盼望已久的第十二届客属恳亲大会,今天终于在梅州隆重召开了。我谨代表华东师范大学客家学研究中心,对会议的召开表示热烈的祝贺,对远道而来的海内外客家时贤表示热烈的欢迎,对为筹备这次会议付出了巨大劳动的东道主,表示衷心的感谢!

1989年,第9届客属恳亲会议也是在梅州召开,正是在那次会议上,客家问题的学术探讨,成为会议的重要议题之一。同样,也是在那次会议上,我和我的学生李逢蕊先生提出了"客家学"的学科概念,并对客家学的学科建设提出了初步的构想。不料这一概念提出后,海内外报刊给予了众多的报道,对客家学这一学科概念的提出,表示了热烈的反响。正是在海内外客家时贤的积极支持下,在全国客家学研究者的大力协助下,我们华东师范大学于1997年在原来客家学研究室的基础上,又成立了客家学研究中心,出版了《客家学研究》杂志,并发起召开了首次客家学国际研讨会,在海内外客家乡亲中和客家学研究界,引起了强烈的反响。

目前,客家学这门学科也深深扎根于世界学术之林,新问题、新材料、新成果不断涌现,呈现出一派欣欣向荣、枝繁叶茂的景象。在此,我谨代表华东师范大学客家学研究中心,向几年来关心、帮助客家学研究的海内外客家时贤,对在客家学研究中默默耕耘的专家、学者,表示衷心的谢意!

最后,让我们紧密合作,让客家学这门新兴的学科在社会人文学科学的百花园里,绽开出更多、更美丽、更芬香的花朵!

华东师范大学客家学研究中心

吴泽

1994 年 12 月 6 日

原载李逢蕊:《李逢蕊集　客家学研究文存》(第一卷),内蒙古教育出版社 2000 年版,第 454、455 页

"夏商周断代工程"项目办公室致吴泽

1996年5月10日

吴泽先生钧鉴：

先生是令人景仰的史界前辈，今向您汇报史学界的一件新事。

经国务委员兼国家科委主任宋健同志建议，由国务委员李铁映、宋健同志共同推动，国家定于"九五"计划期间开展一个重大研究项目——"夏商周断代工程"。为加强领导，协调学科合作，成立了由国家科委、国家自然科学基金会、国家教委、中科院、社科院、国家文物局和中国科协七个部委领导同志组成的领导小组，聘请中国社科院历史所所长李学勤、考古所研究员仇士华、北京大学教授李伯谦和中科院院士席泽宗为"夏商周断代工程"首席专家。工程邀集历史学、考古学、天文学、地学、物理学、化学等学科21名专家成立专家组，计划在96—99年间通过联合攻关的研究方式，达到估定公元前841年以前西周各王绝对年代、商后期商王武丁至纣王的绝对年代，提出商前期较详细的年代框架和夏代基本的年代框架的目标。

为了推动这个自然科学与社会科学相结合的研究项目，宋健同志自拟一篇题为《超越疑古，走出迷茫》的发言稿[①]，其中，他引用了先生四十年代的大作《中国历史大系·古代史》中的一段文字。本月初，宋健同志嘱咐我们把这篇发言稿的最新修改稿寄给您，同时指示表达对先生"在历史研究中坚持的科学精神表示敬佩"，并望先生指点修改。

"夏商周断代工程"的组织工作已初步完成，现已在项目论证阶段。断代工程已成立项目办公室，设在中国社科院历史研究所内。断代工

---

① 宋健《超越疑古，走出迷茫》一文后发表于1998年第6期《文史哲》，可参看。

程今后的工作,诚望得到先生指导。

  敬颂
大安!

"夏商周断代工程"项目办公室

1996 年 5 月 10 日

  随信奉上宋健同志《超越疑古,走出迷茫》修改稿,及《夏商周断代工程简报》第 1—3 期。又及。

吴泽致全国吕振羽学术研讨会贺电

1996年10月26日

全国吕振羽学术研讨会：

  我非常高兴地获悉全国吕振羽学术研讨会将在吕老家乡——湖南邵阳市召开。吕老是我尊敬的老师，是一位杰出的马克思主义史学家。他的一生，是革命的一生，战斗的一生，努力开创和发展中国马克思主义史学的一生。他为开拓中国马克思主义史学作出了卓越贡献！虽然我这次不能亲临会议，但我衷心祈愿大会能获得圆满成功，衷心感谢在吕老家乡召开了这么一次重要而有意义的会议！

吴泽

1996年10月26日

原载胡良甫等主编：《吕振羽研究文集》，中国社会科学出版1999年版，第347页

吴泽致中国客家人摄制组贺信

1998年7月6日

《中国客家人》摄制组：

　　欣闻大型电视纪实片《中国客家人》已摄制就绪，不日即可上演。为确保质量，又邀学者通过学术研讨形式精雕细刻，力求高水平、高品位、高质量的形象奉献给观众和世界客家人。这种热衷客家文化，弘扬客家精神，促进统一祖国，振兴中华的义举和严谨求实的良好文风，令人敬佩，值得称赞！

　　我因健康原因，未能应邀前来祝贺，甚歉。我的心意由我的学生李逢蕊、王东转达吧！

　　由衷祝贺《中国客家人》摄制成功！并致冀望更上一层楼，推出《客家魂》！

　　敬礼！

吴泽
1998年7月6日

原载李逢蕊：《李逢蕊集　客家学研究文存》（第一卷），内蒙古教育出版社2000年版，第462页

附：吴泽先生论著系年目录

邬国义辑纂

【说明】吴泽先生(1913—2005)是我国现代著名的马克思主义史学家。原名吴瑶青，笔名哲夫、胡哲夫、吴哲夫、宋鱼、宋衍、陈弢等，江苏武进(今常州)人。自20世纪30年代起，即投身于"中国社会史大论战"，之后长期从事于中国历史的研究。在先秦史和中国通史、学术思想史、中国史学史、客家学、华侨史研究等诸多领域，先后撰写出版了众多重要的著作，发表了一系列学术论文。在华东师范大学出版社2002年6月出版的《吴泽文集》(1—4册)后，曾附有笔者辑录的《吴泽论著目录》。限于当时条件，仍多遗漏。近年来随着一些新史料的发现，及多种网络数据库的运用，资料的检索与查寻有了很大的改观。故借此纪念其百年诞辰之际，重新编撰审核了这一系年目录，计新增篇目70余篇，并更正了原辑录中的一些错误。

吴泽先生长期的学术生涯及其论著，典型地反映了其所经历时代的重要特征与风貌。编制这一目录，期望能提供比较准确、完备的基础性资料，为深入研究中国早期马克思主义史学的兴起，乃至整个现当代中国史学的发展走向，其脉动与曲折演变，考察史家、史学与时代间的关系，留下一份重要而生动的记录与样貌。

一、著作目录

专著：

《中国社会简史》(上卷)　桂林学艺出版社，1942年11月初版

《中国原始社会史》——中国社会史大系第一分册　桂林文化供应社，1943年3月版

《中国历史简编》　重庆峨嵋出版社，1945年7月初版，1945年11月上海再版，后多次重印，1949年1月上海六版；另有大连光华书店，历史丛书之一，1948年1月版，上海峨嵋出版社1949年1月版，长春新中国书局1949年5月再版本等

《中国历史大系·古代史——殷代奴隶制社会史》　上海棠棣出版社，1949年5月付印，9月初版，1949年11月再版，后多次重印，1953年9月六版（修订本）；又收入上海书店出版社影印出版《民国丛书》第四编(73)，1992年12月版

《康有为与梁启超——历史人物再批判之一》　上海华夏书店，1948年11月初版，1949年12月再版；另有香港等地重印本，近年收入《三联经典文库》第一辑，生活·读书·新知三联书店2012年6月版

《论自由主义》（笔名宋鱼）　《新认识丛书》第一辑第五种，上海新知书店，1948年8月初版

《儒教叛徒李卓吾——历史人物再批判之二》　上海华夏书店，1949年4月初版；后由东方学出版社多次翻印；另有港台等地重印本，如台北仲信出版社1949年重印本等

《地理环境与社会发展》　历史唯物论基本问题之一，上海棠棣出版社，1950年2月初版，1950年5月再版，1951年1月、7月增订版

《历史人物的评判问题——为展开武训批判而试论》　上海棠棣出版社，1951年7月初版

《王国维史学思想批判》　上海人民出版社，1958年12月清样

《东方社会经济形态史论》　上海人民出版社，1993年10月版

《吴泽文集》（一—四册）　华东师范大学出版社，2002年6月版

《吴泽学术文集》　盛邦和编，《思勉文库》，上海人民出版社，2013年4月版

合著：

《田赋会要第二篇　田赋史》（上、下），（编纂者　程滨遗、罗巨峰、夏益

赞、吴泽，上册）重庆正中书局，1944年8月初版；后收入上海书店出版社影印出版《民国丛书》第三编（31）经济类，1991年12月版

《中国历史研究法》（吴泽编著）重庆峨嵋出版社，1942年9月初版，1944年9月订正再版

《历史人物论集》（吴泽、束世澂等著）中国通史基本问题论丛之一，华东师范大学1959年版

《中国通史基本理论问题论文集》（吴泽、束世澂著）中国通史基本问题论丛之二，华东师范大学1960年2月版

主编：

《中国史学史论集》（一、二）（吴泽主编，袁英光编选）上海人民出版社，1980年1月版

《中国历史大辞典·史学史卷》（吴泽、杨翼骧主编）上海辞书出版社，1983年12月初版；后台北明文书局改名《中国史学史辞典》，1986年6月版

《中国历史大辞典》（郑天挺、吴泽、杨志玖主编），上海辞书出版社，2003年3月初版，2007年8月版（音序本）

《王国维全集·书信卷》（吴泽主编，刘寅生、袁英光编）中国近代人物文集丛书，中华书局，1984年3月初版；又有台湾华世出版社，1985年2月版

《华侨史研究论集》（一）（吴泽主编，桂遵义、施子年选编）华东师范大学出版社，1984年4月初版

《中国近代史学史论集》（上）（吴泽主编，袁英光编选）中国史学研究集刊，华东师范大学出版社，1984年6月初版

《史学概论》（吴泽主编，曹伯言、桂遵义副主编）安徽教育出版社，1985年6月初版，2000年3月再版，2004年4月第3次印刷

《魏晋南北朝史论集》（吴泽主编，简修炜选编）《华东师范大学学报》丛刊，1986年版

《中国近代史学史》（上、下）（吴泽主编，袁英光、桂遵义著）江苏古籍

出版社，1989年6月初版；后有《中国近代史学史（修订本）》（上、下），人民出版社，2010年7月版

《王国维学术研究论集》（一、二、三）（吴泽主编，袁英光选编）　中国史学研究集刊，华东师范大学出版社，1983年9月、1987年5月、1990年2月版

《中国国情学》（吴泽、朱贤枚主编）　中央广播电视大学出版社，1990年10月版

《社会科学十万个为什么（历史）》〔罗竹风主编，吴泽分科（册）主编〕上海市少年儿童出版社，1997年5月版

《彩图中国历史百科》（吴泽主编，田兆元执行主编，陈勇等编著）　上海少年儿童出版社，2003年8月版；又作《图说中国历史：看图学历史，上下五千年》（少年彩图版），台北京中玉国际股份有限公司，2004年4月版

并主编有《中国当代史学家丛书》，包括：

《陈垣史学论著选》（吴泽主编，陈乐素、陈智超编校），中国当代史学家丛书，上海人民出版社，1981年5月版

《吕振羽史论选集》（吴泽主编，江明、桂遵义选编）　中国当代史学家丛书，上海人民出版社，1981年9月版

《史学四种》（吴泽主编，吕思勉著）　中国当代史学家丛书，上海人民出版社，1981年12月版

《李平心史论集》（吴泽主编，袁英光、桂遵义选编），中国当代史学家丛书，人民出版社，1983年9月版

《贺昌群史学论著选》（吴泽主编，金自强、虞明英选编）　中国当代史学家丛书，中国社会科学出版社，1985年2月版

《吴晗史论集》（吴泽主编，李华、苏双碧选编）　中国当代史学家丛书，光明日报出版社，1987年8月版

又任《年谱丛刊》编委会主编，出版有《严修先生年谱》，严修自订，高凌雯补，严仁曾增编，王承礼辑注，张平宇参校，齐鲁书社1990年1月版

主编刊物：

《历史教学问题》，1957 年 2 月始

《客家学研究》（一——三集），第一集初名《客家史与客家人研究》，上海人民出版社，1989 年 1 月版，后二集分别为 1990 年 12 月、1993 年 2 月版

获奖情况：

上海市第一届哲学社会科学优秀成果奖(1979—1985)

《中国历史大辞典·史学史》　工具书　主编：吴泽、杨翼骧　华东师大　上海辞书出版社 1983 年 12 月　著作奖

上海市第二届哲学社会科学优秀成果奖(1986.1—1993.12)

《东方社会经济形态史论》　吴泽　上海人民出版社 1993 年 10 月　著作类　三等奖

第四届国家辞书奖获奖图书名单(2001)

《中国历史大辞典》　郑天挺、吴泽等主编　上海辞书出版社 2000 年 3 月　一等奖

二、诗文、论文目录

一年来国际经济之回顾与展望　北京《众志月刊》，1935 年第 3 卷第 1 期，1935 年 4 月

原始人与火(诗)　天津《诗歌月报》第 1 卷第 1 期（创刊号，五月号），草原诗歌会编，1935 年 5 月；又载北京《北平晨报·历史周刊》，1936 年第 14 期，1936 年 12 月 30 日

塞外(诗)　北京《黄沙诗刊》第 1 号（创刊号），北平黄沙诗社编，1935 年 6 月

疯狗(诗)(署名瑶青)　北京《黄沙诗刊》第 1 号（创刊号），1935 年 6 月

寻(诗)　天津《诗歌月报》第 1 卷第 2 期（六月号），1935 年 6 月

传说中夏代之经济考　　北京《经济学报》，1935年第1卷第1期，1935年7月

日满经济集团之现阶段　　上海《大众知识》，1935年第1卷第2期

天狗(诗)　　天津《诗歌月报》第1卷第4期(八月号)，1935年8月

思因(小说)(署名吴瑶青)　　北京《进展月刊》，1935年第4卷第3、4期合刊

荷花庄的一晚(诗)　　天津《诗歌月报》第1卷第6期(十月号)，1935年10月出版

心的爆发(诗)　　天津《诗歌月报》第2卷第1期(十一月号)，1935年11月

殷代经济研究　　南京《劳动季报》，1935年第1卷第5期

传说中夏代之家族制奴隶经济　　南京《劳动季报》，1935年第1卷第6期

传说中尧舜禹时代的劳动生产性　　南京《劳动季报》，1935年第1卷第7期

传说中之"尧舜禹禅让说"释疑　　北京《现代评坛》，1935年第1卷第8期；后改名"尧舜禹禅让"说与"三皇五帝"世系新考，载南京《文化批判》，1936年第3卷第3期；又摘要转载于《史地社会论文摘要月刊》，1936年第2卷第11期

殷周民族不同源释　　南京《文化批判》，《中国民族史研究特辑》，1935年第2卷第2期

故都乡思(诗)　　上海《中国学生》周刊，1935年第1卷第12期

未碎的膜(诗)　　天津《诗歌月报》第2卷第2期、第3期(十二月号、新年号)，1935年12月、1936年1月

未完的斗争——土地在咆哮了(诗)　　北京《黄沙诗刊》第2号，1936年1月；又载北京《文艺月报》1937年第1期(创刊号)

土地的牺牲者(诗)　　天津《诗歌月报》第2卷第6期(四月号)，1936年4月

神话传说与古史研究　　北京《北辰报》，1936年3月　日

中国古代原始艺术考略　　南京《文化批判》，1936年第3卷第2期

青年应如何改造婚姻观点(署名吴瑶青)　北京《现代青年》,1936年第3卷第2期

史前期中国社会组织与社会诸动乱　南京《文化批判》,1936年第3卷第4期

中国原始共产社会经济研究　南京《劳动季报》,1936年第8期

马克斯主义社会哲学论纲评述　南京《劳动季报》,1936年第8期

一个半殖民地农民革命史实的新览本　南京《劳动季报》,1936年第9期

中国土地问题的基本问题(笔名胡哲夫)　南京《劳动季报》,1936年第9期

中国古代原始"德谟克拉西"制度存在诸形迹　北京《北平晨报·历史周刊》,1936年第10期,1936年12月2日

中国古代社会史方法论短论——评郭沫若、李季二氏的方法论谬误的管见　北京《现代评坛》,1936年第1卷第18期

中国古代社会形式发展之鸟瞰　北京《现代评坛》,1936年第1卷第23、24期

中国先阶级社会之商业与赋税雏形考略　南京《中国经济》,1936年第4卷第3期,又摘要转载于《史地社会论文摘要月刊》,1936年第2卷第9期

现代中国青年苦闷的根源何在　北京《现代青年》,1936年第4卷第3期

现代青年应有的准备　北京《现代青年》,1936年第2卷第6期

中国先阶级社会的崩灭　北京《北平晨报·历史周刊》,1936年第14期,1936年12月30日

我们的刊词,内作"路碑——代作《文艺月报》创刊的几句刊词",北京《文艺月报》1937年第1期(创刊号)

火酒烧毁了心窝——工人歌(木刻),北京《文艺月报》1937年第1期(创刊号)

十年来中国社会史诸问题的批判　现代评坛社编:《现阶段中国文化界的批判》,"现社丛刊之一",北京现代评坛社1937年版

献给投考中院的朋友(署名吴瑶青)　北京《现代青年》,《青年升学向导特辑》,1937年第7卷第6期

中国母系氏族社会中之亲族制度　北京《现代评坛》,1937年第2卷第10期

中国古代原始民主政治考略　北京《现代评坛》,1937年第2卷第13期

中国原始社会意识形态考略　北京《现代评坛》,1937年第2卷第14期

中国先阶级社会史自序　北京《现代评坛》,1937年第2卷第16期

都市劳动问题中"苦力帮"刍论　北京《现代评坛》,1937年第2卷第18期

"夏禹"传子说新考——由母系氏族社会到男系氏族社会的转变　北京《现代评坛》,1937年第2卷第19期

"夏鼎"的传说与夏代"用铜""服牛""犁耕"问题考　北京《现代评坛》,1937年第2卷第20期

费尔巴哈论　南京《文化批判》,1937年第4卷第1期;后收入钟离蒙、杨凤麟主编:《西方资产阶级哲学流派批判》(一),《中国现代哲学史资料汇编续集》第2册,1984年6月版

史前期中国社会的亲族制　南京《文化批判》,1937年第4卷第1期;又载北京《文化建设》,1937年第3卷第5期

史前期中国社会之意识诸形态　南京《文化批判》,1937年第4卷第2期

宋代经济组织与王安石变法新论　南京《文化批判》,1937年第4卷第3期

"奴隶所有者社会"问题论战之总批判(上、下)　南京《中国经济》,1937年第5卷第5、6期

认识论的基本原理　南京《劳动季报》,1937年第10期

作为民族斗争的义和团革命运动　南京《劳动季报》,1937年第10期

中国农业劳动现况及农业劳动阶级在民族解放运动中的地位　南京《劳动季报》,1937年第11期

苏联哲学思潮的斗争及其发展　重庆《中苏文化》,1937年第2卷第4—5期
从淞沪抗战看中日战争的前途(笔名胡哲夫)　常州《抗敌导报》,1937年9月第1期(创刊号)
庭讯　南京《金陵日报》,1937年9月　日
从武进沦陷论东战场的失利　汉口《民意周刊》,1937年第1期(创刊号),又转载于《闵政与公余非常时期合刊》,1938年第15期
常州沦陷前后与其血底教训　武汉《奋斗周刊》,1937年第4期
民众运动的统一与统制政策(笔名胡哲夫)　武汉《奋斗》周刊,1937年第5期,1937年12月10日
抗战现阶段中英美法苏与中国　武汉《奋斗周刊》,1937年第6期
中国青年誓为国际反侵略的先锋　重庆《新华日报》1938年2月8日,又转载于《新文摘句刊》,1938年第1卷第5期
纪念总理要厉行三民主义　重庆《中国青年》,1938年第2—3期合刊
抗战现阶段的一个严重危机　西安《烽火》(旬刊),1938年第8期
战时日本政党阵容之剖析　重庆《民族生命》,1938年第11期
中国民族革命之翌日　重庆《民族生命》,1938年第12期
民族解放与民族意识之发展(未完)　重庆《民族战线》,1938年第19期
战争十七月来敌我经济的总结(未完)　重庆《中苏文化》,1939年第3卷第4期
中山先生"知难行易"的哲学理论与抗战建国　南京《文化批判》,1939年第5卷第4期
中国抗战与革命战争论(笔名吴哲夫)　南京《文化批判》,1939年第5卷第4期
纪念吴承仕先生　重庆《新蜀报》,副刊《蜀道》第23期,1940年1月23日
老庄哲学的流派性　重庆《理论与现实》,1940年第2卷第1期
中国历史著作论——关于几本中国历史著作的批评与介绍(笔名哲夫)　重庆《理论与现实》,1940年第2卷第1期;后收入吕振羽、

吴泽等著:《中国历史论集》,东方出版社,1945年11月版;东方出版社,1947年8月版;又见上海书店出版社影印出版《民国丛书》第二编(72)历史地理类,1990年12月版

怎样运用中国历史的史料——历史唯物论与中国历史史料的实际运用　重庆《读书月报》,1940年第2卷第3期

怎样运用中国原始社会的史料　重庆《读书月报》,1940年第2卷第4期

怎样运用殷周社会历史的史料　重庆《读书月报》,1940年第2卷第6期

中国社会历史是停滞倒退的么　重庆《读书月报》,1940年第2卷第8期

中国社会发展史纲要　桂林《文化杂志》,1941—1942年第1卷4—6期、第2卷第1期;后收入《中国历史研究法》,峨嵋出版社,1942年11月初版,1944年9月订正再版

中国人种起源论　重庆中山文化教育馆编:《民生史观研究文集》,中山文化教育馆民生专刊第一种,1944年4月初版,1947年8月再版

人类怎样为生存而和自然斗争的——地理环境在社会发展中之作用的研究　重庆中山文化教育馆编:《民生史观研究文集》,1944年4月初版,1947年8月再版

人口之历史作用与人口史观研究　重庆中山文化教育馆编:《民生史观研究文集》,1944年4月初版,1947年8月再版

殷代帝王名谥世次世系家族与继承制研究——殷代史中一节　重庆《中山文化季刊》,1944年第1卷第4期

从历史窥视人生　重庆《人生画报》,1945年第1期(创刊号)

漫谈武则天　重庆《人生画报》,1945年第2期

甲骨地名与殷代地理新考　重庆《中山文化季刊》,1945年第2卷第1期

殷墟青铜器研究　重庆《中山文化季刊》,1945年第2卷第2期

刘伯温论元末　重庆《中华论坛》,1945年第1卷第4期;后又名《刘伯

温论元末——以人物看历史编之一》,载上海《中国建设》,1947年第4卷第4期

中国历史研究法　吕振羽、吴泽等著:《中国历史论集》,东方出版社,1945年11月版;东方出版社,1947年8月版;又见上海书店出版社影印出版《民国丛书》第二编(72)历史地理类,1990年12月版

殷代宗教体系研究(上)　成都《风土什志》,1946年第1卷第6期

名教的叛徒李卓吾　重庆《中华论坛》,1946年第2卷第1、2期;后收入《儒教叛徒李卓吾》,上海华夏书店,1949年4月初版

致陶行知(1946年7月7日)　胡晓风、金成林主编:《陶行知全集》第12卷,四川教育出版社,2002年9月版

个人领袖英雄的历史作用论——历史哲学论稿篇之一、之二、之三　重庆《中华论坛》,1946年第2卷4—6期

龙山小屯仰韶文化与夏殷民族渊源考——殷代史之一节　上海大夏大学《历史社会季刊》,1947年第1卷第1期

陆放翁七三七年祭——读史散笔之一　上海《学生杂志》,1947年第24卷第1—2期

殷代纳贡制考辨——殷史新考之一　上海大夏大学《历史社会季刊》,1947年第1卷第2期

论孔子的复古保守主义——孔子学派政治思想体系考察之一　上海《中国建设》,1947年第5卷第1期

论孟轲政治哲学　上海《中国建设》,1947年第5卷第2期

自由主义的理论与历史——历史哲学之一节　上海《中国建设》,1947年第5卷第3期

知识份子基础论——历史哲学之一节　上海《中国建设》,1947年第4卷第6期

论平剧之产生与本质　上海《东方杂志》,1947年第43卷第15号

漫谈武则天——"则天"远胜于吕后与慈禧太后,"妖孽"是东方传统错觉的裁判　上海《现实》,1947年第12期

艺人嘉模田际云——抛却皇上的厚誉宏恩,走向救国的民族革命　上海《现实》,1947年第14期

一九四八年的希望：我准备为中国历史写新页　上海《国讯》周刊，1948年第445期，1948年1月10日

梁启超保皇思想的坠落　上海《鞭》半月刊，1948年第1期；后收入《康有为与梁启超》，上海华夏书店，1948年11月版

戊戌维新的一幕　上海《时与文》周刊，1948年第3卷第21期；后收入《康有为与梁启超》，上海华夏书店，1948年11月版

荀卿的封建制度改组论　上海《中国建设》，1948年第5卷第5期

戊戌政变与新旧党争　上海《中国建设》，1948年第6卷第6期；后收入《康有为与梁启超》，上海华夏书店，1948年11月版

保皇党与康梁路线　上海《中国建设》，1948年第7卷第1期；后收入《康有为与梁启超》，上海华夏书店，1948年11月版

王国维的思想道路及其死　上海《中国建设》，1948年第7卷第3期

新知识分子的理论与实际（笔名宋鱼）　上海《中国建设》，1948年第7卷第3期；后收入李纯青、张东荪、宋鱼等著：《知识分子的新方向》，中国建设出版社，1949年1月版，1949年2月第3版

梁启超的"拥袁"与"倒袁"运动　上海《中国建设》，1949年第7卷第4期；后收入《康有为与梁启超》，上海华夏书店，1948年11月版

民元后康梁的再反动：复辟与护阀　上海《中国建设》，1949年第7卷第5期；后收入《康有为与梁启超》，上海华夏书店，1948年11月版

中国新知识分子性质与历史范畴论（笔名胡哲夫）　上海《中国建设》，1949年第7卷第5期

人口问题与人口史观批判　上海《中国建设》，1949年第8卷第1期

批判旧文化，建设新文化——新知识分子们做什么？怎样做？（笔名胡哲夫）　上海《中国建设》，1949年第8卷第1期

康梁三十年反革命的悲哀结局　上海《启示月刊》，1949年新2号；为《康有为与梁启超》中一节，上海华夏书店，1948年11月版

李卓吾的文学思想　上海《春秋》，1949年第6卷第4期；后收入《儒教叛徒李卓吾》，上海华夏书店，1949年4月初版

李卓吾哲学思想的批判——一个中世浪漫主义唯心论哲学思想的范

型　上海《新中华》半月刊,1949 年第 12 卷第 13 期;后收入《儒教叛徒李卓吾》,上海华夏书店,1949 年 4 月初版

胡适的历史观点——反劳动反人民反革命反历史　上海《大公报》,1951 年 12 月 16 日

《历史人物的评判问题》作者吴泽对本刊的答复　《学习》,1951 年第 4 卷第 12 期

亚细亚生产方式问题研究　《华东师范大学学报》,1955 年第 1 期;后收入吴泽、束世澂著:《中国通史基本理论问题论文集》,华东师范大学,1960 年 2 月版

古代东方社会的基本特点问题　《华东师范大学学报》,1956 年第 4 期;后收入华东师范大学学报编辑委员会编:《华东师范大学学报史学集刊》,华东师范大学出版社,1958 年 9 月版;以及《中国通史基本理论问题论文集》,华东师范大学,1960 年 2 月版

杨朱的唯物主义思想　《华东师范大学学报》,1956 年第 1 期

王充的唯物主义哲学思想　《华东师范大学学报》,1956 年第 2 期

关于古史分期中的生产力水平与性质问题　《历史教学问题》,1957 年第 1 期

公社与公社所有制诸形态　《历史教学问题》,1957 年第 2 期;后改名《古代公社与公社所有制诸形态》,收入《中国通史基本理论问题论文集》,华东师范大学,1960 年 2 月版

《杨朱篇》考辨　《华东师范大学学报》,1957 年第 2 期

整风——马克思主义思想运动(上海几位社会科学工作者笔谈整风的意义)　上海《文汇报》1957 年 5 月 15 日

商代的公社农民和奴隶问题(笔名宋衍)　《历史教学问题》,1957 年第 3 期

老子哲学思想研究　《华东师范大学学报》,1957 年第 4 期

吴起的学说思想与变法运动　《历史教学问题》,1957 年第 5 期;后收入吴泽、束世澂等著:《历史人物论集》,华东师范大学,1959 年版

王国维的思想道路及其死(笔名陈弢,与袁英光合作)　《历史教学问题》,1957 年第 5 期

魏晋南北朝世族地主政权的演变(笔名宋衍) 《历史教学问题》,1957年第6期

杨朱思想的演化与学派问题 上海《学术月刊》,1957年第8期

王国维史学思想批判述要——资产阶级史学思想批判之一 《华东师范大学学报》,1958年第4期

关于学习两类社会矛盾学说改进历史研究和教学工作的讨论(笔名陈殁) 《历史教学问题》,1958年第7期

关于奴隶制社会形成的年代、始点、途径及标志问题 《历史教学问题》,1958年第9期;后收入《中国通史基本理论问题论文集》,华东师范大学,1960年2月版

古史辨派史学思想批判(与袁英光合作) 《历史教学问题》,1958年第10期;后收入陈其泰、张京华主编:《古史辨学说评价讨论集(1949—2000)》,京华出版社,2001年2月版

历史科学要为保卫和贯彻总路线服务(与艾周昌合作) 上海《解放日报》,1959年12月25日

关于曹操在历史中的作用问题 《光明日报》,1959年5月8日,《历史教学问题》,1959年第5期;后收入《历史人物论集》,华东师范大学,1959年版,及生活·读书·新知三联书店编辑部编:《曹操论集》,生活·读书·新知三联书店,1960年1月版

曹操平定三郡乌桓战争的性质和历史作用 上海《文汇报》,1959年7月17日;后收入《历史人物论集》,华东师范大学,1959年版,及《曹操论集》,生活·读书·新知三联书店,1960年1月版

"五四"前后"疑古"思想的分析和批判 《历史教学问题》,1959年第4期;后收入陈其泰、张京华主编:《古史辨学说评价讨论集(1949—2000)》,京华出版社,2001年2月版

关于武则天在历史中的作用问题 上海《文汇报》,1959年12月6日;后收入《历史人物论集》,华东师范大学,1959年版

关于历史人物评价的若干理论问题——论一年来评价曹操讨论中存在的问题(与谢天佑合作) 上海《学术月刊》1960年第1期;后收入《历史人物论集》,华东师范大学,1959年版,葛懋春、项观奇编:

《历史科学概论参考资料》(下),山东教育出版社,1985年8月版

关于奴隶制的下限和封建制形成的标志问题——古史分期讨论中的若干理论问题 《华东师范大学学报》,1960年第1期;后收入《中国通史基本理论问题论文集》,华东师范大学,1960年2月版

王仙芝受敌诱降问题初探——唐末农民战争问题研究之一(与袁英光合作) 上海《文汇报》,1961年5月12日

黄巢"乞降"问题考辨——唐末农民战争问题研究之二(与袁英光合作) 上海《学术月刊》,1961年第5期

论唐代前期统治阶级内部斗争与阶级斗争——再论武则天的历史作用问题 《新建设》,1962年第1期

康有为公羊三世说的历史进化观点研究——康有为史学研究之一 《中华文史论丛》,1962年第1辑;后改名《论康有为公羊三世说历史观》,收入吴泽主编,袁英光选编:《中国近代史学史论集》(上),华东师范大学出版社,1984年6月版

女娲传说史实探源 上海《学术月刊》,1962年第4期

魏源的变易思想和历史进化观点——魏源史学研究之一 《历史研究》,1962年第5期;后改名《魏源的历史变易思想研究》,收入《中国近代史学史论集》(上),华东师范大学出版社,1984年6月版

孔子中庸思想初探 上海《文汇报》,1962年7月10日

论孔子的中庸思想 上海《学术月刊》,1962年第9期

王船山历史观略论 《江汉学报》,1962年第12期;后收入湖南省哲学社会科学学会联合会、湖北省哲学社会科学学会联合编:《王船山学术讨论集》,中华书局,1965年8月版

顾炎武的社会政治思想和爱国思想(与袁英光合作) 上海《文汇报》,1963年6月23日

魏源《海国图志》研究——魏源史学研究之二(与黄丽镛合作) 《历史研究》,1963年第4期;后收入《中国近代史学史论集》(上),华东师范大学出版社,1984年6月版;又收入宁靖编:《鸦片战争史论文专集续编》,中国历史研究丛书,人民出版社,1984年11月版,杨慎之、黄丽镛编:《魏源思想研究》,湖南人民出版社,1987年11

月版

唐初政权与政争的性质问题——唐初武德、贞观年间的阶级斗争与统治阶级内部斗争(与袁英光合作) 《历史研究》,1964年第2期

《新唐书·藩镇列传》考校记 1971年稿,后发表于《史学史研究》,1991年第4期

《新唐书·方镇表》校考记 1972年稿,后发表于《史学史研究》,1992年第1期

正确评价春秋战国时期法家思想问题 1973年稿,后在上海《解放日报》1978年5月22日清样 附:《写在前面》和《编者按》 收入吴泽著,邬国义整理:《吴泽文集》(第四卷),华东师范大学出版社,2002年6月版

批判影射史学和史学战线继续革命问题 辽宁大学史学讨论会,1977年10月

批判"四人帮"的战国"过渡时期"论——评"四人帮"的影射史学 上海《文汇报》,1978年4月15日

社会科学的春天来到了(坚持"双百"方针 繁荣学术研究——上海文史研究工作者在《中华文史论丛》座谈会上的发言)《中华文史论丛》,1978年第7辑(复刊号)

战国秦汉时期的历史真相 《中华文史论丛》,1978年第8辑

热爱新中国 热爱真理——怀念李平心同志 上海《文汇报》,1978年12月28日;后收入《新华月报》资料室编:《泪雨集》(丙编),生活·读书·新知三联书店,1997年10月版

批判"四人帮"的法西斯文化专制主义——兼谈学术问题与政治问题的关系 上海《文汇报》,1978年6月14日

南北朝的佛教神权和神权斗争——中国古代神权史论丛之一 《上海师范大学学报》,1979年第1期

实践标准与历史研究(与桂遵义合作) 上海《学术月刊》,1979年第2期

《诗》皇父、艳妻新考 《上海师范大学学报》,1979年第4期;后为《王国维周史研究综论》之一,收入《王国维学术研究论集》,1983年第

1辑,华东师范大学出版社,1983年9月版

蔡东藩与《中国历代通俗演义》 上海《文汇报》,1979年6月15日;后作为蔡东藩《历代通俗演义》序,上海文化出版社,1979年6月新版;又收入政协萧山市委员会文史工作委员会编:《蔡东藩学术纪念文集》,萧山文史资料选辑(二)(内部发行),1988年6月版,及施宣圆主编:《中华学林名家文萃》,文汇出版社,2003年2月版

坚持马列主义毛泽东思想,开展历史研究(与桂遵义合作) 《中学历史教学》,1979年第1期

成吉思汗生年与史事纪年考辨——读王国维《鞑靼年表》 《上海师范大学学报》,1980年第2期;后收入沙日勒岱、武占海等主编:《成吉思汗研究文集 1949—1990》,内蒙古人民出版社,1991年5月版

《洛诰》史事年岁综释——读王国维《洛诰解》 《社会科学战线》,1980年第3期;后为《王国维周史研究综论》之一,收入《王国维学术研究论集》,1983年第1辑,华东师范大学出版社,1983年9月版

洪云同志对《南北朝的佛教神权和神权斗争》的两点意见和吴泽同志的答复 《上海师范大学学报》,1980年第4期

封建主义遗毒的历史探源 《历史教学问题》,1981年第1期

关于亚细亚生产方式的几个问题(与丁季华合作) 《历史教学问题》,1981年第2期

《中国当代史学家丛书》编辑说明 陈乐素、陈智超编校:《陈垣史学论著选》,上海人民出版社1981年5月版

《吕振羽史论选集》后记 江明、桂遵义选编:《吕振羽史论选集》,上海人民出版社,1981年9月版

希望与祝愿——喜庆《青年史学》创刊一周年 《青年史学》第6期,1981年10月

华侨史研究的对象、课题和任务(与李家善合作) 中国史学研究所华侨史研究室、《历史教学问题》编辑部合编:《华侨史论丛》(二),1982年2月打印稿

《郑观应传》序 夏东元著:《郑观应传》,华东师范大学出版社,1981

年8月初版,1981年11月第2版;又收入夏东元编著:《近代史新论》,华东师范大学出版社,2010年1月版

贯彻《决议》精神,加强历史研究 《历史教学问题》,1982年第1期

历史科学与社会主义精神文明的建设 《上海广播电视文科月刊》,1982年第1期(创刊号)

王国维唐尺研究成就综述——王国维在古器物和古史研究上成就总结之一 《史学史研究》,1982年第1期;后改名《论王国维的唐尺研究》,收入《王国维学术研究论集》,1983年第1辑,华东师范大学出版社,1983年9月版;又作《王国维唐尺研究综论》,收入中国唐史研究会编:《唐史研究会论文集》,陕西人民出版社,1983年9月版

谈谈蔡东藩的《历史通俗演义》 上海《文艺新书》,1982年第2期

关于整理古籍的几点浅见(关于古籍整理的笔谈三) 《文献》,1982年第2期

发展历史科学,建设高度的社会主义精神文明——纪念马克思逝世一百周年 《历史教学问题》,1982年第6期

王国维与《水经注校》(与袁英光合作) 上海《学术月刊》,1982年11期;后改名《王国维与〈水经注〉校勘》,收入《王国维学术研究论集》,1983年第1辑,华东师范大学出版社,1983年9月版;后略有修改,作为《水经注校》前言,上海人民出版社,1984年5月版

马克思论古代土地所有制诸形式 《华东师范大学学报》,1983年第1期

马克思论封建工具所有制与行会制度——纪念马克思逝世一百周年 《历史教学问题》,1983年第2期

《王国维学术研究论集》前言 《王国维学术研究论集》,1983年第1辑,华东师范大学出版社,1983年9月版

王国维周史研究综论,收入《王国维学术研究论集》,1983年第1辑,华东师范大学出版社,1983年9月版

上海市华侨历史学会成立大会开幕词 1983年12月23日

马克思论封建土地所有制的解体与近代资本所有制的形成(与盛邦和合作)《历史教学问题》,1984年第1期

马克思恩格斯论华侨(与施子年合作) 《历史教学问题》,1984年第2期,又见《华侨历史学会通讯》,1984年第2期

编纂《中国历史大辞典·史学史》随感 上海《辞书书讯》,1984年3月3日

《王国维全集》前言 《王国维全集·书信卷》,中华书局,1984年3月版

《华侨史研究论集》前言 《华侨史研究论集》(一),华东师范大学出版社,1984年4月版

《日本帝国主义侵华史略》序 刘惠吾、刘学照主编:《日本帝国主义侵华史略》,华东师范大学出版社,1984年7月版

致林焕平(1985年9月1日) 林焕平编:《作家学者书信集》,广西师范大学出版社,1989年9月版

《周礼》司命新考 《中华文史论丛》,1985年第1辑;后改名《〈周礼〉司命、灶神与近世东厨司命新论——读王国维〈东山杂记〉》,收入《王国维学术研究论集》,1987年第2辑,华东师范大学出版社,1987年5月版

历史上人才的地理分布与阶级层次的转移 《历史教学问题》,1985年第1期

华侨对抗日战争的伟大贡献(与施子年合作) 《历史教学问题》,1985年第6期

关于开设和编写《史学概论》的体会 《文科教材建设》,1986年第1期

两周时代的社神崇拜和社祀制度研究——读王国维《殷卜辞中所见先公先王考》 《华东师范大学学报》,1986年第4期;后收入《王国维学术研究论集》,1987年第2辑,华东师范大学出版社,1987年5月版

城乡对立运动规律和乡村城市化理论研究(与张鸿雁合作) 上海《学术月刊》,1986年第11期

我国马克思主义史学的开拓者——吕振羽 1986年10月6日在吉林大学吕振羽学术纪念会上的讲话,载北京《人民日报》,1986年12月5日;后补充整理,作为刘茂林、叶桂生著《吕振羽评传》序,社会

科学文献出版社,1990年12月版

汉唐间土地、城隍神崇拜与神权研究　吴泽主编:《魏晋南北朝史论集》,《华东师范大学学报》丛刊,1986年版

《古代婚恋杂谈》序　李晖著:《古代婚恋杂谈》,黄山书社,1986年12月版

喜读《胡文虎研究专辑》(代序)　《龙岩师专学报》,增刊《胡文虎研究专辑》,1987年第1期

吕振羽史学研究(与朱政惠合作)　《历史教学问题》,1987年第1期

建立中国式的东方学(1985年9月华东师大研究生讲课记录稿)　吴泽主编:《中国史学集刊》,1987年第1辑,华东师范大学中国史学研究所,江苏古籍出版社,1987年4月版

吸收外来文化的历史经验　《历史教学问题》,1987年第2期

《资本主义生产以前的各种形式》与古代东方社会史研究　上海《学术季刊》,1987年第3期

论五种社会形态的运行规律(与张鸿雁合作)　《历史教学问题》,1987年第5期

亚细亚生产方式问题的争论与中国马克思主义史学的发展(与王东合作)　《河北学刊》,1987年第5期

《上海侨史论丛》序言　上海市华侨历史学会编:《上海侨史论丛》(第一集),1987年5月版

《在今天的日历上》序言,陈必祥、薛振东主编:《在今天的日历上　外国部分》,河南人民出版社,1988年1月版

亚细亚生产方式理论与古代东方社会特点研究——马克思《资本主义生产以前的各种形式》研究之一(由张鸿雁执笔整理)　辽宁《社会科学辑刊》,1988年第1期

《政治经济学批判》与亚细亚生产方式理论(与王东合作)　《历史教学问题》,1988年第5期

蔡东藩《元史演义》的史料学研究　政协萧山市委员会文史工作委员会编:《蔡东藩学术纪念文集》,《萧山文史资料选辑》(二),1988年6月版

《春秋战国城市经济发展史论》序　张鸿雁著:《春秋战国城市经济发展史论》,辽宁大学出版社,1988年7月版

《中小学历史教育资料索引(1978—1986年)》序　周延编:《中小学历史教育资料索引》,江西教育出版社,1988年9月版

群策群力　开创客家研究的新局面(代序)　《客家史与客家人研究》,1989年第1期,《历史教学问题》1989年增刊;后收入《李逢蕊文集》(第一卷),内蒙古教育出版社,2000年10月版;又收入吴琪文主编:《客家学文献荟萃》,客家学丛书,文联出版社,2004年11月版

玉皇上帝原始形态试探　《上海道教》,1989年第1—2期合刊;后收入中国慈惠弘道会暨慈惠堂辑:《新儒学四象五行之混析与义利之辨》,慈惠堂丛书,台湾慈惠堂出版社,1998年7月版

认识志书价值,完善志书篇目　《上海修志向导》,1989年第2期

论西周的卿大夫与采田(与李朝远合作)　唐嘉弘主编:《先秦史论集　徐中舒教授九十诞辰纪念论文集》,黄河文明丛书,中州古籍出版社,1989年4月版

《中国国家起源》序　高光晶著:《中国国家起源》,河南大学出版社,1989年5月版

《中国近代史学史》前言(合作)　吴泽主编,袁英光、桂遵义著:《中国近代史学史》(上、下)江苏古籍出版社,1989年6月初版;后有《中国近代史学史(修订本)》(上、下),人民出版社,2010年7月版

为什么人们将黄河、长城作为民族精神的象征?(与王东合作)　上海古籍出版社编:《传统文化与近代中国　国情教育读本》,上海古籍出版社,1989年9月版

我的治学历程　台湾《国文天地》,1990年第5卷第9期(总第57期)

大革命失败后中国社会性质革命性质及社会史问题论战研究　辽宁《社会科学辑刊》,1990年第1、2期

六朝社会经济政治的发展规律和特点　苏州《苏州大学学报》,1990年第3期;为《六朝史》序,张承宗、田泽滨等主编:《六朝史》,江苏古籍出版社,1991年11月版;又收入殷爱苏、沈海牧主编:《百年薪

火　苏州大学文科学报论文选萃》,苏州大学出版社,2006 年 5 月版

建立客家学刍议　《客家学研究》,1990 年第 2 辑,上海人民出版社,1990 年 12 月版;又收入上海市华侨历史学会编:《上海侨史论丛》(第三集),上海市华侨历史学会,1993 年 7 月版,以及《李逢蕊文集》(第一卷),内蒙古教育出版社,2000 年 10 月版

成吉思汗的先世事迹与史事纪年问题研究——论王国维的蒙古史研究　《王国维学术研究论集》,1990 年第 3 辑,华东师范大学出版社,1990 年 2 月版

《海国图志》评介　仓修良主编:《中国史学名著评介》(第 3 卷),山东教育出版社,1990 年 3 月版,台北里仁书局,1994 年 4 月版,山东教育出版社,2006 年 2 月再版,第二版

《周代国家政权研究》序　郝铁川著:《周代国家政权研究》,黄山书社,1990 年 4 月版

早年读书和治史道路　《新民晚报·读书乐》,后收入曹正文编:《一百名人谈读书》,中学生文库,上海教育出版社,1990 年 1 月版,以及曹正文主编:《百位名家谈读书——〈新民晚报·读书乐〉1 000 期精选本》,上海人民出版社,2006 年 8 月版

华侨华人问题学术讨论暨姚楠教授从事东南亚研究六十周年纪念会开幕词(代序),上海市华侨历史学会、新加坡南洋学会编:《上海侨史论丛》(第二集),《华侨华人问题学术讨论暨姚楠教授从事东南亚研究六十周年纪念会专辑》,上海市华侨历史学会 1990 年版

俄国农奴制后期的亚洲式村社土地所有制与民粹派社会主义理论问题研究　《华东师范大学学报》,1990 年第 5 期

社会形态发展规律的几个基本理论问题　《探索与争鸣》,1990 年第 6 期

论古城苏州的未来发展(与张鸿雁合作)　《中国名城》,1991 年第 1 期

新石器时代先吴原始文化探源　《历史教学问题》,1991 年第 4 期;又收入高燮初主编:《吴文化资源研究与开发》,《吴学研究专辑》,江苏人民出版社,1994 年 1 月版

客家民系：显示中华民族凝聚力和向心力　上海《社会科学报》，1991
年5月16日
《周代宗法制度史研究》序　钱杭著：《周代宗法制度史研究》，青年学
者丛书，上海学林出版社，1991年8月版
《王权与神权　周代政治与宗教研究》序　李向平著：《王权与神权
周代政治与宗教研究》，辽宁教育出版社，1991年9月版
坚持唯物史观　发展历史科学——纪念吕振羽同志诞辰九十周年（与
刘茂林合作），《光明日报》1991年12月4日史学版
传统大同理想与近代社会主义思潮　南京大学中国思想研究中心编：
《中国传统思想文化与廿一世纪国际学术研讨会论文选集》，南京
大学出版社，1992年1月版；又收入北京师范大学史学研究所编：
《历史科学与历史前途　祝贺白寿彝教授八十五华诞》，河南人民
出版社，1994年8月版
《两晋南朝政治史稿》序　陈长琦著：《两晋南朝政治史稿》，河南大学
出版社，1992年1月版，又见《河南大学学报》，1992年第1期
《南汇县志》序　薛振东主编：《南汇县志》，上海人民出版社，1992年3
月版
《吕振羽和他的历史学研究》序　朱政惠著：《吕振羽和他的历史学研
究》，湖南教育出版社，1992年5月版
《中国古代官吏退休制度史》序言　沈星棣、沈凤舞著：《中国古代官吏
退休制度史》，江西教育出版社，1992年7月版
《胡文虎评传》序　李逢蕊、王东著：《胡文虎评传》，《历史教学问题》，
1992年9月增刊；后收入《李逢蕊文集》（第一卷），内蒙古教育出
版社，2000年10月版
《吕思勉先生编年事辑》序　李永圻著：《吕思勉先生编年事辑》，上海
书店出版社，1992年10月版
《中国历代家训大观》序　尚诗公主编：《中国历代家训大观》，文汇出
版社，1992年10月版
亚细亚生产方式在列宁社会经济形态理论中的地位　《历史教学问
题》，1992年第6期

《中国监察制度史》序　邱永明著:《中国监察制度史》,华东师范大学出版社,1992年12月版

《泰伯世家初编》序　《泰伯世家》编辑委员会,尤伟、吴铿如等主编:《泰伯世家初编》,无锡《泰伯世家》编辑委员会,1992年7月版

历史虚无主义与民族虚无主义的几个基本理论问题　郭豫适编:《扬弃与发展》,中国传统文化新探丛书,湖南教育出版社,1993年1月版

在上海首届客家学研讨会上的讲话　《客家学研究》,1993年第3辑,上海人民出版社,1993年2月版

中国半殖民地半封建社会与"资本主义化"社会阶段　《江海学刊》,1993年第5期

《唐律新探》序　王立民著:《唐律新探》,上海人民出版社,1993年6月版

《名师授课录》序　王铎主编:《名师授课录》,上海教育出版社,1993年12月版

《社会主义法律学说史论》序　刘学灵著:《社会主义法律学说史》,上海远东出版社,1993年12月版

《汉魏两晋南北朝道教史研究》序　汤其领著:《汉魏两晋南北朝道教史研究》,河南大学出版社,1994年10月版

我的治学历程和史学观(王东、陈鹏鸣整理)　张艳国主编:《史学家自述　我的史学观》,武汉出版社,1994年12月版;其中"关于史学观的几点感想",后又载《中学历史教学》2005年第4期

常州学派史学思想研究(与陈鹏鸣合作)　《华东师范大学学报》,1995年第3期;又收入高燮初主编:《吴文化资源研究与开发》,《吴学研究专辑》(二),苏州大学出版社,1995年9月版

《东方社会政治形态史论》序　刘学灵著:《东方社会政治形态史论》,上海远东出版社,1995年12月版

《古代中國陰陽五行の研究》序　(日)井上聪著:《古代中國陰陽五行の研究》,日本翰林书房,1996年3月版;即《先秦阴阳五行》序,(日)井上聪著:《先秦阴阳五行》,中国传统文化专题研究丛书,湖

北教育出版社,1997年7月版

富有意义的探索——《中国残疾人史》跋　《历史教学问题》,1996年第1期;陆德阳、稻森信昭著:《中国残疾人史》,上海学林出版社,1996年4月版

《古代东方法研究》序　王立民著:《古代东方法研究》,上海学林出版社,1996年6月版

我国第一代杰出的马克思主义史学家吕振羽　吉林大学社会科学研究处编:《吕振羽和中国历史学——学术研讨纪念文集》,吉林大学出版社,1996年10月版

《王国维年谱长编》序　袁英光、刘寅生编著:《王国维年谱长编》,天津人民出版社,1996年10月版,2005年12月再版

《西周土地关系论》序　李朝远著:《西周土地关系论》,上海人民出版社,1997年1月版

《先秦礼乐文化》序　杨华著:《先秦礼乐文化》,湖北教育出版社,1997年版3月版

《春秋战国的士人与政治》序　王长华著:《春秋战国的士人与政治》,上海人民出版社,1997年7月版

吴泽(自述)　国务院学位委员会办公室编:《中国社会科学家自述》,上海教育出版社,1997年12月版

《遥感考古研究》专辑(三)序　刘树人主编:《遥感考古研究》专辑(三),《华东师范大学学报》(自然科学版),1998年第2期

《中国年谱辞典》序　黄秀文主编:《中国年谱辞典》,上海百家出版社,1998年7月版

《春秋战国社会经济形态史论》序　傅兆君著:《春秋战国社会经济形态史论》,黄山书社,1998年8月版

《周秦时代理想国探索》序　姜建设著:《周秦时代理想国探索》,中州古籍出版社,1998年9月版

《澳大利亚华侨华人史》序　张秋生著:《澳大利亚华侨华人史》,外语教学与研究出版社,1998年12月版;又载《徐州师范大学学报》1999年第1期

《神话与中国社会》序　田兆元著：《神话与中国社会》，上海人民出版社，1998年11月版

《中国海盗史》序　郑广南著：《中国海盗史》，华东理工大学出版社，1998年12月版

吴泽自述　高增德、丁东编：《世纪学人自述》(第四卷)，北京十月文艺出版社，2000年1月版

黎明时分出新著　国务院学位委员会办公室编著：《中国社会科学家自述》(青少年版)，中学生文库精选续编，上海教育出版社，2000年3月版

《李逢蕊文集》序　李逢蕊著：《李逢蕊集　客家学研究文存》(第一卷)，内蒙古教育出版社，2000年10月版；《李逢蕊客家学研究文集》序，又载《客家纵横》2000年第2期；后收入吴琪文主编：《客家学文献荟萃》，客家学丛书，文联出版社，2004年11月版

《客家探论》序　吴福文著：《客家探论》，北京燕山出版社，2000年11月版；才情并茂的乡邦历史文化研究之作——《客家探论》序，又载《客家纵横》2000年第4期

附录：未 刊 稿

王充《论衡》考辨　讲义打印稿，1957年稿

汉魏时世族与世族地主的形成　讲义打印稿，1957年稿

两晋世族与世族地主政权的矛盾发展　讲义打印稿，1958年稿

南北朝世族与世族地主政权的衰亡　讲义打印稿，1958年稿

唐前期赋役制与农民逃亡问题　未刊稿，1960年稿

宋江起义与梁山泊　讲义打印稿，1961年稿

关于《道光洋艘征抚记》作者问题　未刊稿，1962年稿

中国近代史学的思想发展及其特点——吴泽同志一九六二年十二月四日在湖南省师范学院演讲　记录打印稿，湖南省哲学社会科学学会联合会印(内部参考)，1962年12月

《中国近代史学史》编写工作汇报和今后工作计划　末署"中国近代史

学史编写组　吴泽　1964 年 5 月 28 日",上海市档案馆藏,档案编号:B243—2—480

王船山学说思想研究　未刊稿,1966 年稿,1969 年 1 月稿

李卓吾评点一百二十回本《忠义水浒全传》　1970 年给历史系报告讲稿

金圣叹与金批本七十二回本《水浒传》　未刊稿,1970 年稿

李卓吾与陈建论《皇明统纪》　未刊稿,1971 年稿

春秋"国际法史论"质疑及其他——论史学研究中几个有关国际法史理论问题　讲义打印稿,1982 年 2 月稿

夏商土地神崇拜与社祀制度　未刊稿,1986 年稿

清前期封建贵族官僚地主家庭经济结构剖析——《红楼梦》中反映封建社会结构札记之一　1975 年初稿,1990 年修订

明初洪武永乐年间封建专制主义君主制研究　国际明清史研讨会论文(香港),华东师范大学中国史学研究所,16 开油印本,1985 年 12 月

镐京、天室的建筑与大丰礼考辩　未刊稿,1990 年稿

唐宋时期义门大家庭研究　未刊稿,1990 年重稿

唐宋时期赋役制与农民逃亡问题　未刊稿,1990 年重稿

元末农民战争中的阶级斗争与民族关系　未刊稿,1990 年重稿

明清时代宗法族权制研究　未刊稿,1990 年重稿

从北京人血缘家庭论"原始群"说　未刊稿,1991 年稿

待访书目：
著作：
《中国先阶级社会史》
——据北京《现代评坛》1937年第2卷第16期吴泽《中国先阶级社会史自序》文后"编者按"："吴先生的这本《中国先阶级社会史》，不日由上海黎东书局出版。上文是吴先生的自序，吕振羽先生的序文已在《世界文化》第九期发表（题为《中国先阶级社会史序》）。"见该刊1937年第2卷第16期。

历史哲学论集
——据大夏大学《历史社会季刊》1947年第1期（创刊号）刊登的"本系教授吴泽先生近著"广告，除已出版的《中国历史简编》等著作外，其中记录："历史哲学论集　第一集：人物历史作用论……印刷中　第二集：十史观批判……印刷中"。见该刊1947年第1期。

春秋史讲义
——据吕思勉《残存日记》：1954年十一月"二十六日……阅吴瑶青所编《春秋史讲义》。""二十八日……阅吴瑶青《春秋史讲义》。"见李永圻：《吕思勉先生编年事辑略》，中国人民政治协商会议江苏省常州市文史资料研究委员会：《常州文史资料》第5辑，1984年10月版，第72页；李永圻、张耕华：《吕思勉先生年谱长编》（下），上海古籍出版社，2012年12月版，第954、955页

其他：
一支扁担（小说）
悲歌当哭（木刻）
——据其自述

图书在版编目(CIP)数据

吴泽先生纪念集 / 胡逢祥,邬国义,王东编. —上海:上海古籍出版社,2020.11
ISBN 978-7-5325-9811-3

Ⅰ.①吴… Ⅱ.①胡… ②邬… ③王… Ⅲ.①吴泽(1913-2005)—纪念文集 Ⅳ.①K825.81-53

中国版本图书馆CIP数据核字(2020)第225367号

吴泽先生纪念集

胡逢祥　邬国义　王　东　编

上海古籍出版社出版发行

(上海瑞金二路272号　邮政编码200020)

(1) 网址：www.guji.com.cn
(2) E-mail：guji1@guji.com.cn
(3) 易文网网址：www.ewen.co

苏州市越洋印刷有限公司印刷

开本635×965　1/16　印张29　插页10　字数418,000
2020年11月第1版　2020年11月第1次印刷
ISBN 978-7-5325-9811-3
K·2925　定价：138.00元
如有质量问题,请与承印公司联系